Thomas Bender
Thomas Auchter (Hg.)

Destruktiver Wahn zwischen Psychiatrie und Politik

»Reihe Psyche und Gesellschaft«
Herausgegeben von Johann August Schülein
und Hans-Jürgen Wirth

Thomas Bender
Thomas Auchter (Hg.)

Destruktiver Wahn zwischen Psychiatrie und Politik

Forensische, psychoanalytische und sozialpsychologische Untersuchungen

Psychosozial-Verlag

Bibliografische Information der Deutschen Bibliothek
Die Deutsche Bibliothek verzeichnet diese Publikation in der Deutschen Nationalbibliografie; detaillierte bibliografische Daten sind im Internet über <http://dnb.d-nb.de> abrufbar.

E-Mail: info@psychosozial-verlag.de
www.psychosozial-verlag.de

Umschlagabbildung: Atompilz über Nagasaki / Abwurf der zweiten Atombombe über Japan in Nagasaki, 9. August 1945.
Foto © picture-alliance/akg-images
Umschlaggestaltung: Christof Röhl
nach Entwürfen des Ateliers Warminski, Büdingen
Lektorat und Satz: Daniela Bone
ISBN 978-3-89806-352-4

Inhalt

Geleitwort

Stavros Mentzos

»Destruktiver Wahn« ist eine griffige Bezeichnung für ein verbreitetes psychosoziales Phänomen. Dieser Begriff erhält allerdings erst seine volle inhaltliche Bedeutung, wenn man die dahinter stehenden psychodynamischen Prozesse berücksichtigt und ihn nicht nur für die bloße Benennung des Zusammentreffens von Destruktivität und Wahn einsetzt, sondern ihn darüber hinaus auch dafür benutzt, um auf psychodynamische Zusammenhänge hinzuweisen.

Welches sind aber diese psychodynamischen Zusammenhänge? Geht es um wahnhafte Überzeugungen, die aus einer individuell vorgegebenen Tendenz zur Destruktivität hervorgehen, oder handelt es sich umgekehrt um eine Destruktivität, die das Resultat wahnhafter Überzeugungen ist? Und weiter: Ist eine solche Fragestellung nur relevant für die Destruktivität und den Wahn des einzelnen Individuums oder in gleichem oder sogar stärkerem Maße auch für soziale Systeme? Und wenn Letzteres zutreffen sollte, handelt es sich in beiden Fällen um ähnliche oder um jeweils anders geartete und voneinander unabhängige Prozesse?

Der besondere Wert des vorliegenden Bandes liegt darin, dass es den 12 Autoren – nach einem Konzept und unter der Koordination der Herausgeber Thomas Bender und Thomas Auchter – gelungen ist, auf solche und verwandte Fragen weniger durch theoretische Analysen Antworten zu geben, als vielmehr durch eine Fokussierung auf konkrete Gegebenheiten und klinische Fakten, auf tatsächlich wahnhafte Überzeugungen bis hin zum ausagierten destruktiven Wahn – und zwar auf beiden Gebieten, sowohl dem individualpsychologischen, als auch dem gesellschaftlichen und psychosozialen. Es kommt selten vor – wenn überhaupt –, dass Psychiater, Psychoanalytiker, Psychologen, Psychotherapeuten und Vertreter anderer heilender Berufe, die über so umfassende therapeutische Erfahrungen innerhalb des modernen Maßregelvollzuges verfügen, sich mit sozialwissenschaftlichen Experten treffen, um ihre Erfahrungen mit Destruktivität und wahnhaften Phänomenen zusammenzutragen und zur Diskussion zu stellen. Dies erscheint mir, unabhängig von der brisanten Aktualität des Themas der Destruktivität im Besonderen, auch im Allgemeinen ein vielversprechender Fortschritt für wissenschaftlich und empirisch fundierte Erkenntnisse über die Zusammenhänge zwischen dem Psychologischen und dem

Sozialen, zwischen der individuellen Psychopathologie und der Pathologie sozialer Systeme. Man spricht zwar oft darüber, man verfügt aber in Wirklichkeit nicht über genügend Instrumente und Modelle, um diese längst fällige Integration voranzutreiben. Auch wenn man zum Beispiel mit den von mir vorgeschlagenen Konzepten der institutionalisierten Abwehr und der Kollusion in psychosozialen Arrangements gewisse Aspekte des Zusammenwirkens des Indvidualpsychologischen und des Psychosozialen sowie des real Ökonomisch-Politischen, etwa in der inneren Dynamik von Institutionen oder in der Analyse des Krieges, erfassen kann, so gibt es eine Fülle anderer Gesichtspunkte, die damit nicht erfasst wurden. Aus diesem Grunde freut es mich sehr, wenn ich bei der Lektüre des vorliegenden Bandes auf Beiträge erfahrener Kollegen, aber auch Vertreter anderer Fachdisziplinen stoße, die mit Hilfe ihrer konsequent psychodynamischen und psychoanalytischen Orientierung in überzeugender Weise diese Analyse im Konkreten und im Detail vorantreiben.

In diesem Sinne gelingt es *Thomas Bender* in seinem einführenden Beitrag nach einer sehr informativen Schilderung der Geschichte des Maßregelvollzugs und der Entwicklung und praktischen Umsetzung eines psychodynamischen Verständnisses in der forensischen Psychiatrie in Deutschland, wesentliche therapeutischen Grundfunktionen und Grundregeln der stationären Behandlung psychisch kranker Straftäter zusammenzufassen und an klinischen Beispielen im Detail zu vermitteln. Besonders interessant werden diese Fallbeschreibungen dadurch, dass es sich dabei um die Behandlung von Menschen mit psychotischen Störungen handelt, also Erkrankungen, bei denen die akademische Psychiatrie immer noch einer dynamisch orientierten Psychotherapie nur sehr geringe Bedeutung beimisst. Im Gegensatz dazu habe ich und einige andere psychoanalytisch orientierte Kollegen – zu denen auch Thomas Bender gehört – in den letzten 20 Jahren gelernt, dass eine entsprechend modifizierte psychoanalytisch orientierte Behandlung von Schizophrenen, die ihnen neue Beziehungserfahrungen innerhalb einer Therapie ermöglichen und zwar über eine längere Zeit und mit der hier erforderlichen Kontinuität sehr wohl zur Besserung bzw. Gesundung des Patienten beitragen kann. Genau solche therapeutischen Prozesse schildert Thomas Bender in seinem Bericht in eindrucksvoller Weise. Seine psychoanalytisch fundierte Darstellung zeichnet die Konzeption des Buches vor und zeigt unter anderem, dass die Behandlung eines destruktiven Wahns im Rahmen der Forensik auch als »Modellfall« für die Frage zu verstehen ist, wie eine Gesellschaft ein ihre Freiheiten missbrauchendes, pathologisches Gewaltpotential entschärfen und integrieren kann.

Thomas Auchter wiederum fokussiert auf die Tatsache, dass die notwendigen Grenzziehungen und Einschränkungen (innerhalb einer forensischen Therapiestation) nicht primär der Sicherheit und auch nicht der durch Androhung von Strafe anzudressierenden Disziplinierung dienen (wie in der »schwarzen Pädagogik«), sondern vielmehr tiefergehend eine Hilfeleistung darstellen auf dem Wege eines therapeutisch sinnvollen Nachreifens intrapsychischer Strukturen, und zwar bei Menschen, die durch schwerste Traumatisierung oder Verwahrlosung in ihrer Kindheit und Jugend auf diesem Gebiet einen erheblichen Mangel aufweisen. Das therapeutische Ziel beschränkt sich dabei allerdings nicht auf die Prävention von Rückfälligkeit.

So schließt auch der Niederländer *Klaas van Tuinen* seinen Beitrag mit den Worten: »Ohne die Wichtigkeit dieses Zieles (der Prävention von Rückfällen) sowohl für den Patienten als auch für die gesamte Gesellschaft im Mindesten in Abrede stellen zu wollen, muss doch festgestellt werden, dass sich damit (mit der Beschränkung auf Deliktprävention) die forensische Psychiatrie zum verlängerten Arm der Justiz macht und so ihre ursprüngliche Unabhängigkeit als wissenschaftliche Disziplin verliert«.

Ebenso wenig wird der Wahn in diesem Buch als etwas Gegebenes und psychologisch Unableitbares hingestellt. *Udo Rauchfleisch* zum Beispiel schildert überzeugend, auf welche Weise wahnhafte Überzeugungen und daraus resultierende Destruktivität zusammen mit Verleugnungs- und Spaltungsprozessen zur »Stabilisierung« der narzisstischen Homöostase einer fragilen Persönlichkeit der Betroffenen beitragen. Eine drohende psychotische Dekompensation kann dadurch verhindert werden.

Der Wahn ist aber wiederum nicht nur individualpsychologisch zu erfassen. *Reinhard Haller* zeigt am Beispiel des Briefbombenattentäters Franz Fuchs den psychosozialen Prozess, in dem von der Öffentlichkeit hoch besetzte und heftig geführte politische Diskussionen von einem in seiner Persönlichkeit gestörten, sensitiv agierenden Individuum verwertet werden und die konkrete Ausformung einer fanatischen Idee zu einem manifesten Wahn prägen können. Dadurch gewinnt man eine andere Dimension, ein anderes Verständnis für solche Ereignisse und Entwicklungen, als die Medien einem üblicherweise vermitteln.

Roland Knebusch diskutiert – sehr vorsichtig, feinfühlig und selbstkritisch – die riskante hypothetische Frage von Therapiemöglichkeiten bei der schweren Persönlichkeitsstörung Adolf Hitlers in der Zeit vor 1918 anhand des 1938 in Paris geschriebenen und posthum veröffentlichten Romans von Ernst Weiss *Der Augenzeuge*.

Ähnlich interessant und originell ist der Versuch von *Götz Eisenberg*, den Amoklauf, die angeblich psychologisch nicht ableitbare Handlungsweise eines Täters, der sich am Ende seines mörderischen Wütens selbst tötet, auf eine sowohl individual- als auch sozialpsychologisch fassbare psychische Störung zurückzuführen.

Auch der spannende Bericht von *Thomas Auchter* über den Sektenführer Jim Jones, der 1978 über 900 Anhänger in den Tod mitgenommen hat, stellt eine ebenfalls einleuchtende biografische Analyse dar, welche die Koppelung zwischen den regressiven Bedürfnissen der Vielen mit der aus der Verzweiflung erwachsenen, megalomanen Wahnüberzeugung des Führers (was ich das psychosoziale Arrangement nenne) illustriert.

Die mutige, aber gut begründete Verbindung vom »Ground zero« in Hiroshima 1945 und dem in New York am 11. September 2001 durch *Johannes Döser* bestätigt noch einmal das, was Arthur Köstler schon in den 60er Jahren ausdrücken wollte, als er schrieb, dass die aus eigennützigem Interesse begangenen Verbrechen eine Bagatelle darstellen im Vergleich zu der Tatsache, dass Millionen von Menschen aus Liebe und Treue zu einer Königin, zu einem Kaiser, zum Vaterland, zur Religion oder zu einer Ideologie im Laufe der Geschichte hingemetzelt wurden. Döser bringt zwar diese immense Destruktivität mit dem angeblichen Destruktions- bzw. dem Todestrieb (S. Freud) in Zusammenhang, womit ich als erklärter Gegner der Todestriebtheorie (aber als auch kein Anhänger einer naiven Frustration-Aggressions-Theorie) nicht einverstanden sein kann. Dennoch war die Lektüre dieses Beitrags für mich ein großer Gewinn, denn ich habe selten ein solch differenziertes und fast überzeugendes Plädoyer pro Todestrieb gelesen, was mich veranlasst, mir eine noch differenziertere Kritik dagegen zu erarbeiten.

Dann enthält der Band andere Beiträge, die praxisbezogen sehr informativ sind, wie den Beitrag von *Frank Urbaniok* und *Mirella Chopard* über teamorientierte stationäre Behandlung in der forensischen Psychiatrie. Hier erfährt man aus erster Hand, was auf diesem so schwierigen Arbeitsgebiet möglich und verwirklichbar ist. Ebenfalls informativ, aber auch realistisch finde ich den Bericht von *Wilhelm Jakob Nunnendorf* über analytisch orientierte Supervision im Maßregelvollzug: Ich habe selbst in meinen Supervisionsgruppen Kollegen, die auf diesem Gebiet arbeiten, und weiß, vor welchen Fragen und Problemen der Supervisor der psychotherapeutischen Arbeit auf Therapiestationen gestellt wird und welche entscheidende Funktion ihm zukommt.

Besonders gefallen hat mir schließlich der Beitrag von *Guy Laval* über die Psychoanalyse des totalitären Mordes, weil es ihm unter anderem gelingt – und zwar in einer sehr engagierten, aber in der Argumentation sachlichen, treffsicheren Art – die historisch unhaltbare Behauptung von Daniel Goldhagen über die primäre Bösartigkeit speziell des deutschen Volkes ad absurdum zu führen. Vielleicht kann man auch nur als Nicht-Deutscher sich frei fühlen, um dazu Stellung zu nehmen, ohne das schreckliche Verbrechen des Holocaust zu bagatellisieren und dennoch bei der Analyse des totalitären Mordes sachlich zu bleiben und bei der Ursachenforschung die fatalen psychodynamischen Zusammenhänge aufzudecken und nicht in gleichfalls fast schon wahnhaften Überzeugungen und einer Dämonisierungen des »Bösen« Zuflucht zu suchen. Übrigens ist Laval auch wegen seines Mutes zu bewundern, als Franzose an den ebenfalls totalitären Mord in Algerien zu erinnern und die Notwendigkeit einer, wenn auch späten, selbstkritischen Verarbeitung durch die Franzosen zu betonen.

Der wichtigste Gewinn bei der Lektüre dieses Bandes erscheint mir folgender zu sein: Durch die biografische, psychodynamische und psychosoziale Analyse der Destruktivität in Verbindung mit den sie produzierenden wahnhaften Überzeugungen, die ihrerseits der notdürftigen pathologischen Stabilisierung einer brüchigen Selbstidentität dienen, verliert das so genannte »Böse« seine angebliche psychologische Unableitbarkeit. Es wird entdämonisiert und kann in seiner inneren Struktur nicht mehr so scharf, wie das üblicherweise geschieht, von unserem normal-psychologischen Erleben und Handeln abgegrenzt werden. Dies ist nicht so zu verstehen, wie es die frühe Psychoanalyse direkt oder indirekt suggeriert hatte, als sie meinte, man müsse erst das »Böse« (den vorgegebenen Destruktionstrieb) in sich wahrnehmen, um erfolgreich gegen die äußere Destruktivität anzugehen. Es geht nicht primär darum, eine bei uns allen angeblich vorgegebene »Bösartigkeit« wahrzunehmen, sondern sich dessen bewusst zu werden, dass bestimmte traumatisch und/oder konfliktbedingte Verwicklungen und Fehlentwicklungen so geraten können, dass sie uns zumindest in die Nähe eines mörderischen Handelns führen. Laval beschreibt als Beispiel sehr überzeugend einen fiktiven deutschen Physiker im Jahre 1933 und die allmähliche Veränderung seines Bewusstseins, die ihn schließlich zu einem treuen Mitläufer oder sogar Anhänger der Nazis macht. Als Gutachter vor Gericht war ich in meiner Zeit als junger Assistent immer wieder von der Tatsache überrascht, dass die Mörder, mit denen ich mich auseinander zu setzen hatte, keine vom Trieb beherrschten »Monster«, sondern eher schwache, trotz ihrer aggressiven Fassade innerlich letztlich erheblich verunsicherte und gefährdete Menschen waren. Ihr schreckliches Tun war sicher abscheulich und mit Entschiedenheit zu verurteilen. Dennoch war es psychologisch nicht unableitbar.

Die Autoren dieses Bandes tragen erheblich zur Vermehrung eines solchen Verständnisses bei. Darüber hinaus führen sie uns vor Augen, auf welche Weise das Individuelle und das Gesellschaftliche eng miteinander verknüpft sind und sich gegenseitig bedingen. Für diese Leistung verdienen sie und vor allem die beiden Herausgeber, die die Koordination dieser Bemühungen über Fach- und Ländergrenzen hinweg zustande brachten, hohe Anerkennung und besonderen Dank. Es bleibt nur zu wünschen, dass dieses Buch eine breite Öffentlichkeit von Experten und Nichtexperten erreicht und dadurch einer gegenwärtig zunehmenden Strömung in unserer Gesellschaft entgegen wirken kann, die solche psychosozialen und psychodynamischen Wirkungszusammenhänge ignoriert.

Einleitung

Thomas Bender/Thomas Auchter

»Der Wahn macht sich dem Ungeheuer der Herrschaft gleich, das er leibhaftig nicht überwinden kann«, schrieben Adorno und Horkheimer in einem Exkurs über »Juliette oder Aufklärung und Moral« in ihrer *Dialektik der Aufklärung*, in der sie eine mitleidlose, »instrumentelle Vernunft« ihrer Nähe zur tödlichen Absolutheit eines destruktiven Wahns überführten. Tatsächlich ist kaum etwas perfekter ausgearbeitet als die Machtstrategie eines hermetischen Weltbildes, wie es das vergangene Jahrhundert der Ideologien mit ihren Todesfabriken gezeigt hat. Während wir die entsetzlichen Folgen des Faschismus und seiner Kriege noch lange nicht überwunden haben, entstehen aus den Eigengesetzlichkeiten der Hochtechnologie und ihrer wirtschaftlichen Grundlagen neue Möglichkeiten und Gefahren kriegerischer und insbesondere terroristischer Aktionen mit wiederum massenvernichtenden Ausmaßen. Der Narzissmus der Mächtigen und ihrer geschlossenen Gesellschaften erweist sich dabei als eine direkte Ursache für die ohnmächtige Wut der Verlierer und Gedemütigten. Aber den Gewinnern musste jenseits jeder Ideologie spätestens am 11. September 2001 klar werden, dass ihrem eigenen, auf globale Verbreitung ausgerichteten »Betriebssystem« permanent die Gefahr einer Sabotage durch andere »Benutzer« innewohnt, die in ihren Folgen nicht weniger inhuman ist als das System selbst. Es scheint, als gebe es nur zwei Wege aus dieser zerstörerischen Falle: Entweder man versucht fortlaufend die Sicherheitssysteme der Industriegesellschaften zu perfektionieren, was sie immer mehr zu Festungen nach außen gleichwie zu überwachten Anstalten nach innen macht, oder man hört auf »die leise Stimme« einer mitleidfähigen Vernunft und besinnt sich auf das, was Gesellschaften sozial und moralisch in ihrem Innersten zusammenhält.

Auch wenn der Terrorismus derzeit die Schlagzeilen beherrscht, ist er nur eine extreme Ausdrucksform der Allgegenwart und Alltäglichkeit gesellschaftlicher Gewaltverhältnisse, die fortlaufend soziale Unsicherheit produzieren, menschliche Bindungen zerstören und dadurch neue Gewalt freisetzen. So lange solche »Risikoverhältnisse« bestehen, so lange werden sich immer wieder bei Einzelnen wie in Gruppen, von oben wie von unten in einer Gesellschaft destruktive Prozesse entwickeln. Mindestens so lange – vielleicht aber auch für immer – wird der Umgang mit Destruktivität und

Gewalt zu den bedeutendsten und überlebenswichtigsten Herausforderungen der Menschheit gehören. Die andauernde latente Gewaltbereitschaft des Menschen bedarf eines ständigen Korrektivs durch eine Gemeinschaft, die darüber aufgeklärt ist, was Gewalt ist, welche Gesichter sie annehmen kann, was sie befördert und was sie verringert und wie man produktiv mit ihr umzugehen vermag.

Während Gewaltverbrechen einerseits auf viele Menschen durchaus eine außerordentliche Faszination ausüben, zeigen sie sich andererseits immer wieder »fassungslos«, wenn eine extreme Straftat ihren Alltag erschüttert. Selbst wenn diese Tat zuvor bereits in der Literatur oder im Film ausphantasiert wurde – ihr Einbruch in die Realität hinterlässt dennoch zunächst eine breite Schneise des Entsetzens, der Verständnis-, Sprach- und Ratlosigkeit. Regelmäßig ist dabei eine bestimmte Abstufung und Abfolge des öffentlichen Interesses zu beobachten, was in den Reaktionen auf Sexualverbrechen besonders deutlich wird. Mit Abstand die größte Aufmerksamkeit beansprucht die Tat selbst. Ihre Ausführung wird in den Medien bis ins letzte Detail verbreitet und die Einschaltquoten übertreffen kurzzeitig die jedes anderen sozialen oder politischen Ereignisses. Dem folgt das Interesse am Täter. Man will wissen, wer er ist und ob sich für die Ungeheuerlichkeit seiner Tat ein griffiges Motiv finden lässt. Die allgemeine Verstörung ordnet sich dann in der Jagd nach dem Täter, als ließe sich mit seiner Verhaftung gleichsam das Böse selbst dingfest machen. Sitzt er endlich hinter Schloss und Riegel, wird er bis zu seiner Verurteilung der Öffentlichkeit genauestens vorgeführt, damit sie zu ihrer eigenen Beruhigung feststellen kann, wie sehr sie sich doch von diesem einen Menschen unterscheidet. An dritter Stelle steht das Interesse an der Sicherheit. Es äußert sich häufig zunächst im Ruf nach einer Verschärfung von Gesetzen. Das Sicherheitsbedürfnis der Öffentlichkeit fordert darüber hinaus den Ausschluss des Täters aus ihrer Gemeinschaft, und wenn es gemäß einem Kanzlerwort »für immer« ist. Je sicherer er verwahrt ist, desto weiter entfernt scheint das Böse von den Menschen, die seine Untaten nun wieder in Ruhe im Fernsehen betrachten können. Mit dem Urteil des Gerichtes verschwindet der Täter auffällig plötzlich wieder aus dem Blickfeld des öffentlichen Interesses in die Anonymität eines Gefängnisses oder, wie es kürzlich ein Richter in Deutschland gegenüber einem »Satanistenpaar« ausdrückte, im »grauen Einerlei der Psychiatrie«.

Während sich der öffentliche Diskurs danach den allgemeinen Ursachen solcher Verbrechen zuwendet und vielen Berufsgruppen Gelegenheit zu grundsätzlichen Überlegungen und Initiativen bietet, schrumpft die

Bedeutung der Persönlichkeit des Täters schlussendlich zu einer Sache des Strafvollzugs. Nicht nur ist er selbst damit wieder an jenem Ende der Gesellschaft angelangt, aus dessen Schatten er sich mit seiner Tat kurze Zeit herausgeschlagen hatte – mit seiner Einweisung in eine Anstalt verschließt sich in der Regel zugleich der Zugang zum Verständnis seiner Destruktivität, nach dem draußen vergeblich gesucht wird. Selbst Fachleute scheinen mit ihrem Desinteresse an der konkreten therapeutischen Arbeit im Straf- und Maßregelvollzug implizit das Vorurteil breiter Bevölkerungsschichten mit zu tragen, wonach sich in diesen Institutionen der »Abschaum« der Gesellschaft befinde, Abscheu erregende »Unmenschen«, die vor allem mit Disziplin und Härte, mit Medikamenten oder womöglich mit operativen Eingriffen wieder auf den rechten Weg zu bringen seien. Und wer gar dort arbeitet, sei es als Sozialarbeiter, Pflegekraft oder Therapeut, erfreut sich ebenfalls nicht gerade besonderer Anerkennung. Im Gegenteil, wenn er nicht schon für seine Wahl dieses Arbeitsplatzes bei seinen Mitmenschen Unverständnis erntet, so wird er zumindest für diese denkbar schwierige Arbeit von ihnen vor allem bedauert.

Dieser Umgang der Öffentlichkeit mit dem Straf- und Maßregelvollzug als sozialer Einrichtung spiegelt im Makrokosmos, was beim einzelnen Täter die Ausbildung eines destruktiven Wahns befördert hat und im Folgenden die Auseinandersetzung mit dem seelischen Mikrokosmos des Täters verhindert: Ausgrenzung, Geringschätzung und schließlich Ignorieren des Innenlebens jener Schattenseite der menschlichen Existenz, deren zerstörerischer Wirkung man kurz zuvor noch so verständnislos wie verständnissuchend gegenüberstand. Diese Verständnisblockade, die auch als eine kollektive Verdrängungsleistung zu verstehen ist, markiert genau jenen Bruch mit der Zivilisation und ihren ethischen Grundregeln, den Straftäter vollziehen, die in ihrem verbrecherischen Handeln von ideologischen, religiösen oder wahnhaften Vorstellungen geleitet werden, mit denen sie eine bedrückende soziale Realität zu ersetzen versuchen, anstatt sich auf kritisch-konstruktive Weise in die Gesellschaft zu integrieren. Die von ihnen erlittene Halt- und Beziehungslosigkeit führt zu nachhaltigen Störungen in ihrer eigenen Beziehungs- und Empathiefähigkeit, was sie wiederum in die Lage versetzt, »Verbrechen gegen die Menschlichkeit« zu begehen, ohne dabei von Schuldgefühlen allzu sehr beeinträchtigt zu werden. Nicht nur die Kriminalgeschichte, sondern auch die Geschichte ganzer Nationen, insbesondere der deutschen, sind voll von solchen generationenübergreifenden Traumatisierungen, die bis heute nicht in ihrer ganzen Tiefe verstanden, das heißt nicht wirklich »verarbeitet« sind. Die anhaltende, oft aufgeregte Suche nach nachvollziehbaren Erklärungen (vornehmlich soziologischer oder politischer Art) geht mit der Allgemeinheit ihrer Begriffe an der Psyche der Täter vorbei und spiegelt in erster Linie die tiefe Verunsicherung und Beunruhigung, die ein ausgereifter, psychotischer Wahn mit seinen durchaus realitätstüchtigen Versatzstücken in jedem gesunden Menschen auslöst. »Erklärung« selbst kann hier in den Dienst einer Abwehr treten, die den fließenden Übergang zwischen Normalität und Wahn verleugnet und die damit letztlich nicht versteht, auf welche Weise das verheerende Wirken eines destruktiven Wahns soziale Realitäten schaffen kann (wie im Faschismus), die ihrerseits vernünftiges, analysierendes Denken angreifen oder gar paralysieren.

Die Vernunft des in europäischen Gesellschaften geltenden Strafrechts reagiert mittlerweile auf einzelne »Wahnsinnstaten« zum Glück deutlich reifer, als es die »Stimme des Volkes« verlangt, die sich gerne entsprechend dem alttestamentarischen Talionsprinzip artikuliert und nach Rache dürstet (und die sich z. B. in den USA mit der Todesstrafe wieder durchgesetzt hat). Im »alten Europa« zumindest wird die Schuld eines Täters nach dem Grad bemessen, zu dem dieser zum Zeitpunkt seiner Tat fähig war, das Unrecht seines Handelns zu erkennen und sich dieser Einsicht gemäß zu steuern. Dies ist »bürgerliches« Recht im besten Sinne, denn es verankert die psychische Tatsache in der Rechtssprechung, dass es für jeden Bürger eine nicht selbstverständliche seelische Leistung ist, die ethischen Grundregeln seiner Gesellschaft als für sich selbst gültige anzuerkennen, was zugleich ein Mindestmaß an sozialer Kompetenz voraussetzt. Dadurch ist es überhaupt erst möglich geworden, im Prozess der Urteilsfindung hinter die grelle, abstoßende Fassade vieler Verbrechen zu blicken und mit dem Wissen und den Methoden der Psychologie deren Entstehung in der Seele des Täters zu erforschen. Gerade im Deutschland nach Hitler ist das eine Chance der Erkenntnisbildung, deren wissenschaftliche, soziale und politische Bedeutung nach wie vor nicht realisiert wird.

Deutlicher lässt sich das erkennen, wenn man bereit ist, dem Weg des Straftäters in seine Therapie in der Forensik zu folgen und dort wahrzunehmen, was mit ihm und seiner Umgebung geschieht. Während seiner Behandlung stellen sich nämlich in seinen Beziehungen zum Therapeuten, dem Behandlungsteam und der gesamten Institution ähnliche Schwierigkeiten und Konflikte wieder ein, wie sie ihn in der Gesellschaft draußen ohne soziale oder therapeutische Hilfe haben straffällig werden lassen. Wer sich also ernsthaft für die psychischen und psychosozialen Ursachen der schlimmsten Verbrechen interessiert, die unsere Gesellschaft erschüttern, muss sich in die sozialen und psychischen Niederungen der Täter begeben, die wissenschaftlich nur dort zu erfassen sind, wo sie in einem psychotherapeutischen Setting beobachtet werden können. Erst in der therapeutischen Begegnung mit dem Täter lassen sich die menschlichen Untiefen ermessen, aus denen heraus Verbrechen möglich werden, die wir als unmenschlich bezeichnen.

Dieses Buch ist das Ergebnis eines Autorenprojekts, das aus einer solchen klinischen Praxis forensischer Psychiatrie und Psychotherapie heraus entstand und das sich zum Ziel gesetzt hat, sowohl in die seelische »Chemie«, d. h. in die Entstehung und Psychodynamik eines destruktiven Wahns einzudringen als auch dessen verheerendes Wechselspiel in und mit der sozialen Realität zu erfassen. Denn die stationäre Arbeit mit psychisch kranken Straftätern vermittelt auf so dichte und gleichzeitig doch überschaubare Weise quasi in vitro die komplexe Wirkung der dissozialen und destruktiven Abwehr dieser Patienten auf Gruppen, dass sich Vergleiche mit der psychosozialen Wirkung vergleichbar psychisch kranker, aber sozial funktionsfähigerer Menschen in und auf Gesellschaften aufdrängen. Eine »Besserung« forensischer Patienten ist meist nur unter gerichtlichem Zwang und im Maßregelvollzug (in Österreich Maßnahmenvollzug genannt) immer nur in einer therapeutischen Gruppe möglich, die sich nach bestimmten ethisch-normativen, rechtlichen und therapeutischen Grundsätzen organisiert und die damit stabile soziale Strukturen bietet. Die Tatsache, dass psychisch kranke Straftäter in der Regel aus gescheiterten sozialen Beziehungen kommen, unter den Menschen so große Schäden verursachen und wiederum nur in besonders strukturierten sozialen Beziehungen behandelt werden können, legt nahe, einer eingehenden Darstellung der Psychodynamik individueller Therapieprozesse im forensischen Setting und der Psychoanalyse destruktiver Wahnbildungen sozialpsychologische Untersuchungen zu deren Entstehung und Wirkung in der Gesellschaft gegenüber zu stellen.

Die vorliegende Zusammenstellung, die die Problematik von Analogiebildungen in der psychologischen und psychoanalytischen Betrachtung sozialer und politischer Prozesse sehr wohl berücksichtigt, leitet sich nicht aus einer bestimmten, bereits feststehenden These ab, sondern versteht sich als »work in progress«, die eine Diskussion eröffnen will und die darauf setzt, dass sich aus dem Material ihrer Beiträge neue Einsichten bilden lassen, die von allgemeinem praktischem und wissenschaftlichem Nutzen sind. Der Band umfasst 12 Beiträge engagierter Psychoanalytiker, Psychiater und Therapeuten aus Frankreich, den Niederlanden, der Schweiz,

Österreich und Deutschland, die an einer Integration ihres forensischen Erfahrungswissens in institutionelle, soziale und politische Zusammenhänge interessiert sind. Es handelt sich größtenteils um Originalarbeiten, teilweise um überarbeitete Vorträge und teils um Zusammenfassungen aus bereits vorliegenden Buchpublikationen.

Im klinischen I. Teil wird gezeigt, wie sich die gesellschaftliche und therapeutische Funktion des Maßregelvollzugs entwickelt hat, wie ein destruktiver Wahn bei einzelnen Menschen entstehen kann, welche psychische Funktion er erfüllt und mit welchen therapeutischen Methoden psychisch kranke Straftäter in einer Forensischen Psychiatrie aber nur dann erfolgreich behandelt werden können, wenn diese »Gesellschaft im Kleinen« eine bessere Kooperation zustande bringt, als es die sozialen Verhältnisse der »Gesellschaft im Großen« zulassen, in der sich ein destruktiver Wahn mittels massenpsychologischer Mechanismen sehr schnell ausbreiten und zu Verbrechen gegen die Menschlichkeit führen kann, womit sich die Beiträge des II. Teils des Buches befassen.

In einem zunächst in die Vorgeschichte des Maßregelvollzugs in Deutschland bis zu seiner Einrichtung durch das nationalsozialistische »Gewohnheitsverbrechergesetz« von 1933 einführenden Beitrag skizziert *Thomas Bender* im Weiteren ein psychoanalytisches Verständnis des Zusammenspiels einiger wesentlicher therapeutischer Wirkfaktoren der stationären Behandlung von Menschen, die aufgrund einer psychotischen Störung ihrem destruktiven Wahn erlagen. Zwei Fallvignetten illustrieren den langwierigen Prozess des Aufbaus stabiler Ich-Funktionen als Voraussetzung einer kritischen Selbstwahrnehmung und belegen die Abwehrfunktion dieses Wahns, in dem negative Selbstanteile auf als bedrohlich erlebte Mitmenschen projiziert werden, durch deren Vernichtung der Kranke wiederum versucht, sich vor einem narzisstischen Zusammenbruch und einer Auflösung seiner Persönlichkeit zu schützen. *Klaas van Tuinen* leistet eine Vertiefung der psychoanalytischen Grundlagen der Behandlung dissozialer Menschen und schildert am Beispiel der Forensischen Psychiatrie in Assen in den Niederlanden die klinische Realität des Aufbaus und der komplexen, anwendungsorientierten Struktur und Funktionsweise sowie die aktuell zunehmend schwierige Lage solcher analytisch orientierter Einrichtungen in einem Land, das lange Zeit in Europa hinsichtlich seiner Therapie von Straftätern als vorbildlich galt. *Udo Rauchfleisch* ermöglicht vor dem Hintergrund seiner wegweisenden Arbeiten über die Dissozialität einen systematischen Einblick in die entwicklungspsychologischen

Grundlagen und die Psychodynamik destruktiver Wahnbildungen bei strukturell gestörten Persönlichkeiten und illustriert deren verschiedene Abwehrfunktionen anhand einer eingehenden Falldarstellung aus einer ambulanten Psychotherapie. *Thomas Auchter* greift in seinem Beitrag Rauchfleischs theoretischen Ansatz auf und stellt ausgehend von einer grundlegenden Strukturpathologie bei dissozialen Persönlichkeiten Überlegungen zu deren lebensgeschichtlichen Begründungen an. Davon leitet er wiederum strukturbildende Faktoren für den Maßregelvollzug als Strukturierungsnachhilfe ab, was die therapeutische Wirkung des gesetzlichen Zwangs und des stationären Rahmens forensischer Behandlung psychodynamisch verständlicher macht. Aus anwendungsorientierter Sicht befassen sich der Psychiater und Leiter des Züricher Psychiatrisch-Psychologischen Dienstes im Justizvollzug *Frank Urbaniok* und seine Mitarbeiterin *Mirella Chopard* mit der Qualität der Zusammenarbeit der Behandlungsteams als einem entscheidenden therapeutischen Wirkfaktor stationärer forensischer Therapie und skizzieren ein strukturiertes Modell deliktorientierten Arbeitens mit psychisch kranken Straftätern einschließlich der Möglichkeiten der Prävention und Bewältigung von Traumatisierungen der Mitarbeiter/innen durch Patienten. Dass und in welcher Weise sowohl in der täglichen therapeutischen Arbeit als auch in der Bewältigung von Krisen die Supervision die Arbeitsfähigkeit eines Teams erhalten und die therapeutische Qualität einer Einrichtung sichern kann, zeigt *Wilhelm Jakob Nunnendorf* in seinem Beitrag, der den klinischen Teil beschließt. Verschiedene Fallbeispiele illustrieren, wie krankheitstypische Konflikte der Patienten, aber auch Mängel der therapeutischen Leitung zu Arbeitsstörungen des Behandlungsteams führen können, die sich erst durch die einfühlende Resonanz einer Supervision wieder auflösen lassen.

Eine solche Resonanz (und ein Containment) hat der Erfurter Amokschütze Robert S. in seiner sozialen Umgebung nie erlebt, mit deren zeitkritischer Untersuchung der Sozialwissenschaftler und Psychotherapeut *Götz Eisenberg* den gesellschaftlichen und politischen Teil dieses Bandes eröffnet. Wie auch seine Motivanalyse des Entführers (und Mörders) des Bankierssohns Jakob von M. belegt, reflektiert deren destruktiver Wahn die soziale Kälte des neoliberalen Zeitgeistes, die im Amoklauf ihre kriminelle Entsprechung finde. Der Briefbombenattentäter Franz Fuchs, mit dessen Persönlichkeitsstörung sich der österreichische Psychiater *Reinhard Haller* befasst, benutzte (ähnlich wie Hitler) die grassierende Ausländerfeindlichkeit zur Ausgestaltung seines Wahns und Entriegelung seines Gewissens, wobei er mit seinem größenwahnsinnigen Phantasieprodukt einer »Bajuwarischen Befreiungsarmee« seinerzeit in Österreich erhebliche politische Verunsicherungen auszulösen vermochte. Was geschieht, wenn solche hochintelligenten psychisch kranken Täter in der Lage sind, Anhänger um sich zu scharen und in ihr Wahnsystem einzubinden, untersucht *Thomas Auchter* am Beispiel des amerikanischen Sektenführers Jim Jones, der in einer narzisstischen Krise über 900 Sektenmitglieder dazu brachte, sich mit ihm gemeinsam seinem Wahn zu opfern und sich umzubringen. Es werden sowohl die lebensgeschichtlichen als auch die unbewussten Hintergründe herausgearbeitet, wobei der individuelle und kollektive destruktive Wahn als eine megalomane Abwehr depressiver und desintegrierender innerer Bedrohungen verstanden wird.

Von einer derartigen Abwehr war auch der deutsche Faschismus bestimmt, dessen Bruch mit den ethischen (und rechtlichen) Grundlagen der Zivilisation der französische Psychoanalytiker *Guy Laval* als einen, alle Lebensbereiche umfassenden, Angriff auf die Fähigkeit des Menschen versteht, ein flexibles und kritisches Ich und Über-Ich aufrechtzuerhalten. In deutlicher Abgrenzung zu Daniel Goldhagens Thesen zur Judenvernichtung analysiert er den entscheidenden Einfluss der gesellschaftlichen (und politischen) Realität als einer Art vierten Instanz des »psychischen Apparats« (Freud), deren (Uni-)Formierung in totalitären Systemen mit ihrer Einschränkung kritischer Ich- und Überich-Funktionen dazu führen könne, dass aus gewöhnlichen Bürgern (Massen-)Mörder werden. *Roland Knebusch* entdeckt in dem letzten Roman des vor den Nazis nach Paris geflüchteten Schriftstellers Ernst Weiß »Der Augenzeuge« interessante Hinweise auf Hitlers Begegnung mit dem Psychiater Edmund R. Forster in Pasewalk, der ihm die Diagnose »Psychopath mit hysterischen Symptomen« ausstellte, von Hitlers Schergen später verfolgt wurde und vor seinem Suizid seine Notizen von dieser Begegnung an Weiß übergeben hatte. Jenseits seiner psychiatrischen Etikettierung werden Aspekte des destruktiven Narzissmus Hitlers herausgearbeitet, die einer forensischen Betrachtung dieses psychisch kranken Massenmörders neue Perspektiven eröffnet. In dem letzten Beitrag des Bandes schlägt *Johannes Döser* einen Bogen vom »Ground Zero« von Hiroshima und Nagasaki zum 11. September 2001, indem er die unbewusste Wiederholung dieses militärischen Begriffs analysiert, der gleichsam die Verdrängungsnarbe markiere, die das Wüten eines destruktiven Wahns in der amerikanischen Geschichte hinterlassen hat. Es war die »Politik des organisierten Wahnsinns«, die Harry Truman mit der verheerenden Allmacht des Atompilzes in die Welt brachte, angeblich »um die Qualen des Krieges zu verkürzen«, gleichzeitig aber zur Absicherung der Vormacht des amerikanischen »Empire«. Bis heute stehen wir im Bann dieser maximalen Destruktivität einer »schönen neuen Welt« (Huxley), die sich einer Verarbeitung der eigenen Schuldhaftigkeit verschließt und die auch als eine ständige Option des Todestriebes (Freud) zu verstehen sei gegen die unberechenbare Vielfalt des Lebens und die Anerkennung der menschlichen, der eigenen Unvollkommenheit und Begrenztheit.

Dieses Buch hat viele genannte und ungenannte Helferinnen und Helfer, denen die Herausgeber an dieser Stelle herzlich danken in der Hoffnung, dass sie dieses Ergebnis davon überzeugen kann, dass sie sich für die richtige Sache eingesetzt haben. Besonderer Dank gilt unserem Verleger Hans-Jürgen Wirth, der sich mit uns auf ein Projekt eingelassen hat, bei dem keineswegs von vornherein feststand, was dabei herauskommen würde.

I

Der destruktive Wahn im Rahmen der Forensischen Psychiatrie

Sozialgeschichtliche und psychoanalytische Perspektiven Forensischer Psychiatrie und Psychotherapie in Deutschland[1] [2]

Thomas Bender

Einleitung

Publizistische und fachwissenschaftliche Diskurse über Gewalt und deren Ursachen im Allgemeinen haben immer wieder Konjunktur, weil sie einen Teil der menschlichen Natur betreffen, die sehr unterschiedlich betrachtet werden kann. Der konkrete soziale Ort, an dem mit großem Aufwand psychisch kranke Gewalttäter stationär behandelt werden, wird aber unverändert mit Ablehnung, Misstrauen, Vorurteil oder schlicht Missachtung gestraft, als wolle man gewisse Niederungen der menschlichen Existenz noch weniger wahrhaben als das soziale Elend, aus dem psychische Krankheiten, Gewalt und Terror erwachsen.

Damit wird sowohl ein bestimmter Teil der sozialen Realität unserer Gesellschaft als auch sein potenzieller Beitrag zu einer Psychologie der menschlichen Destruktivität ignoriert. Dieses Desinteresse an deren klinischen Erscheinungsformen im Maßregelvollzug findet sich erstaunlicherweise auch bei Psychotherapeuten und Psychoanalytikern, die sich mit der Analyse menschlicher Gewalt und Gewaltverhältnisse befassen. Zumindest hat sich die alte wissenschaftliche Erfahrung, dass manche zentrale Funktionen des Normalen auch und gerade aus der Analyse seiner Abirrungen erschlossen werden können, bislang nicht in paradigmatischen forensischen Fallstudien niedergeschlagen, die dem Stand der Psychotherapieforschung entsprächen. Bei den forensischen Experten wiederum besteht über ihr Spezialwissen hinaus allzu oft kein Bewusstsein mehr von der komplexen

---

1 Ich danke Hans-Joachim Behrendt, Ingeborg Fulde, Norbert Leygraf, Hans-Günter Jerouschek, Angelika Rees, Joachim Renzikowski und Lore Schacht für die hilfreiche Unterstützung bei der Vorbereitung dieses Beitrags.

2 Dieser Beitrag ist dem Behandlungsteam der Station 24 der Jahre 1994–2002 der Abteilung Forensische Psychiatrie und Psychotherapie (Chefarzt Dr. Frank-Stefan Müller) am ZP Emmendingen gewidmet.

sozialen und therapeutischen Funktion und der historischen Entwicklung des Maßregelvollzugs, selbst wenn er in seiner heutigen Form als »Forensische Psychiatrie und Psychotherapie« in Deutschland jenes eigenständige fachliche Profil zu entwickeln beginnt, das ihm von Rechts wegen schon lange zukommt. Nach den heftigen Reaktionen auf Sexualstraftäter in den 90er Jahren, die für alle psychisch kranken Straftäter zu einer Verschärfung der Entlassungsbedingungen geführt haben, ist mittlerweile vielmehr zu befürchten, dass es der Forensischen Psychiatrie ähnlich ergeht wie vielen anderen sozialen Einrichtungen der neoliberalen Industriegesellschaft. Unter dem Druck steigender Kosten und öffentlichen Ressentiments wird ihr fürsorglicher Auftrag im Rahmen der Rechtspflege, ihre sozialethische Verpflichtung und ihr Beitrag zum sozialen Fortschritt »vergessen« bzw. verdrängt und eine in Ansätzen entwickelte patientenzentrierte therapeutische Haltung wieder von einem symptomzentrierten Behandlungsmanagement abgelöst. Wie im Beratungswesen, der Sozialarbeit und der Psychotherapie insgesamt, so scheint sich auch in der Forensischen Psychiatrie nach einer ersten Phase des therapeutischen Optimismus eine auftrumpfend pragmatische Haltung durchzusetzen, die dem Patienten die Wiederherstellung verlorener und zerbrochener Lebenszusammenhänge erschwert zu Gunsten eines (wie auch immer) antrainierten Wohlverhaltens. Die große epidemiologische Studie von Norbert Leygraf (1988) hat demgegenüber gezeigt, dass der größte Teil der psychisch kranken Straftäter unter lebensgeschichtlich erworbenen Defiziten, Defekten und Traumata leiden, die einer qualifizierten Psychotherapie lege artis bedürfen. Psychisch kranke Straftäter – im Folgenden kurz *p. k. S.* genannt – werden zwar in den Psychiatrien schon lange nicht mehr nur »satt und sauber« gepflegt, in der öffentlichen Meinung sind sie aber nach wie vor weit davon entfernt, als kranke Menschen mit Patientenrechten anerkannt zu sein. Die Einstellung der Gesellschaft zum p. k. S. scheint sich allerdings mit den jeweils herrschenden sozialen Verhältnissen zu verändern. Je weiter sich die soziale Schere zwischen Arm und Reich öffnet, umso geringer wird in den westlichen Industriegesellschaften die Bereitschaft, in die Psychotherapie von p. k. S. zu investieren. Es verbreitet sich eine rigide Stimmung, die dem p. k. S. (der neuerdings gerne wieder betont »Rechtsbrecher« genannt wird) wegen seines Delikts das Recht auf eine humane und fachgerechte Behandlung abspricht. Was die Politik freilich nicht öffentlich vertritt, erledigen denn unter der Hand die Sachzwänge eines Staatshaushaltes. So hält zum Beispiel die (im statistischen Mittel eigentlich reiche) US-amerikanische Gesellschaft nach einer Meldung des Guardians vom 3. 3. 2003 rund 300.000 p. k. S. (von insgesamt zirka 1,9 Mio.

Strafgefangenen) weitgehend ohne psychotherapeutische Behandlung in ihren Gefängnissen fest.

Der Zustand der Versorgung der p. k. S. in Deutschland ist zwar weitaus weniger dramatisch, lässt aber in den letzten Jahren eine ähnliche Entwicklung erkennen, insofern die Zahl der von den Gerichten in die Forensische Psychiatrie eingewiesenen Menschen stetig steigt, während die Zahl der Planbetten und des Personals gleich bleibt, wobei letztere in den meisten Einrichtungen noch nie den Vorgaben der Personalverordnung Psychiatrie (Psych-PV) entsprochen hat. Nach den Angaben des statistischen Bundesamtes waren 2002 insgesamt 6424 Menschen (6073 männliche, 351 weibliche), davon 2058 gemäß §64 StGB (d. h. mit einer Suchtproblematik) und 4366 gemäß §63 StGB (d. h. mit einer erheblichen psychischen Störung) untergebracht. Da die Durchführung der forensischen Behandlung Ländersache ist, sind die tatsächlichen Betten- und Personalzahlen schwer zu ermitteln, aber es ist bekannt und immer wieder Gegenstand von Pressemeldungen, dass die bestehenden Forensischen Psychiatrien derart überfüllt sind, dass sich manche Einrichtungen entgegen ihrer gesetzlichen Verpflichtung bereits geweigert haben, neue Patienten aufzunehmen (vgl. z. B. Badische Zeitung vom 28. 7. 2003, S. 34), dass also forensische Behandlungseinrichtungen fehlen, deren Neubau wiederum in einigen Regionen auf heftigen Widerstand der Bevölkerung stößt. Hinzu kommen zunehmende Schwierigkeiten bei der Wiedereingliederung der p. k. S. in die Gesellschaft, was den Druck auf die Kliniken ebenfalls erhöht und das therapeutische Klima verschlechtert, weil deren therapeutischen Erfolge sich nicht in die soziale Realität umsetzen lassen. Etliche engagierte und z. T. namhafte Psychiater und Psychotherapeuten sind am Ressentiment der Bevölkerung, am Populismus der Politik, an der Gleichgültigkeit der Justiz und an der Schwerfälligkeit der Klinikverwaltungen gescheitert und haben dem Maßregelvollzug mehr oder weniger resigniert den Rücken gekehrt. Unter diesem gesellschaftlichen Druck droht der Forensischen Psychiatrie in Deutschland der lange Atem psychotherapeutischer Arbeit auszugehen, bevor er sich entfalten konnte, und einem kurzatmigen Effizienzdenken Platz zu machen, das aber recht schnell an die Grenzen des Menschenmöglichen stößt. Für die vorgeblich effizientere Behandlung von p. k. S. mit kognitiv-behavioralen Methoden zum Beispiel, die in den letzten Jahren vielerorts psychodynamisch und psychoanalytisch ausgerichtete Therapiemethoden abgelöst haben, musste P. Bauer feststellen, »dass vor allem der Transfer des Erlernten Schwierigkeiten machte«: »Die Patienten waren oft nicht in der Lage, das Gelernte im Stationsleben anzuwenden« (Bauer 2000, S. 69). »Die Erfahrung mit der Einführung eines konsequent kognitiv-behavioralen Vorgehens« wird offen als »nicht überwältigend« bezeichnet: »entlassen wurde weiterhin kein Patient« (Eucker & Müller-Isberner 2001, S. 111). Ein alltagstauglicher Transfer von Lerninhalten auf soziale Beziehungen kann aber von einem Menschen auch nur dann geleistet werden, wenn er diesen »Lernstoff« in seiner Persönlichkeit verankern konnte, was einen tieferen Zugang zu dieser Persönlichkeit voraussetzt, der wiederum nur durch und in einer längerfristigeren therapeutischen Beziehung erreicht werden kann.

Die wissenschaftliche Illusion der Veränderbarkeit des Menschen mittels standardisierbarer therapeutischer Techniken wird demgegenüber von dem uneingestandenen Wunsch bewegt, mit den Patienten nicht in eine längere und nähere Beziehung treten zu müssen, eine Einstellung, die man den p. k. S. gegenüber aus unterschiedlichen Gründen ja durchaus nachvollziehen kann. Nur begibt sich die »verwaltete Welt« (Adorno/Horkheimer) in einen unlösbaren Widerspruch, wenn sie meint, Opfern schwerer Beziehungsstörungen, die p. k. S. in der Regel sind, allein mit Lernprogrammen und ohne soziale Bindungen die Einhaltung der Regeln menschlichen Zusammenlebens vermitteln zu können. Diese Verflachung und Fragmentierung des sozialen und therapeutischen Bewusstseins zu einem bloßen Ingenieurswissen (im Sinne eines »human engineering«) liefert den Maßregelvollzug zwangsläufig der Tagespolitik aus, weil er sich ohne eine eigenständige psychotherapeutische Identität gegenüber dem Zeitgeist und dem Interessensdruck übergeordneter Institutionen nicht behaupten kann. Nach und nach wird dann nämlich auch »vergessen«, dass und wie sich die Aufgaben und Möglichkeiten forensischer Psychotherapie mit der Entwicklung der bürgerlichen Gesellschaft erst herausgebildet haben und welche sozialethische Position sie im Prozess der Zivilisation einnehmen. Der Verlust der Erinnerung führt schlussendlich aber im Leben wie in der Wissenschaft zu bleibenden Einschränkungen in der Erkenntnisbildung. Um zumindest eine ungefähre Vorstellung von der historischen Dimension der Problematik zu vermitteln, muss deshalb zunächst die lange Geschichte des ethischen, juristischen und praktischen Umgangs mit p. k. S. kurz skizziert werden.

I
Vorgeschichte der forensischen Fragestellung

Obwohl der Fall des p. k. S. bereits in der Wiege der europäischen Demokratie, also in Griechenland vor ca. 2500 Jahren, diskutiert wurde, gibt es in der rechtsgeschichtlichen Literatur kaum Angaben über seine strafrechtliche Behandlung in der Antike. Sie unterschied sich von Polis zu Polis, von Stadt zu Stadt und von Land zu Land, was sich bis in die Neuzeit hinein wenig ändern sollte. Der p. k. S. war und blieb ein permanenter Sonderfall in der Geschichte des Rechts, das bekanntlich im Prozess der Zivilisation verbindliche Strukturen bildet, indem es die sozialen Verkehrsverhältnisse regelt, und das seine letzte Referenz in der jeweils geltenden Ethik einer Gesellschaft findet.

Nun waren die Auseinandersetzung um die Beherrschung der menschlichen Aggression und Sexualität und die Entwicklung von »Tugenden« von Anfang an zentrale Inhalte dieses Prozesses der Zivilisierung der Menschen. Schon die Philosophen der griechischen Antike haben sich mit der Frage beschäftigt, welcher »Messkunst« (Platon) der Mensch bedarf, um die Gebote der »Sittlichkeit« zu erfüllen. Bei Sokrates und Platon steht die Problematik der Unterscheidung von Gut und Böse und der »Tugendhaftigkeit« sowie die Frage, wie sich ein Mensch zum ethisch Wünschenswerten hin regulieren kann, im Zentrum ausführlicher philosophischer und politischer Reflexionen. Eine erste systematische Betrachtung leistete die nikomachische Ethik (NE) des Aristoteles, der im III. Buch dieser »ältesten wissenschaftlichen Ethik Europas« (Dierlmeier 2003, S. 363) eine Abwägung der »Zurechnungsfähigkeit« jener Menschen versucht, die gegen die Gesetze der Polis verstoßen. Dabei erscheinen zum Beispiel seine Überlegungen zur ethischen Bewertung einer durch Trunkenheit herbeigeführten Straftat erstaunlich aktuell (zit. n. Aristoteles 2003, S. 67) und stimmen mit dem heute geltenden Recht hinsichtlich der willentlichen Eintrübung der eigenen Steuerungsfähigkeit durch Drogen (»actio libera in causa«) überein. Im Wesentlichen ging es Aristoteles um die verschiedenen möglichen Bedrohungen der Willensfreiheit eines Menschen einschließlich der Frage der »Unfreiwilligkeit« von ethisch zu missbilligenden oder gar strafrechtlich zu verfolgenden, gewalttätigen Handlungen, was seine programmatische Tugendlehre zu einem normativen Vorläufer forensischer Fragestellungen macht. Wie Richard Loening in seiner Untersuchung der »Zurechnungslehre des Aristoteles« herausgearbeitet hat, lässt dieser die strafrechtliche Bewertung von Rechtsbrüchen durch »zurechnungsunfähige Menschen« allerdings offen (Loening 1903, S. 199ff.). In der nikomachischen Ethik findet man lediglich den Hinweis, dass »Geisteskranke« (in einer Gruppe genannt mit »Tieren, Kindern, Schwachsinnigen und Verzückten«), die »ihren krankhaften Trieben nachgehen«, »weder zu loben noch zu tadeln« seien (ebd., S. 244). Auch Walter Jones hat in seinem Buch über die Rechtslehre der Griechen die unbestimmte Haltung des Aristoteles in dieser Frage betont (Jones 1956, S. 248ff.). Insgesamt war aber die Würdigung »des seelischen Anteils bei Fehlhandlungen«, wie es Jones ausdrückt, in der Abwägung der Schuldfähigkeit eines Straftäters bereits ein fester Bestandteil der antiken Ethik und Rechtslehre. Darüber hinaus erinnert Jones daran, dass die Abwägung der Schuldfähigkeit eines Straftäters ein zentrales Thema der griechischen Kultur und Gesellschaft bildete. Als Beispiel führt er den berühmten Prozess gegen König Ödipus an und schildert im Einzelnen, wie Ödipus vor Gericht argumentierte, um eine Verminderung seiner Schuldfähigkeit anerkannt zu bekommen. In der Sophokleischen Fassung der Tragödie, deren Realismus in der neuen Übersetzung von Peter Handke noch deutlicher zum Ausdruck kommt (Sophokles 2003), versucht Ödipus seine Schuld an dem Totschlag auf offener Straße dadurch zu verringern, dass er eine seelische Notlage reklamiert und auf das allgemeinmenschliche Entgleiten der Affekte in einer Situation hinweist, in der er sich zu Recht extrem provoziert gefühlt habe.

Unter forensischen Gesichtspunkten betrachtet muss diese Tragödie der Psychoanalyse in einem ungewohnten Licht erscheinen, fand doch die Straftat selbst und ihr genauer Ablauf in der analytischen Literatur bisher keine Berücksichtigung. Auch wenn sie die verdrängten und unbewussten Gründe, die zu der tragischen Verstrickung des Ödipus führten, im Kontext seiner Lebensgeschichte aufdecken konnte, hat sie die Frage nach seiner »Tatzeitpersönlichkeit« im Sinne der heute vor Gericht erforderlichen forensischen Analysen der Tatdynamik bislang übergangen, obwohl sie nach ihrem heutigen Forschungsstand (zum Beispiel zum Zusammenhang von Narzissmus und Aggression) sie durchaus differenziert beantworten könnte. Mit diesem Wissen müsste sie quasi zum Tatort zurückkehren, zu jener Straßenkreuzung also, auf die Ödipus in einer ganz bestimmten seelischen Verfassung zufuhr, als sich ihm ein anderer, ihm unbekannter Verkehrsteilnehmer entgegenstellte und gleiches Recht, d. h. die Vorfahrt beanspruchte.

Allerdings ist das Hochkochen narzisstischer Wut im Straßenverkehr, insbesondere zwischen Männern, ein bis heute verbreitetes Phänomen, das in der Moderne dank ihrer Automatisierung der Vorfahrtsregelung zwar seltener an Kreuzungen, dafür häufiger auf der Überholspur oder bei der Parkplatzsuche auftritt ... Mit einer psychodynamischen Mikroanalyse würde man jedenfalls die Tiefe dieser Tragödie keineswegs auf Kategorien psychischer »Haushaltsführung« reduzieren, sondern könnte sich im Gegenteil einen Einblick in die komplexen seelischen Vorgänge verschaffen, die erst einen Menschen überhaupt befähigen, selbst unter den widrigsten Umständen einen Impulsdurchbruch zu vermeiden und das grenzenlose Verlangen des eigenen Narzissmus den jeweils geltenden Gesetzen unterzuordnen. Denn die Affektkontrolle und die soziale Strukturierung der Gewalt- bzw. Machtverhältnisse sind die bestimmenden Inhalte des Prozesses der Zivilisation und ihrer Bedrohung durch einen Rückfall in die Barbarei.

Für Aristoteles war klar, dass »der Schuldige eben ein Mensch (ist), dem es nicht gegeben ist, achtsam zu sein« (NE, S. 67), und wer die Anforderungen seiner Tugendlehre nicht erfüllen konnte, verfiel dem Verdikt »seelisch minderwertig« und ward als Bürger von der Polis ausgeschlossen. Gerade der psychisch Kranke, der als ein behandlungsfähiges und -würdiges Subjekt erst in der Moderne erscheint, blieb insbesondere als »Rechtsbrecher« ein »minderwertiges« Wesen, dem auch kein Rechtsschutz zukam. Auch das hat sich bis in die Neuzeit hinein nicht verändert. Wie Günther Ritzel (1978) ausführt, wurde im römischen Recht für »Geisteskranke« (lat.: »furiosi«, »mente capti«, »dementes«) zwar Straffreiheit gefordert, weil sie durch ihre Krankheit ausreichend gestraft seien (gelegentlich sollten sie einem »curator« unterstellt werden) und kannte das römische Privatrecht den »furor«, der (nach Gaius) geschäftsunfähig machte, aber eine strafrechtliche Regelung oder eine »kurative« Praxis ist (so auch die Einschätzung der Strafrechtswissenschaftler Prof. Ebert und Prof. Jerouschek, beide Jena; persönl. Mitteilg.) weder von den Griechen noch von den Römern überliefert. Im Bereich des germanischen Rechts stand demgegenüber die Entschädigung der Betroffenen im Vordergrund. Entweder musste der Familienvorstand (bzw. Vormund) für die Buße haften oder (wie im langobardischen Recht) durfte das verletzte Opfer den »wahnsinnigen Täter« ungestraft töten! Dies entsprach einer in Altertum und Mittelalter verbreiteten Rechtspraxis nach dem Talionsprinzip, wonach die Masse mitunter auch heute noch verlangt. Obwohl es im »Sachsenspiegel«, dem deutschen Rechtsbuch des 13. Jahrhunderts, hieß: »Über rechte Thoren und sinnlose Mannen soll man nicht richten«, waren p. k. S. Maßnahmen ausgesetzt, deren drakonischer Charakter sich nur graduell unterschied.

> »In Nürnberg transportierte man geisteskranke Täter zur Donau und ließ sie auf einem Schiff den Fluß hinab in ein ungewisses Schicksal treiben. Nach dem Augsburger Stadtrecht wurden ›Thoren‹ ebenfalls ›versendet‹, ähnlich in Goslar, wo sie in Schutzhaft genommen oder ›enweech gesendet‹ wurden.

Handgreiflicher reagierte man in Basel, wo die ›tauben Leute‹ mit Stockhieben aus der Stadt getrieben wurden. Aber auch die Todesstrafe wurde verhängt. Das Regensburger Friedgerichtsbuch sah für eine ›unsinnige Person‹, die einen Totschlag begangen hatte, Ertränken vor. Diese Maßnahme scheint noch im ausgehenden Mittelalter gegenüber unliebsamen Personen, zu denen neben den psychisch Kranken auch Landstreicher zählten, angewandt worden zu sein. So empfahl der Franziskaner Thomas Murnau (1475–1537) in seiner Narrenbeschwörung, ›man sollte den verlorenen Haufen der Landstreicher usw., die eigentlich aufs Rad gehörten, billig schwämmen‹, d. h. ertränken. Ein Vorläufer der sichernden Maßnahmen findet sich in der Peinlichen Halsgerichtsordnung von Karl V (1519–1556). Gemäß Artikel 176 und 195 konnten Personen, von denen eine Gefahr für die Zukunft drohte, auf unbestimmte Zeit eingesperrt werden.« (Ritzel 1978, S. 5f.)

Die psychische Realität des bürgerlichen Rechtssubjekts als rechtserhebliche Tatsache

Die bis heute strittige Frage der Sicherungsverwahrung stand also im deutschen Kulturraum, auf den sich die folgenden Ausführungen beschränken, seit dem 16. Jahrhundert immer wieder auf der Tagesordnung juristischer und politischer Instanzen. Im deutschen Strafrecht tauchte die Sicherungsverwahrung als spezialpräventive Maßnahme neben dem gewöhnlichen Strafvollzug erstmals im Preußischen Allgemeinen Landrecht von 1794 auf. Mit diesem preußischen Gesetz wurde auch die Unterscheidung zwischen dem schuldfähigen und dem schuldunfähigen psychischen Zustand eines Menschen in das deutsche Recht eingeführt und zu einer rechtserheblichen Tatsache erhoben. Eine »Zirkularverordnung«, berichtet Ritzel (1978, S. 6), hob 1799 diese »Zweispurigkeit« allerdings wieder auf. Unter dem Einfluss der autoritären Gesinnung des französischen Code Pénal von 1810 und der absoluten Strafrechtstheorien von Kant und Hegel erfuhr das deutsche Strafrecht in den folgenden Jahrzehnten eine Rückwendung zum Vergeltungsprinzip, für das sich vor allem Kant stark machte. Andererseits wurden die therapeutischen bzw. erzieherischen Maßnahmen einer Sicherung und Besserung als Bedrohung der Freiheit der Persönlichkeit des Einzelnen betrachtet, eine individualistisch-idealistische Haltung, die über ein halbes Jahrhundert (an der sozialen Realität dieser Zeit vollkommen vorbei) Diskussionsstoff lieferte für hochgelehrte juristische Auseinandersetzungen, die ganze Bibliotheken füllten. Dass aber die Beurteilung der Schuldfähigkeit grundsätzlich in den Kompetenzbereich der Psychologie gehört, hat gleichwohl Kant schon in seiner Anthropologie von 1798 anerkannt (zit. n.: Kant 1977, S. 528f.).

Dennoch sollte es weitere 100 Jahre dauern, bis die strafrechtlichen Konsequenzen aus der »Subjektivierung des Rechts« (Preuss 1979) sich in der Rechtspraxis niederschlugen. Rechtsdogmatische Grundlage dieser Entwicklung ist das Paradigma der Willensfreiheit des Einzelnen, die erst seine Rechtsfähigkeit begründet. Damit folgte die Rechtsgeschichte der Entwicklung der bürgerlichen Gesellschaft, in der der Einzelne unabhängig von seinem gesellschaftlichen Stand als realer oder potentieller Warenbesitzer in all seinen gesellschaftlichen Handlungen juristisch sozusagen neu vermessen werden musste.

> »Der wichtigste historische Einschnitt für die Herausbildung der bürgerlichen Gesellschaft war die Objektivierung des menschlichen Arbeitsvermögens, der den produktionsmittellosen Menschen die Verfügung über sich selbst einräumte und die damit die materielle Grundlage seiner Rechtsfähigkeit darstellt. (...) Der Mensch ist Selbstzweck, und er setzt sich seine Zwecke selbst, alle gesellschaftlichen Ressourcen einschließlich seines eigenen Arbeitsvermögens sind Mittel zur Verfolgung seiner Zwecke, und die gesellschaftliche Form dieser universellen Handlungsmöglichkeiten ist die Rechtsfähigkeit.« (ebd., S. 80)

Es sind »der Einzige und sein Eigentum« (wie eine Abhandlung von Max Stirner hieß, der Marx und Engels in ihrer »Deutschen Ideologie« pars pro toto entgegentraten), die die abstrakten Vorstellungen und die individualistischen Idealbildungen der Philosophen (z. B. G.W. Fichte) auf den Boden einer Gesetzgebung und Rechtssprechung zwingen, die die Rechtsfähigkeit eines Menschen allein nach seiner Willensfreiheit beurteilt. Rechtsfähig ist danach, wer sich in ein bewusstes Verhältnis zur geltenden Rechtsnorm setzen kann, also über einen freien Willen verfügt, der ihn im Falle eines Rechtsbruchs auch hätte anders handeln lassen können. Dann kann ihm auch eine Verantwortungsfähigkeit zugesprochen werden und damit wird er schließlich »schuldfähig«. Nach dem heute geltenden deutschen Strafrecht bedeutet Schuld in ihrem vollständigen Sinn »Vorwerfbarkeit einer Tat mit Rücksicht auf die darin betätigte rechtlich missbilligte Gesinnung« (Schönke & Schröder 2001 §13 Nr. 9ff.), wobei der Bundesgerichtshof davon ausgeht, »dass der Mensch auf freie, verantwortliche, sittliche Selbstbestimmung angelegt und deshalb befähigt ist, sich für das Recht und gegen das Unrecht zu entscheiden« (BGHSt 2, 194, 200).

Erst die Entwicklung der bürgerlichen Gesellschaft hat es ermöglicht, dass die »Persona« ihr Maskenhaftes, wofür sie bei den Griechen noch stand, verliert und zur »Persönlichkeit« wird, die im Laufe ihrer Entwicklung innerseelische Instanzen herausbildet, die eine »rechtlich missbilligte Gesinnung« zurückweisen können, also eine bewusste ethische Haltung gegen »niedrigere Bestrebungen«, die schon immer der Natur des Menschen zugesprochen wurden.

Norbert Elias (1936) hat in seinem Werk *Über den Prozess der Zivilisation* die allmähliche Herausbildung einer *»Selbstkontrollapparatur«* ab dem Mittelalter nachgezeichnet, mit der der Mensch vor allem seine Aggressionen entsprechend den rechtlich kodifizierten Verkehrsformen zu steuern lernt. So war bereits im 19. Jahrhundert auch vielen Juristen schon klar, dass das neue bürgerliche Strafrecht sich mit dem Zustand dieser seelischen Kontrollinstanz wird befassen müssen und damit letztlich den Einsatz einer Psychologie der Selbstkontrolle erzwingt. Diese Psychologie muss über eine Theorie des Normenbewusstseins als handlungssteuernder Instanz verfügen und die schuldmindernde Eintrübung desselben bemessen und erklären können. Mit der Einführung des »zweistufigen« Schuldbegriffs und des »zweispurigen« Strafrechts werden die Juristen quasi den Seelenkundler nicht mehr los, auch wenn sie ihn allzu gerne durch Verhaltens- und Sicherungstechniker, Pharmazeuten und Chirurgen ersetzen würden, weil die menschliche Psyche juristisch so schwer zu fassen ist. Aber solange Stufen der Schuldfähigkeit nach dem Spannungs- und Kräfteverhältnis innerseelischer Instanzen eingeschätzt werden, lassen sich psychodynamische Konzepte schwerlich aus dem Gerichtssaal verbannen.

Die Prämissen der Schuldfähigkeit wie intakte Realitätsprüfung, Wahrnehmung, Verständnis und Verinnerlichung von Geboten und Gesetzen, Beherrschung grenz- und rechtsverletzender Bestrebungen, Willensbildung, Handlungsplanung usw. sind nun wiederum psychische Leistungen, mit deren seelischen Voraussetzungen sich die Psychoanalyse seit ihren Anfängen intensiv und programmatisch (»Wo Es war soll Ich werden«) beschäftigt hat. »Die Realitätsprüfung werden wir als eine der großen Institutionen des Ichs hinstellen«, schrieb Freud 1915 (GW X, S. 424) und »das Ich kämpft auf zwei Fronten, es hat sich seiner Existenz zu wehren gegen eine mit Vernichtung drohende Außenwelt wie gegen eine allzu anspruchsvolle Innenwelt« (GW XVII, S. 130). Die soziale Schlüsselfunktion dieser Instanz unterstrich Freud 1926 interessanterweise mit dem (freilich knappen) Hinweis auf eben diese »Zweistufigkeit« des juristischen Schuldbegriffs: »Alle unsere sozialen Institutionen sind auf Personen mit einheitlichem, normalem Ich zugeschnitten, das man als gut oder böse klassifizieren kann, das entweder seine Funktionen versieht oder durch einen übermächtigen Einfluß ausgeschaltet ist. Daher die gerichtliche Alternative: verantwortlich oder unverantwortlich« (GW XIV, S. 252). Und bis heute ist die Psychoanalyse die einzige umfassende Psychologie geblieben, die auf der Basis eines kohärenten und klinisch (mittlerweile sogar neurophysiologisch) verifizierten Erklärungsmodells darüber Auskunft geben kann, wie und unter welchen Bedingungen beim Menschen ein Ich sich herausbildet, das nicht nur innere Konflikte bewältigen, sondern auch seine erfolgreiche Anpassung an die soziale Realität steuern kann.

Dem widerspricht keineswegs, dass die Entwicklungspsychologie seit Piaget den Aufbau des menschlichen Bewusstseins bis hin zur Bildung des moralischen Urteils beim Kinde (vgl. Kohlberg 1978) als einen Lernprozess begreift. Dem widersprechen auch andere entwicklungspsychologische Theorien nicht, die die Dialektik von Umweltbedingungen und Bildung mentaler Strukturen erfassen. Denn die Psychoanalyse untersucht Struktur und Wesen innerseelischer Konflikte, weshalb auch alle auf ihrem Instanzenmodell aufbauenden Therapiemethoden als »psychodynamisch« bezeichnet werden. Sie kann das seelische Kräfteverhältnis von normgerechter Willensbildung und triebhaften Impulsen bis hin zur Psychodynamik schwerster Straftaten rekonstruieren, selbst wenn diese zum Beispiel der Kompensation eines körperlichen Defekts entspringen. In der Untersuchung solcher innerer Konflikte, die die »Steuerungsfähigkeit« eines Menschen herausfordern, kommt nun innerhalb der Psychoanalyse einer theoretischen Tradition eine besondere Bedeutung zu, die bezeichnenderweise vor allem von Analytikern einer (bis in die 60er Jahre) bestimmenden Richtung entwickelt wurde, die vor Hitler und dem Faschismus aus Europa in die USA geflohen waren: Heinz Hartmann, Ernst Kris, Rudolph Löwenstein, David Rapaport, um nur die bekanntesten zu nennen. Es ist die Tradition der psychoanalytischen Ich-Psychologie, die die permanente Anstrengung und latente Gefährdung der Anpassung des Menschen an die gesellschaftlichen Anforderungen, d. h. *»Konflikt und Kompromissbildung«* (Brenner 1982), als Grundzüge des psychischen Geschehens beschrieben hat.

Ohne an dieser Stelle auf die komplexe Entwicklung und Weiterentwicklung dieser »allgemeinen Psychologie« (Wallerstein 2000) des menschlichen Seelenlebens näher einzugehen, kann man feststellen, dass sich mit diesem Wissen aus heutiger Sicht empirisch fundiert darlegen lässt, dass die Juristen mit ihrer Frage nach der Schuldfähigkeit und der zu erwartenden Gefährlichkeit eines psychisch kranken Menschen nichts anderes verhandeln als den Zustand seines Ichs als einer Vermittlungsinstanz zwischen innerer und äußerer Realität. Es ist ein fatales, Forschung und Praxis der Psychotherapie blockierendes Missverständnis, wenn heute das psychodynamische Konfliktmodell mit dem Argument verworfen wird, dass bestimmte physiologische oder kognitive Faktoren bestimmender seien für den Erfolg der menschlichen Anpassung an die sozialen Regeln als der Kampf um die Beherrschung der inneren Natur. Diese Faktoren beeinflussen bzw. beeinträchtigen zwar erheblich die Souveränität und Stärke des Ichs, das aber seine Kraft aus dem erfolgreichen Management all jener unzivilisierten und unsozialen Bestrebungen einer »allzu anspruchsvollen Innenwelt« bezieht, die ein Leben lang die »Tugendhaftigkeit« eines Menschen bedrohen können.

Die Diskussion der Juristen zu Beginn des 20. Jahrhunderts in Deutschland war natürlich noch weit von derartigen Überlegungen entfernt und weiterhin von jenem »Schulenstreit« bestimmt, in dem es einerseits um die »Reinhaltung der Strafe« und andererseits um die Frage der Rechtmäßigkeit »spezialpräventiver Maßnahmen« (d. h. eines Freiheitsentzugs über eine ausgesprochene Vergeltungsstrafe hinaus) ging. Selbst wenn man die Profilierungsinteressen der juristischen Schulen in Rechnung stellt, so ist es angesichts des heutzutage in diesen Fragen vergleichsweise schwach ausgeprägten Problembewusstseins doch bemerkenswert, mit welchem Nachdruck und Aufwand der Konflikt zwischen dem Sicherheitsinteresse der Bevölkerung und den Rechten der betroffenen Straftätern damals ausgetragen wurde. Diese Auseinandersetzungen, die mehrere deutsche Juristentage beschäftigten, erlangten ein Niveau, das in späteren Diskussionen um Strafrechtsreformen nicht mehr erreicht wurde, weshalb der Herausgeber des Kommentars zum Maßregelvollzugsrecht Heinz Kammeier (1995, S. 5) zu dem Ergebnis kommt, dass »zahlreiche Fragen und Probleme letztlich keine genügend klare dogmatische Durchdringung erfuhren«. Das ist nicht nur zu bedauern sondern eigentlich fragwürdig, gestattet es der Entwicklungsstand unserer heutigen Demokratie doch viel eher, über den Umgang mit p. k. S. differenzierter nachzudenken, als es in der »Geburtsstunde« des Maßregelvollzugs möglich war, die nicht zufällig in das Jahr 1933 fällt!

Seit dem 19. Jahrhundert drehten sich juristische und politische Auseinandersetzungen um die Einführung einer neuen staatlichen Einrichtung, die sich eindeutig vom Strafvollzug unterscheidet und die dennoch der Kontrolle der Rechtspflege, d. h. der Justiz unterliegt. Dafür war grundsätzlich zu entscheiden, ob es entsprechend seiner Rechtsordnung auch Aufgabe des bürgerlichen Staates ist, unter Wahrung der Persönlichkeitsrechte nicht nur für die Sicherung, sondern gerade auch für die »Besserung« von Bürgern zu sorgen, denen es »nicht gegeben ist, achtsam zu sein«, d. h. die nicht in der Lage sind, die rechtsstaatlichen Verkehrsregeln einzuhalten. Wiederholt wurde das Fehlen von Sondereinrichtungen für p. k. S. beklagt (Aschaffenburg 1902, 1903; Wilmanns 1906), und über ihre Schulengrenzen hinweg waren sich die Strafrechtswissenschaftler darin einig, dass zum Beispiel das Reformkonzept des Schweizer Strafrechtlers Carl Stooß als vorbildlich anzusehen sei, nach dem ab 1894 in der Schweiz »Arbeitserziehungsanstalten« (wie sie heute noch genannt werden) entstanden, in denen getrennt vom regulären Strafvollzug (also »zweispurig«) aufgrund richterlichem Beschlusses solche »spezialpräventive« Maßnahmen vollzogen werden konnten. Um eben diese »Zweispurigkeit« des Strafrechts, dessen erheblichen sozialstaatlichen Konsequenzen man sehr wohl auf sich zukommen sah, wurde in Deutschland seit 1902 in Kommissionen gerungen, deren Entwürfe unter dem sozialdemokratischen Justizminister und Gelehrten Gustav Radbruch in die parlamentarischen Beratungen eingingen und die schließlich zu einer großen deutschen Strafrechtsreform führen sollten. Im »Entwurf eines allgemeinen deutschen Strafgesetzbuchs« von 1927 findet sich erstmals die »Maßregel der Besserung und Sicherung« (§§ 55ff.) neben Bestimmungen über die »Sicherungsverwahrung« (§ 59), deren Voraussetzungen allerdings sehr hoch angesetzt und deren Verhängung dem Gericht überlassen wurde. Damals hieß es:

> »Der Maßregelvollzug sollte nur auf die zur Aufrechterhaltung des geregelten Arbeitsbetriebs und zur Verhinderung des Entweichens erforderlichen Zwangsmittel beschränkt sein. Hinsichtlich der Ernährung, Bewegung im Freien, Besuchen und Arbeitsentlohnung sollten größtmögliche Vergünstigungen gewährt werden.« (zit. n.: Schewe 1999, S. 37)

Maßregelvollzug als Vernichtungsprogramm: Der faschistische Zivilisationsbruch

Aufgrund fehlender politischer Mehrheitsverhältnisse und schlussendlich wegen der Auflösung des Parlaments kam es nie zur Verabschiedung dieses Gesetzes, worüber die Nationalsozialisten, vorneweg der Parteijurist Freisler, triumphierten: »Jahrzehntelang gebaren diese kreißenden Berge nicht einmal lächerliche Mäuschen ... und es war unmöglich, das Erneuerungswerk in Marsch zu setzen« (zit. n. Müller 1997, S. 25).

Dieses »Erneuerungswerk« der Faschisten führte nicht nur zur Zerstörung der bürgerlichen Kultur und ihrer Traditionen, sondern mit seiner »Fleischerkonzeption« (Legendre 1998) auch den p. k. S. geplant und gezielt in die mörderische »Endlösung dieser sozialen Frage« (M. Dörner). Das »Gewohnheitsverbrechergesetz« vom 24. 11. 1933, mit dem (in Form einer »vereinfachten Kabinettsgesetzgebung«) das zweispurige Strafrecht und der Maßregelvollzug in Deutschland eingeführt wurden, ist ganz im Geiste der von Hitlers nationalkonservativem Justizminister Gürtner eingeleiteten, autoritären strafrechtspolitischen Wende entstanden. Auch wenn der Entwurf von 1927 als Vorlage diente, standen bereits die rassehygienischen Vorschriften des »Gesetzes zur Verhütung erbkranken Nachwuchses« (vom Juli 1933) Pate. Im Übrigen war die populistische Kalkulation, wie Christian Müller (1997) rekonstruiert hat, vollkommen aufgegangen und wurde damit die Stärke der neuen Regierung gefeiert.

Der Faschismus machte Schluss mit den im Zivilisationsprozess sich herausdifferenzierenden, ethischen, juristischen und therapeutischen Überlegungen zu der Frage der Willensfreiheit, der Schuldfähigkeit und der Möglichkeiten forensischer Behandlung, indem er über den p. k. S. das Verdikt *»Gemeinschaftsschädling«* fällte. Selbst von einem destruktiven Wahn geprägt, verfolgten und vernichteten die Nazis gerade die Schwachen bzw. »Schwächlinge« wie »Ungeziefer«, denen es nicht rechtzeitig gelungen war, sich in der Massenhysterie zu stabilisieren oder sich in den braunen Horden organisiert kriminell auszuagieren. Der Nationalsozialismus verstand sich als »Überwinder des Zeitalters der Neurose« (Udo Leuschner), und wer zu den »Unpässlichkeitsschwächlingen« gehörte oder wer gar unter einer psychotischen Fragmentierung seines Ichs litt, bekam nun zu spüren, worin die »Hitler-Kur« der Deutschen bestand. Gegen innere Konflikte des Individuums im Prozess seiner Enkulturation wurden Klischees ihrer Verdrängung verabreicht und das auf diese Weise am Trugbild einer Ideologie stabilisierte Ich in Abhängigkeit zur Nomenklatura und ihrem »größten Führer aller Zeiten« gebracht. Wer da nicht mitmachte, konnte schnell in den Bannstrahl der Faschisten geraten, mit dem sie eigene Minderwertigkeits- und Ohnmachtsgefühle auf »geeignete« Opfer projizierten und durch deren Vernichtung schließlich sie sich quälender Kränkungen und hemmender Selbstzweifel entledigt wähnten. Es ist nur die halbe Wahrheit, wenn Gunnar Heinsohn in Ausschwitz den Versuch der Nazis erkennt, die christliche Ethik zu zerstören (Heinsohn 1995) oder wenn die Vernichtungsindustrie des Holocaust als im Prozess der Modernisierung bereits angelegt (u. a. Baumann 1992) betrachtet wird. Der individualpsychologische Kern der faschistischen Regression bestand in einem *»totalen Krieg« gegen die Ich-Autonomie des Einzelnen.*

Dass die Nazis Freuds Bücher unter Hetztiraden gegen seinen vermeintlichen »Pansexualismus« verbrannten, täuscht darüber hinweg, dass damit auch eine mächtige Quelle für innere Konflikte benannt wurde (und sich deren Abwehr damit selbst vorführte) und dass der eigentliche Angriff dem beneideten bürgerlichen Ich galt, das sich in der Auseinandersetzung mit der eigenen Natur bildet und sich durch seine Autonomie von regressiven Massenbildungen unabhängiger machen kann. Es mag aus psychohistorischer Sicht zutreffen, dass die Weimarer Republik nach dem Versailler Vertrag und dem Verlust ihres »Übervaters«, des Kaisers, als Demokratie zu jung und zu schwach war, um den forensischen »Sündenfall« des p. k. S. zu integrieren, aber es ist mit Sicherheit so, dass der faschistische Zivilisationsbruch der unvermeidlichen Mühe und Dauer der Individuierung ein mehr oder weniger lustvolles Ende bereitete. Guy Laval hat diese Zerstörung der psychischen Differenzierung bzw. Strukturierung der Bürger als Kern der faschistischen Massenregression mit ihrer Ausschaltung bestimmter Gewissenfunktionen (insbesondere des Tötungsverbots) analysiert (Laval 2002, S. 154ff). Beim Studium der bewegenden Recherchen von Daniel Goldhagen (1996) war ihm nämlich die Eintrübung und partielle Außerkraftsetzung der Realitätswahrnehmung gerade jener gesellschaftlichen Instanzen aufgefallen, die qua ihrer ethischen, wissenschaftlichen und kulturellen Schlüsselposition zum Widerspruch verpflichtet gewesen wären. Aus der Gegenüberstellung des in sich bekanntlich äußerst differenzierten Persönlichkeitsmodells Freuds und der barbarischen Eindimensionalität des faschistischen Alltags erkennt Laval die psychische Bedeutung und Funktion der sozialen Realität für die Ich-Autonomie und kommt zu dem Ergebnis, dass »das psychische Funktionieren des Subjekts (im Sinne Diatkines; Anm. des Autors) erlahmt, wenn die Gesellschaft ihm in ihrem Inneren keine Konfliktmöglichkeiten mehr bietet« und dass »die innere Konfliktfähigkeit [des Subjekts] (...) ohne gesellschaftliche Vermittlung (relais social) (...) nicht aufrechterhalten« werden kann (S. 306f. in diesem Band). Seelische Konflikte, deren Wahrnehmung und Verarbeitung im Innern abgewehrt werden müssen, werden auf Andere verfolgende Weise nach außen projiziert, wobei die Eigentümlichkeit des Totalitarismus in seiner leidenschaftlichen Verherrlichung des Ideals liege, die zu einer kollektiven, wahnhaften Realitätsverleugnung führe.

Die Einführung des Maßregelvollzugs in Deutschland geschah nach der Machtergreifung bzw. Selbstermächtigung der Nazis auf der Grundlage ihres Bruchs mit der bürgerlichen, demokratischen Rechtsordnung der Weimarer Republik und war selbst von dissozialen, kriminellen und unverholen mörderischen Motiven geleitet. Fritz Lang hat diese Herrschaft des Mobs und seine Folgen für p. k. S. am Beispiel eines »Kinderschänders« in seinem Film *M – eine Stadt sucht einen Mörder* auf unvergesslich eindringliche Weise dargestellt (und vorausgesehen). Der p. k. S. ist ja der prädestinierte »Sündenbock« gerade jener, die unter dem »Unbehagen in der Kultur« (Freud) und ihrer Forderung nach Triebverzicht leiden und niemand stand seinem Wesen näher als eben dieser Mob. Deshalb musste an den p. k. S. die erste Lektion der »Fleischerkonzeption« der Nazis exekutiert werden. Ihre restlose Vernichtung (»Deobjektalisierung« im Sinne A. Greens) wurde zum barbarischen Kontrapunkt all jener Konzepte, die an die »Besserungsfähigkeit« von p. k. S – und damit an die Konflikt- und Integrationsfähigkeit der Gesellschaft – glauben. P. k. S. waren die ersten Psychiatriepatienten, die im Zuge der faschistischen »Vernichtung unwerten Lebens« in der »Aktion T4« (nach Kriegsende so benannt nach dem Sitz der zuständigen Behörde in der Tiergartenstrasse 4 in Berlin) zu Tausenden getötet wurden.

Aufgaben, Möglichkeiten und Grenzen Forensischer Psychiatrie heute

Nach 1945 schafften die Alliierten zwar die Todesstrafe im Allgemeinen und die Zwangskastration bei Sexualstraftätern im Speziellen ab, beließen aber das Maßregelvollzugsgesetz im Wesentlichen so, wie es war. Erst mit dem Strafrechtsänderungsgesetz vom 4. 7. 1969 rückte der Aspekt der »Besserung«, den der Entwurf von 1927 bereits an die erste Stelle gesetzt hatte, wieder in den Vordergrund; was im Übrigen noch einmal verdeutlicht, dass der therapeutische Schwerpunkt dieser »spezialpräventiven Maßnahme« in Deutschland bis dahin noch nie umgesetzt worden war. Es ist also eine Tatsache und keine politisch motivierte Übertreibung, wenn man zu der Feststellung kommt, dass erst im letzten Viertel des 20. Jahrhunderts in Deutschland damit begonnen werden konnte, das psychodynamische Verständnis für die Destruktivität der p. k. S. in die Arbeit der psychiatrischen Institutionen einzuführen. Aber weder die zuständigen politischen Instanzen noch die ärztlichen Leiter der sich in den 80er Jahren neu konstituierenden Abteilungen für Forensische Psychiatrie waren je bereit oder in der Lage, ex officio der Öffentlichkeit und den Mitarbeitern ihrer rechts- und sozialstaatlichen Einrichtungen dieses historische Erbe zu vermitteln. Angesichts einer katastrophalen Versorgungslage in den deutschen Psychiatrien hatten sie meist auch andere Sorgen, und so wurde der Aufbau eines therapeutisch ausgerichteten Maßregelvollzugs (im Folgenden abgekürzt: MRV) zunächst einmal »auf dem Dienstweg« im Rahmen der vorhandenen personellen und fachlichen Mittel durchgeführt, wobei der MRV bekanntlich lange die »absolute Schlussposition« in der Psychiatrie einnahm (vgl. u. a. Blau & Kammeier 1984). Dass nun aber selbst Standardwerke zum MRV (z. B. Volckart 1999) dessen Geschichte ohne Not umgehen und möglichen kritischen Überlegungen mit dem knappen Verweis vorgreifen, dass das Nazi-Gesetz lediglich den Entwurf von 1927 umgesetzt habe, erscheint zumindest für deutsche Verhältnisse fragwürdig. Denn die Rechtsgeschichte ist immer auch Kulturgeschichte eines Landes und dokumentiert gleichsam den Knochenbau seiner sozialen Verkehrsregeln. Der französische Rechtshistoriker Pierre Legendre hat daran wieder erinnert und spricht von einer »klinischen Funktion des Rechts« (1998, S. 156), die den Prozess der Individuation gegenüber bzw. innerhalb einer »Gemeinschaft« absichert. Wer die Verletzungen und Brüche der Rechtsordnung ausblendet, riskiert mit diesem Skotom im eigenen Geschichtsbewusstsein eine »Schiefheilung«, die der »Wiederkehr des Verdrängten« im Gewand eines modernen Sozialmanagements (»social engineering«) eine Türe öffnet. Während an Deutschlands Universitäten die Lehrstühle für Rechtsgeschichte langsam aussterben, sollte wenigstens die Forensische Psychiatrie, in der die klinische Funktion des Rechts noch unmittelbar zu erleben und psychologisch zu erforschen ist, in Erinnerung behalten, dass die (Brüder-)Horden der Faschisten den Maßregelvollzug inauguriert haben, um die »Volksgemeinschaft«, den »Volkskörper« usw. von dem »Sozialbalast« dieser »Gemeinschaftsschädlinge« zu »befreien«.

Das ist der Geburtsfehler des MRV in Deutschland, der sich heutzutage schneller wieder zu einer Vollzugsanstalt der Sicherheitsbedürfnisse der Bevölkerung zurückentwickeln kann, als es die Verfassung dieses Landes und seine Gesetze erlauben, worauf zuletzt Heinfried Duncker (2001, S. 137) hingewiesen hat. Denn, wie Wilfried Rasch in seinem Handbuch schreibt: »Die Forensische Psychiatrie hat in allen politischen Episoden in Deutschland sehr viel Anpassungsbereitschaft an die jeweils vorherrschende Meinung gezeigt« (1999, S. 11). Und für viele scheint die Vorstellung gar nicht mehr so abwegig zu sein, dass p. k. S. nicht nur wegen ihrer

Gefährlichkeit, sondern auch wegen der hohen Kosten, die ihre fachgerechte Behandlung verursacht, in einer Art »Wohlfühlverwahrung« aus der globalisierten Hochleistungsgemeinschaft »für immer weggeschlossen« werden. Der Bevölkerung wäre es wohl recht, und jeder Populist fände vermutlich große Zustimmung, der diese den »Gemeinschaftsfrieden« störenden Patienten von der gesellschaftlichen Bildfläche verschwinden lassen will. Wahrscheinlich würde es auch kaum jemand bemerken, von denen vielleicht abgesehen, in deren Wohnortnähe eine neue Unterbringungsanstalt gebaut werden soll. In der forensischen Fachliteratur stellt sich die Frage bereits von der anderen Seite: »Gibt es ein Recht auf Behandlung?!« (Teller 1996, S. 54) und sind Rechtsklagen forensischer Patienten auf eine fachlich angemessene therapeutische Behandlung vorstellbar, was zwar absurd erscheinen mag, aber durchaus einer gewissen historischen Logik entspräche. Vielleicht wandelt sich die öffentliche Meinung erst, wenn ein Prominenter derart dissozial dekompensiert, dass sein Fall auf dem gleichen Weg der Rechtsordnung zu verhandeln ist wie der des unbekannten p. k. S., und dann plötzlich die Frage im Rampenlicht der Medien steht, wo und wie er eine qualifizierte forensische Psychotherapie erhalten kann. Aber so lange es für den MRV keine Qualitätsstandards gibt, die einer unabhängigen fachlichen Kontrolle unterliegen, ist dem durchschnittlichen Patienten in der Forensischen Psychiatrie auf Dauer wenig geholfen. Er bleibt auf den jeweils vorhandenen Betrieb angewiesen, dessen Strukturen und Eigengesetzlichkeiten sich auch durch eine Auslagerung (»outsourcing«) therapeutischer Maßnahmen wie z. B. der psychotherapeutischen Einzelbehandlung nicht umgehen lassen. Derartige Versuche haben sich als äußerst konflikt- und gefahrenträchtig erwiesen (Böllinger 1995, 1996), weil sie unter anderem die permanenten Spaltungsversuche forensischer Patienten und damit deren Abwehr eher unterstützen als aufdecken. Davon abgesehen gibt die in der Regel durchaus notwendige und auch therapeutisch wirksame Sicherungsfunktion des MRV vor, dass die »Besserung« eines p. k. S. im Rahmen seiner stationären Behandlung erreicht werden muss.

Dieser Rahmen ist sein neues »soziales Netz« (›relais social‹ i. S. Lavals), dessen psychotherapeutische Qualitäten allerdings nach wie vor sehr zu hinterfragen sind. Einer der bekanntesten deutschen Experten für Forensische Psychotherapie, Friedemann Pfäfflin, kommt mit Horst Kächele in einem Vergleich mit den bestehenden Standards stationärer Psychotherapie zu dem ernüchternden Ergebnis, dass der MRV in Deutschland »noch immer anachronistisch ist« (2001, S. 85). Das Anachronistische besteht vor allem darin, dass die erfolgserprobten Methoden psychodynamisch ausgerichteter stationärer Behandlung offiziell überhaupt nicht berücksichtigt werden. »Irgendwie« werden alle p. k. S. stationär behandelt bzw. sind auf Klinikstationen untergebracht, aber kaum jemand kümmert sich um eine systematische Einarbeitung und Anpassung dieser bewährten Standards in und an das forensische Setting. Das ist widersinnig, unproduktiv, kostenintensiv, therapeutisch schädlich und damit im Ergebnis letztlich nicht im Interesse der öffentlichen Sicherheit.

Dieser Widersinn ist nun aber nicht allein auf konzeptuelle und personelle Mängel oder die fehlende Vernetzung der therapeutischen und juristischen Funktionsbereiche des MRV oder fehlende Forschung (wie Lehrstuhlinhaber anzunehmen geneigt sind) zurückzuführen, sondern auch auf eine tiefer gehende Einschränkung (und Hemmung) des therapeutischen Interesses, die sich hinter der Schwerfälligkeit einer Institution des öffentlichen Dienstes schwer greifbar verbergen kann. Kein authentisches therapeutisches Engagement lässt sich »auf dem Dienstweg« anordnen. Die sich wiederholenden Appelle an einen »konsequenteren«, strengeren Umgang mit den p. k. S. transportieren oft eine mehr oder weniger bewusste emotionale Verweigerung der Einsicht in den Zusammenhang und die Dialektik von psychischem Defekt und dissozialem Handeln, von seelischer Katastrophe und krimineller Explosion, von solipsistischer, einsamer Ohnmacht und verbrecherischer Allmacht, von psychotischer Fragmentierung und destruktivem Wahn. Waren psychisch Kranke schon immer angst- und abwehrerzeugende Menschen, so erzeugt der p. k. S. bei seinen Mitmenschen durch seinen »Rechtsbruch« geradezu archaische Reaktionen wie Groll, Wut, Hass bis hin zu Rachegelüsten, was sich zusammengenommen in einer Empathieverweigerung niederschlägt. Dem Durchschnittsbürger ist dies auch kaum vorzuwerfen, aber wenn leitende forensische Experten sich der psychodynamischen Herausforderung Forensischer Psychotherapie dadurch zu entledigen versuchen, dass sie nolens volens Methoden der Behandlung gewöhnlicher Straftäter aus dem Strafvollzug in die Behandlung psychisch Kranker übernehmen, dann grenzt das, lege artis betrachtet, an patientenschädigendes Verhalten unter dem (in der Psychiatrie allzu bekannten) Vorwand wirksamer »kriminaltherapeutischer« Anwendungen (Müller-Isberner 1998, S. 197ff.). Es liest sich zwar wie eine Selbsterkenntnis, wenn Müller-Isberner feststellt, dass hinsichtlich der im MRV angewandten Therapieverfahren »die therapeutischen Vorlieben der jeweiligen Leiter« die Richtung bestimmen, und man kann ihm grundsätzlich nur zustimmen, dass es bei forensischen Patienten ganz besonders auf ein »transparentes, immer berechenbares Vorgehen« mit »klaren, eindeutigen

Grenzziehungen« ankommt. Wenn er aber die breite, in vielen klinischen Studien qualitativ und quantitativ verifizierte erfolgreiche Erfahrung mit psychoanalytisch-psychodynamisch orientierter stationärer Psychotherapie mit dem Argument vor der Türe seines MRV stehen lässt, »die kognitiven Fähigkeiten dieser Klientel« seien derart »deutlich eingeschränkt«, dass »einsichtsorientierte Verfahren fast auszuschließen« sind, dann entbehrt dies nicht einer gewissen Verachtung, mit der »gestörte Täter« (Müller–Isberner 1998, S. 205) als kognitiv minderwertig betrachtet werden. Die klinische Erfahrung belegt hingegen schon lange, dass selbst bei geistig Behinderten eine »emotionale Einsicht« erreicht werden kann (vgl. u. a. Mannoni 1972). Die Dimension und die Erfahrung »emotionalen Wachstums« (Zetzel 1974) scheint einem solchen Denken gar vollkommen abhanden gekommen zu sein.

F. Pfäfflin und E. Mergenthaler (1998, S. 27) haben im Übrigen im Einzelnen nachgewiesen, dass sich viele der (aus kognitiv-behavioraler Straftäterbehandlung in Kanada abgeleiteten) verhaltenstherapeutischen Lernziele Müller-Isberners »unschwer in psychodynamische Begrifflichkeiten übersetzen« lassen. Dabei erinnerten sie an die modifizierten therapeutischen Techniken psychoanalytischer Behandlung Dissozialer von August Aichhorn (1957) bis Otto Kernberg (1997), die stets die Bedeutung von Struktur und Grenzen, von Transparenz und Authentizität unterstrichen haben. Pfäfflin umgeht aber eine kritische Analyse der forensischen Institutionen und ihrer eigenen Dynamik, wie sie von Stavros Mentzos (1996) und W. Leuschner (1985) beispielsweise auf die Allgemeinpsychiatrie angewandt wurde, gleichwohl nicht anzunehmen ist, dass seine hochinteressanten Forschungsergebnisse »auf dem Dienstweg« in den MRV Eingang finden werden.

Für die meisten Krankheitsbilder von p. k. S. gibt es aus der Allgemeinpsychiatrie, aus den psychosomatischen und Suchtkliniken und aus der ambulanten Psychotherapie ausgearbeitete Behandlungsverfahren, weshalb diese Räder für den MRV nicht neu erfunden werden müssten. Grob gesprochen kann man sagen, dass eine (immer kostspielige) stationäre psychotherapeutische Behandlung indiziert ist, wenn das soziale Netz der alltäglichen Lebensumstände eines Patienten diesem nicht genügend Halt gibt und wenn seine Ich-Stärke nicht ausreicht, um auf ambulantem Wege eine tiefergehende psychische Veränderung zu erreichen. Viele psychische Erkrankungen (insbesondere mit psychosomatischer Symptomatik) erfüllen außerdem eine Abwehrfunktion und sind eine Art Kompromissbildung gegenüber verdrängten seelischen Konflikten und traumatischen Erfahrungen, die den Patienten in seinem Alltag einigermaßen stabilisiert oder ihm gar einen »Krankheitsgewinn« einbringt. Diese Abwehr kann mitunter nur in einem stationären Setting gelockert werden, das den Patienten in eine regressionsfördernde Situation versetzt (u. a. durch seine tägliche Versorgung bei strukturiertem Tagesablauf). Mit wachsendem Sicherheitsgefühl kann er die »Wachposten« von seiner »Abwehrmauer« abziehen und sich leichter auf seine psychische Realität konzentrieren. Vor allem aber verschafft eine stationäre Behandlung dem Patienten die Möglichkeit, in seiner gesamten Persönlichkeit wahrgenommen und »beantwortet« (wie es Jürg Willi (1990) formuliert) zu werden. In diese therapeutische Wahrnehmung bringt die Psychoanalyse eine Sichtweise und ein Verständnis ein, die deren »Sehschärfe« entscheidend verbessert haben. Es ist ihr »szenisches Verstehen« (Argelander 1970), mit dem sie das Verhalten, das ein Patient in dem zeitlich und räumlich begrenzten »therapeutischen Raum« zeigt, als »Reinszenierung« einer verdrängten Problematik betrachten kann. Damit werden unter der Oberfläche seines Verhaltens aus dem Bewusstsein verdrängte Strategien erkennbar.

Wie notwendig und hilfreich eine entsprechend geschulte therapeutische Wahrnehmung in der stationären Psychotherapie ist, konnte zum Beispiel P. L. Janssen in seinem »Essener Modell« unter Beweis stellen, das er auf die Behandlung früher, also »struktureller Ich-Störungen« ausgerichtet hat. Diese gehören zu den nachhaltigsten Störungen der Willensfreiheit eines Menschen, die wir bei p. k. S. am häufigsten antreffen und die sich unter anderem durch ein Versagen der integrierenden Funktionen des Ichs, durch eine mangelnde interpsychische Autonomie und bei psychotischen Störungen durch ein Misslingen der Differenzierung von Selbst und Objekt bei nicht integrierten libidinösen und aggressiven Beziehungen auszeichnen. Unerträgliche innere Spannungen und »unerwünschte Selbstaspekte« (Sandler & Freud 1989) werden von solchen Patienten besonders heftig auf andere Personen projiziert (um nur einen Abwehrvorgang aufzugreifen), die sich ihrerseits der suggestiven Wirkung dieser Projektionen nur entziehen können, wenn sie die psychische Realität hinter deren manifestem Verhalten kennen und verstehen.

> »Die stationäre psychoanalytische Therapie kann (die Symptome) und die primitiven Beziehungsmuster auf den verschiedenen Ebenen ihrer Therapie zur szenischen Darstellung gelangen lassen (...) Ihr Vorteil liegt darin, daß den Spaltungstendenzen (des Patienten) dadurch begegnet werden kann, daß die Station insgesamt zum Feld der re-inszenierten pathologischen Objektbeziehungs-

> muster wird. Des Weiteren bietet die Station einen festen Rahmen, kann mit realen Grenzsetzungen arbeiten und hat damit sowohl eine strukturierende wie eine haltende Funktion (...) Im therapeutischen Raum kann der Patient von den therapeutischen Objekten Gebrauch machen. (Diese nehmen seine abgespaltenen Selbstanteile auf und lassen sie auf diese Weise auch für ihn erfahrbar werden (...). Der geschützte und grenzsetzende Raum (führt) zur Reaktivierung aggressiver Affekte, die vorher somatisiert oder in Handlungen ausgetragen wurden (...) Die Einsicht in seine Beziehungsmuster im Hier und Jetzt in gestalteten Szenen verbessert die Selbstwahrnehmung und verbessert damit die Ich-Leistungen.« (Janssen 1990, S. 92ff.)

Dies ist freilich nur eine knappe, für diesen Diskurs ausgewählte konzeptuelle Andeutung aus einer immens umfangreichen Literatur über stationäre Psychotherapie, die nach Einschätzung von Heinz Schepank bis Ende der 80er Jahre in Deutschland mit insgesamt bis zu 5000 Psychotherapiebetten »ein weltweit einzigartig expansives Wachstum erlebt hat« (Schepank 1987, S. 363). Für die über 6000 Patienten in den Forensischen Psychiatrien existiert demgegenüber bis heute kein vergleichbares, integriertes Behandlungskonzept, das als erprobt und ausgereift gelten könnte. Stattdessen profilieren sich weiterhin einzelne Experten an einzelnen Frage- und Problemstellungen aus dem komplexen und a priori interdisziplinären Funktionszusammenhang Maßregelvollzug und verstärken damit zu Gunsten partikularer Interessen die »Departementalisierung« (Adorno/Horkheimer) dieses sozialen Netzes. Seiner Klientel, häufig bloß mehr oder weniger »prominentes« Studienobjekt akademischer Karrieren (wie z. B. bei Lacan 2002), wird das nicht helfen, den sozialen, ethischen und ökonomischen Zielen der Gesellschaft nur schaden und die in diesem Bereich Tätigen weiter demotivieren.

Das soziale Netz forensischer Behandlung ist durch die verschiedenen zuständigen Behörden und die verschiedenen Dienstleistungsbereiche der Forensischen Psychiatrie in sich bereits derart »fragmentiert«, dass vor jeder speziellen therapeutischen Frage die realen und potenziellen Funktionszusammenhänge des forensischen Settings herausgearbeitet werden müssten. Die rechtsstaatlich organisierte und kontrollierte »Besserung und Sicherung« von p. k. S. umfasst nämlich real einen riesigen Apparat mit polizeilichen, gerichtlichen, psychiatrischen, therapeutischen, pflegerischen und sozialdienstlichen »Organen«, deren Koordination oft ähnlich brüchig und unzulänglich ist, wie die Integrationsfähigkeit des Kranken selbst. Patienten mit einer aggressiveren, ihre Mitmenschen manipulierenden

Abwehr bietet dieser Umstand reichlich Gelegenheit zur Spaltung, wenn sie es verstehen, die einzelnen Funktionsträger – innerhalb wie außerhalb der Klinik – für ihre Interessen (z. B. mit anwaltlicher Hilfe) einzusetzen. Es ist ja gerade die bei p. k. S. mit weitgehend intakt gebliebenen Ichfunktionen (wie vor allem bei Persönlichkeitsstörungen) pathologisch ausgeprägte »Fähigkeit« zur Objektmanipulation, die die Leistungsfähigkeit des MRV an seine Grenzen bringt.

Clemens de Boor hat die Neigung, innere Konflikte auf fremdgefährdende Weise in der sozialen Realität auszutragen, als einen Grundzug von Delinquenten überhaupt ausgemacht. Er verglich sie mit psychosomatischen Patienten und stellte fest, dass beide Patientengruppen »intensiven Gebrauch machen vom Abwehrmechanismus der Projektion« (de Boor 1976, S. 640f), durch den sie Gefühle, die sie verkennen oder in sich ablehnen, aus sich ausschließen und bei Anderen lokalisieren. Beim psychosomatischen Kranken werde dabei der eigene Körper zum »Projektionsschirm«, während der Delinquente »den sozialen Organismus Gesellschaft zum Projektionsschirm« nehme. Sein »intrapsychischer Kampf wird mit ihr und gegen sie fortgesetzt«. Deshalb erscheine seine Symptomatik auch nicht in einer »autoplastischen« Veränderung (körperliche Erkrankung), sondern in seinem »alloplastischen« Versuch der Veränderung der äußeren Realität. Dies beschreibt allerdings eine neurotische Form von Delinquenz, deren Destruktivität nicht an die psychotische heranreicht, die vielmehr von einer völligen Verleugnung, einer Nihilierung der Realität geprägt ist, wie man sie bei vielen Verbrechen psychisch Kranker antrifft, die *»im Wahn« morden.*

Exkurs:

Die latente Bereitschaft zu töten gehörte der frühen psychoanalytischen Theorie nach zur verdrängten menschlichen Natur, weshalb sie sich wunderte, dass es »dieses Gesindel«, wie Freud 1929 in einem Brief an Lou Andreas-Salomé seine »lieben Mitmenschen« bezeichnete, überhaupt längere Zeit friedlich miteinander aushält. Diese Frage ist noch nicht abschließend entschieden und muss, wie die nach dem Todestrieb (Vogt 2001), weiterhin offen gehalten werden. Klar ist nur, dass das Tötungsverbot eine über Jahrtausende gewachsene soziale Realität darstellt, der sich die Menschen aber nur soweit unterordnen, als es ihnen ihre Realitätseinsicht und ihre libidinöse Bindung an die Realität empfiehlt, ein Zusammenhang, an den aktuell der mörderische Terror religiöser Fanatiker wieder erinnert. Die Qualität der libidinösen Besetzung der äußeren Realität ist wiederum abhängig vom »Selbst-Gefühl«, wie Marion Oliner (1996) dargelegt hat, und variiert zwischen den Extremen der narzisstisch-destruktiven Ausbeutung und der selbstverleugnenden Glorifizierung der Umwelt. Auch wenn für Freud die psychische Bedeutung der äußeren Realität ein Rätsel blieb – Wolfgang Loch (1995) hat diesem Thema seine letzte theoretische Arbeit gewidmet –, so hat er doch 1924 mit der Erklärung des »Realitätsverlustes bei Neurosen und Psychosen« (GW XIII, S. 363ff) einen wichtigen Hinweis formuliert: Während die Neurose letztlich »alloplastisch« bleibe, also die Realität nicht verleugne, versuche die Psychose sie mit einer inneren, »autoplastischen« Veränderung – dem Wahn – zu ersetzen. Ist in der Neurose eine Geringschätzung der Realität zu vermerken, so werden in der Psychose die libidinösen Besetzungen von der äußeren Realität abgezogen, nach innen gewendet (was sich von einem pathologischen Narzissmus oft wenig unterscheidet) und (so lässt sich Freuds Ansatz fortsetzen) wird die Realität mit Projektionen gleichsam zugepflastert, anstatt sie in ihrer Getrenntheit und eigenständigen Qualität wahrzunehmen. Schaffen sich Menschen durch die Projektion ihrer »Phantasiewelt« (Freud) eine eigene Realität, etwa in der Ausbildung einer wahnhaften Vorstellung (wie im religiösen Fundamentalismus oder bei einer totalitären Ideologie), so lösen sie damit zugleich die lebensgeschichtliche und leibhaftige Verankerung ihres Ichs in der äußeren Realität und versuchen – quasi wie ein Mensch ohne Unterleib – abstrakte, d. h. nicht mehr an sinnlich erfahrene Sachvorstellungen geknüpfte Ideen, Ideologien usw. in der Wirklichkeit durchzusetzen – mit dem fragwürdigen Vorteil, aufgrund eines Spaltungsprozesses dabei von Schuldgefühlen nicht mehr allzu sehr beeinträchtigt zu sein. Man kann diesen »unheimlichen« Schuld-Panzer bei vielen Deutschen beobachten, die aktiv an den Terror- und Mordaktionen der Nazis beteiligt waren. Ein erschütterndes Beispiel ist Adolf Eichmanns Verhalten während seines Prozesses in Israel, das bei vielen Anwesenden einen psychischen Zusammenbruch auslöste.

»Abstraktionen in der Wirklichkeit geltend machen bedeutet, Wirklichkeit zu zerstören«, heißt es bei Hegel (1973). Der von einem Wahn, einer Ideologie, einer Religion usw. geleitete Verbrecher agiert absolutistisch gegen die soziale Wirklichkeit, was ihm aber auch die »klammheimliche« Bewunderung jener Mitmenschen einbringt, die eben unter

dieser Wirklichkeit leiden. Freud spricht in seiner Einführung des Narzissmus vom »Reiz des großen Verbrechers« wegen der »narzisstischen Konsequenz«, mit der er »alles sein Ich Verkleinernde« von sich fern halte (GW X, S. 155), was er an Dostojewski und seinem Roman Die Brüder Karamasoff *eingehender darstellte (GW XIV, S. 399ff). Dies war auch der Schlüssel zum Faszinosum der literarischen Figur des Sexualmörders Moosbrugger in dem Jahrhundertroman* Mann ohne Eigenschaften *von Robert Musil, über den der Autor seinen Protagonisten Ulrich sagen lässt: »Wenn die Menschheit als Ganzes träumen könnte, müßte Moosbrugger entstehen« (Musil 1978, S. 76).*

In Wirklichkeit kollidiert ein p. k. S. aber am Tiefpunkt seiner Integrationsfähigkeit mit den äußeren Organen des MRV, die er durch eine Straftat aktiviert hat, die zugleich den Höhepunkt seiner dissozialen Abwehr markiert. Es ist an anderer Stelle ausreichend dargestellt und kritisiert worden (vgl. Kobbé 1998, S. 119ff.), wie die Öffentlichkeit mit massiven, kaum korrigierbaren Projektionen (wie die vom »Lustmörder«) nur auf dieses »Symptom« des p. k. S., geradezu hysterisch reagiert, als dass dies hier weiter ausgeführt zu werden braucht. Tatsächlich befindet sich der p. k. S. zum Tatzeitpunkt in einer *solipsistischen Katastrophe*, wenn er sich mit einer destruktiven Wahnvorstellung aus der sozialen Realität verabschiedet hat und zu einem Einzelkämpfer, einer Art sozialem Terroristen geworden ist, der sein psychisches Überleben, sein privates »Seelenheil« von der Ausführung einer Straftat abhängig macht. Viele p. k. S. entwickeln ihre dissoziale, kriminelle Kompensation mehr oder weniger bewusst als eine quasi geheime Handlungsmöglichkeit, die »gewöhnlichen« Menschen verschlossen ist. Damit entziehen sie sich dem Sozialen mit seinen hilfreichen menschlichen Beziehungen, die sie nur noch als beschämend und bedrohlich erleben und geraten in einen circulus vitiosus, der bei vergleichbaren psychosozialen Katastrophen auch zum Selbstmord führen kann. Nun müssen spätestens an dieser Stelle die Krankheitsbilder unterschieden werden, die sich im MRV versammeln. Nach Leygraf (1988, S. 48) befanden sich Ende der 80er Jahre 6,3 % wegen einer hirnorganischen Störung, 4,4 % wegen einer Suchterkrankung, 18,6 % wegen einer Persönlichkeitsstörung ohne und 25,4 % mit einer Minderbegabung, 1,2 % wegen einer affektiven Psychose und eine große Gruppe mit 37,9 % wegen einer schizophrenen Psychose im MRV. Letztere Diagnose muss selten geändert werden und gehört im Vergleich etwa mit den Persönlichkeitsstörungen zu den erfolgreicher behandelten Krankheitsbildern, da allein schon die ge-

bzw. verregelten Arbeitsabläufe der Forensischen Psychiatrie und die medikamentöse Behandlung zu einer gewissen Stabilisierung psychotischer Patienten beitragen. Gleichwohl gibt es, wie gesagt, keine klinischen Einzelfallstudien (»case studies«), die den Lebensweg eines solchen Kranken von seiner meist katastrophalen Vorgeschichte über die Psychodynamik seiner Straftat durch den jahrelangen stationären Behandlungsprozess im MRV bis hin zu seiner katamnestischen Erfassung (d. h. Jahre nach seiner Entlassung) auf der Grundlage eines erprobten wissenschaftlichen Erklärungsmodells systematisch und begrifflich kohärent verfolgen.

H. Duncker äußerte die Vermutung (persönl. Mitteilg.), dass solche Verlaufsstudien auch deshalb schwerlich zustande kommen, weil die durchschnittliche Verweildauer ärztlicher Therapeuten im MRV kürzer ist als die Behandlungsdauer eines p. k. S. bis zu seiner erfolgreichen Resozialisierung. Bleibt die Frage, warum die meist länger anwesenden ärztlichen Leiter solche Langzeitstudien nicht selbst verfassen oder eben Psychologen (als die Therapeuten mit größerer Kontinuität) damit beauftragen und dafür Forschungsgelder beantragen. Wie weit aber der MRV vom fachüblichen psychotherapeutischen Interesse am einzelnen Patienten entfernt ist, zeigt zum Beispiel auch die klinische Praxis, Gruppentherapie nach der Art der Straftat zu organisieren. Ob es freilich therapeutisch sinnvoll ist, einen schizophrenen Exhibitionisten in die gleiche Gruppe von Sexualstraftätern zu schicken wie einen intelligenten, manipulativen Mehrfachvergewaltiger mit dissozialer, narzisstischer oder histrionischer Persönlichkeitsstörung, scheint zumindest einer Frage würdig, wird aber fachlich gar nicht diskutiert. Schlussendlich wird die Effizienz des MRV vor allem nach einem einzigen Kriterium bemessen: der Vermeidung einer erneuten Straffälligkeit seiner Patienten – und das muss zwar nicht mit deren Heilung zusammengehen, immer aber mit einer gewissen *Krankheitseinsicht*.

II
Der destruktive Wahn im forensischen Setting

Die tägliche Arbeit in der Forensischen Psychiatrie erscheint im Verhältnis zum »Reiz des großen Verbrechers« und zu den Ansprüchen ehrgeiziger Therapeuten eher wie ein farbloses Negativ gegenüber den Hochglanzfotos der (Fach-)Presse. Werden psychotherapeutische Bemühungen bei nichtstraffälligen Menschen häufiger von deren beruflichem und/oder privatem Erfolg belohnt und fällt von diesem »Glanz« immer auch etwas auf ihre Therapeuten, so steht am Ende einer erfolgreichen forensischen Behandlung in aller Regel die deprimierende Einsicht des p. k. S. in die Realität seiner Erkrankung, in seine Hilflosigkeit und Hilfebedürftigkeit und in seine reale Schuld – ohne aber erneut straffällig werden zu müssen. Das ist das sozial »unauffällige« Ergebnis einer gemeinschaftlichen Anstrengung. Ab einem bestimmten Schweregrad der ihr zugrunde liegenden psychischen Störung lässt sich die dissoziale Symptomatik offensichtlich nur durch und in einer organisierten Form verdichteter Kooperation bewältigen. Wir sprechen hier in erster Linie von der Gruppe der p. k. S., die gemäß § 63 StgB (also aufgrund einer schweren seelischen Störung vermindert oder nicht schuldfähige Straftäter mit Rückfallgefahr) im MRV untergebracht sind. Bei dieser Patientengruppe geht es immer auch um eine die Störung begleitende oder gar zentrale, schwerwiegende narzisstische Problematik ohne Aussicht auf irgendwelche »grandiosen« (Er)Lösungen mit anschließendem sozialem Erfolg. Das macht die Forensische Psychiatrie (neben anderen belastenden Faktoren) für viele Therapeuten prima vista so unattraktiv – freilich nur solange man nicht sieht, dass dort über die conditio humana und die psychische Realität des Menschen so manches mehr zu erfahren ist, als auf einem psychotherapeutischen »Zauberberg«.

Das Versagen von Ichfunktionen, der Verlust haltender Objekte, die Fragmentierung des Selbst, der Einbruch des Narzissmus usw., all diese seelischen Katastrophen können Auslöser für einen dissozialen Selbstrettungsversuch sein, dem meist eine ausschließlich selbstbezogene bzw. solipsistische »Umwertung aller Werte« vorausgeht. Die radikalste Form dieser »Umwertung« sind, wie gesagt, die Wahngebilde der Psychose, die Freud als »Restitutionsversuch« bezeichnete, »der die libidinösen Besetzungen zu den Objektvorstellungen zurückbringen will« (»Als ersten solchen Versuch haben wir die Überbesetzung der Wortvorstellungen kennen gelernt.« Freud, GW X, S. 420f) und die von Stavros Mentzos (1991) als ein Abwehrmechanismus verstanden werden, der vor einem totalen Selbstverlust schützen soll. Schon Kretschmer (1918) bezeichnete das Erlebnis einer »beschämenden Insuffizienz« und eines gekränkten Ehr- bzw. eines verletzten Gerechtigkeitsgefühls als Kristallisationspunkt für eine paranoide Entwicklung; eine Einsicht, die gerade und vor allem von der Psychoanalyse vertieft wurde. Hans-Peter Kapfhammer (2001, S. 435ff.) hat jüngst in einer Übersicht die Entwicklung dieses psychoanalytischen Verständnisses der Paranoia rekapituliert und kommt dabei im Lichte neuerer Forschungen unter anderem zu dem Ergebnis, dass »für künftige Lösungsmodi die Erfahrung richtungweisend sein wird, dass der aggressiven Selbstbehauptung eine besondere

Rolle in der Regulierung des bedrohten narzisstischen Selbstwertsystems (zukommt)« (ebd., S. 494). Genau diese Erfahrung vermittelt die Behandlung destruktiver Wahnbildungen in der Forensischen Psychiatrie, was die folgende Darstellung anhand klinischer Vignetten aus dem Behandlungsverlauf zweier p. k. S. mit psychotischer bzw. paranoider Symptomatik nachzeichnet, die zum Tatzeitpunkt einen Wahn ausgebildet hatten, der für sie das Tötungsverbot außer Kraft setzen konnte. Schwerpunkt ist dabei die Einsicht, dass das forensische Setting mit seinen unterschiedlichen Funktionsbereichen zwischen Recht, Medizin, Psychologie und Sozialarbeit als Ensemble erst die gesellschaftlich gewünschte therapeutische Wirkung entfaltet. Die objektmanipulierende, latent fremdgefährdende Abwehr des p. k. S. erzwingt geradezu einen Konsens in der Kooperation und macht damit die forensische Arbeit zu einem Modellfall für die Frage, wie es einer Gesellschaft und/oder einer ähnlich strukturierten Gruppe gelingen kann, ein ihre sozialen Regeln und ihre innere Freiheit missbrauchendes, irrationales Gewaltpotential zu »entschärfen«, zu integrieren und einzudämmen.

Anstatt nun alle forensischen Funktionsbereiche aufzuzählen, sollen hier lediglich einige wesentliche psychodynamische Funktionen dieses Settings unter dem Gesichtspunkt kritisch betrachtet werden, wie sie beim Patienten zum Aufbau eines Selbst mit stabilen Ichfunktionen beitragen, die die Verbindung zur Realität dauerhaft aufrecht erhalten. Ohne dabei auf die Krankheitsbilder im Einzelnen und die Widersprüche der verschiedenen Krankheitskonzepte einzugehen, orientieren wir uns an den für solche Störungen typischen Krankheitsverläufen, die sich in wesentlichen Aspekten von denen nicht dissozial entgleisender Psychotiker wenig unterscheiden. In der unmittelbaren Vorgeschichte zu der straffälligen Entgleisung psychisch kranker Straftäter mit einer paranoiden, schizoiden oder psychotischen bzw. psychosenahen Störung findet sich regelmäßig, was Gaetano Benedetti als »Rückzug aus der sozialen Welt« beschreibt:

> »Bereits Monate vor der klinischen Manifestation neigt der Patient dazu, sich von seiner sozialen Umwelt zurückzuziehen; er meidet soziale Kontakte, alle Zusammenstöße, versteckt sich im Haus, grübelt über alles nach, bringt von seinen täglichen Verrichtungen immer weniger zustande. (...) Die präpsychotische Angst entspricht einer Vorahnung vom Verlust des Ich. Ganze emotionale Schichten vertrocknen, der Patient versteht sich selbst nicht mehr. (...) Der Rückzug ist nicht nur durch ein extrem starkes Gefühl der Unzulänglichkeit in den verschiedenen Bereichen alltäglicher Verrichtungen bedingt, sondern auch durch eine fortschreitende Unfähigkeit, sich von allen Objekten abzugrenzen«.

Gleichzeitig leide er unter dem Erleben, »keinen Platz bei den anderen zu haben«. (Benedetti 2002, S. 15)

Klinische Beispiele[3]

Herr W., ein 29-jähriger Fensterbauer (ohne Vorstrafen) mit einer wahnhaften Störung, der nach einem mit seinen ebenfalls psychisch kranken Brüdern begangenen Mord in die Forensische Psychiatrie kam, erzählte: »Damals wollte ich meine eigenen Leistungen zerstören, weil sie mir plötzlich fremd waren. Ich wusste auch gar nicht, ob mich überhaupt irgendwer noch haben wollte. Ich hatte das Gefühl, dass mich die anderen Menschen gar nicht mehr wahrnehmen.« Er hatte seine Arbeit verloren, löste Kaufverträge und schließlich seine Lebensversicherung auf, fühlte sich von allen verlassen und stand mitunter vor seinem Wohnblock »und wartete auf einen Auftrag«.

Herr Z., ein 30-jähriger Maschinenbaumechaniker (ohne Vorstrafen) mit einer paranoiden Persönlichkeitsstörung, der ebenfalls nach einem Mord in Behandlung kam, war Wochen zuvor zunehmend paranoid entgleist und hatte immerhin einen Psychiater konsultiert, weil er sich von (seit seinem 8. Lebensjahr bestehenden) Tötungsphantasien bedroht fühlte. Er hatte sich (als Gewerkschaftsfunktionär) mit seinen Arbeitskollegen zerstritten, fühlte sich von Ausländern verfolgt, zog sich mit anwachsender Angst immer mehr zurück und begann, in der Küche seiner kleinen Wohnung »Stimmen aus dem Abfluss« zu hören.

»Abgespalten von sich und der Welt«, fasst Benedetti (2002) zusammen, »ohne ein zusammenhängendes Ich, ohne eine eigene stabile Identität, ohne ein (stabiles) Selbst, gefühllos geworden in den kalten Abgründen des Nichts, existiert der Patient nicht!« (ebd., S. 26). Diese Menschen nehmen nicht mehr ihre eigene Wirkung auf ihre soziale Realität wahr, spüren *keine Resonanz*, erleben dadurch auch keine Selbstbestätigung und laufen damit psychisch quasi leer, wodurch ihre narzisstische Bedürftigkeit ins Unermessliche steigt. Günter Lempa bestätigt, dass alle analytischen Theorien darin übereinstimmen, dass der Kernkonflikt in einer Störung der

[3] Hr. W. und Hr. Z. haben ihr ausdrückliches Einverständnis zur anonymisierten Wiedergabe ihrer Krankengeschichte zu wissenschaftlichen Zwecken erklärt

Differenzierung von Ich und Nichtich, von Selbst und Objekt liegt, was zu einer extrem narzisstischen Verletzlichkeit führt. »Der Schizophrene hat keine schützende Membran um sein Selbstwertgefühl« (Lempa 1995, S. 134).

Lempa verweist auf F. Broucek (1979), der das Descartsche »cogito, ergo sum« für den Psychotiker zu einem »I cause, I intend, therefore I am« umformuliert hat, um damit dessen existentielle Problematik auf den Punkt zu bringen. Das Ich des Kranken kapituliert in beide Richtungen, sowohl in der Bewältigung der äußeren, als auch der inneren Realität, was zu einer ungebremsten Ausbreitung von Projektionen führt, die unerträgliche Spannungen nach außen schaffen sollen. Der p. k. S., der einem solchen psychotischen Prozess verfällt, unterscheidet sich vom gewöhnlichen Psychotiker durch seinen aggressiven Kampf gegen die Windmühlen seiner Projektionen, der ihm zugleich das Gefühl vermittelt, wirksam zu existieren und bedeutend zu sein. Sowohl Herbert Rosenfeld (1985) als auch Otto Kernberg (u. a. 1991) haben (vor unterschiedlichem konzeptuellem Hintergrund) gezeigt, wie sehr Aggression, Wut und Hass dafür eingesetzt werden können, einen psychischen Zusammenbruch abzuwehren und Ohnmacht in das Gefühl von Allmacht umzuwandeln.

> »Beim psychotischen Patienten ist sein tiefes Gefühl von Minderwertigkeit und sein mörderischer Neid auf die Menschen (...) in seiner Wahnwelt auf eine heimliche Weise in eine Situation verkehrt, die ihm ein starkes Selbstgefühl in seiner Megalomanie gibt (...) Ein Wahn, der bedeutet, dass er allen überlegen ist und dass er alle seine halluzinierten Feinde besiegen kann«. (Rosenfeld 1985, S. 79)

Seine soziale Umgebung erlebt der p. k. S. als bedrohlich und feindselig, weil er seine Minderwertigkeitsgefühle und die von sich abgespaltenen, negativen Selbstanteile auf diese projiziert. Einfacher ausgedrückt: Weil er bei bzw. in sich keine guten Objekte mehr findet und ganz von einem verzweifelten Hass erfüllt ist, den er als seine einzige Stärke erlebt, macht er die anderen zum Behälter (container) dieser abgespaltenen Selbstanteile, die ihn dann wiederum von außen bedrohen. *Der destruktive Wahn des p. k. S. richtet sich gegen projektiv entwertete Mitmenschen, durch deren Vernichtung (Deobjektalisierung) er meint, sich vor einem narzisstischen Zusammenbruch und einer Auflösung seiner Persönlichkeit schützen zu können.* Die Gesellschaft ist der Feind, der ihn von innen bedroht, was sich bei den meisten p. k. S. aus der frühen Erfahrung speist, selbst Opfer traumatisierender Feindseligkeiten gewesen zu sein. Ist der destruktive Wahn als Abwehrstruktur erst einmal installiert, so findet er seine Begrenzung oft nur noch in und durch die äußere Realität.

Herr W. hatte sich mit Gewaltvideos in eine Rambo-Fantasie hineingesteigert und lief in der Stadt mit Springmessern unter seiner Jacke umher und ergötzte sich an der Unwissenheit der Anderen, die er jeden Moment niederstechen könnte. Er schmiedete den Plan für einen Tankstellenüberfall, kaufte in Frankreich eine Flinte und rottete sich mit seinen Brüdern zusammen, die ebenfalls psychotisch und sozial haltlos waren. Sie übten den Überfall »wie im Film«, doch dieser Film riss während der Umsetzung in die Realität. Aus der Tankstelle war spontan eine Gaststätte geworden, die sinngemäß »Zur ersten Hilfe« hieß, aber die Wirtsleute wehrten sich. Patient: »Das war voll gegen das Programm.« Beim Fluchtversuch erschossen sie den Wirtssohn.

Herr Z. war von einem türkischen Arbeitskollegen zur Hochzeitsfeier eingeladen worden, blieb dort wider Erwarten alleine sitzen, zog sich zurück, betrank sich in seiner Wohnung und fasste den Plan, eine Nachbarin zu vergewaltigen. In deren Wohnungstür erschien aber ein anderer Mann, den er sekundenschnell niederstach. Patient: »Ich habe diesen Türken gesehen.«

Obwohl p. k. S. mit ihrer Tat den akuten Zusammenbruch ihrer Abwehr anzeigen, werden sie insbesondere bei Kapitalverbrechen oft lange Zeit im Strafvollzug festgehalten, was zwar ihre Schuldgefühle mildern und sie stabilisieren kann, aber zum Zeitpunkt eine Abwehr implantiert, zu dem sie psychotherapeutisch durchaus zugänglich wären, was die Kunst der Akutbehandlung von Psychotikern belegt. Herr W. bildete in seiner einjährigen Untersuchungshaft einen Vergiftungswahn aus, mit dem er für ein weiteres Jahr seine stationären Therapeuten beschäftigte. Herr Z. verbündete sich im »Knast« mit der negativen Identität eines Schwerverbrechers und machte sich zu einem gefürchteten Mann, womit er das forensische Behandlungsteam lange terrorisierte. Bei eindeutigen Fällen ist natürlich die Aufnahmestation der Forensischen Psychiatrie der adäquate Übergangsraum bis zur Gerichtsverhandlung; nicht nur wegen der qualifizierteren Beobachtungsmöglichkeiten im Umfeld der Gutachtenerhebung, sondern vor allem zur Vorbereitung ihrer Therapie. Die Problematik der Gutachtenerstellung muss hier leider übergangen werden. Sie ist eine Wissenschaft für sich und eine Kunst, deren Komplexität über die Technik des psychoanalytischen Erstinterviews hinausreicht.

Die Ordnung des Rechts als gesellschaftliche Instanz der Realitätsprüfung

Der p. k. S. wird erst vom Gericht als forensischer Patient »konstituiert«. Um die zentrale, strukturierende und seinen künftigen Rahmen setzende Bedeutung dieses »Gründungsaktes« zu unterstreichen, kann man zwar mit Legendre (1998, S. 155) auf das »Amt des Vaters« und seine triangulierende Struktur verweisen, geht damit aber sowohl an seiner juristischen Funktion, als auch an der psychischen Realität des Psychotikers vorbei. Die Annahme, dass dieser die Gerichtsszene bereits symbolisch als ödipale Szene erleben kann (ebd., S. 154), entbehrt jeder klinischen Grundlage und ignoriert den Zustand seines Ichs. Wie wichtig die Gerichtsverhandlung für seine psychische Restrukturierung dennoch sein kann, belegt vielmehr die klinische Erfahrung, dass er im Laufe seiner Therapie immer wieder und in immer wieder neuer, erweiterter Weise Sequenzen des Prozesses nacharbeitet. Dessen Funktion und Aufgabe ist ja die Tatsachenermittlung, also die möglichst vollständige Herstellung einer Realitätswahrnehmung, die beim Psychotiker zusammengebrochen war. Hier zu behaupten, er »verlange, dass man ihm die Grenze sagt« (ebd.), erscheint als geradezu unmenschlich, weil eine solche Betrachtung zu Gunsten einer akademischen Beweisführung sich um den »psychisch Leidenden und seine Welt« (Benedetti 1984), also um seine Leidensgeschichte, die psychosozialen Ursachen seiner Krankheit und die Schwierigkeiten seiner Behandlung nicht kümmert. Für den p. k. S. geht es vor Gericht aber um nichts weniger, als das ganze Ausmaß seines Scheiterns vorgeführt zu bekommen, weshalb ihn das Geschehen weit mehr erfasst, als er zu diesem Zeitpunkt verarbeiten kann. Erst die Therapie versetzt ihn schrittweise in die Lage, den Inhalt und das Ergebnis der Gerichtsverhandlung zu realisieren. Der Tatsache seines Freispruchs (z. B. wegen Schuldunfähigkeit) können sich zum Beispiel sowohl seine Schuldgefühle verwehren, als auch die Scham, nicht für fähig erachtet worden zu sein, sich schuldig zu machen, also wirksam »böse« sein zu können. Dies widerspricht seinem negativen Narzissmus aufs Schärfste, der sich im übrigen im Laufe seiner Behandlung gleichermaßen gegen ihn selbst richten kann. So bestand Herr W. in depressiven Phasen wiederholt darauf, auf dem Marktplatz der Stadt grausam hingerichtet zu werden, gleichwie ein anderer schizophrener Patient wie Christus sterben wollte. ›Darunter‹ durfte es nicht geschehen.

Das Gericht versucht mit Hilfe des Sachverständigen (der in der deutschen Prozessordnung auf der Seite des Staatsanwaltes sitzt) die

Funktionsfähigkeit des Ichs des Angeklagten einzuschätzen, also seine Willenskraft und die Frage zu klären, ob er noch gefährlich ist. Erst mit der Anordnung der Unterbringung im MRV bietet das Gericht dem Patienten eine Grenze, deren Einhaltung es mit (Polizei-)Gewalt erzwingt. Diese Grenze ist eine unmittelbar körperliche und damit eine vorsprachliche und tiefgreifender noch als z. B. ein Führerscheinentzug bei erheblichen Verstößen gegen die Straßenverkehrsordnung. Der Entzug der bürgerlichen Freiheitsrechte, die der p. k. S. zur Inszenierung seines Wahns zum Schaden anderer missbraucht hat, ist das »Nein« des Staates, das für den Psychotiker (in seiner malignen Regression vergleichbar mit einem Kleinkind) – in Anlehnung an René Spitz (1970) formuliert – zum Anfang (Ursprung) einer Kommunikation, eines Gespräches über die Bedingungen des »Führerscheinerwerbs« werden kann, bzw. den p. k. S. zumindest zur Aufnahme einer sozialen Interaktion zwingt. Der schuldunfähige p. k. S. ist ja »im Namen des Volkes« entschuldigt, d. h. nicht schuldig, wird also auch nicht bestraft, sondern »fest gehalten« (siehe T. Auchter in diesem Band) und zu einer Therapie gezwungen, die in erster Linie die Gefahr einer erneuten destruktiven Entgleisung, eines erneuten Rechtsbruchs zu beseitigen hat. Diese Auftragslage wird in beide Richtungen nicht immer klar wahrgenommen, dass nämlich diese Maßregel keine Strafe ist (obschon der widerrufliche Freiheitsentzug von einer »Strafvollstreckungskammer« überwacht wird) und dass sie nicht die vollständige Heilung eines p. k. S. zu gewährleisten hat. Ihre therapeutische Funktion richtet sich vor allem auf die dissoziale Abwehrformation des p. k. S., die in den meisten Fällen weder nur durch Medikamente noch durch medizinische Operationen (z. B. früher die Kastration) »entschärft« werden kann, sondern ein psychodynamisches Verständnis erfordert. Dies definiert a priori den Behandlungsauftrag dieser Einrichtung der Rechtspflege, deren beiden Teile »Besserung und Sicherung« einander so sehr ergänzen, wie Zwang und Förderung schon immer die Mittel der Erziehung des Menschen waren. Nur ist der p. k. S. dem nicht ausgeliefert wie ein Kind seinen Eltern. Das Recht behält auch während seiner Unterbringung seine trennende, triangulierende Funktion, die »Position des Dritten« zwischen ihm und seinen Behandlern, was sich ihm spätestens anlässlich der richterlichen Überprüfung der Voraussetzung zur Fortdauer seiner Unterbringung mitteilt, zu der er auch seinen eigenen Rechtsanwalt hinzuziehen kann. Noch bevor er in den therapeutischen Raum der Klinik eintritt, bestehen für ihn also rechtliche und soziale Strukturen, die unmittelbar klinische, d. h. psychotherapeutische Funktionen haben und denen sich auch alle Mitarbeiter bis hin zum Chefarzt unterordnen müssen. Sie sind Dienstleister der öffentlichen Rechtspflege und sollten dies sowohl ihrer Klientel gegenüber transparent halten als auch die Kooperation mit der Justiz pflegen, was leider meist auf wenig Gegenliebe stößt. Die richterliche Haftprüfung zum Beispiel ist für die meisten p. k. S. ein affektiv hoch besetztes Ereignis, das als eine ihre Therapie fördernde Begegnung gestaltet werden könnte, wenn die Juristen dafür eine entsprechende Schulung erhielten, die ihnen unter anderem die Psychodynamik der verschiedenen Krankheitsbilder und deren Umgang mit der sozialen Realität vermittelt. Aber das wäre die Aufgabe einer qualitätssichernden interdisziplinären Zusammenarbeit, die bis heute bedauerlicherweise nicht geregelt und institutionalisiert werden konnte.

Die Ordnung der Station als Rahmen und Halt

Ist der Gerichtsprozess abgeschlossen und die stationäre Behandlung sozusagen bewilligt, so kann der Kontakt zur Behandlungsstation vorbereitet werden. Sofern es der Belegungsdruck zulässt, sollten vor Behandlungsbeginn bereits auf der Aufnahmestation Vorgespräche durchgeführt werden, in denen die künftige Bezugspflege des Patienten diesem das »Grundgesetz« der Station, die Stationsordnung, präsentiert. In ihr finden sich die »Verkehrsregeln« dieser »Gesellschaft im Kleinen« (z. B. Verbot körperlicher Gewaltanwendung) und ihre Grenzen (z. B. Verlegung auf die Sicherungsstation). Wie für die Patienten ist sie gleichermaßen für das Behandlungsteam verpflichtend und lässt dessen Verhalten für den Patienten transparent werden. Deshalb kommt ihr für das Selbstverständnis des Teams eine hohe Bedeutung mit entsprechender gruppendynamischer Wirkung zu. Denn dessen Mitglieder haben durchaus unterschiedliche Meinungen zu den einzelnen Regelungen (z. B. Fernsehempfang), wozu ein Gruppenkonsens gefunden werden muss; ein Vorgang, der entscheidend dazu beitragen kann, das Team als eine funktions- und tragfähige Arbeitsgruppe zu vereinen. Bereits dieses Detail aus dem (Be-)»Gründungsakt« einer forensischen Langzeitstation lässt erahnen, wie abhängig die Trag- und Leistungsfähigkeit dieser therapeutischen Gemeinschaft vom Entwicklungsgrad ihrer eigenen sozialen Organisation doch ist (siehe Chopard & Urbaniok in diesem Band) und wie gut sich hier soziale Prozesse »in vitro« beobachten lassen, die ähnlich auch in der »Gesellschaft im Großen« ablaufen. Die therapeutische Identität und den Zusammenhalt eines

Behandlungsteams fördern kann im übrigen auch der Versuch, sich und seine Arbeit Dritten gegenüber darzustellen.

Hat nun der Patient diese Stationsordnung anerkannt und unterschrieben (was nicht überbewertet werden darf, handelt es sich doch in erster Linie um den therapeutischen Versuch, seine Situation symbolisch zu strukturieren), so öffnet sich ihm die Station als strukturierende Versorgungseinheit und therapeutische Bühne, auf der er unwillkürlich und unbewusst einige seiner Symptome in seinem Sozialverhalten reinszeniert, was sich am Kürzesten wiederum selbst in einer szenischen Darstellung vermitteln lässt:

Er fühlt sich auf diese *Bühne* gestoßen und poltert los oder erstarrt in einer zugewiesenen Position. Er hat Angst. Wieder entwickelt er Wut bis hin zum Hass, doch der sei, so meint er, laut Anweisung des gerichtlichen Über-Ichs, verboten. Er beginnt zu projizieren, schleudert seine »bösen« Anteile nach außen und versucht, seine Beschämung durch Agieren zu verdecken. Die Regie wird angeklagt, sie habe selbst Böses im Sinn, wolle ihn verrückt machen, überhaupt wäre er auf einer anderen Bühne viel besser dran. Er sucht nach Ecken und Nischen, in denen er sein Spiel treiben, d. h. Andere manipulieren kann, um sich selbst zu beruhigen. Diese findet er mal in der Arbeitstherapie, mal in der Ergotherapie oder im Sport. Er spaltet. Doch zum Glück geht er in seinen Projektionen nicht verloren, wie es ihm vor und während seiner Straftat ergangen ist. Denn das Behandlungsteam hat das Geschehen auf dieser einen Bühne im Blick, auch wenn es teilweise mitspielen muss. Und es gibt viel Theater um eines, das fehlt: ein Ich, das die Angst binden und die projizierten Wünsche und Affekte integrieren und das ertragen kann, sich selbst auf dieser Bühne zu sehen. *Diese Integration leistet für lange Zeit das Team gleich einem nach außen gestülpten psychischen Apparat des Patienten*, auch »Hilfs-Ich« genannt, das seine therapeutische Funktion nur bewahren kann, sofern es die jeweilige Inszenierung versteht. Es muss den Patienten ständig auf die Bühne zurückholen und ihn konfrontieren (Reicher 1976). Allerdings gerät dieses Konfrontieren aus einem Gefühl der Ohnmacht heraus manchmal zum Instrument einer »negativen Gegenübertragung«. Hier ist dann wiederum das Geschick des psychoanalytisch geschulten Therapeuten gefragt, der sich aber bei seinem Versuch, festgefahrenen Übertragungsverhältnissen entgegenzusteuern, im Behandlungsteam mitunter wie auf einem Minenfeld bewegt. Allerorten lauern Teil-Identifizierungen der Teammitglieder mit Anteilen des Patienten, so dass sich das Team in seiner Hilfs-Ich-Funktion ständig davor schützen muss, nicht selbst zu irrationalen Maßnahmen zu greifen. Nicht zuletzt, aber manchmal als letzte Chance kann die Supervision (siehe Nunnendorf in diesem Band) einen Ausweg bieten, um eine Arbeit ertragen zu können, die oft als ein »Dilemma« beschrieben wird.

Die Institution als Arbeitsplatz

Es ist nicht nur das Dilemma einer »Therapie unter Zwang«, die die permanente Auseinandersetzung um Grenzen und Begrenzung zu einem entscheidenden Inhalt Forensischer Psychotherapie macht, und es ist nicht nur das seelische Dilemma des Patienten, der seine dissozialen Reaktionsmuster zu Gunsten seiner Anpassung an die sozialen Grundregeln einer Gesellschaft aufgeben soll, von der er sich geschädigt und überfordert fühlt, sondern es ist vor jeder Diskussion über Behandlungsmethoden vor allem ein Dilemma der therapeutischen Haltung der Mitarbeiter im Maßregelvollzug. Dessen klinische Einrichtungen sind ja in der Regel aus der alten deutschen Allgemeinpsychiatrie hervorgegangen und bis heute von deren Strukturen geprägt. Bekanntlich waren (und sind vereinzelt immer noch) deren Forensische Abteilungen lange Zeit die vergitterten Abstellkammern der Psychiatrie – nicht nur für die »gefährlichen Irren«, sondern auch für ein pflegerisches und therapeutisches Personal, das in anspruchsvolleren psychiatrischen und psychotherapeutischen Einrichtungen nicht unterkam. In der Forensik war leicht eine Stelle zu haben, und sei es für eine »Strafversetzung«. Dies führte zu einer Häufung gering qualifizierter und motivierter Mitarbeiter, die allzu oft ihr therapeutisches Unvermögen hinter den forensischen Machtbefugnissen verbargen. Jede entgleiste Aggression eines Patienten konnte der subjektiven Legitimation einer kurzschlüssigen, untherapeutischen, wenn nicht gar sadistischen Reaktion dienen, die sich darauf beschränkte, diesen Patienten zum Zwecke seiner »Besserung« lediglich noch mehr zu »sichern«. Auch wenn sich das mittlerweile verändert haben mag, so wurde bisher doch wenig dafür getan, die latente institutionelle Abwehrstruktur der Forensischen Psychiatrie differenziert zu analysieren. Lediglich Duncker wies einmal auf die besondere narzisstische Belastung der Mitarbeiter im MRV hin:

> »Im Bereich des MRV (sind) Prozesse wechselseitiger, narzißtischer Kränkungen zu beobachten. (Sie) zielen auf den Entzug des narzißtischen Bildes der einen Person durch den anderen ab, wie wir dies aus den Abwehrmechanismen der Projektion und Abwertung bei den Patienten kennen. (...) Die zusätzlich

> von außen kommenden Infragestellungen (...) müssen ein nicht sehr gefestigtes Selbstwertgefühl der in der Einrichtung Arbeitenden zusätzlich erheblich in Frage stellen. Eine mögliche Bewältigungsstrategie ist die Vereinigung der Narzißmen bei gleichzeitiger Ableitung sadomasochistischer Tendenzen in Herrschaftsbezüge zur Umgebung. (...) Dies ist insbesondere dann in Einrichtungen zu beobachten, wenn sie in der Bewertung ihrer eigenen Arbeit gleichzeitig von außen und innen in Frage gestellt werden. Die Krise der Institution ist dann eine Krise fehlender, ausreichend abgesicherter, narzißtischer Selbstwertgefühle, die sich in der narzißtischen Wut gegen die anderen eine Abfuhr verschaffen.« (Duncker 1993, S. 65f.)

Die Öffentlichkeit und ihre Medien sind nicht geneigt, dieses Selbstwertgefühl zu stabilisieren, wie u. a. der Journalist N. Leppert (1998) in Erfahrung brachte, als er vergeblich versuchte, mit einem spannenden und realistischen Serienkonzept die Arbeit des MRV im deutschen Fernsehen zu platzieren. Der ARD erschien der Unterhaltungswert zu gering (ebd., S. 22).

Einem Menschen zu helfen, der jemanden umgebracht, eine Frau vergewaltigt oder ein Kind sexuell missbraucht hat, erfordert eine große psychische Kraft und eine persönliche Souveränität, die den skizzierten Prozess der Zivilisation gleichsam für sich wiederholt und derart verinnerlicht hat, dass auf »mittelalterliche«, d. h. regressive Reaktionsweisen verzichtet und zum Beispiel ein Racheimpuls zwar wahrgenommen, aber nicht ausagiert wird. Diese Anstrengung ist am ehesten noch mit den Mühen der Erziehung zu vergleichen, nur dass es sich bei den forensischen Patienten nicht um die eigenen Kinder handelt, weshalb die Motivation über die Lohnzahlung hinaus von eben der Gesellschaft gestützt werden muss, die von dieser Leistung profitiert. Freilich gibt es ein allgemeines und grundsätzliches Interesse an der forensischen Erfahrung, das aber von den Angestellten in dieser Institution nicht unbedingt erwartet werden kann. Es ist nichts geringeres als die Frage nach dem so genannten »Bösen« und der, wie es Erich Fromm (1977) formulierte, »Anatomie der menschlichen Destruktivität«, die in keinem anderen klinischen Setting so genau studiert werden kann. Wer in der Forensik arbeitet, hat gleichsam sein Ohr an der Quelle jener pathologischen psychischen Prozesse, die zu destruktiven Entgleisungen führen. In diesem potentiellen *Labor der Aggressionsforschung* erhält er nicht nur den tiefsten Einblick in deren Genese, sondern bringt Tag um Tag sehr konkret in Erfahrung, unter welchen psychosozialen Voraussetzungen sich eine »Besserung« erzielen lässt oder ein p. k. S. tatsächlich »für immer« gesichert werden muss. Damit steht und arbeitet er an einer inneren Grenze der Zivilisation, deren Überleben, wie Anna Freud 1971 bei der Eröffnung des 27. Internationalen Psychoanalytischen Kongresses in Wien betonte, in erster Linie von der Beherrschung der menschlichen Aggression abhängt. Zu deren Erforschung nahm sie wiederholt zwei Anwendungsgebiete der Psychoanalyse in die Pflicht, in denen über Wesen und Funktion der menschlichen Aggression Erkenntnisse gebildet werden können, die für die Regelung und Bewältigung des gesellschaftlichen Zusammenlebens von größtem Nutzen seien. Zum einen erinnerte sie an die (bereits erwähnte) Arbeit von August Aichhorn mit »verwahrlosten Jugendlichen« (1926), deren psychodynamische Einsichten zwar eindeutig in das Gebiet Forensischer Psychotherapie fallen, aber bis heute nicht im MRV etabliert sind. Zum zweiten verwies sie auf die Bedeutung der Kinderanalyse, in der der Kampf des Menschen um die Integration seiner sexuellen und aggressiven Bestrebungen, seine Sozialisierung also, in nuce zu beobachten sei. Dabei benannte sie ein Stück Realität der Erziehung, das von der »vaterlosen Gesellschaft« gerne übergangen wird, das aber das Setting Forensischer Psychotherapie gleichermaßen konstituiert. Sie erinnerte nämlich daran, dass »Verbote das kindliche Leben unaufhörlich (begleiten)« (A. Freud 1979, S. 2882). Wenn man sich nun die mitunter besinnungslosen Wutausbrüche eines Kindes gegen elterliche Verbote vor Augen hält, dann hat man wenig Mühe, die Gefahrenlage auf einer Forensischen Behandlungsstation zu realisieren!

Spezifische Belastungen im forensischen Setting

Der p. k. S. befindet sich zu Beginn seiner Behandlung in einem teilweise regredierten, entstrukturierten Zustand und kann auf seine dissozialen Abwehrmuster noch lange nicht verzichten. Sie sind vielmehr eine ihm verbliebene Form der Selbstbestätigung in einer Situation, die einem sozialen Gesichtsverlust gleichkommt. Gleichwie sich in jeder Psychotherapie die Patienten zu Beginn mit ihrer »blühenden« Symptomatik präsentieren, reproduziert der p. k. S. seine Abwehr nunmehr im Rahmen seiner Station, die er zum »Projektionsschirm« seiner alloplastischen, fremdgefährdenden Abwehr macht. Das Spezifische Forensischer Psychotherapie ist deshalb eine frei flottierende Aggressivität der Patienten und die latente Gefährdung der Behandler, deren hilfreiche Funktion vom p. k. S. zunächst und immer wieder entwertet werden muss. Einzig ihre Berechtigung, »von Staats wegen« den Patienten zu begrenzen und ihn in Ausübung dieses »Amtes«

gegebenenfalls aus der therapeutischen Gemeinschaft der Station auch wieder zu entfernen, gibt ihnen überhaupt erst die Chance, therapeutisch wirksam zu werden. Deshalb tragen sie für die meisten p. k. S. zumindest am Anfang ihrer Behandlung »das Gesicht des Staates«, was von beiden Seiten, freilich mehr noch vom Patienten, gerne verleugnet wird, um rasch in den (wechselseitigen) Genuss der narzisstischen und realen Gratifikationen zu kommen, die aus einer »erfolgreichen« Therapie erwachsen.

Herr Z. entfaltete auf Station eine geradezu terrorisierende »Wirksamkeit«. Zu Beginn seiner Behandlung war er ein seiner destruktiven, mörderischen Abwehr entsprechend aufgeblähter, muskulöser, sportlicher Mann, der alle kritischen Situationen mit einem maskenhaften Lächeln parierte und sein häufig fehlendes Verständnis mit einer sich und Andere täuschenden Scheinkompetenz überspielte. Er wusste um diese Wirkung und setzte das Team unter Druck, ihm mehr Ausgang zu gewähren, da er sich von der großen Nähe (und Enge) auf Station bedroht fühlte und vor allem, weil ihm die Tatsache seiner »Sicherung« die Wahrnehmung seiner Tat aufzwang. Er meinte, man würde ihn für einen guten Menschen halten, wenn er frei herumspazieren könnte. Seiner Schuldgefühle versuchte er durch besonderes Engagement als Kirchendiener in der Klinikkirche Herr zu werden. Das Repertoire seiner Scheinkompetenz, seine körperliche Kraft und seine undurchdringliche Mimik (die sich selbst Anderen als Projektionsfläche anbot) versetzte das Team in Konfliktsituationen in eine große, diffuse Angst, ohne dass irgendeine entlastende Intervention gefunden werden konnte. Die unbewusste panische Angst des Patienten hatte sich auf das Team übertragen und drohte dieses in seiner Handlungsfähigkeit zu paralysieren.

Herr W. zeigte zwar von Anfang an sympathisch skurrile und zwanghafte Züge und nahm als ehemaliges Heimkind dankbar die Versorgungsleistungen der Klinik an, aber entfachte zum Beispiel um die Qualität des Essens wiederholt und plötzlich heftigste Konflikte. Er pflegte insgeheim einen ökofaschistischen Wahn und konnte in manischen Phasen derart bedrohlich, mit einer auf »stechende« Weise gesteuerten Wut, argumentieren, dass seinem Größenwahn »die Grenze gesagt« und die Verlegung auf die Sicherungsstation angedroht werden musste.

Diese Arbeit im Dienste der Öffentlichkeit ist fraglos anstrengend und nicht ungefährlich, obwohl selten etwas passiert, solange geschrien wird. Im statistischen Vergleich sind körperliche Angriffe auf Mitarbeiter in der

Forensik deutlich seltener als auf Stationen der Akutpsychiatrie. Allerdings verursacht das Destruktionspotential des p. k. S. eine erheblich höhere psychische Belastung, was die Gesellschaft selbst dann nicht mit einer »Gefahrenzulage« honoriert, wenn einmal Mitarbeiter tatsächlich verletzt oder gar getötet worden sind. Elisabeth Wagner (1998, S. 179ff.) berichtete aus Österreich, dass es den Behandlern nach dem Mord eines p. k. S. an der Psychotherapeutin Vera Kreuziger seitens der Behörden sogar noch schwer gemacht wurde, therapeutische und supervisorische Hilfe zur Bewältigung dieses Traumas zu bekommen. Gerade an der Haltung der institutionellen »Elternfiguren«, der Justiz, der Ministerien und der Kliniks- bzw. Abteilungsleitungen in solchen Krisen kann sich entscheiden, ob die ohnehin äußerst strapazierte Motivation ihrer Mitarbeiter hält oder zerbricht. Wenn die Behandler erleben müssen, dass die Leitung sich zwar gerne mit den Erfolgen ihrer »Frontarbeiter« (Reicher 1976, S. 604 ff) schmückt, sie aber im Schadensfall mit den psychischen und sozialen Folgen alleine lässt, dann geht für sie die Risikorechnung nicht mehr auf und sie wandern so bald wie möglich ab oder gehen in die »innere Kündigung«, was auf Dauer die therapeutische Arbeit der gesamten therapeutischen Gemeinschaft lähmt. *Erst das erfolgreiche Zusammenwirken seiner verschiedenen Funktionsbereiche verleiht dem MRV eine therapeutische Wirksamkeit, die auch seine Mitarbeiter anhaltend motivieren kann.*

Es ist nämlich durchaus in vielerlei Hinsicht interessant und spannend, an der Entschärfung des »Bösen«, das von außen so dämonisiert wird, mitzuwirken und zu sehen, wie der dissoziale Allmachtswahn der Patienten sich in der forensischen Zwangsgemeinschaft in seine überraschend verletzlichen und hilflosen Bestandteile auflöst. Die geschlossene Tür der Station ist das Nein der Gesellschaft zur bürgerlichen Freiheit des Patienten und gleichzeitig ihr permanentes Angebot zum Gespräch über die Gründe und Ursachen seines »Führerscheinentzugs«. Erst wenn seine Ichfunktionen soweit stabilisiert sind, dass er selbst in belastenden Situationen nicht mehr auf seine dissoziale Abwehr zurückgreifen muss, kann ihm diese Tür für eng begrenzte und kontrollierte Ausflüge in die Freiheit wieder geöffnet werden. Innerhalb der Mauern der Forensischen Psychiatrie, also »intramural«, nehmen das Behandlungsteam und die verschiedenen cotherapeutischen Funktionsbereiche die Pflege und Förderung insbesondere jener Ichfunktionen wahr, die sich beim p. k. S. zurückgebildet haben und die vorzugsweise dazu geeignet sind, seine Selbstwahrnehmung zu fördern und seine Steuerungsfähigkeit zu stärken (vgl. Bender 2002, S. 85ff). Letztere wird von Anfang an beansprucht, denn ständig finden Kämpfe um die Anerkennung mitunter unbedeutender Teile der Realität statt, die das narzisstisch stabilisierende Wahnsystem des Kranken angreifen.

> »Eine wichtige Funktion als antwortende Umwelt übernimmt das Pflegepersonal im laufenden Gerangel um die Einhaltung der Hausordnung und Tagesstruktur. Je chaotischer die Innenwelt der Patienten, desto chaotischer ist ihre Außenwelt. Die Festigkeit des Widerstandes gibt dem Patienten das Vertrauen, daß das Team ausreichend stark ist, um ihn zu halten, und ihm erlaubt, sich auf die Möglichkeit zu korrigierenden emotionalen Erfahrungen einzulassen. Das tägliche lästige Gerangel gehört dabei zu den wichtigsten Erfahrungen beantworteten Wirkens, welches die Identität und das Ich stärkt. Es differenziert die Realitätsprüfung und reduziert das Abgleiten in destruktives Agieren.« (Willi 1990, S. 172f)

Auf diese Weise wird mit jedem in seiner Selbst- und Realitätswahrnehmung stabil verankerten Stück sozialer Realität auch die aggressive Abwehr des p. k. S. schwächer und wachsen die verbindlichen und verbindenden Säulen der Kommunikation mit dem Team und den Mitpatienten. Nach und nach bröckelt so die antisoziale Herrschaft seines »sozialen Negativismus« (Devereux 1982).

Der Prozess der »Resozialisierung« des p. k. S. beginnt im »sozialen Netz« seiner Behandlungsstation und verdichtet sich in den regelmäßigen Sitzungen der Patientengruppe als ihrem beschlussfassenden »Konvent«. Es wird wohl kaum eine spannungsvollere therapeutische Versammlung geben als diese Gruppe beziehungsgestörter bzw. beziehungsunfähiger, extrem verletzlicher und zu ungesteuerten Wutreaktionen neigender p. k. S. Nur 60 Minuten Gruppentherapie können bereits deren Integrationsfähigkeit überfordern, selbst wenn es dabei lediglich um die Regelung des Küchendienstes geht. Eine der unausgesprochenen »Grundannahmen« (Bion 1990, S. 106ff) der forensischen Patientengruppe ist die wahnhafte Überzeugung, dass es der Staat und seine Gesetze nur darauf abgesehen haben, ihnen zu schaden, ja, sie zu vernichten, weil sie als die »minderwertigsten« seiner Bürger als einzige »wissen«, dass sie insgeheim nur die »erfolgreichen Verbrecher« schützen, deren Ordnung nunmehr von den Behandlern vertreten wird. Mehr oder weniger unbewusst erscheinen sie (vorneweg die verantwortlichen Therapeuten) vielen p. k. S. wie weniger erfolgreiche »Verbrecher«, die ihnen ihre vermeintlich allmächtige, dissoziale »Potenz« rauben wollen. So phantasierte zum Beispiel ein hochintelligenter Patient mit einer narzisstisch ausgeprägten Borderline-Symptomatik, dass sein Therapeut durch die Therapie in die Lage versetzt werde, ohne Risiko seine Sexualverbrechen nachahmen zu können. Ihr destruktiver Wahn darf aber nicht kommunizierbar, d. h. verhandelbar werden, sondern muss wie das Geheimnis des Rumpelstilzchens gehütet bleiben. Jeder Schritt in die Gruppe, d. h. jede adäquate Einordnung in einen problemlösenden Diskurs brächte demgegenüber nicht nur ihre soziale »Impotenz«, d. h. ihre tatsächliche Hilflosig- und Hilfebedürftigkeit ans Licht, sondern bedeutete für sie vor allem eine bedrohliche Unterordnung unter die Gesetze des Sozialen, an denen sie gescheitert sind. Die Gruppentherapie ist daher gleichsam der intramurale Lakmustest ihrer sozialen Kompetenz.

Herr W. hatte zwar eine gewisse im Heim »antrainierte« soziale Kompetenz, aber wenn z. B. eine Frage der Stationshygiene angesprochen wurde, konnte er aus der Haut fahren und exponierte sich mit einer flammenden Rede gegen die ihn »vergiftende« Gruppe, die an ihrem Höhepunkt in allzu offenkundig wahnhafte Fragmente zerfiel und im Geschrei oder Gelächter der anderen unterging. Nach einigen Jahren der Behandlung formulierte er aber eine Einsicht, die die Gruppe als ihr Selbstbild von den Behandlern nicht angenommen hätte, als er feststellte, dass »hier doch nur lauter Einzelgesellschaften« beieinander säßen.

Herr Z. war demgegenüber der unheimliche Schweiger, der lange Zeit sowohl seine Schwerhörigkeit als auch seine Schwierigkeit verbergen konnte, selbst einfachen Diskussionen in der Gruppe inhaltlich zu folgen. Schließlich meldete er sich einmal zu Wort, als es darum ging, in einer nebensächlichen Frage einen gerechten Ausgleich zwischen zwei Patienten herzustellen. Über die Rolle eines »Apostels« der Gerechtigkeit, die er als Kirchendiener relativ sozialverträglich spielen durfte, war ihm eine Einordnung in die Patientengruppe gelungen, die sich nun auch gelegentlich bereit fand, sich um sein Verständnis, sein »Mitkommen« zu kümmern.

Die therapeutische Gemeinschaft als psychischer Hilfsapparat des Patienten

Die seelischen Bausteine für solche Veränderungen des sozialen Verhaltens bilden sich nicht über das Denken des Kranken, das, wie gesagt, über weite Strecken im Dienste seiner Krankheit und der Abwehr einer Krankheitseinsicht steht, sondern müssen in Funktionsbereichen dieser therapeutischen Gemeinschaft generiert werden, in denen sich der Patient spontan verhalten kann. Denn nur dort kommen jene pathologischen Funktionen seines »psychischen Apparates« an die Oberfläche, die mit den Quellen seiner Störung in Verbindung stehen bzw. von ihnen gespeist werden. Auch in dieser stationären Therapie wird der Patient »von der Oberfläche her« (Freud) behandelt, nur dass diese Oberfläche nicht »mentalisiert«, d. h. gänzlich in das Ich des Patienten zurückgenommen, ist, sondern von »rohem« psychischem Material, von ausagierten Affekten und abgespaltenen Selbstanteilen beherrscht wird, die erst ihrer Mentalisierung zugeführt werden müssen. Dieser Umstand ist aus der Psychosenbehandlung hinlänglich bekannt und wurde für die Behandlung von Borderline-Persönlichkeiten von Peter Fonagy u. a. eingehend dargestellt (Fonagy, Gergely, Jurist, Target 2002). Erste Adresse für die spontanen Inszenierungen des Patienten sind die Pflegekräfte, die »Frontarbeiter« (Reicher 1976), die seinen Alltag begleiten und deshalb am ehesten in Gefahr sind, in dessen Abwehrmanöver verwickelt zu werden und den therapeutischen Abstand zu verlieren, was wiederum zu heftigen Konflikten im Team führen kann. Die täglichen Teambesprechungen haben die Funktion, über die Organisation des Stationsbetriebs hinaus das ausagierte »Rohmaterial« des Patienten zu »verdauen«, um zu einer Haltung zu finden, die geeignet ist, dessen psychisches Wachstum zu befördern. Damit übernehmen sie eine *Mentalisierungsfunktion* für den Patienten, die immer nur so gut sein kann, wie das Team untereinander kooperiert. Konflikte und Brüche im Team verschlechtern automatisch die Integrationsfähigkeit dieses psychischen Hilfsapparates, der überdies permanent die Ereignisse und Ergebnisse aus den verschiedenen Cotherapien aufnehmen muss. Das Team fungiert gleichsam wie ein Zentralrechner der Station, der »Daten« aus allen Funktionsbereichen des MRV aufnimmt und entsprechend ihrer »Software Therapiekonzept« auswertet. Die »Rechnerleistung« ist von der Qualität dieser »Daten«, von der konzeptuellen Abstimmung, der Einheitlichkeit und der Motivation des Teams abhängig, wobei letztere nicht »auf dem Dienstweg« angeordnet werden kann, sondern selbst wiederum abhängig ist von dem Halt und der Anerkennung des Teams im »sozialen Netz« der Institution. Es bedarf einer tragenden »corporate identity«, in der neben den nach wie vor tonangebenden Ärzten alle Berufsgruppen (Reinigungskräfte, Handwerker, Pflegekräfte, Ergotherapeuten, Sozialarbeiter, Psychologen, Lehrer usw.) mit ihrem Beitrag zum Gelingen der Behandlungen zur Geltung kommen. Jenseits von Lobreden und Schulterklopfen ist dies nur zu erreichen, wenn die Formen der Kooperation in der Organisation der Arbeitsabläufe der Abteilung und ihrer Stationen verankert sind. Auch in dieser gewiss prekären, die herkömmliche Klinikhierarchie angreifenden Frage wird sich der MRV dem allgemeinen Fortschritt in der Betriebsorganisation auf Dauer nicht entziehen können.

Das durchschnittliche Therapieangebot einer Forensischen Psychiatrie umfasst über die Leistungen der Stationsteams hinaus im Wesentlichen die Funktionsbereiche Arbeit, Gestaltung, Bewegung und Aus- bzw. Fortbildung. In jedem dieser Bereiche sollen nicht nur spezifische Kompetenzen, d. h. Ichfunktionen des Patienten gefördert, sondern sein gesamtes Verhalten mit Blick auf seine krankheitstypischen Einschränkungen reflektiert werden. Entlang der Arbeit an den offiziellen Therapiezielen bilden sich immer wieder spontan für den Patienten und seine Problematik zentrale Konflikte heraus, deren Verständnis und therapeutisch adäquate Handhabung einen permanenten Austausch der Cotherapeuten mit der Behandlungsstation erfordert. Wenn ein Patient z. B. in der Holzwerkstatt gegen einen Mitpatienten seine Affektkontrolle, d. h. seine Steuerungsfähigkeit verliert, dann sollte der Cotherapeut nicht nur dessen Krankheitsbild und besondere Vulnerabilität präsent haben, sondern über etwaige Schwierigkeiten in dessen aktueller Behandlungsphase informiert sein. Dazu muss er systematisch in die Teamarbeit eingebunden und müssen (um im Bild zu bleiben) die »Nervenbahnen« dieses psychischen Hilfsapparats am Leben erhalten werden, auf denen die »Daten« fließen, deren Qualität das in der Behandlung erreichbare Niveau der Mentalisierung bestimmt. Gibt es Störungen an den »Synapsen« zwischen Stationsteam und Cotherapeuten (z. B. wenn der Ergotherapeut sich vom Stationsteam abgelehnt fühlt), dann wird dieser Teil des »Hilfsapparats« seine Arbeit mit dem Patienten mit geringerem Interesse und Aufmerksamkeit besetzen und weniger aufschlussreiche »Daten« über ihn an die Station senden. Das schlägt wiederum auf den Patienten zurück, dem sich über kurz oder lang der Eindruck vermitteln kann, dass es nur noch auf die Einhaltung seiner Therapiezeiten ankommt. Auf diese Weise können sich die Leistungsangebote der Klinik ad absurdum führen und den Patienten mit ihrem »Schweigen« (im Sinne Lavals) in seiner Störung gewissermaßen einfrieren.

Die therapeutischen Organe: Gestaltung

Das genaue Gegenteil soll ja zum Beispiel in der Gestaltungstherapie erreicht werden, die im Konzert stationärer Psychotherapie jene Stelle einnimmt, die dem Malen und Zeichnen in der Behandlung von Kindern zukommt. Sie ist eine der »Baustellen des Selbst« (Schacht 2002), auf der der Patient zu einer Tätigkeit aufgefordert ist, die ihn von seiner von Versagensängsten und Feindbildern geprägten Haltung etwas wegführen und das Vertrauen in seine Fähigkeit befördern soll, dem eigenen Empfinden, Erleben und Denken einen sinnlichen Ausdruck verleihen zu können. Dass die dabei entstehenden ästhetischen Gebilde im Unterschied zum gesprochenen Wort oder zum gleichfalls wieder entschwindenden Arbeitsprodukt bestehen bleiben und betrachtet, angefasst, herumgezeigt und mitgenommen werden können, lässt bei vielen Patienten eine ihr Ich stärkende und erweiternde Freude an der eigenen »Wirksamkeit« aufkommen, die sich zu einer Lokomotive spontaner, ästhetischer Gestaltung entwickeln kann. Diese sind wie Traumbilder zwar keine »via regia zum Unbewussten« des Patienten, lockern aber die meist äußerst rigide Abwehr der p. k. S. (vergleichbar der »penseé operatoire« der Psychosomatiker) und bieten eine Brücke zur Wahrnehmung und Verbalisierung emotionaler Zusammenhänge in deren Selbsterleben. Sie begleiten und befördern damit das emotionale Wachstum und den Prozess der Mentalisierung, dem sie als struktur- und bewusstseinbildende Metaphern dienen. Der Psychotiker, der ja »zu wenig« mentale Strukturen zwischen Ich und Nichtich, zwischen Selbst und Objekt hat, muss sich freilich von dem Ansinnen des Gestaltungstherapeuten zunächst bedroht fühlen. Seine Fähigkeit zur Bildung von Metaphern und schließlich Symbolen wächst erst im Laufe seines stationären »Containments«. In jedem Fall kennzeichnen die freien Gestaltungen die Stufen der emotionalen Entwicklung eines Patienten, für die sie oft ein Sinnbild und eine den Therapieprozess fördernde und strukturierende »Gestalt« abgeben.

Herr W. begegnete der Gestaltungstherapie mit äußerstem Misstrauen und hielt dem Ergotherapeuten zunächst Vorträge als gelernter Handwerker. Nach längerem Sträuben ließ er sich auf die Anfertigung einer Schachtel (Abb. 1) ein, trieb mit seinem zwanghaften Eigensinn aber den Therapeuten zur Weißglut und agierte dann auch auf Station derart heftig, dass er auf die Sicherungsstation verlegt werden musste. Nach seiner Rückkehr konnte er eingestehen: »Ich glaub', ich hab's begriffen: Es geht nicht um die Schachtel!« Daraufhin wurde ihm eine Tonarbeit angeboten, die wieder keinen praktischen Nutzen haben sollte. Nachdem er zugestand, dass gerade darin ihre besondere Bedeutung liegen könnte, fertigte er einen »Urli«, ein Phantasiewesen, das im Sumpf lebe. Es sei aus einem Genlabor entwichen, meinte er, habe eine Behinderung, könne nicht richtig laufen und greifen und sei eigent-

lich ein Versuchstier, das getötet werden sollte. Diesem unausgesprochenen bzw. unbewussten Selbstbild entsprach seine wahnhafte Vorstellung, er würde Andere krank machen. Mit Erreichen einer stabilen Krankheitseinsicht und der Rückbildung seiner paranoiden Ängste wuchs aber sein Selbstgefühl und schuf er ein schönes »Ökohaus« aus Ton, worauf er sehr stolz war (Abb. 2). Schließlich erreichten seine Arbeiten die Qualität des Symbolhaften, als er aus Speckstein einen »Zwillingsstein« herstellte und dazu ausführte, dass es sich um zwei Wesen auf Wanderschaft handele, die einen schweren Rucksack trügen (Abb. 3). Das eine sei sein Bruder und das andere, wie er wörtlich sagte, »könnte ein Teil von mir sein«. Damit hatte er einem Teil seiner inneren Welt Gestalt verliehen, der in einer psychotischen Symbiose mit seinen Brüdern vor ihrer Straftat aufgelöst, d. h. entstrukturiert worden war.

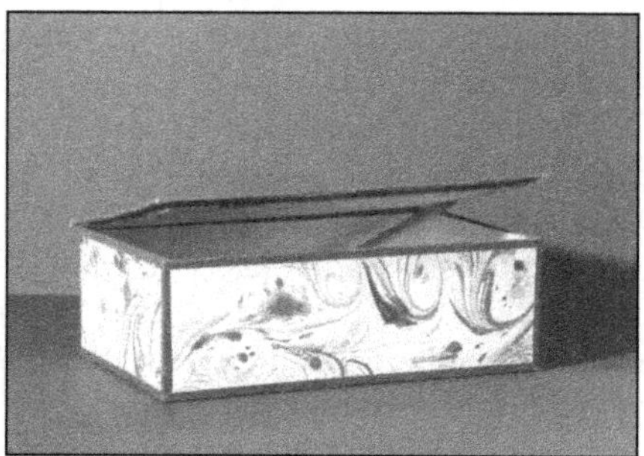

Abb. 1

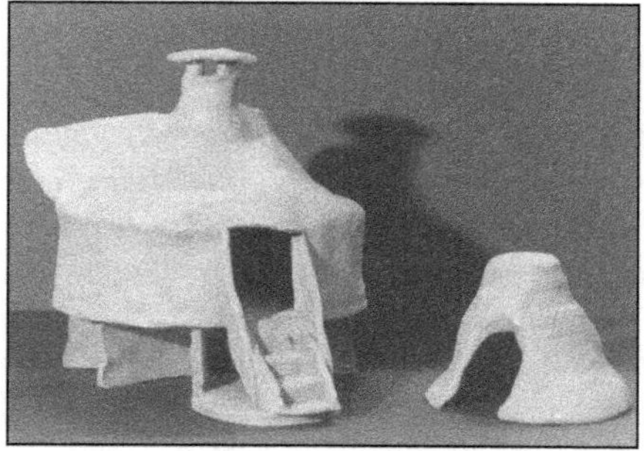

Abb. 2

Abb. 3

Herr Z. konnte erst nach mehreren Jahren zu einer Teilnahme an der freien Gestaltung bewogen werden und nutzte sie zunächst zum Ausdruck seiner religiös geformten Schuldabwehr u. a. in einer farblich überraschend expressiven Darstellung eines Bootes im Gewittersturm (Abb. 4). Drinnen saßen sichtlich bedrückte Menschen, vor denen stehend ein Mann mit ausgebreiteten Armen eine mahnende Predigt hielt. Später fand er zu einer selbstbezogeneren Darstellung, die im Laufe seiner Behandlung auf Station wiederholt als ein Sinnbild seiner Problematik herangezogen werden konnte. Sein Bild »Lebensweg« zeigte nämlich unter einer Oberfläche dicke, schwarze Lavaströme auf dem roten Grund eines Vulkans, die durch gelbe Linien auseinander gehalten wurden, die für den christlichen Glauben stehen sollten (Abb. 5). Darüber setzte er einen »Fisch« mit bösen (»er«) und einen mit guten (»sie«) Gedanken, die sich unter der strengen Führung des Glaubens vereinigen könnten. Strenge Regeln müssen sein, sagte er dazu, denn wenn man zuviel nachgebe, könnte »etwas passieren«. Deshalb müsse er sich immer abgrenzen und könne sich nicht auf Freundschaften einlassen, denn: »Ein Freund ist mein stärkster Gegner!« In der Besprechung dieses Bildes war ihm der Ergotherapeut, den er eigentlich mochte, zu nahe gekommen (was bei Psychosekranken sehr schnell »passieren« und u. U. zu einem destruktiven Kontrollverlust führen kann). Herr Z. entzog sich vorsichtshalber dieser Nähe, die er mit der Hass-Liebe zu seiner Mutter verglich, die ihn verrückt gemacht habe.

Abb. 4

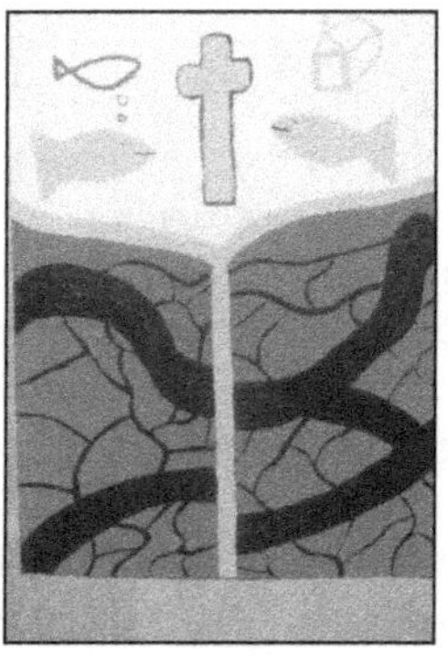

Abb. 5

Die therapeutischen Organe: Bezugspflege und »hilfreiche Beziehungen«

Herr Z. und Herr W. hatten beide das Glück, über Jahre hinweg kontinuierlich von der gleichen Bezugspflege und von ihrer Aufnahme bis zu ihrer Entlassung in die extramurale Belastungserprobung vom gleichen verantwortlichen Psychotherapeuten betreut zu werden. Das sollte eigentlich die Regel sein, denn neben *Verständnis*, *Eindeutigkeit* und *Transparenz* ist die *Kontinuität* eine der Säulen der therapeutischen Arbeit mit p. k. S., die in ihrem Leben in der Regel das Gegenteil davon erfahren mussten. Während die ersten drei Säulen die therapeutische Haltung in der täglichen Arbeit charakterisieren, ermöglicht allein die Kontinuität den Aufbau besonderer, tragender Beziehungen, die der Fragmentierung und dem paranoiden Misstrauen (ein »Ur-Misstrauen« i. S. Balints) des Patienten entgegenwirkt. Die Station bildet mit ihren Versorgungsleistungen und Betreuungsangeboten zwar insgesamt eine Art »haltende Umgebung« (D. W. Winnicott) mit mütterlichen Qualitäten, die dem Patienten Sicherheit vermittelt, diese Umgebung wird aber erst durch jene Beziehungen »resonant«, die einen festen, unverrück- und unzerstörbaren Teil in diesem Lebensabschnitt des Patienten ausmachen. Winnicott hat in seinen Schriften immer wieder betont, dass es vor allem auf die »Kontinuität der Erfahrung« (Winnicott 1983, 1974) in der Beziehung zur Mutter ankommt, durch die erst eine Einheit im Selbsterleben des Patienten entsteht (was von der Bindungsforschung und neuerdings auch von der Hirnforschung bestätigt wird) und dass Psychotherapie deshalb vor allem durch die Kontinuität und Stabilität einer korrigierenden Beziehungserfahrung in die Tiefe wirkt. Aus seiner klinischen Erfahrung mit Borderline-Patienten und Kindern entwickelte er 1968 das Konzept des »Gebrauch des Objekts« (use of the object; Winnicott 1973) und erweiterte damit den Horizont der Psychotherapie um die Einsicht, dass der Therapeut erst dann vom Patienten als ein »hilfreiches Objekt« wahrgenommen werden kann, wenn er dessen Angriffe »überlebt«. Es ist diese Stabilität in der therapeutischen Beziehung, die gerade frühgestörten Patienten jenes emotionale Fundament verschafft, das sie in die Lage versetzt, abgespaltene Selbstanteile nach und nach in ihre Selbstwahrnehmung wieder einzufügen, ohne sich davon »zerstört« fühlen zu müssen und sich auf diesem Wege also quasi wieder zu »defragmentieren«. Die kontinuierliche Arbeit mit dem »Hilfs-Ich« der Bezugspflege und des Therapeuten lässt ihn auch über extreme Gefühlszustände hinweg sich selbst als eine einheitliche Person erleben, die »ausgehalten« werden kann, und legt damit den Keim für ein neues, realitätsbezogeneres Selbstgefühl. Eine Therapiestation, auf der ständig das Personal wechselt, kann allein mit ihren »Verkehrsregeln« beim Patienten so wenig eine solche Tiefenwirkung erzielen, wie irgendein anderer »Therapieautomat«. Vertrauen wächst bekanntlich langsam und ist beim p. k. S. derart erschüttert, wenn nicht gar zerstört, dass es Jahre dauern kann, bis er seiner therapeutischen Vertrauensperson jene Verletzungen und Abgründe eröffnet, die ihn haben straffällig werden lassen.

Die Bezugspflege erfüllt in diesem Prozess vielfältige therapeutische Funktionen, die in erster Linie die Ich-Leistungen des Patienten betreffen, was durch verhaltenstherapeutische Maßnahmen unterstützt werden kann. Dies beginnt mit seiner Einführung in das Stationsleben mit seinen Regeln, Rechten und Pflichten, umfasst den gesamten Bereich lebenspraktischer Hilfen einschließlich der Freizeitgestaltung und die ständige Auseinandersetzung mit seiner aktuellen Lebenssituation (Besprechung der rechtlichen Rahmenbedingungen seiner Unterbringung, Vorbereitung von Lockerungsanträgen und Anhörungen usw.) und reicht hin bis zur Vorbereitung und Begleitung seines Therapieplans mit regelmäßigen Visiten in den verschiedenen Therapiebereichen. Die Bezugspflege muss also sowohl die »Nervenbahnen« zwischen Station und Cotherapeuten pflegen, als auch die *»Vernetzung«* der Therapieerfahrungen bei den ihr zugeordneten Patienten fördern und fordern. Sie ist sein »Coach«, seine Stütze und sein Prellbock und blickt auf Grund ihrer ständigen Tuchfühlung mit seinem Alltag mitunter besser hinter die Kulissen seines Verhaltens, als die Einzeltherapeuten. Das macht sie für den Patienten aber auch zu einem recht zweischneidigen Umgang. Mal vertraut er ihnen mehr als einem der Therapeuten, mal will er sie lieber weiträumig umgehen. Kein Patient gestaltet diese Beziehung wie der andere, und jeder probt wechselnde Koalitionen, je nachdem, auf welchem Weg er meint, seine Interessen besser durchsetzen zu können; ganz so, wie Kinder eben permanent die Geschlossenheit ihrer Eltern testen. Auch hierüber müsste man eine eigene Studie schreiben, um der äußerst dynamischen Komplexität dieser »Frontarbeit« gerecht zu werden. Es nutzt aber keiner Seite etwas, wenn aus Sorge um die Motivation der Pflegekräfte, die das therapeutische Klima einer Station entscheidend prägen und die die Arbeit der verantwortlichen Therapeuten auf ihre Art durchaus »lahm legen« können, deren therapeutische Leistungsfähigkeit ungeachtet der Realität ihres Ausbildungsstandes überschätzt wird. Das kann leicht in die Nähe des Aberglaubens führen, man könne auch diese Kranken am besten mit einem »gesunden Menschenverstand« behandeln.

Die therapeutischen Organe: Einzeltherapie

Demgegenüber fristet die psychotherapeutische Einzelbehandlung des p. k. S. durch approbierte Fachkräfte im forensischen Setting ein merkwürdig unterbelichtetes Dasein, das in keinster Weise ihrer zentralen Funktion und der durchschnittlichen Qualifikation von Psychotherapeuten entspricht, die sich in ihren jeweiligen Fachgesellschaften doch von jeher mit Falldarstellungen wissenschaftlich profilieren. In der Forensischen Psychotherapie gibt es aber, wie gesagt, schlechterdings keine entsprechende Kultur, woran auch die Verlaufsforschungen F. Pfäfflins (auf der empirischen Basis der »Ulmer Textbank«) bislang zumindest nichts ändern konnten. Sollte sich hierin unter der Hand eine Abwehr gegenüber dem Einzelschicksal des p. k. S. reproduzieren? Einstweilen geht dies eindeutig zu Lasten der wissenschaftlichen Erkenntnisbildung und der Arbeit und Motivation der Einzeltherapeuten im MRV, die sich wegen ihrer Verantwortlichkeit ohnehin in einer permanenten »Zwickmühle« (Duncker, Dimmek & Kobbé 2000, S. 4) zwischen Patient und Öffentlichkeit befinden. Der Psychotherapeut im forensischen Setting ist a priori ein Zwitterwesen und kann seine therapeutische Glaubwürdigkeit nur erhalten, wenn er dies gegenüber seinem Patienten von Anfang an transparent macht. Das gilt sowohl hinsichtlich seiner rechtlichen Position, seines »Amtes« zwischen Justiz, Abteilungsleitung und Patient, als auch (und das ist der wesentlich schwierigere Part) hinsichtlich seiner Position im Behandlungsteam, die von den Patienten ständig hinterfragt wird. Deshalb muss sich seine therapeutische Haltung durch Offenheit, Eindeutigkeit, Zuverlässigkeit und eine Integrität auszeichnen, die keinen Zweifel an seiner Absicht und Fähigkeit aufkommen lassen, den Patienten in diesem Spannungsfeld zwischen gerichtlichem Über-Ich und dem Brodeln der Affekte auf Station als sein ganz persönliches Hilfs-Ich zur Verfügung zu stehen. Im MRV ist mehr als in jeder anderen Klinik sein gesamter Habitus gefragt, von der ersten bis zur letzten Minute seines Dienstes, und häufig wird seine Standfestigkeit vom Patienten gerade an den »Rändern«, quasi zwischen Tür und Angel getestet. Ansonsten kann er aber in seiner Arbeit durchaus das Repertoire seiner Fachausbildung einsetzen und dem Patienten einen zweiten Rahmen innerhalb des stationären bieten, einschließlich einer gewissen Diskretion und Verschwiegenheit, deren forensikspezifischen Einschränkungen (insbesondere hinsichtlich seiner Berichte an die Justiz) er eben stets, d. h. durch die Jahre einheitlich transparent halten muss. Bereits eine pünktliche Regelmäßigkeit von Sitzungen, die nicht von Klinikgeschäften unterbrochen werden, und die ungeteilte Aufmerksamkeit des Therapeuten sowie sein »haltendes« Wissen um die Krankheitsgeschichte des Patienten erzeugen eine verdichtete Atmosphäre, die geeignet ist, besondere Übertragungsverhältnisse entstehen zu lassen, selbst wenn nicht-analytische Therapiemethoden appliziert werden. Deren Handhabung verlangt psychodynamische Kenntnisse und Erfahrung, die sich letztlich wiederum aus der analytischen Psychotherapie ableiten. Ohne dieses Wissen wird der stationäre Einzeltherapeut im Handumdrehen vom p. k. S. derart in die Realien seines »Amtes« verwickelt, dass negative Übertragungen überhand nehmen, die den Therapeuten nur noch als bedrohliches Objekt erscheinen lassen und ihn in seiner therapeutischen Wirksamkeit kaltstellen. *Der Psychotherapeut muss um den Aufbau und den Erhalt eines geschützten Raumes, eines »Übergangsraums« (Winnicott) kämpfen, der die paranoiden Projektionen des Patienten zum Abklingen bringen und die therapeutische Beziehung für ihn konstruktiv werden lassen kann.* Durch das einzeltherapeutische »Containment«, in dem viele Aspekte zur Anwendung kommen, die die Psychoanalyse in der ambulanten Behandlung dissozialer Störungen entwickelt hat (vgl. P. Fonagys Analyse einer Mörderin, 2001), wird es dem Patienten möglich, (vereinfacht ausgedrückt) zerstörerische und ihn fragmentierende Selbstanteile ohne Angst vor Rache auszuleiten und durch die Tragfähigkeit der therapeutischen Beziehung eine Einheitlichkeit seiner Person zu erleben, die schließlich zu einer anhaltend wirksamen Krankheitseinsicht führt. Schon Paul Federn (der bis heute Gültiges über Psychosen und deren Behandlung geschrieben hat) wies mit Nachdruck darauf hin, dass *der Psychotiker »eifrig danach strebt, seine Krankheit zu verstehen«* (1978, S. 277) und G. Lempa (2002, S. 77) warnt, dass ohne eine *Integration der Lebensgeschichte* »eine Verarmung und Fixierung auf die aktuelle Situation (erfolgt), wie man (sie) bei chronifizierten Patienten erlebt«. In der Tat kann dem p. k. S. in einer solchen therapeutischen Gemeinschaft geholfen werden, ein Selbst zu konstituieren, das ihn in die Lage versetzt, seine extrem beschämende psychische Realität wahrzunehmen und seine Ichfunktionen dafür einzusetzen, diese Realität konstruktiv zu »managen« anstatt destruktiv zu kompensieren. Dieser Prozess erfordert einen »langen Atem« und geht natürlich (wie auch in ambulanten Psychotherapien) nicht ohne Krisen vonstatten, die aber zugleich jeweils eine neue Stufe der Mentalisierung und Strukturbildung einleiten können.

Nachdem sich für Herrn W. sein Therapeut als ausreichend stabil erwiesen hatte, fragte er sich: »Wie soll ich nur all das Gift aus meiner Seele herausbekommen?« Im 3. Behandlungsjahr musste er die Trennung von einer Freundin verkraften, ein Ereignis, das ihn früher immer in psychotische Zustände trieb (wozu man wissen muss, dass seine Mutter selbst psychotisch war). Wieder verstärkte er über Wochen seine verbalen Angriffe auf den Therapeuten, was allmählich in einen depressiven Zustand überging. Erstmals ließ er die Möglichkeit gelten, dass seine Symptome »subjektiv bestimmt« sein könnten und dass er vielleicht »eine kaputte Seele« habe. Er erinnerte sich an seine Einsamkeit vor der Straftat und wie er in seinen destruktiven Wahn abzugleiten begann (aus dem heraus er sich in Frankreich ein Gewehr gekauft hatte). Überraschend brachte er seinem Therapeuten ein Video mit einem Science-Fiction-Film: Enemy mine *(dt.:* Geliebter Feind*), in dem sich zwei Exemplare intergalaktisch verfeindeter Rassen auf einem öden, kalten Planeten in einer gemeinsamen Notlage zusammenraufen. Beiläufig wunderte er sich über die Zuverlässigkeit seines Therapeuten, zumal er befürchtete, er könne ihn krank machen. »Sie waren noch nie zu spät, obwohl Sie doch noch auch andere haben?!« Er entwickelte die Phantasie (im analytischen Verständnis eine Metapher), dass es auch Tiere geben könnte, die sich nicht stören oder die sogar voneinander profitieren. Damit hatte er den Therapeuten als ein hilfreiches Objekt verinnerlicht, was im Weiteren eine kontinuierliche Arbeit an seiner Biografie bis hin zur Aufarbeitung des genauen Ablaufs seiner Straftat eröffnete. Als Kern der Tatdynamik entpuppte sich dabei der Versuch, einem »Gesichtsverlust« zu entkommen, nachdem ihm klar wurde, welch einem Realitätsverlust er unterlegen war. Bei stabiler positiver Übertragung konnte sich eine analytische Arbeit entfalten, die u. a. auch das Entstehen von reifen Schuldgefühlen und Wiedergutmachungswünschen mit sich brachte. An die Stelle paranoider traten allmählich realitätsbezogene Ängste. Nach zwei Jahren in der extramuralen Belastungserprobung in einem Heim und danach in eigener Wohnung legte er gegen seine Entlassung Beschwerde ein, weil sie ihm verfrüht erschien, so dass er schließlich vom Oberlandesgericht per »Freilassungsweisung« vor die Türe des MRV gesetzt werden musste. Weiterhin befand er sich in ambulanter psychiatrischer Betreuung.*

Herr Z. litt ebenfalls unter einer psychisch kranken Mutter, die seine Schwerhörigkeit erst in seinem dritten Lebensjahr nach ärztlichen Untersuchungen realisierte. Die ersten Jahre seiner Behandlung verbat er sich jeglichen Kontakt zu ihr, weil ihn ihre Stimme »verrückt« machen würde. Diese Zeit brauchte es auch, bis das Team und der Therapeut hinter seine Maske blicken konnten. Seine paranoide Abwehrhaltung gegenüber seinem Therapeuten ließ nach, nachdem sich dieser in seinem Kommunikationsverhalten auf dessen Behinderung erfolgreich einstellen konnte, ohne ihn zu beschämen. Herr Z. fand von sich aus immer bessere Worte für seine jeweilige Befindlichkeit, wie: »Meine Batterien sind leer« und näherte sich seiner Krankheit, was zu einer Krise führte. Nach einer Ausgangssperre interessierte er sich für die Einnahme eines atypischen Neuroleptikums, die er fortan durchweg penibel genau einhielt. Das Medikament habe ihn von

Suizidgedanken befreit, die er jeden Morgen beim Aufstehen gehabt habe. Gleichzeitig vertiefte sich sein Vertrauen zum Therapeuten, dem er u. a. homosexuelle Übergriffe mitteilte, denen er in seiner frühen Jugend ausgesetzt war. Bei zunehmenden Ohnmachtsgefühlen verstärkten sich immer seine Tötungsphantasien, die sich ursprünglich gegen seinen Stiefvater gerichtet hatten. So sehr ihm jede Fähigkeit zu spielen fehlte, so wenig konnte er diese Phantasien von der Realität unterscheiden. Je mehr er realisierte, dass der Therapeut ihn auch wieder gehen lassen würde, umso offener konnte er eingestehen, dass er diese »Therapie unter Zwang« gebraucht hatte. »Im Gefängnis wäre ich Schauspieler geblieben. Man lernt ja dazu. Ich wäre dann kein Ich-Mensch geworden. Wahrscheinlich hätte ich wieder einen getötet. Früher habe ich versucht, die Gehirne anderer zu manipulieren. Heute muss ich mich nicht mehr zur Kampfmaschine machen. Ich war so verlogen wie meine Familie. Ich war freundlich bei der Begrüßung, obwohl ich den anderen nicht ausstehen konnte. Wie ich meine Lehre geschafft habe, hat mich eh gewundert. Ich habe versucht, die Probleme zu ignorieren. Und da bekam ich die Tötungsphantasien. Ich habe immer wieder versucht, diese Phantasien mit Sex wegzumachen. Ich habe so viele Kämpfe hinter mir. Ich muss schauen, dass ich mit meiner Krankheit klarkomme. Ich dachte, ich komme in eine Klinik und gehe raus und bin gesund. Aber das ist nicht so. Ich werde immer krank sein. Das ist, wenn ich in Gedanken so weggehe und nicht mehr weiß, wer und wo ich bin.« Im letzten Jahr seiner Behandlung nahm er den Kontakt zu seiner Mutter wieder auf und schenkte ihr ein Buch über »Psychose«. In seiner gesamten Erscheinung wirkte er mittlerweile jedoch wie ein erloschener, in sich eingefallener Vulkan. Er wechselte in eine betreute Wohngemeinschaft, ging akkurat seiner Arbeit in einer Behindertenwerkstatt nach und führte fortan ein sehr geregeltes Leben unter ambulanter psychiatrischer Behandlung. Zum Abschied schenkte er seinem Therapeuten ein steinernes Herz, das an einer Stelle einen Materialfehler hatte.

Schlussbemerkung

Dieser kursorische Abriss, der dem forensischen Experten in vielen Punkten einseitig und willkürlich erscheinen mag, zeigt bei aller Kritik im Wesentlichen doch eine Linie des sozialen Fortschritts im Umgang mit psychisch kranken Straftätern, die der historischen Entwicklung der gesellschaftlichen Bedeutung jedes einzelnen Bürgers zu einer Art permanenter »Ich-AG« entspricht, die in Deutschland aber von der faschistischen

Massenbewegung und ihren (Ver-) Führern auf eine signifikante Weise unterbrochen wurde. »Hadamar[4] liegt also vor Auschwitz«, sagt Detlev Peukert (1991, S. 59) und erinnert daran, dass mit den ersten massenmörderischen Euthanasieaktionen gegen Behinderte und psychisch Kranke jene Grenze überschritten wurde, die bis dahin Moderne und Barbarei voneinander schied. Unter dem Druck einer kollabierenden Ökonomie und verraten von den sich in markige Lebensphilosophien flüchtenden Intellektuellen (Julien Benda (1927) 1983) konnte das junge Konzept des aufgeklärten, bürgerlichen Subjekts der Moderne (mit seiner vielschichtigen und in sich konflikthaften Persönlichkeit) nicht überleben und wurde von einer Regression gerade jener Massen verdrängt, die an den Errungenschaften des Bürgertums keinen Anteil hatten. Die lustvolle Entdifferenzierung der Deutschen in der Unio mystica eines »Volkskörpers« verschaffte dem ökonomischen Kalkül des Rassenwahns die Legitimation zur Tötung von »Ballastexistenzen«. In der mitleidlosen Vernichtung der Schwachen, die mit dem »Triumph des Willens« der Nazis nicht mithalten konnten, tobte sich nicht nur deren unbewusster Selbsthass aus, sondern ihre narzisstische Wut auf die Hilflosigkeit, die Ohnmacht und die Abhängigkeit des Einzelnen gegenüber dem Anderen und dessen Interesse, dessen Zuneigung, dessen Anerkennung. Die deutsche Katastrophe hat gezeigt, dass erst und nur in einer Gesellschaft, die die Rechte und die Persönlichkeit des Einzelnen schützt und die die innere Differenzierung der Individuen in ihrer Rechtsprechung berücksichtigt, sich mit der Zeit auch die Erfahrung und ein Bewusstsein darüber herstellt, wie abhängig vom sozialen Raum die geistige und seelische Verfassung und die Konflikt- und Friedensfähigkeit ihrer Bürger doch sind. Der interessierte Blick auf psychisch kranke Straftäter erkennt Ursachen ihrer Erkrankung, die auf deren psychosoziales Schicksal und auf die sozialen Verhältnisse einer Gesellschaft zurückführen. Hinter der spektakulären Monstrosität der meisten Straftaten verbergen sich extremes soziales Elend, zerfallene Familien, fehlende Väter, psychisch kranke Mütter, fehlende soziale und therapeutische Unterstützung, Arbeits- und Perspektivlosigkeit usw. in einer immer gleichgültigeren und zunehmend aggressiven Konkurrenzgesellschaft, die mit den »Terminator-Klischees« ihrer Medien bereits die Kinder verdummt und selbst Ellenbogenmentalität und narzisstische Selbstdarstellung als Erfolgsrezepte verkauft, anstatt

[4] Sitz der vormaligen Landesheilanstalt (in Hessen), in der 1941 bis 1945 an die 14 500 Menschen den Euthanasie-Morden der Nazis zum Opfer fielen; heute Denkmalsstätte.

soziale Kompetenzen zu fördern. Je mehr sich in dieser Situation der Staat seiner Verantwortung für die sozial Schwachen wieder entzieht, umso häufiger und verzweifelter werden die destruktiven Selbstrettungsversuche derer ausfallen, die mit ihrem psychischen Scheitern auch vor einem sozialen Tod stehen. Die Forensische Psychiatrie steht immer ganz am Ende solcher psychosozialer Katastrophen und ist deshalb die erste Adresse für die Erfahrung und die Erforschung der menschlichen Destruktivität in ihrer Abhängigkeit von der äußeren, der sozialen Realität. Die Forensische Psychotherapie verschafft im einzelnen Fall schließlich einen Einblick in die inneren Gewalt- bzw. Kräfteverhältnisse von Menschen, deren psychische Störung es ihnen ermöglichte, größte Verbrechen zu begehen. Dabei zeigt die klinische Praxis, dass es weniger einzelne Wirkfaktoren sind, die zu destruktiven Entgleisungen führen, als vielmehr das gesamte innere Gefüge einer Persönlichkeit, das häufig genug zur Abwehr und zur Kompensation einer psychischen Behinderung eingesetzt werden kann, um eine soziale Beschämung, einen Gesichtsverlust und eine präsuizidale narzisstische Krise zu vermeiden.

Dass dem in Deutschland so wenig Interesse zukommt, deutet darauf hin, dass wir Deutschen noch immer nicht realisiert haben, dass wir uns von einem psychisch kranken Massenmörder dazu verführen ließen, uns zu »willigen Vollstreckern« seines destruktiven Wahns zu machen. Zu groß scheint die Beschämung angesichts der Tatsache, dass wir die »Karriere eines Wahns« (Matussek u. a. 2000) befördert und am Größenwahn eines Unmenschen partizipiert haben, ja, dass wir selbst einem Massenwahn verfallen waren, der unsere Realitätswahrnehmung nachhaltig trübte. Denn sonst hätte man sich in Deutschland wohl weit mehr für die Psychodynamik schwerer psychischer Störungen und deren Verhalten im sozialen Feld interessiert, als es insbesondere im Vergleich mit den Ländern der Alliierten geschehen ist. In diesem Bereich ist Deutschland bis heute von einem Wissensimport abhängig, was besonders für die Forensische Psychotherapie und den Maßregelvollzug gilt, deren Horizont sich durch den Blick auf die Theorie und Praxis in den anderen europäischen Ländern nach wie vor wesentlich erweitern lässt (vgl. Cordess & Cox 1996). Die klinische Erfahrung mit psychisch kranken Straftätern, die bezeichnenderweise zum größten Teil Männer sind, kann entscheidend dazu beitragen, auch die zerstörerische Wirkung ähnlich strukturierter Menschen im Sozialen wie im Politischen rechtzeitig zu erkennen und einzudämmen.

Literatur

Aichhorn, A. (1957): Verwahrloste Jugend. Die Psychoanalyse in der Fürsorgeerziehung. Stuttgart (Verlag Hans Huber).

Argelander, H. (1970): Die szenische Funktion des Ichs und ihr Anteil an der Symptom- und Charakterbildung. Psyche, 24, 325–345.

Aristoteles (2003): Nikomachische Ethik. Stuttgart (Reclam).

Aschaffenburg, G. (1902): Die Unterbringung geisteskranker Verbrecher. Centralbl. Nervenheilk. u. Psychiat., 25, 289–305.

Aschaffenburg, G. (1903): Strafvollzug an Geisteskranken. In: Ärztl. Sachverst. Zeitung 9, S. 433–436.

Bauer, P. (2000): Kognitiv-behaviorale Behandlung im psychiatrischen Maßregelvollzug. In: Marneros, A.; Rössner, D.; Haring, A.; Brieger, P. (Hg.): Psychiatrie und Justiz. München (Zuckschwerdt-Verlag).

Baumann, Z. (1992): Dialektik der Ordnung. Die Moderne und der Holocaust. Hamburg.

Benda, J. (1983): Der Verrat der Intellektuellen. Frankfurt (Ullstein).

Bender, Th. (2002): Selbstkonstituierung im forensischen Setting. Recht & Psychiatrie, 2, 85–92.

Benedetti, G. (1984): Der psychisch Leidende und seine Welt. Frankfurt (Fischer).

Benedetti, G. (2002): Aufschlüsse über die conditio humana in der Begegnung mit dem psychotischen Patienten. In: Lempa, G., & Troje, E. (Hg.) (2002): Gesellschaft und Psychose. Göttingen (Vanden Hoeck & Ruprecht), S. 9–30.

Bion, W. R. (1990): Erfahrungen in Gruppen. Frankfurt (Fischer).

Blau, G., & Kammeier, H. (Hg.) (1984): Straftäter in der Psychiatrie. Situation und Tendenzen des Maßregelvollzuges. Stuttgart (Enke).

Böllinger, L. (1995): Ambulante Psychotherapie mit im Maßregelvollzug untergebrachten Sexualstraftätern. Zeitschrift für Sexualforschung, 8, 199–221.

Böllinger, L. (1996): Externe Psychotherapie mit Sexualstraftätern im Maßregelvollzug. Ein persönliches, institutionelles und methodologisches Konfliktfeld. Monatsschrift für Kriminologie, 79, 67–89.

Brenner, Ch. (1982): The Mind in conflict. New York (Intern. Univ. Press).

Broucek, F. (1979): Efficacy in infancy. Int. J. Psychoanal., 60, 311–316.

de Boor, C. (1976): Psychosomatische Symptome und delinquentes Verhalten. Psyche, 7, 625–641.

Cordess, Ch., & Cox, M. (1996): Forensic Psychotherapy. Crime, psychodynamics and the offender patient. Vol I – II. London (Jessica Kingsley Publ.).

Devereux, G. (1982): Sozialer Negativismus und kriminelle Psychopathie. In: Devereux, G. (1982): Normal und anormal. Aufsätze zur allgemeinen Ethnopsychi-

atrie. Frankfurt (Suhrkamp), S. 150–172.
Dierlmeier, F. (1954, 2003): Nachwort. In: Aristoles (2003): Nikomachische Ethik.
Duncker, H. (1993): Möglichkeiten der Psychoanalyse in der Forensischen Psychiatrie. Recht und Psychiatrie, 1993, 11. Jg., 63–67.
Duncker, H. (2001): Möglichkeiten und Grenzen des Maßregelvollzugs. Spektrum der Psychiatrie, Psychotherapie und Nervenheilkunde, 6, 136–140.
Duncker, H., Dimmek, B., & Kobbé, O. (2000): Editorial: Forensische Psychiatrie – Quo vadis? Forensische Psychiatrie und Psychotherapie, 2, 3–6.
Elias, N. (1936, 1977): Über den Prozess der Zivilisation. Frankfurt (Suhrkamp).
Eucker, S., & Müller-Isberner, R. (2001): Ein verhaltenstherapeutisches, stationäres Behandlungskonzept. In: Hoyer, J., & Kunst, H. (Hg.) (2001): Psychische Störungen bei Sexualdelinquenten. Lengerich (Pabst Sience Publishers).
Federn, P. (1978): Das Ich in der Schizophrenie. In: Federn, P. (1978): Ichpsychologie und die Psychosen. Frankfurt (Suhrkamp), S. 214–227.
Fonagy, P., Gergely, G., Jurist, E. L., & Target, M. (2002): Affect Regulation, Mentalization, and the Development of the Self. New York (Other Press).
Fonagy, P., & Target, M. (2001): Mit der Realität spielen. Zur Doppelgesichtigkeit psychischer Realität von Borderline-Patienten. In: Psyche 9/10, S. 961–995.
Freud, A. (1979): Die Bedeutung der Kinderanalyse. Die Schriften der Anna Freud. Bd. X, S. 2877–2890.
Freud, S. (1973): Metapsychologische Ergänzung zur Traumlehre. In: Gesammelte Werke X. Frankfurt (S. Fischer).
Freud, S. (1973): Zur Einführung des Narzissmus. Gesammelte Werke X. Frankfurt (S. Fischer).
Freud, S. (1976): Der Realitätsverlust bei Neurose und Psychose. Gesammelte Werke XIII. Frankfurt (S. Fischer).
Freud, S. (1976): Die Frage der Laienanalyse. In: Gesammelte Werke XIV. Frankfurt (S. Fischer).
Freud, S. (1976): Dostojewski und die Vatertötung. Gesammelte Werke XIV. Frankfurt (S. Fischer).
Freud, S. (1978): Abriss der Psychoanalyse. In: Gesammelte Werke XVII. Frankfurt (S. Fischer).
Fromm, E. (1977): Anatomie der menschlichen Destruktivität. Hamburg (Rowohlt).
Goldhagen, D. (1996): Hitlers willige Vollstrecker. Ganz gewöhnliche Deutsche und der Holocaust. Berlin (Siedler).
Hegel, G. W. F. (1973): Phänomenologie des Geistes. Frankfurt (Ullstein).
Heinsohn, G. (1995): Warum Ausschwitz? Hitlers Plan und die Ratlosigkeit der Nachwelt. Hamburg (Rowohlt).

Janssen, P. L. (1990): Grundzüge einer stationären psychoanalytischen Therapie struktureller Ich-Störungen. In: Buchheim, G., & Seifert, W. (1990): Zur Psychodynamik und Psychotherapie von Aggression und Destruktion. Wiesbaden (Opladen).

Jones, J. W. (1956): The Law and Legal Theory of the Greeks. Oxford.

Kammeier, H. (1995): Maßregelvollzugsrecht. Kommentar. Berlin (de Gruyter).

Kant, I. (1977): Anthropologie in pragmatischer Hinsicht. Frankfurt (Suhrkamp).

Kapfhammer, H.-P. (2001): Psychodynamische Aspekte der Paranoia. Psyche, 5, 435–503.

Kernberg, O. (1991): Die Psychopathologie des Hasses. Forum der Psychoanalyse, 1991, 251–270.

Kernberg, O. (1997): Wut und Hass. Über die Bedeutung von Aggression bei Persönlichkeitsstörungen und sexuellen Perversionen. Stuttgart (Klett-Cotta).

Kobbé, U. (1998): »Bad vibrations«: Zur politischen Ethik Forensischer Psychotherapie. Forensische Psychiatrie und Psychotherapie, 2, 119–132.

Kohlberg, L., & Turiel, E. (1978): Moralische Entwicklung und Moralerziehung. In: Portele, G. (Hg.): Sozialisation und Moral. Weinheim (Beltz).

Kretschmer, E. (1918): Der sensitive Beziehungswahn. Berlin (Springer).

Lacan, J. (2002): Über die paranoische Psychose in ihren Beziehungen zur Persönlichkeit und frühe Schriften über die Paranoia. Wien (Passagen-Verlag)

Laval, G. (2002): Bourreaux ordinaires. Psychanalyse du meurtre totalitaire. Paris (Presses Universitaires de France).

Legendre, P. (1998): Das Verbrechen des Gefreiten Lortie. Abhandlung über den Vater. Freiburg (Rombach).

Lempa, G. (1995): Zur psychoanalytischen Behandlungstechnik bei schizophrenen Psychosen. Forum der Psychoanalyse, 2, 133–149.

Lempa, G. (2002): Ethische und gesellschaftspolitische Perspektiven der psychoanalytischen Psychosentheorie. In: Lempa, G., & Troje, E. (Hg.) (2002): Gesellschaft und Psychose. Göttingen (Vandenhoeck & Ruprecht), S. 68–83.

Leppert, N. (1998): Kein Sendeplatz für Tatmotiv? Forensische Psychiatrie und Psychotherapie, 2, 17–24.

Leuschner, W. (1985): Psychiatrische Anstalten. Ein institutionalisiertes Abwehrsystem. Psychiatrische Praxis, 12, 149–153.

Leygraf, N. (1988): Psychisch kranke Straftäter. Epidemiologie und aktuelle Praxis des psychiatrischen Maßregelvollzugs. Berlin (Springer-Verlag).

Loch, W. (1995): Psychische Realität – Materielle Realität. Genese – Differenzierung – Synthese. Jahrbuch der Psychoanalyse, 34.

Loening, R. (1903, 1967): Die Zurechungslehre des Aristoles. Hildesheim (Olms).

Mannoni, M. (1972): Das zurückgebliebene Kind und seine Mutter. Eine psycho-

analytische Studie. Olten (Walter).
Matussek, P., Matussek, P., & Marbach, J. (2000): Hitler. Karriere eines Wahns. München (F. A. Herbig Verlagsbuchhandlung).
Mentzos, S. (1991): Psychodynamische Modelle in der Psychiatrie. Göttingen (Vandenhoeck & Ruprecht).
Mentzos, S. (1996): Interpersonale und institutionalisierte Abwehr. Frankfurt (Suhrkamp).
Müller, C. (1997): Das Gewohnheitsverbrechergesetz vom 24. November 1933. Kriminal-politik als Rassenpolitik. Baden-Baden (Nomos).
Müller-Isberner, R. (1998): Ein differenziertes Behandlungskonzept für den psychiatrischen Maßregelvollzug. Organisationsfragen und methodische Aspekte. In: Wagner, E.; Werdenich, W. (Hg.) Wien (Facultas-Universitätsverlag).
Musil, R. (1978): Der Mann ohne Eigenschaften. Hamburg (Rowohlt).
Oliner, M. (1996): Äußere Realität. Die schwer fassbare Dimension der Psychoanalyse. Jahrbuch der Psychoanalyse, 37.
Peukert, D. J. K. (1991): Alltag und Barbarei. Zur Normalität des Dritten Reiches. In: Diner, D. (Hg.) (1991): Ist der Nationalsozialismus Geschichte? Zu Historisierung und Historikerstreit. Frankfurt.
Pfäfflin, F., & Kächele, H. (2001): Positive und negative Wirkfaktoren von Psychotherapien. Forensische Psychiatrie und Psychotherapie (Werkstattschriften), 2, 69–91.
Pfäfflin, F., & Mergenthaler, E. (1998): Forschungsfragen der Forensischen Psychotherapie. In: Forensische Psychotherapie. Psychotherapie im Zwangskontext von Justiz, Medizin und sozialer Kontrolle. Wien (Facultas-Universitätsverlag).
Preuss, U. K. (1979): Die Internalisierung des Subjekts. Frankfurt (Suhrkamp).
Rasch, W. (1999): Forensische Psychiatrie. Stuttgart (Kohlhammer).
Reicher, J. W. (1976): Die Entwicklungspsychopathie und die analytische Psychotherapie von Delinquenten. Psyche, 7, 604–612.
Ritzel, G. (1978): Unterbringung und Wiedereingliederung psychisch kranker Rechtsbrecher. Universität Göttingen (Habil.-Schr.).
Rosenfeld, H. (1985): Narzissmus und Aggression. In: Luft, H.; Maass, G. (Hg.): Narzissmus und Aggression. DPV-Arbeitstagung Wiesbaden 1984, S. 65–81.
Sandler, J.; Freud, A. (1989): Die Analyse der Abwehr. Stuttgart (Klett-Cotta).
Schacht, L. (2002): Baustelle des Selbst. Stuttgart (Pfeiffer).
Schepank, H. (1987): Die stationäre Psychotherapie in der Bundesrepublik Deutschland. Zeitschrift für Psychosomatische Medizin und Psychoanalyse, 4, 363–387.
Schewe, J. (1999): Die Geschichte der Sicherungsverwahrung. Entstehung, Entwicklung und Reform. Universität Kiel (Diss. a. d. Rechtswiss. Fak.).

Schönke, A.; Schröder, H. (2001): Strafgesetzbuch. Kommentar. 26. Aufl. München (C. H. Beck).
Sophokles (2003): Ödipus in Kolonos. (aus dem Altgriechischen von Peter Handke) Frankfurt (Suhrkamp).
Spitz, R. (1970): Nein und Ja. Die Ursprünge der menschlichen Kommunikation. Stuttgart (Klett).
Teller, M. (1996): Behandlungszwang im Maßregelvollzug. München (Rechtswissenschaftliche Forschung und Entwicklung; Bd. 533).
Vogt, R. (2001): Der »Todestrieb«, ein notwendiger, möglicher oder unmöglicher Begriff? Psyche, 9/10, 878–905.
Volckart, B. (1999): Maßregelvollzug. Neuwied (Luchterhand).
Wagner, E. (1998): Scheitern, Krisen, Katastrophen. In: Wagner, E.; Werdenich, W. (Hg.) (1998): Forensische Psychotherapie. Wien (Facultas-Universitätsverlag).
Wallerstein, R. S. (2000): Die Entwicklung und moderne Umgestaltung der (amerikanischen) Ich-Psychologie. In: Deutsche Psychoanalytische Vereinigung Frühjahrstagung München 2000 (unveröff. Manuskr.).
Willi, J. (1990): Die stationäre Psychotherapie in psychoökologischer Sicht. Zt. f. Psychotherapie und Psychosomatik, 163–174.
Wilmanns, K. (1906): Zur Psychopathologie der Landstreicher. Leipzig.
Winnicott, D.W. (1973): Vom Spiel zur Kreativität. Stuttgart (Klett)
Winnicott, D.W. (1974): Reifungsprozess und fördernde Umwelt. München (Kindler).
Winnicott, D.W. (1983): Die Beziehung zwischen dem Geist und dem Leib-Seelischen. In: Winnicott, D.W. (1983): Von der Kinderheilkunde zur Psychoanalyse. Frankfurt (Fischer).
Zetzel, E. R. (1974): Die Fähigkeit zu emotionalem Wachstum. Stuttgart (Klett).

Entwicklung und Gegenwart der Forensischen Psychiatrie in den Niederlanden aus psychodynamischer Sicht

Klaas van Tuinen

Herr A. hatte den Ruf eines gefährlichen Kriminellen. Er war ein Wiederholungstäter, der den größten Teil seines Lebens im Gefängnis zugebracht hatte. Aber selbst dort erwies er sich als kaum zu bändigen, und so landete er schließlich in dem am schärfsten bewachten Setting, der »Ter beschikking Stelling (TBS)«, der Niederländischen Variante des Maßregelvollzuges. Außerhalb des Gefängnisses bestand sein Leben aus Gewaltdelikten wie bewaffneten Überfällen und Geiselnahmen.

Zu der Zeit, als seine Entlassung näher rückte, bekam ich engeren Kontakt zu ihm. Trotz der alles überschattenden Bedrohung und dem Hass, den er ausstrahlte, konnte man durch eine ruhige Zugangsweise zu ihm und zu seinem ängstlichen und abhängigen Kern doch durchdringen, zu seinem Bedürfnis nach Geborgenheit, die er nie erfahren hatte, und zu seinem stillen Verlangen nach einem normalen Leben, von dem er sich keine Vorstellung machen konnte. Ich erfühlte zunehmend das hilflose und hoffnungslose Kind in ihm, das schon sehr früh in seiner Entwicklung stecken geblieben war und von dem nur noch der Körper weiter gewachsen war. Die Rachsucht für das, was ihm vorenthalten worden war, und der Wille, es der Gesellschaft heimzuzahlen, schien der Antrieb zu seinen aggressiven Taten zu sein. Psychotisch war er nicht, auch wenn sein Realitätsgefühl stark gestört war. Er war nie in Behandlung gewesen und wollte dies auch nicht aus Angst vor Nähe und Intimität. Das Wort Patient konnte er nicht ertragen. Rückkehr in Freiheit gab es für ihn nicht. Er blieb gefangen in seiner destruktiven Wahnwelt, aus der es kein Entrinnen gab.

So führt uns dieser Patient mit seiner massiven antisozialen Persönlichkeitsstörung in die forensische Psychiatrie hinein, welche ein weites Gebiet umfasst, mit ihren vielen Disziplinen, Dilemmata, Paradoxa, komplexen Sachverhalten und schwierigen Entscheidungen einerseits und mit ihrer starken Anziehungskraft andererseits, die sie auf Therapeuten ausübt, indem sie diese zur Entwicklung neuer Behandlungsmethoden und Settings für derartige Patienten herausfordert. Bei alledem kann die forensische Psychiatrie weder von ihrem juristisch-normativen und ethischen Kontext, noch von der gesellschaftlichen Diskussion über Gefahr und Sicherheit losgelöst betrachtet werden (Mooij 1998).

Vor zehn Jahren (1994) nahm eine neue forensisch-psychiatrische Klinik und Poliklinik, Teil des allgemeinen psychiatrischen Krankenhauses von Assen in den Niederlanden, den Dienst auf. In der Entwicklungsphase stellte sich unausweichlich zunächst die Frage, welche Funktion die Klinik im Grenzgebiet zwischen Justiz und Gesundheitswesen haben sollte. Hiervon ausgehend stellten sich noch viele weitere Fragen, wie die, für welche Patienten die Klinik bestimmt sein solle, ob man die Aufnahme bestimmter Patienten verweigern könnte, ob es neben den allgemeinen auch noch spezifische Behandlungsziele geben sollte, welches Behandlungsmodell gewählt werden sollte oder ob mehrere Modelle nebeneinander bestehen sollten und welcher Typus therapeutischen Milieus als Rahmen entwickelt werden sollte? Anschließend stellten sich die mehr praktischen Fragen bezüglich des Gebäudes, der Zusammenstellung und Qualifikation des Personals, des rechtlichen Rahmens zum Beispiel in Bezug auf die rechtliche Position der Patienten, der internen Regeln und last but not least der *Sicherheit* als einer conditio sine qua non. Alle diese Aspekte mussten außerdem ein zusammenhängendes, konsistentes und organisierbares Ganzes ergeben. Dass die Psychoanalyse eine wichtige Rolle zu spielen hatte, war unstrittig, dass sie aber den einzigen metapsychologischen Rahmen bilden und das Behandlungssetting dominieren sollte, war nicht selbstverständlich. Eine neue Klinik muss sich wie ein Kind entwickeln und von ihren Erfahrungen lernen können und darf auf keinen Fall in eine doktrinäre Zwangsjacke gesteckt werden. So wurden die Anfangsideen in den vergangenen Jahren auf ihre Bewährung in der Praxis geprüft und wo nötig angepasst (Behandelnota FPK 1997).

Im Folgenden wird zunächst auf unsere Patienten und anschließend auf das Behandlungssetting, so wie es in unserer Klinik realisiert wird, eingegangen werden. Beide sollen dabei im Licht der Psychoanalyse betrachtet werden.

Den forensisch psychiatrischen Patienten gibt es nicht

Allgemein betrachtet geht es um Patienten mit einer Vielzahl von Problemen, die sich, abgesehen davon, dass sie mit der Justiz in Berührung gekommen sind, durch vielfältige psychische Mängel und Störungen auszeichnen. Ein grobes Profil könnte wie folgt aussehen (Nota NRV 1991):

1. Sie sind in affektiver und pädagogischer Hinsicht ernsthaft zu kurz gekommen;
2. ihnen fehlt ein Gefühl von Grundvertrauen als Folge einer früh erfahrenen Traumatisierung;
3. sie zeigen ernste Verhaltensstörungen mit Impulsivität, Aggressivität, Acting-out und Delinquenz;
4. die Ich-Funktionen sind ungenügend, das Gewissen ist mangelhaft entwickelt und das Realitätsgefühl ist gestört;
5. sie besitzen ein negatives Selbstbild und ein tief sitzendes Misstrauen anderen Menschen gegenüber;
6. der Umgang mit ihren Mitmenschen, das zwischenmenschliche ›Funktionieren‹, ist gestört;
7. sie leben am Rande der Gesellschaft und haben Defizite auf vielen Lebensgebieten;
8. sie sind derart gefährlich für sich selbst, ihre Mitmenschen und die Gesellschaft, dass zivil- und/oder strafrechtlich gegen sie eingeschritten werden musste;
9. sie leiden an einer ernsten Persönlichkeitsstörung, häufig in Kombination mit einer Psychose und unter Umständen mit Abhängigkeit von mehreren Suchtmitteln;
10. sie sind relativ jung und meistens ausländischer Herkunft.

Menschen, die zu forensisch-psychiatrischen Patienten werden, richten in der Gesellschaft großen Schaden an. Sie begehen von Zeit zu Zeit kleine bis sehr schwere Delikte. Zeitweise sitzen sie in Justiz- oder psychiatrischen Einrichtungen, um dann wiederum ein vagabundierendes Leben zu führen, besonders in den Großstädten. Außerdem sind viele nicht motiviert, Hilfe zu suchen oder anzunehmen. Umgekehrt sind reguläre gesellschaftliche Einrichtungen nicht in der Lage, diesen Patienten zu helfen, und häufig wollen sie es auch gar nicht. So landen diese Patienten leicht zwischen allen Stühlen, bis schwere Delikte, wie zum Beispiel Brandstiftung, sexuelle Belästigung, Vergewaltigung, Körperverletzung und Totschlag sie mit der Justiz in Kontakt bringen. Für das Leid, das sie anderen Menschen angetan haben, und wegen der Rückfallgefahr werden sie dann verurteilt und anschließend eingesperrt oder zwangsweise in spezielle Behandlungseinrichtungen gesteckt.

Es ist wichtig, zunächst auf einige forensische Themen und Begriffe einzugehen, die auf komplexe Weise miteinander zusammenhängen und mit manchmal verwirrender Terminologie aufeinander Bezug nehmen: Krankheit und Gesundheit von Delinquenten; Schuldfähigkeit und Zurechnungsfähigkeit; die Notwendigkeit einer Behandlung; das Recht sowohl auf

Behandlung wie auch auf deren Ablehnung; Zwang und Druck; der Unterschied zwischen Zwangsaufnahme, Zwangsbehandlung und Zwangsversorgung; und schließlich Autonomie und Selbstbestimmung von Patienten.

Krank oder gesund

Die Auffassung, alle Straftäter seien krank und brauchten Behandlung, ist wohl kaum haltbar. Außerdem ist der Gegensatz von krank gegenüber gesund zu einfach, wenn es um ein kompliziertes Zusammenspiel biologischer, psychologischer und sozialer Faktoren geht, die in individueller und sehr unterschiedlicher Wechselwirkung stehen und Einfluss auf das letztendliche Ergebnis der Persönlichkeitsentwicklung nehmen (Raine 1993).

Persönlichkeitsstörungen sind keine medizinischen Phänomene, sondern problematische Formen menschlicher Anpassung. Delinquenten sind Individuen, deren konstitutionelle Ausstattung und frühe Erfahrungen nicht nur ihre Entwicklung in verkehrte Bahnen gelenkt, sondern außerdem auch noch ein unbefriedigendes Selbstgefühl, verfehlte Formen der Äußerung von Gedanken und Gefühlen und einen problematischen Umgang mit ihren Mitmenschen erzeugt haben (Millon 1996).

Kranksein schließt in der Sicht unserer westlichen Kultur schnell eigene Verantwortung aus. Der Patient kann ja nichts dafür, dass er krank ist. Für Patienten mit einer psychischen Krankheit gilt mehr oder weniger dasselbe. Bei Patienten mit einer Psychose mag das noch zutreffen. Juristisch werden sie dann auch nicht belangt, aber wegen der Gefahr, rückfällig zu werden, werden sie zwangsweise in einer psychiatrischen Einrichtung untergebracht, oft lebenslänglich. Bezüglich Delinquenten mit ernsten Persönlichkeitsstörungen gehen die Meinungen weltweit sehr auseinander, von »es sind normale Kriminelle, die ins Gefängnis gehören« bis hin zu »es sind psychiatrische Patienten, die, ob sie dieses nun wollen oder nicht, behandelt werden müssten«.

Zurechnungsfähigkeit und die Notwendigkeit von Behandlung

In den Niederlanden ist die letzte Auffassung die geläufige, welche in einem juristisch-theoretischen Differenzierungssystem im Einzelnen ausgearbeitet ist:

Delinquenten, die als vollständig zurechnungsfähig betrachtet werden, gehen ins Gefängnis. Delinquenten, die an einer Psychose und/oder an einer ernsten Persönlichkeitsstörung leiden und dadurch ganz oder teilweise schuldunfähig sind, können, wenn ein hohes Risiko besteht, dass sie erneut gewalttätige oder sexuell-aggressive Taten begehen, eventuell nebst einer Gefängnisstrafe in den Maßregelvollzug bzw. die TBS genommen werden. Sie werden dann zwangsweise in einer Behandelungseinrichtung der Justiz oder eines privaten Trägers aufgenommen. Rückkehr in die Gesellschaft, meist nach etlichen Jahren und bei deutlich verminderter Gefahr eines Wiederholungsdeliktes, kann nur auf Antrag der Klinikleitung und nur mit Zustimmung eines Richters stattfinden.

Die Praxis ist allerdings auch hier komplizierter als die Theorie, und längst nicht jeder Delinquent bekommt die Hilfe, auf die er Anspruch hat. Schätzungen zufolge ist in den Niederlanden mindestens einer von zehn Häftlingen in Strafanstalten psychisch und in seinem Verhalten schwer gestört. Bei näherer Betrachtung kann sich herausstellen, dass er den oben genannten Kriterien genügt und eigentlich ein forensisch-psychiatrischer Patient ist, der in eine forensisch-psychiatrische Klinik und nicht in eine Strafanstalt gehörte. Dass auch die übrigen Häftlinge nicht frei von Störungen und Symptomen sind, offenbart sich schon bei einem Besuch in einer Strafanstalt, egal welcher. Eine Untersuchung in einer Jugendstrafanstalt hat kürzlich ergeben, dass achtzig Prozent der Jugendlichen an einer Depression, Psychose oder ernsten Persönlichkeitsstörung nach den Kriterien der DSM-IV Klassifikation leiden (Bulten 1998). Hier gilt, dass die Vorenthaltung gezielter und struktureller Hilfe für diese Jugendlichen langfristig eine neue Generation erwachsener Straftäter erzeugt.

In Strafanstalten zeigt sich ein besonders scharfer Gegensatz zwischen dem Strafrecht, das dem Täter mit Begriffen wie Schuld, Verantwortung, Zurechnungsfähigkeit und Vergeltung begegnet, und den Sozialwissenschaften, die das Augenmerk gerade auf die Innenwelt des Täters richten, also auf seine intrapsychische Persönlichkeitsstruktur und seine Entwicklungsmöglichkeiten und weniger auf die Folgen der Tat.

Zwang oder Druck

Es ist sowohl für Patienten als auch für die Behandelnden in der forensischen Psychiatrie sehr wichtig, deutlich zwischen Zwang und Druck zu unterscheiden, weil dies direkte Konsequenzen für die Behandlung hat.

Zwangsbehandlung ist, außer zur Abwendung unmittelbarer Gefahr in der Form physischer Begrenzungen wie Ruhigstellen oder Zwangsverabreichung von Medikamenten, nicht gut vorstellbar. Zwangsbehandlung muss aber unterschieden werden von Zwangsaufnahme und Zwangsversorgung, dem zwangsweisen Aufgenommen- und Versorgtwerden in einer klinischen Einrichtung. Eine Behandlung beruht, ganz gleich ob sie in einem klinischen Setting oder als ambulante Psychotherapie stattfindet, auf den Prinzipien des ›*informed consent*‹ mit den Elementen Behandlungsvereinbarung, Zusammenarbeit, Interaktion, Freiwilligkeit und Autonomie. Eine solche Form der Behandlung schließt Zwang, nicht aber Druck aus. Unter externem Druck, meistens von Seiten der Justiz, wird der Patient gezwungen, sich zu entscheiden. Es steht dem Patienten dann frei, zu einer Behandlung nein zu sagen, beziehungsweise die Fortsetzung einer Behandlung zu verweigern. Behandlung unter einem solchen Druck hat sich in der forensischen Psychiatrie als brauchbarer Rahmen für die Behandlung von Patienten mit Persönlichkeitsstörungen bewährt. Sie respektiert jedoch gleichzeitig die Autonomie des Patienten und überträgt ihm Mitverantwortung für seine Behandlung.

An welchem Ort befindet der Patient sich?

Bewegt der psychisch gestörte Delinquent sich in der Gesellschaft, so kann er sich freiwillig oder unter einem gewissen justiziellen Druck ambulant behandeln oder sich in eine forensisch-psychiatrische Klinik aufnehmen lassen. Büßt er jedoch aufgrund schwerer Delikte eine längere Freiheitsstrafe ab, dann gibt es in der Regel für ihn keine andere Möglichkeit einer klinischen Behandlung als durch Einweisung in ein für ihn geeignetes Behandlungssetting. Manchmal ist eine ambulante Behandlung innerhalb des Gefängnisses möglich. Sie stößt jedoch auf viele Probleme, welche mit der repressiven Struktur der Gefängnisorganisation und der delinquenten Subkultur innerhalb des Gefängnisses zu tun haben. In vielen Fällen ist der Delinquent bereits auf gerichtliche Anordnung in einer Behandlungsklinik des Gesundheits- oder des Justizwesens untergebracht, die hinreichend gesichert ist, um den Patienten für längere Zeit verwahrt zu halten. Es ist wirklich von größter Wichtigkeit sowohl für den Patienten als auch für den Therapeuten, dass Klarheit herrscht bezüglich des Kontextes der Behandlung und des Settings, in dem er untergebracht werden soll. Am besten sollte dies bereits vor Beginn der Behandlung klar sein, weil hieraus andernfalls im Laufe der Behandlung große Probleme entstehen werden. Klarheit muss herrschen bezüglich Fragen wie zum Beispiel: ob es dem Patienten frei steht, sich in Behandlung zu begeben beziehungsweise diese fortzusetzen; was geschieht, wenn der Therapeut die Behandlung beendet; welche Rolle die Justiz dabei spielt; kann sie zum Beispiel Einsicht in den Behandlungsprozess verlangen oder eine von der Behandlungsklinik vorgeschlagene Freilassung verweigern und einen zu Ende behandelten Patienten zurück ins Gefängnis schicken; und: ist die Therapieeinrichtung ein Ort der Verwahrung mit Behandlungsmöglichkeit oder ein Ort der Behandlung mit Verwahrungsmöglichkeit?

Das *Intake* (Aufnahmeabteilung und Aufnahmeverfahren) ist der Ort, an dem der formelle Behandlungsvertrag geschlossen wird, wo gleichzeitig aber auch die Behandlung eigentlich schon beginnt, selbst dann, wenn die wirkliche Aufnahme wegen juristischer Formalitäten noch einige Zeit auf sich warten lassen sollte.

Delinquenz aus psychoanalytischer Sicht

Verschiedene wissenschaftliche Disziplinen haben sich im Laufe der letzten Jahrhunderte mit Ursachen und Hintergründen von Delinquenz und der Persönlichkeit von Delinquenten beschäftigt. Das Wissen hierüber wurde schrittweise vertieft und mündet nun in eine Vielzahl von Auffassungen, Theorien und Definitionen.

Auch die Psychoanalyse hat sich von Anfang an für das Thema interessiert, mehr allerdings noch für den Charakter des Verbrechers als für dessen spezifische Verhaltensformen. Bereits 1908 wies Freud (1908d) auf fünf ursächliche Elemente hin: einen konstitutionellen Faktor, mangelhafte Triebunterdrückung, infantile Allmacht, die Delinquenz als ›Negativ‹ eines unausgelebten Heldentums und die grundlegende Funktion der Aggression. Aichhorn (1925) erwähnte den schwierigen Übergang vom Lustprinzip zum Realitätsprinzip und die Unterentwicklung des Über-Ichs und Ich-Ideals. Abraham (1927) sah die Ursache der Delinquenz in psychischer Unterernährung und deren verheerender Wirkung auf die Objektbeziehungen. Reich (1925) nahm die isolierte Position des Über-Ichs bei diesen durch den Instinkt getriebenen Charakteren als Erklärung. Alexander (1930) unterschied den neurotischen Charakter von der antisozialen Persönlichkeit. Greenacre (1945) betrachtete den Straftäter als narzisstisches Verlängerungsstück einer äußerst narzisstischen Mutter. Fenichel (1945) unterschied psychopathische Impulsivität von neurotischer Unruhe und betonte, dass das Über-Ich nicht gänzlich abwesend, sondern pathologisch sei. Friedlander (1947) war der Meinung, dass für Straftäter Instinktbefriedigung wichtiger als Objektbeziehungen sei. Eissler (1949) führte die folgenden Charakteristika an: eine überwiegend narzisstische Orientierung mit versteckter Selbstsucht, eine paranoide Sicht der Welt, schnelle Stimmungsschwankungen, erhöhte alloplastische Neigungen, nach außen gerichtete Aggression, schwach ausgebildete Vorstellungen von Werten und Normen, Wechsel zwischen infantiler Hilflosigkeit und aufgeblasener Allmacht, triebhaftes Bedürfnis nach Neuem, gestörtes Körperempfinden und kognitive Anomalien. Auf Mängel des Über-Ich haben unter anderen Johnson & Szurek (1952), Anna Freud (1949), Hoffer (1949), Lampl-de Groot (1965) und in jüngerer Zeit Jacobsen (1964) und Rosenfeld (1964) hingewiesen. Winnicott (1958, S. 309) sah in der antisozialen Neigung einen Ausdruck von Hoffnung, und die Behandlung war weniger eine Psychoanalyse als eine Art Management, »going to meet and match the moment of hope« [»ein Weg, der Hoffnung zu begegnen und sie zu fassen«].

Insbesondere Kernberg (1967) hat die antisoziale Persönlichkeit aus einer dynamischen und strukturellen Herangehensweise als Charakterpathologie beschrieben, hinter der sich eine Borderline-Persönlichkeitsstruktur beziehungsweise, in Kernbergs (1970) Einteilung, eine *lower level*-Charakterorganisation verbirgt. Merkmale hierfür sind ein minimal integriertes Über-Ich, deutlich verminderte synthetische Ich-Funktionen, primitive Abwehrmechanismen wie Verleugnung und projektive Identifikation, nicht erreichte Objektkonstanz und Identitätsdiffusion. Letztere äußert sich unter anderem in einem instabilen Selbstkonzept, in paranoiden Zügen, mangelhafter Empathie, unterentwickeltem Schuldgefühl, widersprüchlichem Verhalten, Ziellosigkeit und Unaufrichtigkeit.

Antisoziales Verhalten kommt zwar nicht nur bei der antisozialen Persönlichkeitsstörung vor (zum Beispiel auch bei narzisstischen, Borderline- und paranoiden Persönlichkeitsstörungen), ausschlaggebend ist jedoch die Schwere der Über-Ich-Pathologie neben der des Selbst, der Objektbeziehungen und des Ichs. Antisoziales Verhalten zeigt sich außerdem noch häufig bei psychotischen Störungen wie Manie, Schizophrenie, Demenz und bei Drogen- und Alkoholmissbrauch.

Mitentscheidend für die Diagnose der antisozialen Persönlichkeitsstörung sind das umfassend Narzisstische, die paranoide Grundeinstellung, die kognitiven Anomalien, die Identitätsdiffusion und die typischen Abwehrmechanismen wie Spaltung und projektive Identifikation.

Kernberg (1989) unterteilt asoziales Verhalten, nach Schwere abnehmend, folgendermaßen: antisoziale Persönlichkeitsstörung, pathologischer Narzissmus, narzisstische Persönlichkeitsstörung mit asozialem Verhalten, andere schwere Persönlichkeitsstörungen mit asozialem Verhalten, asoziales Verhalten als Teil einer symptomatischen Neurose und schließlich dissoziale Reaktion.

Die Ursache antisozialer, delinquenter, krimineller, betrügerischer und unmoralischer Einstellungen sehen Analytiker in schwerer und andauernder *Traumatisierung* während der Kindheit, wie dem Ertragenmüssen von Unrecht, Leid und Gewalt, Internalisierung des Über-Ichs der Eltern mit abweichenden Normen, inklusive der stillschweigenden Ermutigung zu delinquentem Verhalten, mit dem das heranwachsende Kind nicht anders umzugehen weiß als es in die eigene Fehlentwicklung zu integrieren.

Es war Salman Akhtar (1992), der auf einen weiteren wichtigen Aspekt der antisozialen Persönlichkeitsstörung hingewiesen hat, nämlich auf den Unterschied zwischen offensichtlichen und verdeckten Charakterzügen auf sechs psychosozialen Gebieten: Selbstkonzept; zwischenmenschliche Beziehungen; soziale Anpassung; Liebe und Sexualität; Normen, Werte und Ideale; und kognitiver Stil. Zu den offensichtlichen Charakterzügen gehören ein selbstgerechtes, opferartiges Selbstkonzept, Grandiosität mit Allmachtsphantasien, Charme und zu frühe Intimität, scheinbare Aufrichtigkeit bezüglich der eigenen Arbeit, hochfliegende Pläne, phantasievolle Verliebtheiten und ein buntes Liebesleben, vollkommene Unfähigkeit, Schuld zu erfahren und sich in andere zu versetzen, und auffallende Kenntnisse. Verdeckte Charakterzüge sind Minderwertigkeitsgefühl, Selbstzweifel mit chronischer Selbstunsicherheit, tiefgehender Zynismus und Missachtung Anderer, festgefahrene *carrière aliassen* [Hochstapelei], Doppelleben, Unfähigkeit, sich im Arbeitsleben zu behaupten, Unfähigkeit zu lieben und das Inzestverbot zu begreifen mit Neigung zu Perversionen, wechselhaftes und merkwürdiges Verlangen nach Führung und Begleitung, Lernstörungen und oberflächliches Wissen.

Ausgangspunkte unseres Behandlungssettings

Ebensowenig wie *den* forensisch psychiatrischen Patienten gibt es nur *ein* Behandlungssetting für diese Patienten. Einerseits muss bei diesen Patienten unterschieden werden bezüglich Geschlecht, Alter, Intelligenz, psychischer Störung, Art des Deliktes und der delinquenten Laufbahn, der Gefahr von Wiederholungstaten, der gegenwärtigen Gefährlichkeit und der Gefährlichkeit auf lange Sicht, des sozialen Umfelds, der rechtlichen Situation, des Maßes der erforderlichen Sicherung, und der Behandelbarkeit überhaupt, zu der auch die Einschätzung eventueller Chronifizierung gehört. Andererseits muss das Behandlungssetting der Behandlung angepasst sein und den verschiedenen Zielgruppen Rechnung tragen. Das Setting bildet den übergreifenden Rahmen der Behandlung und umfasst sowohl einen inhaltlichen immateriellen Teil, zu dem Behandlungskonzepte, Behandlungsziele, Behandlungsmittel, Behandlungsprogramme und das therapeutische Milieu gehören, als auch einen materiellen Teil, zu dem das Gebäude, die Zusammensetzung des Personals, interne Regeln usw. gehören. Das Behandlungssetting kann intramural, extramural oder eine Kombination von beidem sein.

Eine Allgemeinabteilung eines psychiatrischen Krankenhauses oder einer ambulanten Klinik genügt nicht automatisch den spezifischen Anforderungen, die an eine effektive Behandlung forensischer Patienten gestellt werden müssen. Eine Kanadische Kriminologische Studie (Antonowicz & Ross 1994) über die Effizienz von 44 Rehabilitationsprogrammen für Delinquenten hat ergeben, dass unter der Vielzahl von Variablen nur sechs charakteristische Merkmale wirksam zu sein scheinen:

1. Ein *realistisches konzeptuelles Modell*, das direkt auf Prävention von Rückfälligkeit zielt, in diesem Fall ein kognitiv-behavioristisches Modell;
2. Ein vielseitiges und wegen der komplexen Problematik *multimethodisches Behandlungs-* und *Interventionsprogramm*, das sich
3. auf die *Veränderung* psychogener und kriminogener Bedürfnisse richtet, welche die Wahrscheinlichkeit von Wiederholungsdelikten vergrößern. (Beispiele hierfür sind das Verändern antisozialer Gefühle und Einstellungen, das Ermöglichen von Identifikation mit sozialen Rollen, Verschaffen von Anerkennung und Verbesserung der gesellschaftlichen Situation);
4. Das *responsivity principle*, was bedeutet, dass man dem Lernstil der Teilnehmer Rechnung tragen muss. Dies ist bei verhaltenstherapeutischen und social-learning-Techniken eher gegeben als bei auf Introspektion gerichteten Techniken;
5. *Roleplaying* beziehungsweise *modeling*, mit anderen Worten das als Vorbild fungierende Verhalten des Personals mit dem Ziel, Empathiefähigkeit zu entwickeln;
6. *Social cognitive skills training*, das sich auf das Denken des Delinquen-

ten richtet und ihm insbesondere vor Augen führt, wie er denkt. Erst dann kann der Inhalt des Denkens durch Psychotherapie beeinflusst werden.

Mit auf solchen Erkenntnissen und auf klinischen Erfahrungen beruhenden Einsichten (Janssen 1987; Kernberg 1976; Silver & Rosenbluth 1993; Wallace 1983) als Orientierungspunkten haben wir also vor zehn Jahren eine Klinik für 54 Patienten (sowohl Männer als auch Frauen) mit den folgenden charakteristischen Eigenschaften gegründet:

- Patienten müssen ein Minimum von Commitment [Engagement, Eigenmotivation] zur Behandlung und zum Sicherheitsprinzip haben.
- Bei Patienten, die unter Zwang und in psychotischem Zustand aufgenommen worden sind, muss dieses Commitment so bald wie möglich angestrebt werden.
- Es muss einen Rechtstitel als Druckmittel zur Bildung des Commitment geben.
- Der Patient muss zu jedem Zeitpunkt die Wahl haben zwischen Behandlung und Beendigung der Behandlung.
- Sicherheit ist Grundvoraussetzung der Behandlung.
- Grundregeln wie das Verbot von Gewalt, Alkohol, Drogen, Sex miteinander und Handel gelten sowohl für Patienten als auch für das Personal.
- Der Behandlungsphilosophie liegen drei richtungweisende Prinzipien zugrunde: Jeder hat ein Recht auf Respekt; Vereinbarungen müssen eingehalten werden; jeder trägt soviel Verantwortung, wie er tragen kann.
- Allgemeines psychiatrisches Behandlungsziel ist die Verminderung oder Auflösung psychischer Störungen und die Förderung praktischer, kognitiver, sozialer und interaktiver Fertigkeiten.
- Spezifisches forensisches Ziel bei Behandlung von aggressiven und sexuell-aggressiven Störungen ist die Prävention von Wiederholungsdelikten.
- Als übergreifender Rahmen fungiert die supportive Milieutherapie, die charakterisiert werden kann als Ich-unterstützend, antiregressiv, auf Symptomverminderung und Verstärkung intakter Funktionen und Fertigkeiten zielend, und das Hier und Jetzt betonend.
- Die Behandlung findet, wenn möglich, in Gruppen und wenn nötig individuell statt.
- Jeder Patient verfügt über einen Behandlungsplan, dem er zugestimmt haben muss.
- In der Aufbauphase der Klinik wurde keinem theoretischen Rahmen ein Primat eingeräumt.

- Die Klinik ist in sieben Abeilungen unterteilt: 1. Diagnostik, akute Psychiatrie und Krisenintervention; 2. Aktivierung psychotischer Patienten; 3. Schwere Persönlichkeitsstörungen; 4. Schwere narzisstische Störungen; 5. Sexuelle Störungen; 6. Rehabilitation und 7. Resozialisierung.
- Außerdem gibt es Bedarf an einer Poliklinik und einer Tagesklinik für Prävention und Nachsorge.

Die inhaltliche Fundierung

Wie lässt sich nun dieses Behandlungssetting beschreiben aus der Sicht der sechs metapsychologischen Gesichtspunkte (topisch, strukturell, adaptiv, ökonomisch, dynamisch und genetisch) und der drei späteren Säulen der psychoanalytischen Theorie, der Ich-Psychologie, der Selbst-Psychologie und der Objektbeziehungstheorie?

Man könnte die Klinik als eine *Schule des Lebens für ich-schwache Patienten* betrachten, in der diese einen Reifungsprozess durchlaufen auf den Gebieten ihrer exekutiven und synthetischen Funktionen (Hartmann 1964), ihres Über-Ichs und ihrer intra- und interpersonalen Fertigkeiten, genauer gesagt der Fähigkeit, Krisen zu überwinden und verschiedene soziale Rollen anzunehmen (Cumming & Cumming 1962).

Milieutherapie in der Klinik, das heißt Soziotherapie (Jongerius & Rylant 1989), ist der methodische Einsatz des Lebensklimas, basierend auf einer stabilen und zusammenhängenden sozialen Organisation, wobei Personal, Gebäude, Organisation und Kommunikation voll und ganz der Behandlung dienen. Hierzu gehören nicht nur die Atmosphäre des Hauses, das strukturierte Tagesprogramm und die verschiedenen Therapieformen, sondern auch das tägliche Leben der Patienten: wohnen, arbeiten und freie Zeit mit normalen sozialen Umgangsformen. Patienten haben für ihre Privatsphäre ein eigenes Zimmer mit eigenem Schlüssel. Sie lernen zu kochen, den Haushalt zu führen, lernen in der Arbeitstherapie Handarbeiten, treiben Sport und Schwimmen und erhalten Unterricht. Außerdem gibt es eine Freizeitkommission und eine Patientenvertretung.

Supportive Milieutherapie (Janzing & Lansen 1993), die als ich-unterstützend, anti-regressiv, auf Verminderung von Symptomen und Verstärkung intakter Funktionen zielend und das Hier und Jetzt betonend beschrieben werden kann, und die von rekonstruierender und sozial-therapeutischer Milieutherapie unterschieden werden muss, ist insbesondere bei unserer Patientenpopulation mit ihren frühen Störungen indiziert.

Das Personal, welches das Realitätsprinzip repräsentiert und eine Vorbildfunktion hat, fungiert gewissermaßen als Ich-Prothese und übernimmt bestimmte Ich-Funktionen der Patienten. Der Patient behält so lange und so weitgehend wie möglich seine Autonomie. Er wird als für sein Leben verantwortlich behandelt, und es wird von ihm erwartet, dass er diese Verantwortung auch übernimmt. Dazu gehört auch, dass er die Hausordnung unterschreibt und sich an die Grundregeln hält, die der Sicherheit dienen und dem Entstehen einer kriminellen Subkultur in der Klinik entgegen wirken sollen.

Der individuelle Behandlungsplan ist der formale Dreh- und Angelpunkt der Behandlung und ist in hohem Maße problemorientiert. Patient und behandelndes Personal vereinbaren schriftlich, woran in der folgenden Zeit gearbeitet werden soll, was die spezifischen Behandlungsziele sein sollen, an welchen Therapieformen der Patient teilnehmen soll, was konkret er sich abgewöhnen oder erlernen will, welche Medikamente er nehmen wird und in welchen Fällen und auf welche Weise er Hilfe beanspruchen wird. In einer späteren Phase der Behandlung wird die Zukunft des Patienten mit der gesellschaftlichen Reintegration und dem Akzeptieren eventueller Handikaps zum Thema.

Wir benutzen in der Klinik mit Absicht den Ausdruck *Patient* und nicht *Klient*, damit er sich nicht mehr mit seiner Straffälligkeit identifiziert, sondern sich als jemanden erfahren kann, der ein Recht auf Verbesserung seiner Situation hat.

Die Behandlung ist darauf gerichtet, die Patienten dazu zu bewegen, ihre ausgetretenen Pfade zu verlassen und neue Schritte zu gehen. Konkret geht es hierbei um eine verbesserte Selbstkontrolle bezüglich der Anwendung von Gewalt, sexueller Gewalt und des Konsums von Alkohol und Drogen. Dies geschieht in der Regel nicht ohne Zunahme von Angst, der Aktualisierung alter Konflikte und aggressivem Ausagieren. Fast immer kommen Patienten an einen Punkt, an dem sie aufgeben wollen. Im Prinzip kann ein Patient, der die Behandlung abgebrochen hat, später zu einer erneuten Aufnahme zurückkommen und die Behandlung fortsetzen.

Den emotionalen Rahmen der Behandlung muss die Klinik verwirklichen, indem sie ein Klima schafft, in dem der Patient sich willkommen fühlen, echtes menschliches Interesse seiner Therapeuten erfahren und Hoffnung aus der Tatsache schöpfen kann, dass er sich in einer Klinik befindet, die zusammen mit ihm an seinem problematischen Leben arbeiten will. Hierbei geht es darum, dass die Patienten ihr Selbst entdecken, ein Gefühl für sich selbst und schließlich ein realistisches Selbstwertgefühl entwickeln können.

Fast immer stehen die Patienten beim Eintritt in die Behandlung mit dem Rücken an der Wand, und ihnen bleibt keine Alternative mehr zu dem immer ambivalenten Schritt, sich in der Klinik aufnehmen zu lassen. Sich ändern zu müssen, ist für sie sehr bedrohlich. Das Ergebnis ist für sie nicht abzusehen. Im *holding environment* [haltenden Milieu] (Winnicott 1965) der Klinik muss das Kind im Patienten die *good enough mother* [hinreichend gute Mutter] entdecken können. Die Patienten müssen dies als Haltung des Containings fühlen können in der Form von Akzeptanz, Geborgenheit, Sicherheit, Berechenbarkeit, Übersichtlichkeit, Verfügbarkeit, Zeit haben oder notfalls Zeit schaffen, Bereitschaft zuzuhören und In-Worte-Fassen unaussprechlicher Gefühle.

Insbesondere die nonverbalen Therapieformen wie Kreative Therapie, Musiktherapie und psychomotorische Therapie spielen eine wichtige, oft auch konfrontierende, Rolle beim Ansprechen innerer Potentiale. In der psychomotorischen Therapie arbeiten wir zum Beispiel mit großen Spiegeln und Videoaufnahmen, die ein zusammenhängendes Körperempfinden stärken und eine realistische Akzeptanz des eigenen Körpers fördern. Auf diese Weise lernen Patienten, sich selbst zu betrachten. Manche trauen sich dies zum ersten Mal in ihrem Leben.

Nicht nur in individuellen Psychotherapien und Gruppentherapien, sondern insbesondere auch in den täglichen Besprechungen in der Abteilung werden die Patienten ermuntert, sich zu äußern und auszusprechen, was sie wollen und fühlen. Dabei werden sie immer ernst genommen.

Dieses Containing (Bion 1969) und Spiegeln (Kohut 1972) verlangt vom Personal ein hohes Maß an Professionalität, innerer Stabilität, der Fähigkeit, mit Nähe und Abstand umzugehen, sich in die psychische Kinderwelt der Patienten zu versetzen und der unvermeidlichen Geringschätzung und Herabsetzung durch die Patienten Stand zu halten. Notwendige Bedingungen hierfür sind eine regelmäßige Reflexion innerhalb der Behandlungsteams auf die eigene Gefühlswelt und Gegenübertragungsphänomene, insbesondere idealisierende Übertragung, projektive Identifikation und Spaltungsphänomene, und die fortwährende Neuabstimmung der Klinikstruktur.

Ständig muss man auf der Hut sein vor Parallelprozessen bei Teammitgliedern und vor Auflösungserscheinungen in den Behandlungsteams. Arbeitsbegleitung, Supervision und manchmal auch eine eigene Psychotherapie sind hierbei unverzichtbar, um zwischen der eigenen Erlebenswelt und der der Patienten unterscheiden zu können.

Ein spezifisches Problem in der Klinik sind Aggression und Gewalt von Seiten der Patienten. Das schlichte Aufstellen von Verbotsregeln verhindert dies natürlich nicht. Das Personal, das hierfür ein spezielles Training durchlaufen hat, muss in solchen Fällen den Patienten so schnell wie möglich physisch bezwingen und dafür sorgen, dass der Patient anschließend wieder eine für ihn selbst und andere sichere Situation garantieren kann.

In einer forensisch psychiatrischen Klinik ist das Angstniveau innerhalb des Personals per definitionem hoch angesichts dessen, dass die Patienten ohne Ausnahme vor ihrer Aufnahme bewiesen haben, dass sie in der Lage sind, schwere Delikte zu verüben. Statt diese Gefühle zu verdrängen oder auf andere Weise abzuwehren, muss das Personal sich frei fühlen, die eigene Angst offen auszusprechen und miteinander zu teilen, in manchen Fällen auch mit dem jeweiligen Patienten, der die Angst hervorruft.

Wirklich unverzichtbar für die Behandlung ist ein guter Blick für die archaische Innenwelt der Patienten. Das ist nur durch ständige Interaktion zwischen Personal und Patienten zu erreichen. Die Äußerungen und Verhaltensweisen der Patienten mit ihren spezifischen frühen Abwehrmustern wie Leugnen, Spaltung und projektiver Identifikation lassen erkennen, wie sie sich selbst in ihrem Verhältnis zu anderen erleben. Ohne Ausnahme ist die Entwicklungsstörung der Patienten im Kontakt erfahrbar, und die Aufmerksamkeit für die eigenen Gegenübertragungsgefühle führt einen in der Regel zu dem archaischen Kern ihrer komplexen Erlebniswelt.

Verzweifelte Verletzlichkeit und Leere, angstgetriebene Aggression, durch Rachsucht motivierter Sadismus und Zerstörungswut, ohnmächtige und abhängige Idealisierung bilden den Nährboden ihrer Delikte, in denen sie frühere Traumatisierungen wiedererleben und heimzahlen wollen oder vergeblich zu lösen versuchen.

An diese fehlentwickelte innere Repräsentanzenwelt mit ihren vielen als schlecht erfahrenen Introjekten müssen wir heranzukommen versuchen, weil sie so bestimmend für das Verhalten und die Delikte der Patienten sind. Erst wenn diese sich einmal getraut haben, eine tiefer gehende Beziehung mit dem Personal einzugehen, die aufrichtig, emphatisch, unterstützend, aber auch unkompliziert begrenzend ist und sich als neues Identifikationsobjekt eines Ersatzvaters oder einer Ersatzmutter anbietet, kann ihre emotionale Innenwelt eine positivere Besetzung bekommen.

Der innere Kampf zwischen der Überzeugung einerseits, dass die Umgebung einem nur feindlich gesinnt ist und einen vernichten will, und andererseits der zunehmenden Erfahrung von Interesse und Zuneigung wird aber nicht so schnell entschieden. Dieser Kampf in und um den Patienten ist es vielmehr, worum es in der Behandlung eigentlich geht. Er soll zu einer Verminderung von Spaltung und projektiver Identifikation, also zu einer weniger paranoiden Lebenshaltung und zu mehr Toleranz für innere Ambivalenzen und Frustrationen führen. Die Behandlung zielt auf Veränderung der alten internalisierten Selbst-Objekt-Welt und schafft damit die Voraussetzung dafür, dass die Über-Ich-Entwicklung und die Veränderung des Angst-, Aggressions- und Abwehrhaushaltes in Gang gebracht werden kann. Diese Veränderung der Persönlichkeitsstruktur kann letztlich die Rückfallgefahr soweit reduzieren, dass eine schrittweise Wiedereingliederung des Patienten in die Gesellschaft möglich und zu verantworten ist.

Alles was bislang über den psychoanalytischen theoretischen Rahmen der Klinik gesagt wurde, findet in nuancierter Weise Anwendung in der täglichen Behandlungspraxis, sowohl in Bezug auf den einzelnen Patienten als auch in Bezug auf unterschiedliche Patientenkategorien der verschiedenen Abteilungen. Bei Patienten, bei denen eine Psychose im Vordergrund steht, ist die Behandlung mehr medizinisch-psychiatrisch orientiert. Insbesondere im Fall einer chronischen Problematik liegt der Akzent mehr bei *care* [Versorgung] als bei *cure* [Behandlung], bei Rehabilitationsprogrammen und dem Akzeptieren des Patienten, dass er dauerhaft behindert ist. Sofern die Sicherheit dies erlaubt, können diese Patienten in allgemeine psychiatrische Krankenhäuser verlegt oder in begleiteten Wohnprojekten in die Gesellschaft aufgenommen werden. Ein kleiner Prozentsatz muss letztlich wegen zu großer Rückfallgefahr dauerhaft verwahrt werden.

Bei Patienten mit narzisstischen oder Borderline-Persönlichkeitsstörungen kann im Hinblick auf die ständige Dynamik, die sie auf ihren Abteilungen verursachen, und im Hinblick auf die Übertragungsphänomene und das Profil ihrer stagnierenden Entwicklung mit wesentlich mehr Gewinn auf den psychoanalytischen theoretischen Rahmen zurückgegriffen werden.

Psychoanalytische Interventionen müssen sich vor allem auf das Hier und Jetzt der Interaktionen richten, auf die Verdeutlichung der Übertragung und der Abwehrmuster, auf die Unterstützung des Ichs und auf das Entstehen von Einsicht in die Folgen des gegenwärtigen Tuns und Lassens. Genetische Deutungen und das Erlauben von Regression, Intellektualisierungen und Rationalisierungen sind vom Personal in jedem Fall zu unterlassen. Das, was sich in der Realität abspielt, steht im Zentrum des Umgangs dieser Patienten mit dem Personal, welches dabei in seiner unterstützenden und begrenzenden Funktion das Selbst des Patienten nährt, das Ich stärkt und die Entwicklung von Normen in Gang bringt.

Die Behandlung in einer forensisch-psychiatrischen Klinik kann nicht an der Tatsache vorbeigehen, dass die Patienten auch schwere Delikte an im allgemeinen unschuldigen Opfern begangen haben. In diesem Zusammenhang arbeiten wir viel mit kognitiver Verhaltenstherapie, in der die Patienten lernen, Verantwortung für ihre Täterschaft und deren Folgen zu übernehmen, zu begreifen, wie ihr Deliktszenario sich schrittweise aufbaut, zu erkennen, wann sie in die Gefahrzone neuer Delikte kommen, und schließlich in einem solchen Fall Hilfe zu suchen.

Identifikation mit den Opfern und das Entwickeln von Empathie sind weiter entfernte Ziele der Behandlung, die jedoch für die Mehrheit der Patienten nicht oder nur teilweise erreichbar sind. Dies gilt insbesondere für Patienten mit schweren Persönlichkeitsstörungen, bei denen die Gewissensfunktionen unterentwickelt sind oder gar nicht existieren.

Obwohl die Psychoanalyse seit Freud einen grundlegenden Beitrag zum Verstehen des Charakters von Verbrechern geleistet hat, ist die praktische Anwendung hiervon in unserem klinischen Setting begrenzt. Klassische rekonstruierende Psychoanalyse ist angesichts unserer Zielgruppe ungeeignet (van Marle 1995; Pestalozzi u. a. 1998). Auf besondere Indikation hin findet gelegentlich eine unterstützende und manchmal auch die in aufdeckende Richtung gehende psychodynamische Gruppenpsychotherapie statt, neben einer Partner- oder Familientherapie. Letztlich geht es darum, einen unter anderem durch die Psychoanalyse fundierten zusammenhängenden multitheoretischen Rahmen für die gesamte Klinik zu entwickeln und weiter zu verfeinern, bei dem für den einzelnen Patienten eine auf seine Pathologie zugeschnittene Mischung von Behandlungsstrategien gewählt wird, die seinem Fortschritt und seiner Heilung dienen.

Ein guter Leitfaden hierfür ist das POST-Modell (Psychodynamically Oriented Supportive Psychotherapy) von Rockland (1992), das auf den Arbeiten von Kernberg (1984), Appelbaum (1989) und Werman (1984) aufbaut. Rockland unterscheidet verschiedene unterstützende Elemente in der klinischen Behandlung von Borderline-Patienten, und zwar:

- *Retreat* [Entfernung], weg aus der destabilisierenden Umgebung;
- *Framing* [Rahmenbildung], die Abteilung verhindert Desintegration und acting-out;
- *Holding* [Halten], die Ich-unterstützende Funktion;
- *Detoxification* [Entgiftung], destruktive Szenarien werden durchbrochen;
- *Identification* [Identifikation], das Anbieten von Identifikationsmodellen;
- Unterstützende Aspekte spezifischer Behandlungsformen wie Pharma-ko-Therapie, System-Therapie, kognitive Therapie, Verhaltens-Therapie, psychodynamische Therapie und rehabilitative Programme.

Außer diesen psychodynamischen Bausteinen werden wir im Hinblick auf die mehr konkrete Ausgestaltung auch auf wissenschaftliche Studien zurückgreifen müssen, die aber knapp an der Zahl, methodologisch meist schlecht und bezüglich ihrer Ergebnisse häufig zweifelhaft sind (Monahan & Steadman 1994). Aus internationalen Studien über die Effizienz von Behandlungsprogrammen geht jedoch wohl Folgendes hervor (Andrews 1990; Andrews & Bonta 1998; Hollin 2000; Lipsey & Wilson 1993):
- Die Nullhypothese, dass keine Behandlung wirksam ist, ist unhaltbar;
- Intensive Programme müssen bei Patienten mit hoher Rückfallgefahr, dürfen jedoch keinesfalls in leichteren Fällen angewandt werden;
- Das Behandlungsangebot muss auf die antisozialen Einstellungen, Konformität gegenüber der eigenen sozialen Gruppe, Drogenabhängigkeit, Identifikation mit antisozialen Rollenvorbildern, soziale Fertigkeiten und Selbstkontrolle und auf Selbstmanagement abzielen;
- Delinquente sind am meisten empfänglich für verhaltenstherapeutische, social-learning-Programme, ausgeführt durch Therapeuten mit einem strengen und gerechten Stil, der sich auf Modelling und Belohnen antikrimineller Gedanken, Gefühle und Taten richtet.

Weitere Forschung auf diesem Gebiet ist absolut notwendig. Insbesondere muss geklärt werden, ob Programme, die bei Jugendlichen erfolgreich sind, auch bei Erwachsenen effektiv sind, und ob Psychopathen überhaupt behandelbar sind. Die letztgenannte Frage beruht auf der spekulativen Hypothese, dass Psychopathie keine Störung ist, sondern in genetischer Hinsicht eine Form von Anpassung, die gegen heutige Therapieformen resistent ist.

Verglichen mit dieser fatalistischen Annahme der Unmöglichkeit, Psychopathen zu behandeln, bietet die wieder mehr ins Rampenlicht gerückte *Attachmenttheorie* von Bowlby (1969), die davon ausgeht, dass ohne eine frühere gute Bindung auch später kein tiefes Bindungsgefühl entstehen kann, eine ganz andere Perspektive. Die Qualität der primären Mutter-Kind- oder Vater-Kind-Beziehung hat eine fundamentale Bedeutung für das weitere psychische und emotionale Wachstum des Kindes, für ein Gefühl von Grundsicherheit, für einen gesunden Narzissmus und für Selbstverwirklichung, für die Fähigkeit, bedeutungsvolle Beziehungen mit Anderen zu knüpfen und zu bewahren und für das Bewusstsein, ein Ich zu haben, mit dem man seinem Leben Richtung geben kann. Eine inkonsequente oder ungenügende emotionale Verfügbarkeit des primären Versorgungsobjektes stört den Prozess der Bindung und führt in der Regel zu einer Vielzahl von psychischen Problemen und Verhaltensproblemen im späteren Leben (Fonagy 2001; Fonagy & Target 2003).

Primary love [Primäre Liebe] ist die Hauptquelle des späteren Wohlbefindens (Wildlöcher 2002). Sie bestimmt letztlich die Lebensqualität, insbesondere die Integration von Sexualität und Aggression und den Umgang mit anderen Menschen. Psychopathen scheint dieser normale Entwicklungsweg wie kaum einer anderen Gruppe versperrt zu sein. Dies macht sie sehr resistent gegen therapeutische Interventionen, die auf Beziehungen beruhen und die manchmal sogar eine kontraproduktive Wirkung besitzen.

Die umfangreiche internationale Erforschung (Cooke, Forth & Hare 1998; Meloy 1988) der Persönlichkeitsstruktur von Psychopathen, ihres extremen Verhaltens und dessen Folgen steht in scharfem Kontrast zu der geringen Zahl von empirischen Studien nach tieferen Wurzeln ihrer Psychopathologie (Brody & Rosenfeld 2002). Sollte sich eine starke Korrelation zwischen Psychopathie und unsicherer Bindung herausstellen, dann könnte dies richtungweisend für die Behandlung sein, die dann darauf abzielen müsste, die tief verankerte, verborgene Hilflosigkeit, das Gefühl von Verlorenheit und die Ängste unter dem harten äußeren Panzer zu erreichen.

Die forensische Psychiatrie muss es als eine Herausforderung für die nächsten Jahrzehnte betrachten, der Erforschung und Behandlung von Psychopathen wieder einen zentraleren Platz einzuräumen und dabei neue Wege auf dem Gebiet von Psychotherapie und Psychoanalyse zu beschreiten.

Die aktuelle Entwicklung von Behandlungsprogrammen

Seit kurzem kommt es zu einem interessanten Wandel des Denkens im psychosozialen Bereich des Gesundheitswesen der Niederlande. Unter dem Schlagwort »weg von angebotsorientierter hin zu nachfrageorientierter Versorgung« werden allgemeine Behandlungsprogramme entwickelt für Patienten beispielsweise mit Angststörungen oder affektiven Störungen. Diese Entwicklung von Behandlungsprogrammen hat – im modernen Jargon gesprochen – mehrere Zielstellungen: Schaffung eines Zusammenhangs innerhalb des Hilfsangebotes und Verbesserung der Kontinuität von Hilfe; Fundierung des Hilfsangebotes; Angebot maßgeschneiderter Hilfe; und Vergrößerung der Transparenz des psychosozialen Gesundheitswesens.

Eine wichtige und interessante Frage bei der gesellschaftlichen Öffnung des psychosozialen Gesundheitswesens war, ob es auch für forensisch-psychiatrische Patienten möglich sei, zusammenhängende nachfrageorientierte Programme zu entwickeln. Immerhin sind diese Patienten ja keine freien »Nachfragenden«, sondern sind direkt oder indirekt durch die Justiz eingewiesen, und zwar nicht nur mit dem Auftrag, Störung zu behandeln, sondern auch Rückfälligkeit vorzubeugen. Außerdem geht es um langfristig auf Hilfe angewiesene Patienten, die bezüglich ihrer Rehabilitation und Resozialisierung häufig auch auf das reguläre psychosoziale Gesundheitswesen und auf gesellschaftliche Nachsorgeeinrichtungen angewiesen sind. Ein günstiger Nebeneffekt wäre die Auflösung der Isolation, in der sich ein großer Teil der forensischen Psychiatrie befindet.

Innerhalb dieses Rahmens werden bei uns zur Zeit vier forensische Behandlungsprogramme ausgearbeitet, die wir Patienten sowohl in der Klinik als auch in der Poliklinik anbieten können. Jedes dieser Behandlungsprogramme besteht seinerseits wieder aus verschiedenen Modulen, aus denen ein auf den individuellen Patienten zugeschnittenes Behandlungspaket zusammengestellt werden kann. Wir unterscheiden Behandlungsprogramme für die folgenden Zielgruppen:
1. Patienten mit psychotischer Anfälligkeit; 2. Patienten mit einer Störung der Verhaltenskontrolle; 3. Patienten mit einer Störung der sexuellen Kontrolle; 4. Ein diagnostisches Programm für neu aufgenommene Patienten, die mit Krisen-Intervention oder Kurzeittherapie behandelt werden.
Jedes Behandlungsprogramm wird systematisch aufgebaut und genau beschrieben anhand von Kriterien wie: Hilfewunsch des Patienten, Diagnostik und Indikationsstellung, Ziele, Aktivitäten bzw. zum Einsatz kommende Module, Zusammenarbeit mit anderen Abteilungen oder Einrichtungen, Organisation des Programms und Randbedingungen.

Structure follows strategy [Die Struktur folgt der Strategie]: Während wir anfangs beim Aufbau der Klinik einen starken Akzent auf die Organisation der Behandlung sowie auf das Fundament der Organisation legten, haben wir nun eine Reorganisation durchgeführt, bei der die verschiedenen oben genannten, relativ selbstständigen Abteilungen Bestandteile verschiedener übergreifender Arbeitseinheiten bilden, die jeweils eines der vier Behandlungsprogramme ausführen.

Natürlich haben diese auf Diagnosen basierenden Behandlungsprogramme auch Nachteile, insbesondere bei Patienten, die in kein bestimmtes Behandlungsprogramm genau hinein passen und eine individuelle Anpassung benötigen. Auch die Sicherheitserfordernisse, die von Patient zu Patient unterschiedlich sind und sich auch im Lauf der Behandlung häufig verringern, erfordern eine Anpassung des auf den individuellen

Patienten zugeschnittenen Programms und des therapeutischen Milieus, in dem er oder sie sich befindet.

Es ist zu erwarten, dass nicht nur die Patienten, sondern auch die Mitarbeiter Nutzen aus dieser besser durchdachten Ordnung der Behandlungsprogramme ziehen werden, vorausgesetzt allerdings, dass sich eine allzu rigide Ausführung vermeiden lässt. Insbesondere auch die verweisenden Instanzen werden in naher Zukunft sehr von diesen Behandlungsprogrammen profitieren können, weil sie nun für ihre Klienten das am Besten geeignete Hilfsangebot einer bestimmten Klinik auswählen können.

Die TBS in Bedrängnis

Die TBS, mit der die Niederlande sich nach dem Zweiten Weltkrieg international einen Namen machte, ist in den letzten zehn Jahren in eine schwere Krise geraten. Die Probleme, unter denen die TBS leidet, haben mehrere Ursachen. Die Population der Patienten mit TBS hat sich stark verändert und besteht heute beinahe ausschließlich aus aggressiven und sexuell-aggressiven, großenteils drogenabhängigen Delinquenten (Raes 2003). Auffällig ist die Zunahme von Psychotikern, die sich durch die gesellschaftliche Öffnung der Psychiatrie und insbesondere die Schließung vieler geschlossener Abteilungen erklären lässt. Die Zahl der TBS-Urteile nahm zu, während die Zahl der Entlassungen aus der TBS abnahmen. Dies führte zu einem Stau von Patienten mit TBS, für die keine Plätze bereit standen und für die entweder neue Einrichtungen gebaut oder die bestehenden erweitert werden mussten, um weitere Kapazitäten zu schaffen.

Einer von 10 000 Niederländern und einer von 2500 jungen Männern bekommt TBS auferlegt (Schnabel 2001). Es gibt 1300 Behandlungsplätze, und ungefähr 150 Patienten stehen auf einer Warteliste. Bei unveränderter Politik wird die Warteliste innerhalb weniger Jahre auf 350 anwachsen. Nur ständige Notmaßnahmen zur Erweiterung der Kapazitäten halten das System zur Zeit noch am Leben. Außerdem greift man, insbesondere bei psychotischen Patienten, immer häufiger auf forensisch-psychiatrische Kliniken und Abteilungen zurück, die nicht unter das Justizsystem fallen, sondern Teil eines allgemeinen psychiatrischen Krankenhauses oder einer noch umfassenderen Institution des psychosozialen Sektors des Gesundheitswesens sind. Die Behandlungsresistenz eines Teiles der TBS-Patientenpopulation hat dazu geführt, dass ein zunehmender Prozentsatz von ihnen in faktisch lebenslanger TBS gelandet ist. Für diese Gruppe wurden kürzlich zwei spezielle Verwahranstalten eingerichtet.Des Weiteren wurde die Existenzberechtigung der TBS als Fremdkörper innerhalb des Strafrechts immer häufiger infrage gestellt. Unter der Überschrift »schafft die TBS es bis ins Jahr 2000?« haben Juristen argumentiert, dass die TBS-Maßregel sich nicht mit dem Proportionalitätsprinzip des Strafrechts (Bestrafung im Verhältnis zur Schwere der Schuld) verträgt. Die TBS als Sicherungsmaßnahme kann ja durch den Strafrichter unendlich verlängert werden, so lange nämlich wie die öffentliche Sicherheit dies eindeutig zu erfordern scheint. Andere befürworten die ersatzlose Abschaffung der TBS. Manche sehen dabei die Notwendigkeit der Entwicklung von Behandlungsgefängnissen oder ganz einfach der Umformung von TBS-Kliniken in Behandlungsgefängnisse.

Unterm Strich haben wir zur Zeit ein TBS System, das unter großem öffentlichen und politischen Druck steht. Jeder Fall von misslungener Integration bei einer Beurlaubung, jeder schwerere Zwischenfall innerhalb einer Klinik sorgt für Schlagzeilen und führt zu aufgebrachten Reaktionen gegen den direkt verantwortlichen Justizminister. Hinzu kommt noch, dass aus ganz unterschiedlichen Gründen der eigentliche Inhalt der Behandlungen selten im Zentrum der Aufmerksamkeit steht: Da ist einmal zu nennen die komplizierte Verwaltung der TBS durch mehrere Ministerien; da sind die Kapazitätsprobleme mit langen Wartezeiten bis zu einem Jahr oder mehr; auch die Autonomie der forensischen Kliniken ist zu nennen; da ist der Widerspruch, einerseits die Rückfallgefahr durch Verlängerung der Behandlungsdauer minimieren zu wollen und andererseits finanzielle Anreize zur Verkürzung der Behandlungszeiten zu geben (das Budget per Patient vermindert sich bei Behandlungen, die länger als sechs Jahre dauern); da gibt es Zahlenspiele, die die Realität verschleiern sollen, um die Effizienz des Systems zu beweisen; auch gibt es Versuche, andere für eigenes Versagen verantwortlich zu machen und alte Tatsachen in des Kaisers neuen Kleidern zu präsentieren; und schließlich gibt es allgemein ein schwindendes Vertrauen in die Justiz und die TBS.

Weitere Problembereiche (in Stichworten) sind folgende: Professionalität; die systematische Struktur des Behandlungsmilieus; ein durchdachtes Behandlungskonzept; der Aspekt der Sicherung in der Behandlung; der Zusammenhang zwischen Störung und Gefahr; Risikoeinschätzung und dafür entwickelte Assessment-Instrumente [Bewertungsinstrumente] und damit verbunden die komplexe Frage der Rückfälligkeitsprognose; die Frage, wie weit die Autonomie der Patienten reicht; individuelle Behandlungspläne; die Frage der Bedingungen einer effizienten Wiedereingliederung in die

Gesellschaft; der Aufbau von Netzwerken, von Hilfseinrichtungen und Möglichkeiten zur Entlassung oder Überweisung von Patienten an andere Einrichtungen; die Frage, was eigentlich bei antisozialen Persönlichkeitsstörungen tatsächlich wirksam ist; die Wiedereinführung des Psychopathie-Begriffs; die Frage, wann von Unbehandelbarkeit gesprochen werden kann; die Frage der Ethik innerhalb der Kliniken. Alles dies sind Themen, die eine Vertiefung verdienten.

Die Entwicklung einer solchen inhaltlichen Thematik, die so wesentlich für das forensische Arbeitsfeld ist und die für die dort Arbeitenden so inspirierend sein könnte und für die Konzentration auf die eigene Aufgabe so hilfreich wäre, hat in einem Maße unter der Dominanz der vorher genannten Themen und externen Faktoren zu leiden, dass man kaum zu guten Analysen der Probleme und zur Ausarbeitung neuer Konzepte und Aufgabenstellungen für ein modernes, dem 21. Jahrhundert angemessenes TBS System kommt, auch wenn jetzt eine Reihe von Verbesserungen auf den Weg gebracht wurden.

Meiner Einschätzung nach ist der Kernpunkt des Problems die nicht genügend erkannte Tiefenstruktur der TBS-Maßnahme, die in ihrem Kern zunächst eine Sicherungsmaßnahme des Staates ist. Aus Sicht der Therapeuten von TBS-Patienten führt diese primäre Aufgabe des Bewachens neben der des Behandelns zu einem inneren Antagonismus, der mit einer narzisstisch getönten Abwehr verdrängt, rationalisiert und intellektualisiert wird. Und sie führt zu starken Ängsten, die häufig durch Spaltung, Projektion und projektive Identifikation auf die Außenwelt abreagiert werden. Die im Delikt und durch das Delikt bewiesene Gefährlichkeit von Patienten mit einer psychopathischen Störung übt einen nicht zu unterschätzenden Druck auf die psychische Widerstandskraft der Mitarbeiter aus, die in der Klinik ständig Bedrohungen, einem immer möglichen heftigen Acting-out und Impulsdurchbrüchen ausgesetzt sind. Dabei ist unwichtig, ob es tatsächlich dazu kommt. Die unbewusste Phantasie, ungewollt und manchmal auch gewollt in Gewalttätigkeiten verwickelt zu werden, genügt, die innere Balance permanent zu gefährden.

Diese – sich meist nicht hinreichend bewusst abspielende – intrapsychische Dynamik greift die interpsychischen Beziehungen an, in erster Linie aber die Beziehung zu sich selbst, was oft eine Einschränkung der eigenen Autonomie und häufig ein burn-out zur Folge hat. In zweiter Linie beeinträchtigt sie die zwischenmenschlichen Beziehungen, resultierend in schweren Kompetenz- und Autoritätskonflikten, dem Ruf nach mehr Sicherheit, einer Beziehung zu der ministeriellen Verwaltung, die sich durch sklavische

Unterordnung und passiven Widerstand auszeichnet und last but not least einer Beziehung mit den Patienten, in der man nie aus der Doppelrolle als Aufpasser einerseits und Therapeut andererseits herauskommt.

Wenn es schon für normale Menschen kompliziert genug ist, den eigenen Weg in einem solchen psychischen Kräftefeld zu finden, dann muss es für die heutige TBS-Population, die sich größtenteils aus Patienten mit schweren Persönlichkeitsstörungen in Kombination mit einer psychiatrischen Symptomatologie und Süchten zusammensetzt, ein unmögliches Unterfangen sein, die intrinsischen Absichten, die ihre Therapeuten mit ihnen haben, zu begreifen.

Behandlungsvereinbarungen sind Formen menschlicher Kommunikation und Interaktion und spielen sich in dem intermediären Raum zwischen zwei oder mehr Menschen auf verschiedenen Niveaus ab. Die unbewusste Intersubjektivität bestimmt häufig die Bedeutung der eingegangenen Vereinbarung, die wechselseitige Berührung als Mensch und die Bedeutung, die man einander zuerkennt. In dieser Tiefendimension des Seins sind die TBS-Patienten ausnahmslos schwer beschädigt und zu kurz gekommen. Ein wichtige Frage ist dabei, ob die Kognitive Verhaltenstherapie, die das Feld der TBS zur Zeit stark beherrscht und mit deren Aufstieg das psychoanalytische Gedankengut früherer Jahrzehnte größtenteils verloren gegangen ist, nicht zu sehr an der Oberfläche des äußeren Verhaltens der Patienten bleibt und zudem zu wenig eigenen emotionalen Tiefgang schafft, der zum Einschätzen der langfristigen Gefährlichkeit von Patienten so notwendig ist. Die Anziehungskraft der kognitiven Verhaltenstherapie ist zugleich auch ihre Schwäche.

Der gegenwärtige Hang zu einer statistisch objektivierbaren Fundierung der Beurteilung der Rückfallgefahr, das Aufkommen der Erforschung von Instrumenten zur Einschätzung des Risikos, die beinahe schon komischen, in Gerichtssälen über die Köpfe der Verdächtigen hinweg geführten Diskussionen über die Prozentsätze der Rückfallwahrscheinlichkeiten und die Punktezahlen auf der Hareschen Psychopathieskala (Hare 1991) sind meiner Einschätzung nach (abgesehen davon, dass sie der bitteren Notwendigkeit zur Objektivierung innerhalb unseres Arbeitsfeldes geschuldet sind) auch und zugleich kollektive Versuche, den Halt nicht zu verlieren, angesichts des Verlustes von durch Erfahrung und Vertiefung gereiften Einsichten.

Ich erwarte übrigens, dass die kognitive Verhaltenstherapie in Europa mit seiner reichen philosophischen Tradition (zusammen mit der DSM-IV-Klassifikation) in einiger Zeit ihre theoretische Anziehungskraft verliert und dass die stark aufkommenden Neurowissenschaften (Solms & Turnbull

2002; Scientific American 2003) mit der in erster Linie phänomenologisch orientierten psychoanalytischen Denkweise (Mooij 2002) eine neue Disziplin, die Neuropsychoanalyse, hervorbringen und zu einem neuem Interesse an der wissenschaftlichen Fundierung der Innenwelt des gesunden wie des gestörten Menschen führen werden.

Das stark veränderte Umfeld

Bei der Gründung der Klinik 1994 konnte man nicht erahnen, zu welchen tief greifenden gesellschaftlichen Veränderungen es kommen würde und dass sie sich als von so großer Bedeutung für die Klinik und insbesondere die Poliklinik erweisen sollten.

Neue forensische Tages- und Polikliniken im ganzen Land, die sich zunächst auf die Resozialisierung der eigenen Patienten konzentriert hatten, entwickelten immer mehr Programme für aggressive und sexuell gestörte Straftäter, die so (zumeist unterstützt von justiziellem Druck) aus der Klinik ferngehalten werden können. Das Motto »wenn möglich ambulant und nur wenn nötig stationär« spiegelt sich in den großen Zahlen, zu denen dieses Wachstum geführt hat. Die zunächst im Gebäude der Klinik begonnene Poliklinik haben wir ab 1998 mit jeweils eigenen ambulanten Teams in drei Standorte in den Hauptstädten der umliegenden Provinzen aufgeteilt. Die Zahl der jährlichen therapeutischen Kontakte ist kontinuierlich auf 20.000 angewachsen. Unbürokratisch und flexibel, mit einem offenen Ohr für die sich stets verändernden Bedürfnisse der Gesellschaft, reicht ihr breites und multimethodisches Behandlungsprogramm von individueller, analytisch orientierter Psychotherapie über Gruppentherapie für akademisch gebildete Sexualstraftäter, Tagesbehandlungen für aggressive Jugendliche (wie zum Beispiel Fußballrowdies), ein Behandlungsprogramm für Männer, die ihre Frauen und Kinder schlagen, bis hin zu einem neuen und besonders intensiven Programm betreuten Einzelwohnens für aus der Klinik entlassene Patienten, das sich auf die gesellschaftliche Eingliederung und Verminderung der Rückfallgefahr richtet.

Im Falle einer Krisensituation können die Polikliniken auf ein Krisenbett in der Klinik zurückgreifen. Außerdem läuft seit kurzem das so genannte Krisenkartenprojekt: Fünfzig aus der Klinik entlassene Patienten haben eine Krisenkarte in der Tasche, die ihnen bei drohenden Krisen jederzeit das Recht auf eine kurzzeitige Aufnahme in der Klinik gibt. Mit dieser Nabelschnur, einem *narcissistic tie* [narzisstischen Band], bleiben sie mit der Klinik verbunden, und es gibt deutliche Hinweise darauf, dass ihre Rückfallquote eben dadurch stark abgenommen hat.

Die Ansiedlung der forensischen psychiatrischen Klinik im Norden der Niederlande hat der regionalen Zusammenarbeit in Bezug auf forensisch-psychiatrische Patienten einen kräftigen Impuls gegeben und zur Gründung eines forensisch psychiatrischen Circuits [Netzwerks] geführt (FPC). Dieser FPC ist in das reguläre Gesundheitssystem eingebettet, das damit – was besonders wichtig ist – Verantwortung für forensische Patienten übernommen hat. Der FPC, an dem auch die Bewährungshilfe, unabhängige die Gerichte beratende forensische Psychiater und das Gefängniswesen beteiligt sind, ist innovativ und richtet sich (außer auf die bereits genannte Tendenz zu ambulanten Behandlungen) auch auf die Abstimmung der verschiedenen klinischen Programme in der Region, auf die Indikationsstellung und die Zuweisung der passenden Behandlungsformen an Patienten, auf die Überweisung von zu Ende behandelten Patienten an geeignete Einrichtungen und schließlich auf Aus- und Weiterbildung von Mitarbeitern.

Sehr pragmatisch ist die Einrichtung eines zentralen Meldepunktes für schwierige forensische Fälle, dem ein Konsultationsteam von Spezialisten angehört mit der Aufgabe, wirksame und praktikable Problemlösungen zu finden. Eine neue Entwicklung ist die Gründung zweier verhältnismäßig kleiner forensisch-psychiatrischer Abteilungen, jeweils mit zwanzig Betten, mit der Aufgabe, forensischen Patienten Zugang zu den allgemeinen psychiatrischen Einrichtungen der Region zu verschaffen.

In welchem Verhältnis steht nun diese stürmische Erweiterung und Entwicklung der forensischen Psychiatrie zu den Veränderungen innerhalb der Niederländischen Gesellschaft im letzten Jahrzehnt, in dem die humane, tolerante und fürsorgliche Gesellschaft, für die wir einen gewissen internationalen Ruf hatten, ihr Ende fand? Fürsorge scheint degeneriert zu sein zu einem Streben nach ausschließlich materiellem Wohlstand und in erster Linie auf die eigene Person gerichtetem Interesse. Dies mag eine Reaktion sein auf die Desillusionierung über die früher für möglich gehaltene Gestaltbarkeit der Gesellschaft. Der moderne Mensch sieht den Lebenssinn immer mehr in drei Zielen des täglichen Lebens: Gesundheit, Einkommen und Reisen (Taylor 1989). Der Primat der ökonomischen Ordnung, Privatisierung und Individualisierung haben immer mehr zur Demontage des Versorgungsstaates und zu einer politischen Verschiebung nach rechts geführt. Die Verwahrlosung der Bürger durch den Staat, der im Strom des Modernismus mit treibt, führt zu zunehmender gesellschaftlicher Unruhe und schärferen sozialen und politischen Widersprüchen und zu großem

»Unbehagen in der Kultur« (Freud 1930a), hinter denen sich viel Angst, Gefühl von Bedrohung und Aggression verbergen. Die Medien bedienen, unter Berufung auf ihren Informationsauftrag, ihrerseits diese oft unbewusst gebliebenen Emotionen innerhalb der Bevölkerung und verstärken diese täglich mit Meldungen über Verbrecher, Junkies, aggressive Obdachlose, chronisch psychiatrische Patienten, illegale Ausländer und Asylanten. Die hieraus entstehende Verhärtung der Bevölkerung verläuft im Augenblick parallel zu der kaltblütigen Demontagepolitik des Staates auf vielen gesellschaftlichen Gebieten. Beispiele hierfür sind: die Verschärfung der Asyl- und Ausweisungspolitik; die Einführung eines Gesetzes, das die zwangsweise präventive Aufnahme von verhaltensauffälligen psychisch Gestörten zu Observationszwecken ermöglicht; die Abschwächung des Kriteriums ernster Gefahr für eine zwangsweise Aufnahme in ein psychiatrisches Krankenhaus.

Sehr folgenschwer ist auch der – übrigens schlecht begründete – Plan, die maximale Kostenerstattung für Psychotherapie von 90 auf 30 Therapiestunden herabzusetzen. Damit wird es für eine große Patientengruppe keine adäquate Behandlung mehr geben. Insbesondere Patienten mit sowohl Persönlichkeitsstörungen als auch Störungen auf Achse 1 des DSM-IV-Systems kann aber nur mit länger dauernder Behandlung geholfen werden. Es ist zu erwarten, dass dies dazu führen wird, dass diese Patienten häufiger stationär behandelt werden müssen, woran dann wiederum die erstrebte Kostenersparnis scheitern wird. Eine weitere ernste Konsequenz wird sein, dass das Fachwissen von Psychotherapeuten, inklusive der Psychoanalytiker, mit Bezug auf intensive Behandlungen schnell untergehen wird, wodurch gleichzeitig ihre stimulierende Funktion für inhaltliche Entwicklungen im psychosozialen Sektor des Gesundheitswesen in den Hintergrund treten wird.

Wenn dann auch noch der unbegreifliche Beschluss der Regierung dazukommt, in Kürze das Register anerkannter Psychotherapeuten für neue Mitglieder zu schließen, dann wird damit zielstrebig das Ende der regulären, unter Qualitätskontrolle stehenden, in unterschiedliche Therapieströmungen ausdifferenzierten, reichen Psychotherapie in den Niederlanden eingeläutet.

Man bedenke zudem die Wirkung eines kürzlich von einem Niederländischen Minister öffentlich geäußerten Satzes, dass die Menschen sich daran gewöhnen müssen, dass die Polizei nicht mehr ihr Freund und Helfer ist. Für Delinquenten ist dies nichts Neues, aber der Normalbürger hört hier doch einen anderen Unterton und fühlt, dass er sich von nun an seines

Schutzes nicht mehr sicher sein kann. Was bewegt einen amtierenden Minister dazu, auf diese Weise ein kollektives Gefühl von Unsicherheit zu erzeugen?

Die Aufforderung des Staates an die Bürger, mehr Verantwortung selbst zu tragen, wird von vielen als Ankündigung verstanden, dass der Staat sie vernachlässigen und ihrem Schicksal überlassen wird. Dies wirkt besonders verstörend angesichts ständig im Rampenlicht stehender, sich selbst bereichernder Spitzenmanager, angesichts der Tatsache, dass wertbeständige Renten dem Normalbürger nicht mehr garantiert werden können, und angesichts des öffentlichen Eingeständnisses, dass die Politik zur Integration von Ausländern so gut wie gescheitert sei.

Zunehmend handelt der Staat, in seiner hilflosen Suche nach den Ursachen von Unsicherheit und Kriminalität, auch in Bezug auf seine nicht straffälligen Bürger nach dem Motto *no cure but control* [Kontrolle statt Fürsorge]. Mit der Forderung nach mehr Ordnung und Sicherheit setzt man auf Strafe und Zwangsbehandlung als Form der Krisenbewältigung. Der Staat als Ganzes scheint selbst der Verdrängung von Schuldgefühlen, Angst und Aggression zum Opfer gefallen zu sein. In seinem destruktiven Wahn errichtet er so ziemlich jedes Jahr eine neues Gefängnis oder eine neue TBS-Klinik, anstatt konstruktiv und präventiv für mehr innere Sicherheit seiner Bürger zu arbeiten. Was die Zahl der Gefangenen betrifft, sind die Niederlande dadurch auf einen Europäischen Spitzenplatz gestiegen. Diese hat sich seit den siebziger Jahren verdreifacht und liegt zur Zeit bei einem Gefangenen auf 1000 Einwohner.

Unter anderem vor diesem Hintergrund des immer lauter werdenden Rufes der Gesellschaft nach Sicherheit und der täglichen Beweise der Unsicherheit vollzieht sich die rasante Entwicklung der klinischen und ambulanten forensischen Einrichtungen in den Niederlanden. Immer öfter kann man sowohl von ministerialen Beamten als auch von professionellen Therapeuten, die sich mit jenen unbewusst und kritiklos identifizieren, hören, dass sich die Behandlung ausschließlich auf Prävention von Rückfälligkeit zu beschränken habe. Ohne die Wichtigkeit dieses Zieles sowohl für den Patienten als auch für die gesamte Gesellschaft im mindesten in Abrede stellen zu wollen, muss doch festgestellt werden, dass sich damit die forensische Psychiatrie zum verlängerten Arm der Justiz macht und so ihre ursprüngliche Unabhängigkeit als wissenschaftliche Disziplin verliert. Aber nur aus einer unabhängigen Position heraus kann sie innerhalb der gesellschaftlichen Dynamik freie Stellung beziehen und sich von dort aus dem Patienten mit seiner Störung zuwenden.

Literatur

Abraham, K. (1927): Selected papers of Karl Abraham. New York (Brunner/Mazel).

Aichhorn, A. (1925): Wayward Youth. New York (Viking).

Akhtar, S. (1992): Broken structures. Northvale, NJ (Jason Aronson).

Alexander, F. (1930): The neurotic character. Int. Journal of Psycho-Analysis, 11, 292–311.

Andrews, D. A. (1990): Does correctional treatment work? Criminology, 28, 269–404.

Andrews, D. A., & Bonta, J. (1998): The psychology of criminal conduct. Cincinnati, OH (Anderson Publishing Co).

Antonowicz, D. H., & Ross, R. R. (1994): Essential components of successful rehabilitation programs for offenders. International journal of offender therapy and comparitive criminology, 38, 97–104.

Appelbaum, A. H. (1989) : Supportive therapy : A developmental view. In : L. R. Rockland, Supportive therapy: a psychodynamic approach. New York (Basic Books), S. 40–57.

Behandelnota FPK, Assen (1997): Assen, FPK.

Bion, W. R. (1969): Second thoughts. London (Heinemann).

Bowlby, J. (1969): Attachment and Loss, Vol 1: Attachment. London (Hogart Press).

Brody,Y., & Rosenfeld, B. (2002): Object relations in criminal psychopaths. In: International Journal of Offender Therapy and Comperative Criminology 46(4).

Bulten, B. H. (1998): Gevangen tussen straf en zorg. Psychische stoornissen bij jeugdige, kortgestrafte gedetineerden. Deventer (Kluwer).

Cooke, D. J., Forth, A. E., & Hare, R. D. (1998): Psychopathy: theory, research and implications for society. Dordrecht/Boston/London (Kluwer).

Cumming, J., & Cumming, E. (1962): Ego and milieu. New York (Atherton).

Eissler, K. D. (1949) (Hg.): Searchlights on Delinquency. New York (International Universities Press).

Fenichel, O. (1945): The Psychoanalytic Theory of Neurosis. London (Routledge).

Fonagy, P. (2001): Attachment theory and psychoanalysis. New York (Other Press).

Fonagy, P., Target, M. (2003): Psychoanalytic Theories, Perspectives from development psychopathology. London (Whurr).

Freud, A. (1949): Certain types and stages of social maladjustment. In: Eissler, K. R. (Hg.) (1949): Searchlights on Delinquency. New York (International Universities Press), S. 193–204.

Freud, S. (1908d): Die kulturelle Sexualmoral und die moderne Nervositat.

Freud, S. (1930a): Das Unbehagen in der Kultur.

Friedlander, K. (1947): The Psycho-Analytical Approach to Juvenile Delinquency. London (Routledge).

Greenacre, P. (1945): Conscience in the Psychopath. American Journal of Orthopsychiatry, 15, 495–509.

Hare, R. D. (1991): The Hare psychopathy checklist-revised. Toronto (Multi-Health Systems).

Hartmann, H. (1964): Essays on ego psychology. London (Hogarth Press).

Hoffer, W. (1949): Deceiving the deceiver. In: Eissler, K. R. (Hg.) (1949): Searchlights on Delinquency. New York (International Universities Press), S. 150–155.

Hollin, C. R. (Hg.) (2000): Handbook of offender assessment and treatment. New York (Wiley).

Jacobson, E. (1964): The Self and the Object World. New York (International Universities Press).

Janssen, P. L. (1987): Psychoanalytische Therapie in der Klinik. Stuttgart (Klett-Cotta).

Janzing, C., & Lansen, J. (1993): Milieutherapie. Assen (Van Gorcum).

Johnson, A. M., Szurek, S. A. (1952): The genesis of antisocial acting out in children and adults. Psychoanalytic Quarterly, 21, 323 – 343.

Jongerius, P. J., & Rylant, R. F. A. (1989): Milieu als methode. Meppel (Boom).

Kernberg, O. F. (1967): Borderline personality organisation. Journal of the American Psychoanalytic Association, 15, 641–685.

Kernberg, O. F. (1970): A psychoanalytic classification of character pathology. Journal of the American Psychoanalytic Association, 18, 800–822.

Kernberg, O. F. (1976): Object relations theory and clinical psychoanalysis. New York (Jason Aronson).

Kernberg, O. F. (1984): Severe personality disorders. New Haven (Yale University Press).

Kernberg, O. F. (1989): The narcissistic personality disorder and the differential diagnosis of antisocial behavior. In: The Psychiatric Clinics of North America 12, S. 553–570.

Kohut, H. (1972): Thoughts on narcissism and narcissistic rage. The Psycho-Analytic Study of the child, 27, 360–400.

Lampl-de Groot, J. (1965): The Development of the Mind. New York (International Universities Press).

Lipsey, M. W., & Wilson, D. B. (1993): The efficacy of psychological, educational and behavioral treatment. American Psychologist, 48/1993, 1181–1209.

Marle, van, H. J. C. (1995): Een gesloten systeem. Arnhem, Gouda (Quint).

Meloy, J. R. (1988): The psychopathic mind: origins, dynamics and treatment.

Northvale, NJ (Jason Aronson).
Millon, Th. (1996): Disorders of Personality: DSM-IV and Beyond. New York (John Wiley and Sons).
Monahan, J., & Steadman, H. J. (1994): Violence and mental disorder, developments in risk assessment. Chicago, London (The University of Chicago Press).
Mooij, A. W. M. (1998): Psychiatrie, recht en de menselijke maat. Amsterdam (Boom).
Mooij, A. W. M. (2002): Psychoanalytisch gedachtegoed. Amsterdam (Boom).
Nota NRV (1991): De forensische psychiatrie en haar raakvlakken.
Pestalozzi, J., Frisch, S., Hinshelwood, R. D., Houzel, D. (1998): Psychoanalytic psychotherapy in institutional settings. London (Karnac).
Raes, B. C. M. (2003): Er is (n)iets mis met de TBS. Ontmoetingen nr 9, voordrachtenreeks van het Lutje P. J. G. Groningen (RUG), 7–15.
Raine, A. (1993): The psychopathology of crime, criminal behavior as a clinical disorder. San Diego (Academic Press).
Reich, W. (1925): Early Writings vol. 1. New York (Farrar, Strauss).
Rockland, L. H. (1992): Supportive therapy for borderline patients. New York (The Guilford Press).
Rosenfeld, H. (1949): On the psychopathology of narcissism: a clinical approach. International Journal of Psycho-analysis, 45, 332–337.
Schnabel, P. (2001): Voordracht 26–9–2001 te Nijmegen, Pompekliniek.
Scientific American (2003), Special issue, September 2003: Better brains, how neuroscience will enhance you.
Silver, D., & Rosenbluth, M. (1993): Inpatient treatment of borderline personality disorder. In: Joel Paris (Hg.) (1993): Borderline Personality Disorder. Washington DC (American Psychiatric Press), S. 349–372.
Solms, M., & Turnbull, O. (2002): The brain and the inner world, an introduction to the neuroscience of subjective experience. New York (Other Press).
Taylor, C. (1989): Sources of the self: the making of the modern identity. Cambridge, MA (Harvard University Press).
Wallace, E. R. (1983): Dynamic Psychiatry in theory and practice. Philadelphia (Lea and Febiger).
Werman, D. (1984): The practise of supportive psychotherapy. New York (Brunner/Mazel).
Wildlöcher, D. (Hg.) (2002): Infantile sexuality and attachment. New York (Other Press).
Winnicott, D. W. (1965): The maturational processes and the facilitating environment. New York (International University Press).

Der destruktive Wahn dissozialer Menschen zwischen Struktur und Strukturlosigkeit

Udo Rauchfleisch

In der Forensik begegnen uns Menschen mit schweren dissozialen Fehlentwicklungen. Ein respektabler Teil von ihnen leidet an einer dissozialen Störung auf dem Boden einer Borderline-Persönlichkeitsstörung auf tiefem Funktionsniveau (im Sinne Kernbergs 1979). Sie neigen mitunter in extremer Weise zur Projektion respektive projektiver Identifizierung, verbunden mit einer massiven Beeinträchtigung ihres Realitätsbezuges und erheblichen Manipulationstendenzen. Dabei weisen diese Mechanismen in der Regel eine große Rigidität auf und widersetzen sich über lange Zeit der therapeutischen Auflösung. Besonders auffallend ist dabei, dass diese Patienten an bestimmten Überzeugungen (vor allem an mit Aggressivität hoch aufgeladenen Vorstellungen gehasster Menschen der Außenwelt) unerbittlich festhalten und in geradezu wahnhafter Art die äußere Realität umdeuten, bis sie ihren inneren Bildern entspricht und sie sich in ihren subjektiven Überzeugungen bestätigt sehen. Dieses Ziel suchen sie vor allem mit Hilfe von Spaltungs- und Verleugnungsmechanismen zu erreichen.

Hinzu kommen erhebliche Manipulationstendenzen, mit denen sie die Menschen ihrer Umgebung zwingen, in Rollen einzutreten und diese zu agieren, die den projektiven Entwürfen der Dissozialen entsprechen. Auf diese Weise validieren sie ihre Projektionen und können an den Realitätsverzerrungen festhalten, wodurch sie eine Stabilisierung ihrer narzisstischen Homöostase und ihrer fragilen Persönlichkeit erreichen. Wir haben es mit Persönlichkeiten zu tun, die eine (psychotische?) Dekompensation verhindern, indem sie sich per Projektion, Spaltung, Verleugnung und deren Hilfsmechanismen aggressiver Selbstanteile entledigen, alles Böse draußen sehen und dagegen einen erbitterten Kampf führen. Die Gefahr einer Dekompensation mit der Auflösung der tragenden Ich-Strukturen und der Verschmelzung von Selbst- und Objektbildern soll durch eine starre (und gerade wegen dieser Rigidität besonders gefährdeten, wenig Halt gebenden) Struktur gebannt werden.

Die geschilderte Psychopathologie stellt die Resultante verschiedener Störungsanteile dar: Sie umfasst ich- und überich-strukturelle wie triebhafte und narzisstische Aspekte. Auf diese soll im Folgenden detaillierter eingegangen werden.

1. Psychodynamische und entwicklungspsychologische Aspekte

In der Entwicklung dissozialer Persönlichkeiten mit destruktivem Wahn können wir davon ausgehen, dass sie in der frühen Kindheit, vor allem in der oralen Phase, *massive Frustrationserfahrungen* durchgemacht haben. Diese sind bei ihnen nicht nur zu vermuten, sondern wir wissen darum aus Berichten von kinder- und jugendpsychiatrischen Institutionen, psychologischen Beratungsstellen, Jugendämtern und anderen Institutionen, die mit diesen Familien befasst waren.

Aus diesen Schilderungen geht oft in eindrücklicher Weise hervor, dass die Eltern (aufgrund eigener psychischer, partnerschaftlicher und ökonomischer Probleme) ihren Kindern nicht die emotionale Stabilität und Sicherheit und das Ausmaß an oraler Befriedigung geben konnten, welche die Kinder für eine ungestörte Entwicklung, zum Aufbau eines kohärenten Selbst und eines Urvertrauens im Sinne Eriksons (1966) benötigt hätten. Anstelle dessen sind sie geradezu von einem Ur-Misstrauen und einer immensen Gier erfüllt. Ihre unbefriedigten, vor allem oralen Impulse verdichten sich zu einem *oral-aggressiven Kernkonflikt* (Rauchfleisch 1999) und prägen die Weltsicht und die Beziehungen dieser Menschen.

Aufgrund der mangelnden emotionalen Sicherheit, die diese Menschen in der Kindheit im Umgang mit ihren nächsten Bezugspersonen erlebt haben, leiden sie unter massiven Ängsten. Die Angst erfüllt bei ihnen keine Signalfunktion, sondern weist die Qualität einer *Vernichtungsangst* auf. Die geringste Zunahme an Spannung und Irritation führt bei ihnen zum Ansteigen so massiver Angst, als werde ihnen der Boden unter den Füßen entzogen. Dabei tauchen unerträgliche Gefühle der Ohnmacht und Hilflosigkeit auf, vor denen sie sich mit Hilfe des Abwehrmechanismus der »Verkehrung ins Gegenteil« zu schützen versuchen (Verkehrung der Angst auslösenden Passivität in Aktivität in Form von aggressiven Durchbrüchen, Manipulationen, Alkohol- und Drogenexzessen etc.; siehe Abschnitt 2.).

Eine andere Quelle der immensen Angst dieser Persönlichkeiten liegt in der *Gefahr einer Verschmelzung von Selbst- und Objektrepräsentanzen* begründet. Sie haben im Sinne des Kernbergschen Borderline-Konzepts (1979, 1989) im Verlauf ihrer Entwicklung zwar eine Trennung von Selbst- und Objektrepräsentanzen erreicht. Diese Grenzen sind aber fragil und drohen bei Belastungen zu verschwimmen. Damit geraten diese Menschen in Gefahr, eine psychotische Dekompensation zu erleiden, die sie jedoch im

Allgemeinen durch den Einsatz von Projektion und Spaltung und deren Hilfsmechanismen (siehe Abschnitt 2.) zu verhindern vermögen.

Es ist eine Entwicklung, die dem gleicht, was Racamier (1995) mit seinem Konzept der »Inzestualität« beschreibt. Racamier geht bei psychotischen Menschen (und ich möchte sein Konzept auch auf Menschen mit drohenden psychotischen Dekompensationen erweitern) davon aus, dass es ihnen im Verlauf ihrer Entwicklung nicht gelungen ist, die »Ur-Trauer« zu ertragen, die darin liegt, dass beim Übergang von der frühen in die spätere Kindheit ein Verzicht auf den totalen Besitz des (mütterlichen) Objekts zu leisten ist. Dieser Verzicht gelingt nicht, weil das Kind unter katastrophalen Ängsten leidet, sobald es eine Trennung oder nur schon die Möglichkeit einer Trennung vom mütterlichen Objekt wahrnimmt. Diese Menschen bleiben nach Racamier zeitlebens an die Vorstellung fixiert, dass keine Trennung zwischen ihnen und ihren Bezugspersonen bestehen darf. Ihre Beziehungen folgen einem sowohl einschließenden als auch einem ausschließenden Modus: Die narzisstisch besetzten Objekte sind in die eigene Persönlichkeit der betreffenden Menschen *eingeschlossen*, sind Teil von ihnen – im Sinne Kohuts (1973) haben wir es hier mit *Selbstobjekten* zu tun – und dürfen sich nicht von ihnen weg bewegen. Alles Fremde wird als feindlich erlebt und rigoros *ausgeschlossen* (d. h. solche Menschen sind nicht zu objektalen Beziehungen fähig). Wird das so entstandene, labile narzisstische Gleichgewicht in Frage gestellt, kann es bei solchen Menschen zu schwersten aggressiven Ausbrüchen und psychotischen Dekompensationen kommen. Ich gehe davon aus, dass sie zur *Abwehr der psychotischen Dekompensation* den *destruktiven Wahn einsetzen*, der das »Böse« aus dem eigenen psychischen Innenraum in die äußere Welt hinaus verlegt, um es dort (vielleicht tatsächlich?) besser kontrollieren und abwehren zu können.

Eine vor allem für den Beziehungsbereich verhängnisvolle Konsequenz der beschriebenen Persönlichkeitsentwicklung liegt in der Schwierigkeit, die diese Menschen mit der *Nähe-Distanz-Regulierung* haben. Abgesehen von der oben beschriebenen Entwicklung waren sie in der Kindheit z. T. auch Opfer massiver Grenzüberschreitungen in Gestalt von sexuellen Übergriffen und Gewalterfahrungen und haben zugleich mangelnde Fürsorge und Desinteresse von Seiten ihrer nächsten Bezugspersonen erlebt. Die Folge ist eine erhebliche Beeinträchtigung in ihrer Fähigkeit, zu spüren, wie nah oder fern ein anderer Mensch ihnen steht. Dies hat die Konsequenz, dass sie die Grenzen anderer Menschen nicht respektieren und sich nicht darüber klar sind, wie weit sie andere Menschen an sich heran kommen lassen wollen und wo die Grenzen liegen, die sie ihrerseits im Umgang mit anderen Menschen einhalten müssen.

Zusätzlich werden die Probleme in der Nähe-Distanz-Regulierung durch die beschriebenen oral-aggressiven Impulse und die narzisstische Störung (siehe Abschnitt 4.) unterhalten und verstärkt, indem diese Menschen Beziehungen von vornherein mit unrealistischen Erwartungen an die Bezugspersonen überladen und damit die Enttäuschung vorprogrammieren. Aus diesen Enttäuschungen resultieren dann wiederum Hass- und Wutimpulse, die sie vor sich selbst und der Umgebung als angemessene Reaktion auf ein ihnen vermeintlich angetanes Leid und die in ihrem Erleben böswillige Versagung ihrer Wünsche nach Nähe rechtfertigen.

Wie bereits mehrfach erwähnt, besteht eine zentrale Störung im *Bereich der Aggression*. Zum Verständnis dieser Störung erscheint es mir hilfreich, nicht die auch in der Psychoanalyse umstrittene klassische Triebtheorie (Postulat eines Aggressionstriebs) zu verwenden, sondern die aus der modernen Säuglingsforschung abgeleiteten Konzepte von Lichtenberg (1989, 1992) und Stechler (1987, 1990; siehe auch Dornes 1997 und Heinemann u. a. 2003). Diese Autoren gehen davon aus, dass prinzipiell zwischen einem eigenständigen *assertiven, selbstbehauptenden Motivationssystem* (der »konstruktiven« Aggression im Freudschen Triebmodell) und einem *aversiven System reaktiver Aggression* zu unterscheiden ist. Während das mit positiven Affekten verknüpfte assertive System (Neugier, Explorationsaktivitäten, Selbstbehauptung) sich selbst aktiviert, stellt das von negativen Affekten begleitete System der Aversion respektive der reaktiven Aggression ein normalerweise latentes, nur unter bestimmten Umweltbedingungen aktivierbares Motivationssystem dar.

Im Falle destruktiver Entwicklungen findet eine »Transformation eines zunächst reaktiv aktivierten, der Anpassung und dem Selbstschutz dienenden aversiven/reaktiv aggressiven Subsystems in ein *chronisch aktives* System (statt), das sich von den Anlässen, die es ursprünglich ausgelöst hatten, weitgehend emanzipiert hat und selbstaktivierend geworden ist« (Dornes 1997, S. 255).

Mit Hilfe dieser hier kurz skizzierten Modelle von Lichtenberg und Stechler lässt sich meines Erachtens schlüssiger als mit der klassischen Freudschen Todestriebtheorie erklären, wie es bei dissozialen Persönlichkeiten zu destruktiv-aggressiven Entwicklungen kommt. Wir können annehmen, dass dissoziale Menschen mit einem destruktiven Wahn sich dadurch auszeichnen, dass es bei ihnen aufgrund vielfältiger Versagungen und Traumatisierungen in ihrer Kindheit, d. h. unter dem Einfluss eines unempathischen, sie chronisch verunsichernden und zurückweisenden Verhaltens der nahen Bezugspersonen zu einer *ständigen Hemmung von Selbstbehauptung* gekommen ist. Ihre anfängliche, aber erfolglose Reaktion mit Ärger und/oder reaktiver Aggression zum Zweck der Selbstbehauptung hat mit der Einschränkung der Assertion zunehmend ein hohes Maß an Aggression mobilisiert und schließlich zu einer *verselbständigten, automatischen aggressiven Reaktion* auf jegliche tatsächliche oder auch nur vermeintliche Einschränkung geführt. Im Verlauf einer solchen Entwicklung sind die ursprünglich getrennten Systeme der Assertion und Aversion/reaktiven Aggression miteinander verschmolzen und finden dann ihren Ausdruck in einer *habituellen Feindseligkeit* gegenüber der *Umwelt*, die entsprechend den frühen Beziehungserfahrungen als die *Selbstbehauptung blockierend und bedrohlich erlebt wird.*

Untersuchungen an hoch aggressiven Kindern und Erwachsenen mit schweren Traumatisierungserfahrungen weisen in die Richtung einer solchen Interpretation (z. B. Bryer u. a. 1987; Herman u. a. 1989; Paris 1993; Lyons-Ruth 1996). Dabei bestehen interessanterweise enge Beziehungen zwischen der Aggressionsentwicklung und dem *Bindungsverhalten*, indem sich sicher gebundene Kinder als weniger aggressiv als unsicher gebundene erweisen. Als Hauptfaktor für eine sichere Bindung wird mütterliche Responsivität beschrieben, während unsichere Bindung eine enge Beziehung zu Zurückweisung oder inkonsistenter Beantwortung von Bindungsbedürfnissen aufweist. Es sind dies Verhaltensweisen, die wir fast regelhaft in den Beschreibungen des elterlichen Verhaltens von Menschen finden, die später eine schwere dissoziale Fehlentwicklung durchlaufen.

Die beschriebene Entwicklung führt zu einer enormen inneren Spannung, verbunden mit dem erwähnten Ur-Misstrauen und den Gefühlen existenzieller Bedrohung durch die geringsten Irritationen. Wir müssen im Sinne des Kernbergschen Borderline-Konzepts annehmen, dass sich diese Kinder aus der mit präödipaler Aggression aufgeladenen Situation durch eine *vorzeitige Aktualisierung ödipaler Konflikte* zu retten versuchen und es unter Verleugnung der quälend erlebten oralen Abhängigkeitsbedürfnisse zu einer Flucht aus den präödipalen Phasen in die ödipale Konstellation kommt. Die vorzeitig entwickelten genitalen Triebstrebungen sind dabei mit präödipaler Aggression aufgeladen und führen zu der oben beschriebenen habituellen Feindseligkeit, welche die Umweltbezüge dieser Menschen prägt.

Kennzeichnend für eine solche Entwicklung ist, dass eine Lösung des ödipalen Konflikts nicht gelingt, weil infolge der Spaltungsmechanismen in diesen Menschen neben dem Bild der begehrten (ödipalen) Mutter auch die dissoziierte Repräsentanz der »bösen« (prägenitalen) Mutter besteht, vor der sie fliehen müssen. In der Kindheit bilden sie als Niederschlag ihrer frühen traumatischen Beziehungserfahrungen eine als bedrohlich erlebte »vereinigte Vater-Mutter-Imago« aus. Anschaulich zeigt sich diese von Green (1975) als »Bitriangulation« beschriebene Konstellation im folgenden Traum eines jungen dissozialen Patienten:

Aus einer Kloake, die wie ein Schwimmbad aussieht, taucht eine Horrorfrau auf. Sie ist riesig groß und schrecklich anzusehen. Sie kommt auf mich zu, und mich packt furchtbare Angst. Ich beginne dann aber mit ihr zu flirten. Da steigt, ebenfalls aus der Kloake, ein Eber auf und greift mich an. Es ist, als ob er der Mann dieser Horrorfrau ist. Erst als ich mich von ihr abwende, lässt er mich in Ruhe.

In diesem Traum kommt es zu einer für dissoziale Menschen mit destruktiven Wahnentwicklungen charakteristischen Verdichtung von ödipalen und präödipalen Phantasien, begleitet von einer Ich-Regression, die immer die Gefahr von Fragmentierungen der Selbstrepräsentanzen und einer psychotischen Dekompensation in sich birgt. Im zitierten Traum ist es die männliche Instanz in Gestalt des Ebers, die einerseits im Rahmen der vereinigten Mutter-Vater-Imago als bedrohlich erlebt wird, andererseits aber durch ihre Präsenz eine (psychotische) Dekompensation verhindert (würde im Traum der Eber den Patienten nicht davon abhalten, sich der Horrorfrau zuzuwenden, so würde der Träumer in der Kloake versinken, d. h. eine Dekompensation erleiden).

Wie die geschilderte Entwicklung zeigt, befinden sich dissoziale Menschen der beschriebenen Art in einer äußerst spannungsreichen, von massiven Regressionen und einer Auflösung ihrer Ich-Grenzen bedrohten Situation. Eine sich hier anbietende und zumindest eine gewisse Entlastung bringende Überlebensstrategie liegt in der *Projektion der abgespaltenen, bedrohlichen negativen Selbstanteile* auf Menschen der Umgebung. Durch deren Kontrolle (die bis zur Vernichtung dieser Projektionsträger gehen kann) hofft der Dissoziale mit destruktivem Wahn, sich vor der Fragmentierung und dem völligen Zusammenbruch seiner psychischen Organisation, d. h. vor der psychotischen Dekompensation (siehe Bender in diesem Band), schützen zu können. Darauf gehe ich im folgenden Abschnitt näher ein.

2. Ich-strukturelle Aspekte des destruktiven Wahns

Bei Dissozialen mit destruktivem Wahn findet sich eine Reihe von charakteristischen ich-strukturellen Störungen. Diese betreffen in erster Linie ihre pathologische Abwehr, d. h. den fast ausschließlichen Einsatz der archaischen Mechanismen Projektion resp. projektive Identifizierung, Spaltung, Verleugnung, Verkehrung ins Gegenteil, Idealisierung und Entwertung. Diese Mechanismen dienen einerseits ihrer psychischen Stabilisierung, indem sie zur Dämpfung der immensen Angst eingesetzt werden und die Gefahr einer (psychotischen) Dekompensation verhindern sollen. Andererseits wirkt sich die pathologische Abwehr aber in sehr negativer Weise auf den Realitätsbezug dieser Menschen aus. Dies führt zu einer mitunter massiven Umdeutung der äußeren Realität, bis diese mit dem inneren Bild der Dissozialen überein stimmt. Dabei werden Denk- und Wahrnehmungsfunktionen einseitig in den Dienst dieses Ziels gestellt. Das Ergebnis dieses Prozesses ist die Überzeugung eines solchen Menschen, das »Böse« existiere nur außerhalb der eigenen Person und könne resp. müsse dort mit allen Mitteln bekämpft werden. Doch erweisen sich diese Abwehrmanöver letztlich als unzureichend, denn stets von neuem drängen sich die auf diese Weise abgewehrten Impulse dem Bewusstsein wieder auf und führen zum Erleben von Ohnmacht und Hilflosigkeit. Um diesen unerträglichen Gefühlen nicht ausgeliefert zu sein, setzt der Dissoziale den Mechanismus der »Verkehrung ins Gegenteil« ein, indem er das passive Erleiden der Ohnmacht durch die Aktivität des Wütens gegen die Außenwelt zu vermeiden sucht. Aber auch dieser Mechanismus bringt letztlich nicht die erhoffte Lösung und Beruhigung. Immer wieder erlebt ein solcher Mensch, dass die Realität seine verzerrte Sicht in Frage stellt. Es kommt dann zu einem ausgeprägten manipulativen Verhalten, mit dem der Dissoziale die Menschen seiner Umgebung zu zwingen versucht, die ihnen per Projektion und Spaltung zugewiesenen Bilder und Rollen tatsächlich zu agieren. Damit validiert er seine Projektionen und leitet daraus (mit Hilfe der projektiven Identifizierung) für sich das Recht, ja geradezu die Pflicht ab, seinerseits aggressiv gegen die vermeintlich »bösen« Verfolger vorzugehen. Diese Dynamik wird noch verstärkt durch eine spezifische Über-ich-Konstellation, auf die ich im Abschnitt 3. noch eingehen werde.

Die therapeutische Auflösung dieser Dynamik ist nicht zuletzt deshalb so schwierig, weil die vom Dissozialen im Sinne seiner Projektionen manipulierte Realität seine verzerrte Wahrnehmung bestätigt und er sich jeder Bearbeitung mit dem Argument, die Bezugspersonen – und in der Psychotherapie auch wir Therapeutinnen und Therapeuten – seien doch tatsächlich »böse«, entziehen kann. Die verfolgenden inneren Objekte werden auf diese Weise einerseits entschärft, weil sie externalisiert werden und in der Außenwelt ein erbitterter Kampf gegen sie geführt wird. Andererseits entfalten sie aber durch eben diese Dynamik eine *doppelt* starke Wirkung, da der Dissoziale nun einen enorme Kräfte erfordernden »Zwei-Fronten-Krieg« führen muss: gegen die verfolgenden inneren Objekte *und* gegen die äußeren Verfolger. Hinzu kommt, dass der Dissoziale sich der therapeutischen Auflösung des destruktiven Wahns mit allen ihm zur Verfügung stehenden Mitteln entzieht, weil er letztlich dem weitgehend strukturlosen, von Fragmentierung bedrohten Ich dieser Menschen eine Struktur gibt, die eine weitere Dekompensation verhindert oder zumindest abschwächt.

Unter den Abwehrmechanismen kommt den *projektiven Prozessen im Verbund mit der Spaltung* eine besondere Bedeutung zu und erweist sich mitunter selbst in lang dauernden, intensiven Psychotherapien als letztlich nur begrenzt auflösbar. Zumindest »rastet« dieser Mechanismus in Situationen, in denen sich der Dissoziale verunsichert und bedroht fühlt (und jede Irritation und Verunsicherung löst bei ihm das Gefühl einer geradezu existenziellen Bedrohung aus; siehe Abschnitt 1.), wie automatisch ein, und alle Deutungen bleiben völlig wirkungslos. Erst nach Abklingen des Bedrohtheitsgefühls erfolgt wieder eine gewisse Öffnung. Aber auch in dieser Phase kann der Betreffende im Allgemeinen nur ansatzweise und passager die projektiven Verzerrungen seiner Realitätswahrnehmung erkennen. Sowie der Angstpegel wieder steigt, werden die projektiven Prozesse von neuem aktiviert und alle früheren Einsichten sind wie weg gewischt.

Die Stärke und Dauerhaftigkeit der projektiven Abwehr zeigt, dass dissoziale Menschen mit den beschriebenen Persönlichkeitszügen unter einer immensen Angst leiden, die auf andere Art nicht beherrschbar ist. Wie in Abschnitt 1. beschrieben, scheint mir der Kern dieser Dynamik vor allem in der Angst vor einer Verschmelzung von Selbst- und Objektrepräsentanzen, d. h. vor einer psychotischen Dekompensation, zu liegen. So nehmen die Vorwürfe, die ein solcher Mensch gegen die als »böse« erlebten Personen seiner Umgebung richtet, denn auch oft geradezu einen wahnhaften, durch nichts korrigierbaren Charakter an.

Wie bei schizophrenen Patienten kann es in der Psychotherapie in solchen Situationen sogar dazu kommen, dass unsere Deutungen des Projektionsmechanismus paranoid verarbeitet werden und der Dissoziale die Vermutung äußert (die sich bis zur Überzeugung steigern kann, diese Vermutung sei Realität), wir stünden auf der Seite der »bösen« Verfolger.

Von hier aus ist es oft nur ein kleiner Schritt bis zur wahnhaften Überzeugung, wir stünden mit den »Bösen« im Bunde. Im Unterschied zu Schizophrenen lassen sich diese Überzeugungen bei Dissozialen aber in angstfreieren Phasen der Therapie im Allgemeinen wieder mehr oder weniger auflösen. Doch reicht die kleinste Irritation, um beim Patienten das Misstrauen wieder aufflammen zu lassen und zu wähnen, die frühere, projektiv verzerrte Wahrnehmung sei eben doch »richtig« gewesen und wir seien doch gegen ihn.

Im Verbund mit den Mechanismen der Projektion, Spaltung und Verkehrung ins Gegenteil finden sich typischerweise bei dieser Art von Persönlichkeit auch die (aus der narzisstischen Störung resultierenden) Mechanismen der *Idealisierung und Entwertung*. Die – zumindest in einem bestimmten Moment – als »gut« erlebten Personen der Umgebung bzw. bestimmte Selbstaspekte werden z. T. extrem idealisiert, während die »bösen« Selbstanteile und vor allem die als »böse« erlebten Personen in der Außenwelt total entwertet und damit Ziel eines *immensen Hasses* werden. Diese Hassimpulse können sich bis zum Wunsch steigern, die Menschen, die Projektionsträger eigener abgelehnter, unerträglicher »böser« Impulse sind, zu vernichten. Im Allgemeinen sieht die Konstellation bei diesen Persönlichkeiten so aus, dass sie selbst sich unter dem Einfluss ihres pathologischen Größenselbst (siehe Abschnitt 4.) narzisstisch geradezu aufblähen und gegen die als »böse« erlebten Bezugspersonen wüten, sie entwerten und, wenn diese sich den manipulativen Forderungen widersetzen, ihre Hassimpulse gegen sie richten.

3. Überich-strukturelle Aspekte

Im Verlauf der frühkindlichen Entwicklung ist es den dissozialen Menschen der hier beschriebenen Art nicht gelungen, ihre Überich-Instanz in die Gesamtpersönlichkeit zu integrieren. Ihr Überich stellt das Resultat verinnerlichter negativer Beziehungserfahrungen dar, die ihren Niederschlag in sadistischen Überich-Kernen (Glover 1956, 1960) gefunden haben. Die Folge ist ein z. T. extrem rigides, grausames Überich, das unerbittlich auf die Erfüllung seiner Forderungen besteht. Zugleich ist häufig das Ich-Ideal dieser Menschen extrem hoch geschraubt, was zur Folge hat, dass sie von Seiten ihrer Ideal-Entwürfe und Zukunftsvorstellungen einem zusätzlichen Druck ausgesetzt sind. Dadurch sind Enttäuschung an der eigenen Person, Selbstverurteilung und Selbstentwertung geradezu vorprogrammiert.

Um sich aus dieser unerträglichen Situation zu befreien, wenden Dissoziale eine ganz spezifische Abwehrstrategie an: Sie projizieren ihre sadistischen Überich-Ansprüche auf Überich-Träger in der Außenwelt und führen gegen diese dann einen erbitterten Kampf. Die Intensität, die Rigidität und der Fanatismus, mit dem dieser Kampf geführt wird, spiegeln die Dynamik des inneren Kampfes wider und lassen erkennen, dass die projektiven Prozesse eine *Überlebensstrategie* für diese Menschen darstellen. Dieser per Projektion externalisierte Kampf kann so weit gehen, dass der Dissoziale wähnt, durch die Vernichtung des Überich-Trägers in der Außenwelt die inneren sadistischen (Überich-) Verfolger unschädlich machen und sich damit aus dem unerbittlichen Griff seines Überich befreien zu können. Tragischerweise führen natürlich gerade solche Versuche zu besonders heftigen, strafenden Reaktionen der Umgebung. Dadurch wird die Externalisierungstendenz des Dissozialen nochmals verstärkt, weil er seine Projektionen (»Ich bin immer das Opfer böser, strafender Mächte«) validiert sieht und sich in seinem »Recht auf Notwehr« bestätigt fühlt.

Berücksichtigen wir das, was ich in den Abschnitten 1. und 2. ausgeführt habe, so wird deutlich, dass diese Menschen nicht nur von Seiten ihrer Triebimpulse und ihrer Ich-Struktur, sondern auch aufgrund der beschriebenen Überich-Dynamik unter einem extremen Druck stehen, der sie permanent der Gefahr einer Dekompensation aussetzt. Die Ausbildung eines destruktiven Wahns stellt in dieser Situation eine Maßnahme dar, um die drohende (psychotische?) Dekompensation zu verhindern. »Böse« Triebimpulse und sadistische Überich-Anteile werden in die Außenwelt projiziert und dort bekämpft, und die Ausbildung der wahnhaft verfestigten Überzeugung, mit dem eigenen aggressiven Verhalten völlig im Recht zu sein, verleiht diesen Menschen wenigstens ein Mindestmaß an Stabilität und Sicherheit.

4. Die narzisstische Störungskomponente

Die beschriebene persönlichkeitsstrukturelle und psychodynamische Konstellation erhält eine ganz spezifische Prägung durch die in der Regel schwerwiegende narzisstische Störung dieser Menschen. Aufgrund der in Abschnitt 1. dargestellten Entwicklung haben sie ein *pathologisches Größenselbst* (Kernberg 1979) ausgebildet, das ein Verschmelzungsprodukt darstellt aus einem *pathologischen Real-Selbst* (jemand Besonderes zu sein), einem *pathologischen Ideal-Selbst* (Phantasien von Macht, Reichtum, Allwissenheit, kompensatorisch gegen Erfahrungen von schwerer oraler

Frustration, Wut und Neid) und *pathologischen Ideal-Objektbildern* (Phantasien von einer unablässig gebenden, grenzenlos liebenden und alles akzeptierenden Elternfigur).

Zusammen mit der ausgeprägten prägenitalen Aggression resultiert daraus eine hoch kränkbare Persönlichkeit, die zu mitunter extremen Manipulationen neigt und bereits auf die geringfügigste Infragestellung und auf die nicht sofortige Befriedigung ihrer Wünsche mit einem Ausbruch heftiger narzisstischer Wut reagiert. Aufgrund einer »kalten«, d. h. nicht objektbezogenen Aggressivität erscheint sie »gefühlskalt«, »skrupellos« und »ausbeuterisch« in ihren Beziehungen, wie die antisozialen/dissozialen Persönlichkeiten in den Diagnosensystemen der ICD-10 und des DSM-IV beschrieben werden. Vielfach weisen diese ein extremes Gewaltpotenzial auf, das sich unvermittelt entlädt, sobald sie sich gekränkt fühlen – was aufgrund ihres stark beeinträchtigten Selbstwertgefühls und ihres pathologischen Größenselbst allerdings fast permanent der Fall ist.

Im Verbund mit den in Abschnitt 2. beschriebenen archaischen Abwehrformationen (vor allem unter dem Einfluss von Projektion, Spaltung, Verleugnung, Idealisierung und Entwertung) gibt es in ihrem Erleben nur »Freunde« oder »Feinde«. Dabei ist charakteristisch für sie, dass ehemals »gute« Objekte unvermittelt in die Rolle »böser« Verfolger geraten können, gegen die sich Hass und Vernichtungswünsche richten, wenn die »Freunde« in irgendeiner Hinsicht als enttäuschend, versagend, sich den Vorstellungen dieser Menschen nicht bedingungslos unterwerfend erlebt werden. Unerbittlich bestehen sie auf der Durchsetzung ihrer Ansprüche und dulden nicht den geringsten Verzug. Alles und jeder, der sich ihnen in den Weg stellt, wird zum gehassten Objekt, das »vernichtet«, »beseitigt« und »ausradiert« werden muss, weil es allein durch seine Existenz eine Kränkung der eigenen Grandiosität darstellt.

In nahen Beziehungen im privaten Umfeld, aber auch zu uns Psychotherapeutinnen und -therapeuten, kann es aufgrund dieser extremen Kränkbarkeit und der archaischen Aggressivität zu gefährlichen Entwicklungen kommen. Die Unerbittlichkeit, mit der die Bezugspersonen gezwungen werden sollen, sich dem Dissozialen total zu unterwerfen und alle seine Wünsche und Vorstellungen umfänglich zu erfüllen, führt selbstverständlich zu massiven sozialen Konflikten. Wer sich ihnen nicht freiwillig unterwirft, wird durch Manipulation und Einschüchterung, mitunter aber auch durch Brachialgewalt, dazu gezwungen, und der Kontakt wird von ihnen abrupt abgebrochen, wenn sie auch nur die geringste Infragestellung vom Gegenüber spüren oder zu spüren meinen.

Häufig entwickeln diese Menschen *bestimmte Überzeugungen*, die sie mit enormer Penetranz verfolgen, wobei sie keinerlei kritischen Anfragen zugänglich sind. Im Gegenteil versteifen sie sich immer unnachgiebiger auf diese Meinungen, je stärker die Umwelt diese in Frage stellt. Solche Überzeugungen im Sinne des destruktiven Wahns stellen eine *Verdichtung aus projizierten aggressiven Impulsen, der Projektion sadistischer Überich-Kerne und grandiosen Vorstellungen* von der eigenen Person dar. Dadurch erklärt sich, warum diese Überzeugungen häufig einen penetrant moralisierenden Charakter aufweisen und der Dissoziale sich geradezu als »Heiliger«, als »Hüter von Recht und Ordnung« empfindet und präsentiert, der das Recht auf seiner Seite wähnt und selbst gewalttätige Aktionen für völlig legitim hält.

Die starke narzisstische Beimischung führt einerseits zur Rigidität dieser Vorstellungen und zu ihrer Unkorrigierbarkeit, weil jedes Einlenken als unerträgliche Ohnmacht und Prestigeverlust erlebt wird. Andererseits erklärt sich daraus aber auch die Unerbittlichkeit, mit der diese Überzeugungen gegen jede Vernunft und jede Kritik von außen verteidigt werden, besitzen solche Persönlichkeiten doch keine konturierten, kohärenten Bilder anderer Menschen, sondern gespaltene Objektrepräsentanzen, die ihnen nur bruchstückhafte, schemenhafte Bilder ihrer Bezugspersonen vermitteln. Ihr psychischer Innenraum ist beherrscht vom pathologischen Größenselbst, das die Objektbilder weitgehend verdrängt. Aus diesem Grund existiert für diese Persönlichkeiten die äußere Realität eigentlich nicht oder nur rudimentär, und sie sind weitgehend unempfänglich für die Ansichten anderer Menschen, insbesondere wenn sie im Widerspruch zu ihren eigenen Vorstellungen stehen. Hinzu kommen die in Abschnitt 2. beschriebenen archaischen Abwehrformationen, die den Realitätsbezug und damit die Realitätskontrolle zusätzlich schwächen und auf diese Weise den wahnhaften Charakter ihrer Überzeugungen nochmals verstärken. Letztlich bietet der destruktive Wahn diesen Menschen in ihrem innerpsychischen Chaos eine Struktur, die ihnen sonst fehlt und an die sie sich deshalb mit aller Macht geradezu klammern. Insofern könnte man ihren destruktiven Wahn auch als einen *Selbstheilungsversuch* bezeichnen.

5. Ein kasuistisches Beispiel

Die theoretischen Ausführungen sollen im Folgenden durch ein kasuistisches Beispiel veranschaulicht werden. Dabei kann es im Rahmen dieses Beitrags nicht um eine detaillierte Darstellung und eine umfassende

Kommentierung der Lebensgeschichte des betreffenden Patienten gehen. Ich möchte mich vielmehr auf die Aspekte seiner Persönlichkeit und seines Verhaltens beschränken, die zum Symptombild des destruktiven Wahns gehören.

Mein erster Kontakt mit Herrn Mohr (Pseudonym) erfolgte im Rahmen einer forensischen Begutachtung. Er befand sich wegen der versuchten Vergewaltigung einer betagten Frau, wiederholtem Exhibieren vor Kindern mit z. T. bedrohlichen Annäherungen an die Kinder und etlichen tätlichen Auseinandersetzungen, in die er sich meist im alkoholisierten Zustand verwickelt hatte, in Untersuchungshaft.

Herr Mohr hatte die ersten Lebensmonate in einem Säuglingsheim verbracht, da seine Mutter vom leiblichen Vater des Patienten kurz vor dessen Geburt verlassen worden war und nun allein für den Unterhalt der Familie aufkommen musste. Sie nahm ihn im Alter von ca. neun Monaten zu sich, war aber den Belastungen, welche die Versorgung des Kindes und die berufliche Tätigkeit als Hilfsarbeiterin im Schichtdienst mit sich brachten, nicht gewachsen und gab ihn im Alter von 1 1/2 Jahren in ein anderes Heim. Dort blieb Herr Mohr bis zur Einschulung. Seine Erinnerungen an diese Zeit sind äußerst negativ: Er erinnert sich an drakonische Strafen bei den geringfügigsten Regelverletzungen, harte Arbeit im Garten und auf den Feldern, die zum Kinderheim gehörten, Gewalt und sexuelle Übergriffe durch die älteren Buben im Heim und das Gefühl völliger Verlorenheit und unerträglicher Ohnmacht. Die ca. einmal monatlich stattfindenden Wochenendbesuche bei der Mutter seien einerseits schön gewesen. Andererseits aber habe er bei der Rückkehr ins Heim dann jeweils enorm unter der Trennung von ihr gelitten und nächtelang weinend im Bett gelegen. Zudem habe er unter massiven Ängsten gelitten, deren Inhalt er nicht genau benennen könne. Der Patient erinnert sich lediglich an ungeheure Ängste vor einer schwarz gekleideten Frau, die er öfter im Dorf, in dem das Heim lag, gesehen habe und die die anderen Kinder »die Hexe« genannt hätten.

Als Herr Mohr sechsjährig war, ging die Mutter eine zweite Ehe ein und nahm ihn wieder zu sich. Von Anfang an habe ein gespanntes Verhältnis zwischen ihm und dem Stiefvater bestanden. Dieser sei einerseits äußerst streng gewesen und habe ihn viel und heftig mit Stock und Ledergürtel geschlagen. Andererseits sei er, vor allem wenn er Alkohol getrunken habe, sehr »lieb« mit ihm gewesen, habe ihn, zum Erstaunen des Patienten, plötzlich auf den Schoß genommen und im Bett mit ihm »gekuschelt«.

Im Verlauf der Therapie tauchen zunehmend deutlicher werdende Erinnerungen an diese Situationen auf, die ihm schon als Kind »merkwürdig«

vorgekommen seien: Der Vater habe in solchen Situationen stets nackt im Bett gelegen und auch ihn aufgefordert, seinen Schlafanzug auszuziehen. Außerdem hätten solche »Kuschel«-Anlässe nur stattgefunden, wenn die Mutter bei der Arbeit gewesen und er mit dem Vater allein zu Hause gewesen sei. Herr Mohr erinnert sich schließlich daran, dass der Vater am Genitale des Patienten manipuliert habe und ihn aufgefordert habe, das Gleiche bei ihm zu tun, und meint, es sei vielleicht sogar zu analer Penetration gekommen. Die ganze Sache sei »aufgeflogen«, als er, vermutlich im Alter von sieben oder acht Jahren, einmal im Bett der Mutter gelegen habe und sich mit dem Kopf zwischen ihre Beine zu drängen versucht habe, um an ihrem Genitale zu lecken. Als die Mutter ihn empört befragt habe, wie er auf diese Idee komme, habe er ihr vom »Kuscheln« mit dem Vater berichtet.

Die Mutter habe daraufhin wohl mit dem Vater geredet. Dies habe jedoch lediglich die Konsequenz gehabt, dass er nur noch selten mit dem Vater allein gewesen sei. Der Vater sei indes noch strenger geworden und habe ihn noch härter als früher gestraft. Außerdem meint Herr Mohr, dass der Vater anlässlich einer Wanderung, die er mit dem Sohn allein in den Bergen unternommen habe, den Patienten absichtlich nahe an eine gefährliche Felsklippe geführt habe und wohl hätte hinab stoßen wollen, wenn nicht zufällig eine Wandergruppe aufgetaucht wäre. Bitter bemerkt der Patient in einer späteren Phase der Therapie, in der er ab und zu auch einmal eine kritische Anmerkung über die Mutter äußert (die in früheren Phasen von ihm hoch idealisiert wurde), sie hätte ihn damals eigentlich im Stich gelassen, sonst hätte sie sich doch nach dem Bekanntwerden der Übergriffe sofort vom Vater trennen müssen. Unmittelbar darauf relativiert Herr Mohr diese Kritik an der Mutter jedoch wieder mit dem Hinweis, sie sei wegen der materiell schwierigen Situation aber nicht in der Lage gewesen, sich von ihrem Ehemann zu trennen.

Wie diese wenigen Hinweise zur frühen Biographie von Herrn Mohr zeigen, ist er in einer von extremer Verunsicherung und Gewalt erfüllten Welt aufgewachsen. Durch diese Entwicklungsbedingungen ist er in seinem Bindungsverhalten erheblich verunsichert worden und konnte kein tragfähiges Ur-Vertrauen ausbilden. Seine innere Welt ist erfüllt von »bösen«, verfolgenden Introjekten und der Angst, sich vertrauensvoll einem anderen Menschen zu überlassen, weil seine Erfahrung ihm gezeigt hat, dass Vertrauen gefährlich ist und missbraucht wird und Beziehungen nie etwas Konstantes, ihn Tragendes sind, sondern unvermittelt abbrechen können.

Schon früh hat Herr Mohr mit deliktischen Aktivitäten begonnen: Zusammen mit anderen, meist älteren Jugendlichen brach er die Münzbehälter von Telefonzellen auf, beteiligte sich an Einbrüchen in Garten- und Wochenendhäuser und fiel vor allem durch recht gewalttätige Aktionen gegenüber Jüngeren auf. Im Allgemeinen war er Mitläufer. Noch als Erwachsener berichtet er voller Stolz, wie sehr ihn seine Kameraden bewundert hätten, wenn er besonders brutal zugeschlagen habe. Schon früh (mit ca. 12 Jahren) begann Herr Mohr auch, in erheblichem Maße Alkohol zu konsumieren. Dies sei einerseits ein Mittel gewesen, seinen Kameraden Eindruck zu machen. Andererseits habe der Alkohol ihm aber auch geholfen, »abzuschalten« und sich zunehmend unempfindlich für die Belange und Gefühle anderer Menschen zu machen.

Im Verlauf seiner Kindheit und Jugend bildete Herr Mohr das Ideal völliger emotionaler Unberührbarkeit aus, das er zu einem grandiosen Machogehabe ausbaute. Der »echte« Mann lasse sich durch nichts beeindrucken, kenne keine Gefühle und schlage zu, wenn sich ihm jemand in den Weg stelle. Solche »Kreaturen« müssten »vernichtet«, »wie Staub weg gewischt« werden. Besonderen Hass richtet der Patient gegen Ausländer, die für ihn »Ungeziefer« darstellen, das zu »vertilgen« sei. So kam es in der Vergangenheit wiederholt zu Tätlichkeiten Ausländern gegenüber. Dabei wähnte Herr Mohr sich stets im Recht und empörte sich darüber, wie ungerecht die Gerichte seien, die ihn verurteilt hätten, »statt Ordnung zu machen und dieses Mistzeug aus der Schweiz zu schaffen«. Hasserfüllt kann er in der Therapie Stunde um Stunde damit zubringen, zu drohen, er werde alle, die ihm Unrecht zugefügt hätten, »hinmachen«, wobei er sich ausmalt, sie mit Benzin zu übergießen und anzuzünden, ihren Kindern die Ohren abzuschneiden und sie den Eltern zu schicken, und sie auf andere brutalste Weise für das »büßen« zu lassen, was sie ihm angetan hätten.

Herr Mohr steigert sich bei solchen Hasstiraden in eine kalte Aggressivität, und es ist weithin unmöglich, ihm die wahren Relationen aufzuzeigen, dass nämlich primär *er* der Aggressor ist, der gewalttätig gegen Unschuldige vorgeht, und dass er viele soziale Konflikte durch sein provokatives Verhalten selbst verursacht. Auf derartige Interventionen reagiert der Patient empört und bezichtigt dann auch mich in Ausbrüchen von Hass, auf der »anderen Seite« zu stehen und ihn »im Stich zu lassen«. Mitunter wendet er sich auch drohend gegen mich, wobei es allerdings bei verbalen Anschuldigungen und Entwertungen bleibt und er mir gegenüber nie manifest (brachial) gewalttätig geworden ist.

Immerhin spüre ich in solchen Momenten, dass die Situation leicht in gefährlicher Weise eskalieren könnte, wenn ich allzu dezidiert auf meiner Ansicht beharren und ihn noch stärker konfrontieren – und damit in seinem

Erleben: provozieren – würde. Es ist in der Therapie stets eine Gratwanderung, mich einerseits nicht von ihm durch Drohungen einschüchtern, mich andererseits aber auch nicht zu einem besonders konfrontativen (meinerseits aggressiven) Vorgehen provozieren zu lassen. Wichtig ist dabei, dass ich mich möglichst nicht in einen Machtkampf mit ihm verwickeln lasse. Zugleich gilt es aber auch, dort klare *Grenzen zu setzen*, wo ich selbst oder Dritte bedroht werden und der Raum der Therapie geschützt werden muss, damit eine therapeutische Arbeit überhaupt noch möglich ist.

Die Psychotherapie von Herrn Mohr erfolgte zunächst und die längste Zeit im Rahmen einer gerichtlich angeordneten Maßnahme (nach Art. 43 Schweizer StGB) und umfasste vier Jahre mit zwei Sitzungen pro Woche, zweieinhalb weitere Jahre mit einer Stunde pro Woche und, nach einem zweijährigen Unterbruch, eine weitere, diesmal vom Patienten selbst gewünschte eineinhalb Jahre dauernde Therapiesequenz mit anfangs einer Stunde pro Woche und später mit Sitzungen in größeren Abständen (von zwei bis vier Wochen).

Wir haben die eigentliche Behandlung vor sechs Jahren abgeschlossen. Auf Wunsch von Herrn Mohr ist der Kontakt zwischen uns aber nicht ganz abgebrochen, sondern er bittet von Zeit zu Zeit (manchmal monatlich einmal, dann wieder erst nach drei Monaten) um eine Konsultation, um aktuelle Probleme zu besprechen. Ich habe mich zu diesem Setting bereit erklärt, weil mir Herr Mohr zur Gruppe der Menschen mit schweren Persönlichkeitsstörungen zu gehören scheint, die über lange Zeit (vielleicht sogar lebenslang) wie manche körperlich chronisch Kranke einer therapeutischen Begleitung bedürfen (vgl. Rauchfleisch 1996, 1999, 2001).

Im Verlauf dieser intensiven Psychotherapie konnten viele Probleme bearbeitet und gelöst werden. So lebt der Patient heute alkoholabstinent, hat ein wesentlich stabileres Selbstwertgefühl als früher, seine ehemals extreme Kränkbarkeit hat sich auf ein halbwegs »normales« Maß reduzieren lassen, er ist fähig, soziale Beziehungen aufzunehmen und zu unterhalten, und seine Gewalttätigkeit ist, zumindest was sein konkretes Handeln angeht, verschwunden.

Trotz dieser unbestreitbaren Erfolge, die Herrn Mohr eine erheblich verbesserte Lebensqualität garantieren, hat sich das Phänomen seines destruktiven Wahns nicht grundsätzlich abbauen lassen. Im Zentrum dieses Vorstellungskomplexes steht die Idee, er wolle ein Buch schreiben, mit dem er andere Menschen, insbesondere Eltern, vor »Unholden« warne und ihnen aufzeige, wie fahrlässig sie mit ihren Kindern, der Umwelt, sich selbst und anderen umgehen. In immer wieder neuen Varianten berichtet er von dem »unmöglichen« Verhalten von Eltern, die mit Kindern im Auto fahren, ohne sie mit Gurten zu sichern, die ihre Kinder und sich selbst völlig »falsch« ernähren oder durch ihr Verhalten die Umwelt schädigen. Dabei stellt er sich selbst in grandioser Weise als »einzigen verantwortungsbewussten Menschen« dar und fordert unerbittlich die »harte Bestrafung« all derer, die nicht – seinen! – Vorstellungen entsprechend leben.

Derartige Äußerungen sind nicht nur Ausdruck seines sadistischen Überich, wie ich es im theoretischen Teil dieses Beitrags beschrieben habe, das hier an anderen Menschen ausagiert wird. Hinzu kommen vielmehr ausgeprägte narzisstische Züge (meint er doch, der »einzige Verantwortungsbewusste« zu sein), die sein fragiles Selbstwertgefühl stabilisieren sollen. Ferner wird in seiner geradezu penetranten Selbstgerechtigkeit und seiner unerbittlichen Forderung nach »Bestrafung« derer, die sich nicht seinen Norm- und Wertvorstellungen unterwerfen, die archaische Aggressivität des Patienten spürbar. Schließlich kann man seine extrem ausgeprägte Überich-Haltung auch als Reaktionsbildung und als Wiedergutmachungsversuch gegenüber seinen sich gegen Kinder richtenden aggressiven Impulsen interpretieren. Eine solche Interpretation liegt insofern nahe, als sich im Verlauf der Therapie herausstellte, dass ein Hauptmotiv der Exhibitionen war, den Kindern, von denen Herr Mohr annahm, dass sie in einer »heilen« Welt lebten, diese zu zerstören. Immer wieder äußerte er unverhohlen seinen Neid gegenüber diesen »behüteten« Kindern und seine Wut darüber, dass sie es »so viel besser haben, als ich es in meiner Kindheit hatte«.

Ein ganz zentrales Problem von wahnhaftem Ausmaß stellt das Folgende dar: Vor vielen Jahren hat Herr Mohr in der Nähe seiner damaligen Wohnung vor Kindern exhibiert. Er ist daraufhin vom Vater eines dieser Kinder auf der Straße zur Rede gestellt worden, wobei der Vater ihm angedroht habe, er werde »schon noch von ihm hören«. Der Patient geriet nach diesem Gespräch in ungeheure Angst und befürchtete, der Vater selbst oder von ihm »angeheuerte Gangster« würden ihn umbringen. Wiederholt berichtete er mir, dass dieser Mann seine Kinder nicht genügend beaufsichtige, sie im Auto nicht im Kindersitz transportiere oder angurte und die Nachbarschaft mit Lärm und Grillgerüchen belästige. Stets ging es ihm darum, aufzuzeigen, dass dieser »Möchtegern-Vater«, wie er ihn voller Hass und Abscheu nannte, sich in verschiedenster Hinsicht im Unrecht befand und der Patient demgegenüber der Rücksichtsvolle, um die Kinder Besorgte sei.

Die Vorstellung, von diesem Mann verfolgt zu werden, verdichtete sich im Verlauf der Zeit immer mehr und war weder durch die Deutung der Überich-Konstellation noch durch die Deutung der narzisstischen und der

Aggressionsdynamik aufzulösen. Herr Mohr beharrte, selbst noch nach mehreren Jahren, darauf, real verfolgt zu werden, und leitete daraus die Berechtigung ab, stets ein Stellmesser bei sich zu tragen, weil er sich ja »verteidigen« müsse. Mitunter drohte er auch, er werde den Mann »hinmachen«, wenn er ihm auf der Straße begegne, denn das sei ja »Notwehr«. Die Angst vor dem Verfolger führte auch zu einer massiven Einengung seines Expansionsradius: So verließ der Patient das Haus möglichst nur am Vormittag und frühen Nachmittag, wenn er den Vater des Kindes an der Arbeitsstelle vermutete. Bereits vor Einbruch der Dunkelheit schloss er die Fensterläden, damit der »Möchtegern-Vater« nicht sehe, ob er zu Hause sei. Schließlich verstieg sich Herr Mohr zu der (wahnhaften) Vorstellung, die Frau des »Möchtegern-Vaters« habe in früheren Jahren versucht, ihn zu vergiften. Er sei überzeugt, dass sie während einiger Wochen als Aushilfe in einer Kneipe gearbeitet habe, in der er sich oft aufgehalten und damals erhebliche Mengen an Bier getrunken habe. Als Beleg für den Vergiftungsversuch führte er an, dass diese Frau (wobei eher unwahrscheinlich ist, dass die Serviererin die Mutter des Kindes war) ihm an einem Abend bei der Bestellung eines weiteren Glases Bier kein sauberes Glas gebracht habe, sondern das bereits benutzte wieder gefüllt habe. Auch diese Vorstellung erwies sich als unkorrigierbar, und Herr Mohr leitete daraus die Berechtigung ab, sich auch gegen diese »Verfolgerin« – notfalls mit Waffengewalt – »schützen« zu *müssen.*

Der Patient drängte schließlich darauf, unbedingt die Wohnung wechseln zu wollen, um sich vielleicht auf diese Weise den Verfolgern entziehen zu können. Es war interessant zu beobachten, dass der Ortswechsel tatsächlich zu einer deutlichen emotionalen Beruhigung führte. Immer seltener tauchte in der Folge das Thema des »Möchtegern-Vaters« auf. Heute fühlt sich Herr Mohr mehr oder weniger sicher und hat sich weitgehend von der Vorstellung, verfolgt zu werden, distanziert.

Psychodynamisch bedeutsam ist in diesem Zusammenhang, dass die Senkung des Angstpegels und die Zunahme an Sicherheitsgefühl zum Auftauchen der bereits erwähnten Erinnerung führte, der Stiefvater habe ihm anlässlich einer Wanderung nach dem Leben getrachtet. Die Verbindung zwischen dem Stiefvater und dem Vater des Kindes, vor dem der Patient exhibiert hatte, wurde besonders eklatant, als er beim Bericht über die bedrohliche Situation am Bergabhang den Stiefvater hasserfüllt auch als »Möchtegern-Vater« bezeichnete!

Seither hat die Überzeugung, vom Vater des Kindes verfolgt zu werden und sich gegen ihn in aggressiver Weise wenden zu müssen, zwar weiterhin deutlich an Brisanz verloren. Unvermittelt können diese Befürchtung und die Überzeugung, Opfer böser Nachstellungen zu sein, aber auch wieder auftauchen. So hat Herr Mohr mir erst vor wenigen Wochen einen Umschlag mit dem Vermerk »Bitte der Polizei übergeben bei meinem Tod mit unnatürlicher Todesart« übergeben. Dieser Umschlag enthält ein Blatt mit verschiedenen Autokennzeichen, die er notiert habe, weil die Autos mit diesen Nummern »auffallend oft« durch die Straße, an der seine jetzige Wohnung liegt, gefahren seien. Im Gespräch über die Bedeutung der Autokennzeichen räumte der Patient zwar ein, er sei nicht sicher, ob er wirklich verfolgt werde oder ob er lediglich »das Gras wachsen höre«. Er fühle sich aber sicherer, wenn er diese Liste bei mir hinterlege, damit ich nach seinem Tod für die Bestrafung der Täter besorgt sein könne.

Offensichtlich hat sich die Aggressionsdynamik des Patienten zumindest ein Stück weit durch das Auftauchen der Erinnerung an die reale Bedrohung in der Kindheit durch die sexuellen Übergriffe durch den Stiefvater und die (wenn auch wohl eher vermeintliche?) Bedrohung bei der Wanderung im Gebirge entschärft und muss deshalb nicht mehr auf eine Person der Außenwelt projiziert und an ihr agiert werden. Doch besteht, wie die Aushändigung der Liste mit Autokennzeichen zeigt, nach wie vor eine erhebliche Angst vor den aggressiven Introjekten, deren sich dieser Patient, wie andere Menschen mit einem destruktiven Wahn, durch Projektion zu entledigen versucht. Insofern stellt die Ausbildung des destruktiven Wahns letztlich eine Stabilisierungsstrategie angesichts einer sonst unerträglichen innerpsychischen Situation dar.

Wie das kasuistische Beispiel zeigt, ist der destruktive Wahn kein Phänomen, das sich ausschließlich bei psychotischen Menschen findet. Diagnostisch beurteile ich Herrn Mohr als eine Borderline-Persönlichkeitsstörung antisozialer Prägung auf tiefem Funktionsniveau im Sinne Kernbergs (1979, 1989). Auch wenn bei ihm ein psychotischer Kern bestehen mag, ist seine Persönlichkeit nicht zuletzt gerade durch die Ausbildung des produktiven Symptoms eines destruktiven Wahns so weit stabilisiert, dass es nicht zu einer manifesten schizophrenen Psychose gekommen ist und wahrscheinlich auch in Zukunft nicht kommen wird.

Wie aus der kasuistischen Vignette hervorgeht, ist der therapeutische Umgang mit einem destruktiven Wahn indes äußerst schwierig. Bei Herrn Mohr hat er im Verlaufe der jetzt über acht Jahre dauernden, phasenweise sehr intensiven psychoanalytisch orientierten Psychotherapie in seiner Brisanz ganz offensichtlich abgenommen und beherrscht das Erleben des Patienten bei weitem nicht mehr in dem Maße, in dem er früher sein

Denken, Fühlen und Handeln bestimmt hat. Die ausgeprägte Neigung zu – therapeutisch nur schwer beeinflussbaren – projektiven Verarbeitungen besteht aber nach wie vor, und zwar insbesondere in Situationen, in denen der Patient sich in seiner narzisstischen Homöostase irritiert und labilisiert fühlt (was von ihm geradezu als existenzielle Bedrohung erlebt wird).

So hat Herr Mohr ausgesprochen heftig auf den Wechsel meines Arbeitsortes (von der Psychiatrischen Universitätspoliklinik Basel in die private Praxis) reagiert. Bereits in den ersten Therapiesitzungen am neuen Ort kritisierte er, dass an den Fenstern meines Zimmers nur Gardinen, nicht aber lichtundurchlässige Rollos angebracht seien. Diese Kritik wurde im Verlauf der folgenden Monate immer heftiger, wobei der Hauptvorwurf des Patienten an mich war, ich respektierte seine »Intimsphäre« nicht. Er befürchtete, von den Bewohnern des gegenüber liegenden Hauses mit einer Infrarotkamera gefilmt zu werden. Sie würden sich dann über ihn lustig machen, »wie ich hier sitze und gestikuliere«. Alle Versuche, diese Vorstellungen als Ausdruck seiner Irritation aufgrund der neuen Situation und als projektive Verarbeitung zu interpretieren, prallten an ihm ab, und es kam sogar dazu, dass Herr Mohr in einer Sitzung das Zimmer nach zehn Minuten empört verließ mit dem Hinweis, wenn ich seine »Intimsphäre« so wenig respektierte, sei die Therapie für ihn beendet. Er werde nie mehr zu mir kommen!

Immerhin gelang es Herrn Mohr innerhalb weniger Tage, sich emotional wieder so weit zu stabilisieren, dass er mir telefonisch mitteilte, er wolle doch weiterhin zu Therapiesitzungen kommen. Eine Auflösung der – wiederum wahnhaft verfestigten – Vorstellung, von anderen Menschen beobachtet und lächerlich gemacht zu werden, war indes auch nachträglich nicht möglich. Es ist interessant, dass dem Patienten (wie ehemals der Wohnungswechsel) auch jetzt eine räumliche Veränderung half, indem er bat, mir nicht mehr in dem Sessel, der eigentlich für die Patienten bestimmt ist, in einem etwas größeren Abstand gegenüber sitzen zu müssen, sondern auf einem anderen Stuhl, den er jeweils nahe an den in meinem Zimmer stehenden Schreibtisch rückt (und damit auch näher bei mir sitzt). Damit hat er ein räumliches Setting hergestellt, das weitgehend dem Setting in meinem ehemaligen Sprechzimmer in der Poliklinik gleicht.

Ich vermute, dass für Herrn Mohr, wie auch für andere dissoziale Menschen, diese Bewältigungsstrategie trotz intensiver Psychotherapie lebenslang eine Form der Verarbeitung, geradezu eine Coping-Strategie, ist, auf die sie reflexartig zurück greifen, sobald sie sich in ihrem innerpsychischen Gleichgewicht bedroht fühlen, wodurch die »bösen«, verfolgenden (aggressiv aufgeladenen) Introjekte übermächtig werden und die psychische Integration gefährden. Doch ist es wohl, wie bei dem beschriebenen Patienten, zumindest bei einem Teil dieser Menschen im Rahmen einer intensiven psychoanalytisch orientierten Psychotherapie möglich, ihre Persönlichkeit so weit zu stabilisieren, dass sie andere, reifere Formen des Schutzes vor der Überflutung mit archaischen aggressiven Impulsen entwickeln, wodurch sich die Neigung zur Ausbildung destruktiver Wahnformen verringert.

Nach meiner Erfahrung mit Herrn Mohr und anderen Patienten ähnlicher Art erscheint es mir interessant und therapeutisch wichtig, ihre Neigung, die innerpsychische Integration durch Veränderungen in der äußeren Realität zu sichern, besonders zu beachten und sie nicht von vornherein als insuffizientes, pathologisches Phänomen zu interpretieren. Auch wenn eine solche Strategie letztlich nur einen begrenzten Schutz vor den »bösen« Introjekten garantiert und selbstverständlich nicht bedeutet, dass das ihr zugrunde liegende innerpsychische Aggressionsproblem gelöst wäre, handelt es sich meines Erachtens um eine Struktur gebende, weniger destruktive Form der Stabilisierung als die Ausbildung der beschriebenen wahnhaften Vorstellungen, in die in viel stärkerem Maße aggressive, sich zum Teil in gefährlicher Weise gegen die Umwelt richtende Impulse einfließen.

Literatur

Bryer, J., Nelson, B., Miller, H., & Krol, H. (1987): Childhood sexual and physical abuse as factors in adult psychiatric illness. Amer. J. Psychiat., 144, 1426–1430.

Dornes, M. (1997): Die frühe Kindheit. Entwicklungspsychologie der ersten Lebensjahre. Frankfurt/M. (Fischer).

Erikson, E. H. (1966): Identität und Lebenszyklus. Frankfurt/M. (Suhrkamp).

Glover, E. (1956): On the Early Development of Mind. New York (Intern. Univ. Press).

Glover, E. (1960): The Roots of Crime. London (Imago).

Green, A. (1975): The analyst, symbolization and absence in the analytic setting. Int. J. Psycho-Anal., 56, 1–22 (Deutsch: Analytiker, Symbolisierung und Abwesenheit im Rahmen der psychoanalytischen Situation. Über Veränderungen der analytischen Praxis und Erfahrung. In: Psyche 29, S. 503–541).

Heinemann, E., Rauchfleisch, U., & Grüttner, T. (2003): Gewalttätige Kinder. Psychoanalyse und Pädagogik in Schule, Heim und Therapie. Düsseldorf/Zürich (Patmos/Walter).

Herman, J., Perry, C., & van der Kolk, B. (1989): Childhood trauma in borderline personality disorder. J. Psychiat., 146, 490–495.

Kernberg, O. F. (1979): Borderline-Störungen und pathologischer Narzißmus. Frankfurt/M. (Suhrkamp).

Kernberg, O. F. (1989): Schwere Persönlichkeitsstörungen. Stuttgart (Klett-Cotta).

Kohut, H. (1973): Narzißmus. Frankfurt/M. (Suhrkamp).

Lichtenberg, J. (1989): Psychoanalysis and Motivation. Hillsdale/London (The Analytic Press).

Lichtenberg, J. (1992): Haß im Verständnis der Selbstpsychologie: Ein motivationssystemischer Ansatz. In: Schöttler, C., & Kutter, P. (Hg.): Sexualität und Aggression aus der Sicht der Selbstpsychologie. Frankfurt/M. (Suhrkamp), S. 48–76.

Lyons-Ruth, K. (1996): Attachment relationships among children with aggressive behavior problems. The role of disorganized early attachment patterns. J. Consult. Clin. Psychol., 64, 64–73.

Paris, J. (1993): Borderline Personality Disorder. Washington DC (American Psychiatric Press).

Racamier, P.-C. (1995): L'inceste et l'incestuel. Paris (College Psychoanalyse Groupale Eds.).

Rauchfleisch, U. (1996): Menschen in psychosozialer Not. Beratung, Betreuung, Psychotherapie. Göttingen (Vandenhoeck & Ruprecht).

Rauchfleisch, U. (1999): Außenseiter der Gesellschaft. Psychodynamik und Möglichkeiten zur Psychotherapie Straffälliger. Göttingen (Vandenhoeck & Ruprecht).

Rauchfleisch, U. (2001): Arbeit im psychosozialen Feld. Beratung, Begleitung, Psychotherapie, Seelsorge. UTB 2272. Göttingen (Vandenhoeck & Ruprecht).

Stechler, G. (1987): Clinical implications of a psychoanalytic systems model of assertion and aggression. Psychoanal. Inquiry, 7, 348–363.

Stechler, G. (1990): Psychoanalytic Perspectives on the Self During the Transition Period. In: Cicchetti, D., & Beeghly, M. (Hg.): The Self in Transition. Infancy to Childhood. Chicago/London (Univ. of Chicago Press), S. 17–33.

Rahmen, Halt und Grenze

Über strukturbildende Faktoren im Maßregelvollzug[1]

Thomas Auchter

Ausgehend vom Vorliegen einer grundlegenden Strukturpathologie bei vielen Patienten im Maßregelvollzug, sucht dieser Beitrag nach den lebensgeschichtlichen Gründen mangelnder, mangelhafter oder deformierter Persönlichkeitsstruktur und leitet davon strukturbildende Faktoren für den Maßregelvollzug ab.

1. Dissozialität und Antisozialität als Strukturproblem

Der Psychoanalytiker Otto F. Kernberg (1976, S. 139ff., 1984, S.15ff.) hat vorgeschlagen, die Persönlichkeitsstörungen von Patienten entsprechend dem *Strukturniveau* ihrer Persönlichkeit einzuteilen. Er unterscheidet eine ›höhere‹, eine ›mittlere‹ und eine ›niedrige‹ Strukturebene, welche jeweils durch den Entwicklungsstand des Triebbereichs, des Über-Ichs, des Ichs und der Objektbeziehungen näher charakterisiert sind. Für Udo Rauchfleisch (1981, S. 141) liegt das »gemeinsame Kennzeichen der Menschen mit den verschiedensten *dissozialen* Entwicklungen ... in einer für diese Persönlichkeiten charakteristischen *Strukturpathologie*« (vgl. Rauchfleisch 1999 und seinen Beitrag in diesem Band). Die Störung in der Persönlichkeitsstruktur, welche von einer Identitätsstörung bis hin zur Desintegrationsgefahr und entsprechender Abwehr (z. B. Psychose) der Persönlichkeit reichen kann, geht unvermeidlich einher mit einer mangelhaften Ausbildung oder einer Auflösung der Persönlichkeitsgrenzen bis hin zur *Borderline-Störung*. Alles ist fragmentiert, es existiert nur ein »bruchstückhaftes, rudimentäres

---

[1] Erweiterte Fassung eines Vortrages am Zentrum für Psychiatrie Emmendingen, Abteilung für Forensische Psychiatrie und Psychotherapie (Moderation: Dipl. Psych. Thomas Bender), am 19. 11. 2001.

Ich« (Böllinger 1979, S. 150), Gerald von Minden (1988) spricht vom »Bruchstück-Menschen« mit durchlöcherten Selbstgrenzen.

Patienten mit starken Strukturstörungen, -defizienzen oder -defekten sind aus inneren Gründen kaum in der Lage, sich an äußere Regeln und Ordnungen zu halten. Sie verstoßen gegen Normen und Gesetze, überschreiten und verletzen ständig Grenzen bei anderen und sich selbst. In einer inneren Gegenbewegung soll häufig ein rigides Beharren auf bestimmten Prinzipien und idiosynkratischen Ordnungen und Regeln dazu dienen, die innere Struktur- und Grenzenlosigkeit einzudämmen und die aus ihr resultierende Angst zu lindern und erträglich zu machen. Der israelische Psychoanalytiker Rafael Moses (1986) hat diese narzisstische und selbstidealisierende Korrumpierung des Über-Ich-Systems als »Watergate«-Syndrom beschrieben (vgl. dazu auch Laval in diesem Band).

Wenn wir nach den Ursachen der *strukturellen* Störungen fragen, dann müssen wir die individuellen lebensgeschichtlichen und beziehungsgeschichtlichen Motive auch in den gesellschaftlichen und kulturellen Kontext und Rahmen einordnen. Deswegen möchte ich mich vorab mit der *Strukturlosigkeit und Haltlosigkeit in der Postmoderne* (Auchter 2000) etwas näher befassen.

2. Strukturlosigkeit und Haltlosigkeit in der Postmoderne

Auf der Halde des Lebens ›like a rolling stone‹, so erleben sich viele unserer Zeitgenossen. Im Verlauf des vergangenen Jahrhunderts hat ein tiefgreifender Wandel der Subjektivität und der sozialen Systeme stattgefunden. Viele soziale, politische, institutionelle und normative Rahmenbedingungen haben ihre begrenzende, strukturierende, verbindende, orientierende und damit haltgebende Funktion weitgehend eingebüßt. Kollektive Überzeugungen haben ihre Festigkeit, Dauerhaftigkeit und Haltbarkeit verloren. Damit sind dem Individuum einerseits enorme neue Freiheits- und Entscheidungsspielräume zugewachsen, andererseits ungeheuerliche Forderungen an seine Selbstorganisation und Sinnstiftung. Dadurch ist der ›subjektive Faktor‹ (Sandor Ferenczi) zu einer immer bedeutsameren Größe geworden, was aber von vielen Menschen bewusst oder unbewusst als eine Überforderung erlebt wird. Es verbreitet sich das Empfinden, bei der zunehmenden Beschleunigung und Komplexität (z. B. Globalisierung) aller Lebensvorgänge nicht mehr mithalten zu können.

Mehr denn je erlebt sich der postmoderne Mensch haltlos und sinnlos ›ins Sein geworfen‹ (Heidegger), in seiner Subjekthaftigkeit in Frage gestellt. Der Soziologe Heiner Keupp (1999, S. 138) spricht vom Erleben einer »ontologischen Bodenlosigkeit« des postmodernen Subjekts. Zu dessen wachsendem Entwurzelungsgefühl trägt unter anderem auch das von Martin Dornes (1999) angesprochene »Verschwinden der Vergangenheit« bei, die sich verbreitende ausschließliche Fixierung auf das Hier und Jetzt. Neben einer sich verstärkenden Individualisierung, verbunden mit innerer Emigration, einer allgemeinen Entpolitisierung, ist eine Folge dieser verunsichernden Erfahrungen neben zunehmendem Materialismus ein *unbewusstes* Suchen nach neuen, vermeintlich haltgebenden Sicherheiten zum Beispiel in Esoterik, Sekten, Nationalismen, Fundamentalismen und nicht zuletzt in der Gewalt (vgl. Auchter 1994, 2003b). Auch die Wissenschaft (Auchter 2003a) und politische und institutionelle Entscheidungen geraten mehr und mehr unter die Dominanz von Sicherheits- und Kontrollbedürfnissen (vgl. auch Bender und van Tuinen in diesem Band).

Zu den illusionären Grenzenlosigkeiten unserer Zeit gehört auch das Verwischen der Unterschiede zwischen Männern und Frauen (Stichworte: ›Unisex‹, ›Metrosexualität‹) und zwischen Kindern und Erwachsenen, beispielsweise in Kleidung, Sprache oder Aktivitäten. Pathologische Folgen bewirkt auch eine zu frühe ›Parentifizierung‹ (Stierlin) der Kinder, indem sie zum Beispiel bei zunehmenden Trennungen und Scheidungen in unserer Gesellschaft dem Alleinerziehenden den ausgefallenen Partner ersetzen sollen oder, wie häufig, in ihrer Pubertät von einem Elternteil in die Konflikte mit dem anderen hineingezogen werden und als Seelentröster oder Ersatztherapeuten fungieren sollen. Theodor Lidz (1971) hatte eindringlich auf die Notwendigkeit der Wahrung klarer »Geschlechts- und Generationenschranken« für eine gesunde psychosoziale Entwicklung hingewiesen.

Die Erziehungsunsicherheit (Auchter 1973) vieler Eltern hat sich zunehmend zu einer *Erziehungsmüdigkeit* bzw. *Erziehungsverweigerung* (Rotthaus 2001) ausgewachsen. Sie versagt den Kindern und Jugendlichen die entwicklungsnotwendige Orientierung und Reibungsfläche und trägt so zu einer Erschwerung der Strukturbildung oder gar zur *Entstrukturierung* bei, und das angesichts ständig steigender Anforderungen an die Strukturierungsfunktionen des Ich und Integrationskraft des Selbst. Damit wird die Gewaltbereitschaft von Kindern, Jugendlichen und Erwachsenen gefördert (Auchter 2002a) und delinquentem Verhalten Vorschub geleistet.

3. Entwicklungspsychologische Wege zu einer gesunden Persönlichkeitsstruktur beziehungsweise zu einer Strukturstörung

Da die Persönlichkeitsstruktur sich erst im Laufe der Lebenszeit herausbildet und auch – zumindest in Grenzen – veränderbar ist, ist es zum Verständnis von Strukturstörungen sinnvoll, einen Blick auf einige entwicklungspsychologische Aspekte der Strukturbildung zu werfen.

Die Struktur der Persönlichkeit wird basal entwickelt – oder eben gestört – im Beziehungsraum (Auchter 1983) der Familie. Menschliche Weiterentwicklungen sind grundsätzlich auf einen haltgebenden Bezugsrahmen angewiesen, mit anderen Worten auf bindung- und haltvermittelnde Beziehungen, eine haltende Mitwelt (Auchter 2000). Nur auf der sicheren Basis der Möglichkeit eines Aufgefangenwerdens in einem sozialen Netz vermag sich der Mensch neugierig dem Wagnis seiner Selbstentdeckung und dem Abenteuer seiner Selbstentwicklung auszusetzen.

3.1. Stolz und Scham

Das narzisstische Bedürfnis jedes Menschen sucht von Beginn an und lebenslang nach liebevoller Bejahung, Anerkennung und Bestätigung. Heinz Kohut (1976, S. 141) hat dafür das schöne Bild vom »Glanz im Auge der Mutter« geprägt. Entsprechend verheerend ist dann der Ausfall dieser spiegelnden Resonanz infolge von Gleichgültigkeit (Winnicott 1971a, S. 116) oder zum Beispiel der Starrheit elterlicher Abwehr (Winnicott 1971a, S. 112). Die Psychoanalytikerin Jessica Benjamin (1993, S. 25) hat in einem trefflichen Bild auf die zentrale Rolle des bedeutsamen Anderen für den Prozess der Selbstwerdung hingewiesen: Sie vergleicht die *Anerkennung* durch ein Gegenüber »mit jenem wichtigen Element der Photosynthese ... nämlich dem Sonnenlicht, das die Energie für die dauernde Transformation der pflanzlichen Substanz bietet«. Aus der Anerkennung kann Stolz und Selbstsicherheit erwachsen, fehlende oder ungenügende Bestätigung sät grundlegende Scham und Selbstzweifel. Die Kombination von Bejahung der Leistungen durch andere und der wachsenden Erfahrung eigener Kompetenz führt zu einer immer stabileren Selbststruktur und angemessenem Selbstwertgefühl (Auchter 1992, 1998). Viele Delinquente und Patienten im Maßregelvollzug werden durch Schamkonflikte beziehungsweise die Abwehr von Schamgefühlen zu ihren Taten getrieben (Auchter

& Hilgers 1994, S. 104). In der Analyse ihrer Lebensgeschichte wird deutlich, in welchem Maße sie in der familiären und außerfamiliären Umgebung traumatisierenden Beschämungen ausgesetzt waren. Ihre delinquenten Taten stellen häufig einen Versuch der Abwehr beziehungsweise Überwindung von Schamgefühlen dar, also den Versuch einer narzisstischen Reparation.

3.2. Die persönlichkeitsstrukturierende Funktion von Grenzen

Der uranfängliche seelische Zustand des Neugeborenen ist durch ein Fehlen oder einen weitgehenden Mangel an Struktur und Grenzen, beziehungsweise deren Wahrnehmung charakterisiert, man kann das als Entwicklungsoffenheit oder auch als primäre Nichtintegration (Winnicott 1988a) bezeichnen. Die Ausbildung seelischer Strukturen umgreift immer sowohl eine *Integration* von Persönlichkeitsanteilen wie auch eine Persönlichkeits*differenzierung*. Die Entfaltung der inneren Struktur und die Definierung der Grenzen des Selbst, die Identitätsbildung, verlaufen gleichzeitig und gleichsinnig. Dabei sind auch alle mögliche Formen von *asynchroner* Entwicklung denkbar, d. h. dass bestimmte Persönlichkeitsbereiche weniger und andere viel weiter in der Reifung fortgeschritten sind. Die *intellektuelle Entwicklung* kann zum Beispiel als Abwehr oder Kompensation einer defizitären emotionalen Entwicklung dienen. Winnicott (1958, S. 246; 1967, S. 59) konzipiert hierfür ein ›*intellektuelles Falsches Selbst*‹.

Der weitgehend grenzenlose und strukturlose Zustand des Neugeborenen ist für dessen Erleben ebenso unbegrenzt herrlich wie schrankenlos beängstigend. Der Psychoanalytiker Michael Balint (1970, S. 213) hat die Doppeldeutigkeit der Grenzenlosigkeit einmal am Beispiel des *Schweigens* in der Psychotherapie in einem treffenden Bild beschrieben: Das Schweigen könne »trostlose, fürchterliche *Leere* bedeuten, allem Leben und Wachstum feindlich, aus welchem der Patient unbedingt und so schnell wie möglich herausgeholt werden muss; es kann aber auch eine freundliche, anregende *Weite* bedeuten, die den Patienten einlädt, abenteuerliche Fahrten in das unerforschte Land seiner Phantasie zu unternehmen«.

Der fundamentale Wunsch des Menschen nach Struktur, Ordnungen, Regeln und Normen entspringt zunächst seinem tiefen Bedürfnis, das Unfassbare in sich selbst – sein Unbewusstes – begreifen zu können. Er möchte außerdem mit den Gesetzmäßigkeiten Zusammenhänge und Verbindungen zwischen dem Unberechenbaren und Widersprüchlichen in der Welt schaffen. Er will versuchen, durch Ordnungsstrukturen einem Gefühl der Angst und Sinnlosigkeit zu entgehen. Und schließlich hat er das Bedürfnis, mit ihm bedeutsamen anderen Menschen in einer geregelten und so verlässlichen Verbindung zu sein und zu bleiben (vgl. Auchter 1996).

Am Anfang der individuellen und der kollektiven Existenz existiert (nur) ein unstrukturierter, grenzenloser, *unbestimmter* Raum, der neben anderem Angst machen kann. Davon sprechen auch die Schöpfungsmythen. In der Bibel ist es die Ungeschiedenheit, das *Tohuwabohu*, das von Gott geteilt wird. Erst durch Scheidung, Trennung, Begrenzung (Definition) und Rahmen entsteht ein in seinen Dimensionen *bestimmter* Raum. *Eine erste seelisch bedeutsame Funktion von Grenze und Struktur ist also die Reduktion von Angst und das Schaffen von Sicherheit.*

Die Konstituierung der individuellen Selbststruktur kann immer nur in einer *Beziehung* geschehen. Das sich entwickelnde Selbst ist grundlegend auf ein Gegenüber (das, was die Psychoanalytiker das ›*Objekt*‹ nennen) angewiesen. Zwischen einem Subjekt und einem Objekt gibt es Verbindendes und Trennendes, Identifikation und Abgrenzung. Aber nur etwas voneinander Getrenntes lässt sich verbinden, erst die Fortbewegung ermöglicht eine Wiederannäherung, nur ein Weggehen erlaubt ein Wiederkommen. Eine wirkliche Beziehung zwischen einem Subjekt und einem Objekt ist auf die Auflösung des frühkindlichen Erlebens der Selbst-Objekt-Fusion, die nicht selten den Charakter einer Konfusion zeigt, angewiesen. Differenz und Unterschied, Abgrenzung zwischen Ich und Nicht-Ich-Welt sind die unbedingte Voraussetzung zur Subjekt- und Objektkonstituierung. Ein ›Selbst-Objekt‹ (Kohut) oder ›Subjektives Objekt‹ (Winnicott) kann kein wirkliches Gegenüber sein, mit dem eine wechselseitige Interaktion möglich ist. *Insofern haben Grenzen auch die paradox erscheinende Funktion, Beziehung zu stiften.*

Wenn der frühe *Dialog* zwischen Kind und Mutter und anderen ›entgleist‹ (Spitz 1982), zum Beispiel durch Unterbrechungen oder Verlust des Kontakts, diskontinuierlichen Kontakt (rasch wechselndes überprotektives und vernachlässigendes Verhalten), unzuverlässigen und unberechenbaren Kontakt, also unklare Grenzen, kommt es zu den ›ungebundenen‹ oder ›unsicher-gebundenen‹ Individuen, welche die Bindungstheorie (Bowlby) beschreibt. Die äußeren Bindungs- und Beziehungsprobleme (Grenzprobleme / Borderline), unter denen sie leiden, spiegeln die Strukturprobleme im Innern dieser Menschen. Winnicott (1958, S. 309) hat ausführlich dargelegt, wie die antisozialen Tendenzen einen Versuch beinhalten, frühe Beziehungsverluste durch aggressives Agieren in neue Kontakte zu verwandeln.

Im Entwicklungsverlauf verfestigt sich die Persönlichkeitsstruktur, bleibt jedoch immer auch veränderbar und vor allem vulnerabel. Besonders dann natürlich, wenn die zugefügten Verletzungen ein traumatisches Ausmaß besitzen. Das Einreißen und Verletzen von Persönlichkeitsgrenzen geschieht nicht erst bei manifesten Misshandlungen oder sexuellen Gewaltakten, sondern beginnt schon bei kleinen Missachtungen, Entwertungen und Demütigungen.

Für die Förderung der Strukturbildung ihres Kindes sind der Vater und die Mutter gleichermaßen verantwortlich. Problematisch finde ich Tendenzen, vor allem in der französischen Psychoanalyse (beispielweise Chasseguet-Smirgel, Grunberger, Lacan), ausschließlich dem *väterlichen* Prinzip derartige Funktionen zuzuweisen. Selbstverständlich schließt der Vater als triangulierendes Objekt die Exklusivität der Mutter-Kind-Zweisamkeit auf. Aber auch jede Mutter steht vor der Aufgabe, nach der frühesten Phase *›primärer Mütterlichkeit‹* (Winnicott) durch abgestufte Verweigerung und Versagung die Selbstkonstituierung und Selbststrukturierung ihres Kindes zu unterstützen. Ich frage mich, ob die einseitige Betonung der väterlichen strukturierenden Funktion nicht unbewusst einer Verfestigung patriarchaler Strukturen Vorschub leistet?

Peter Pecher (1989) hat auf die Funktion des Gefängnisses als Vater-Substitut hingewiesen, den mütterlichen Funktionen weist er eine weit geringere Relevanz zu (Pecher 1989, S. 92). An drei ausführlichen Fallbeispielen weist er auf die verheerenden Folgen einer frühen Vaterentbehrung (vgl. auch Heinemann 1992, S. 87; Rauchfleisch 1992, S. 22) hin. Die Delinquenz stellt einen unbewussten Versuch dar, die pathologische Mutterfixierung aufzulösen und endlich – mit Hilfe der Institution Gefängnis – zu einer Ablösung von ihr und damit zu einer hinreichenden Selbstkonstituierung zu gelangen. Heribert Blass (2002) hat aus der Gegenperspektive auf die bedeutsame Position des »hinreichend guten Vaters« auch mit seinen ›mütterlichen‹ Anteilen hingewiesen.

Muss dem unbewussten Strafbedürfnis (unbewussten Schuldgefühl/Schamgefühl) (Freud 1930a, S. 494f.), wie beim »Verbrecher aus Schuldgefühl« (Freud 1916d, S. 389f.), vielleicht ein grundlegendes unbewusstes *Strukturbedürfnis* zur Seite gestellt werden? Mit anderen Worten: Könnte es sein, dass manche Straftaten den Charakter eines SOS-Signals (Winnicott 1958, S. 102; 1986, S. 90) besitzen und einen unbewussten Schrei nach einer bergenden und ordnenden Struktur darstellen, der neben anderem auch hinter den schützenden Mauern der Forensik phantasiert werden kann? Das Fehlen einer stabilen Mitwelt, die durch Verinnerlichung den Erwerb von Selbstkontrolle möglich macht, kann bei davon Betroffenen dazu führen, die »Stabilität (...) in der Form von vier Wänden einer Gefängniszelle« (Winnicott 1984, S. 119, S. 125) oder des Maßregelvollzuges außen zu suchen.

Gesetzliche Regelungen, juristische Ordnungsmaßnahmen und Rahmensetzungen im Maßregelvollzug bewegen sich wie alle formalen Regulierungen zwischenmenschlichen Zusammenlebens unausweichlich immer in einem Spannungsfeld zwischen Sicherheitsverheißung und Freiheitseinschränkung. Der Psychoanalytiker Wolfgang Loch (1974, S. 147) verdeutlicht die Spannung am Beispiel des Verbotes, mit Streichhölzern zu zündeln: »Das Verbot, also die Grenzsetzung, drückt ein positives Gefühl für das Kind aus, und zur gleichen Zeit berücksichtigt dieses Verbot das eigene Bedürfnis des Erwachsenen«. Lochs Anregung zur Berücksichtigung der Interessen und Bedürfnisse aller beteiligten Parteien sollte idealiter auch alle unsere therapeutischen Grenzsetzungen mitprägen. Diese Haltung bewahrt vor einem idealistischen oder romantischen grenzenlosen Gewährenlassen, einem laissez-faire-Verhalten, ebenso wie vor einer angstgesteuerten übermäßigen Einschränkung.

Den entwicklungsnotwendigen Grenzsetzungen möchte ich mich im Folgenden unter dem Aspekt des Haltens weiter annähern.

3.3. Die Bedeutung des ›Haltens‹ in der psychischen Entwicklung

Das Konzept des Haltens [holding] wurde Mitte der fünfziger Jahre des vorigen Jahrhunderts von dem britischen Psychoanalytiker Donald W. Winnicott entwickelt. Mit ihm möchte ich drei Formen des Haltens unterscheiden: 1. das *archaische* Halten, 2. das *primäre* Halten und 3. das *sekundäre* Halten (Auchter 2000).

Der archaische Prototyp des Haltens ist die Situation des Fötus im Mutterleib, die Winnicott (1988a, S. 130) mit »von allen Seiten geliebt« und »ringsum gehalten« charakterisiert. Das primäre Halten der nachgeburtlichen Zeit (primäre Mütterlichkeit) versucht das Bedürfnis des Kindes nach umfassenden Gehaltenwerden und Bindung soweit wie möglich und solange wie nötig zu befriedigen. Es bildet die Grundlage für den Erwerb eines *Urvertrauens* (Erikson), eines Grundgefühls von Sicherheit, Wohlbefinden und verlässlichem Geliebtwerden, aus dem heraus neugierige

Entdeckungen des Selbst und der Nicht-Ich-Welt möglich werden. Im Zustand des primären Haltens kann die Illusion grenzenloser und strukturloser Ununterschiedenheit von Ich und Nicht-Ich weitgehend aufrechterhalten werden. Bliebe die Nichtunterscheidung zwischen Selbst und Objekt allerdings dauerhaft bestehen, so würde sie krankhaft. Zum Charakteristikum früher Störungen, sei es einer Psychose, einer narzisstischen Störung oder einer Borderlineerkrankung, gehört ja zum Beispiel die Unfähigkeit, zwischen Selbst und Objekt hinreichend zu differenzieren.

Ein hinreichend gutes primäres Halten in der Frühzeit im erweiterten Sinne, zum Beispiel sofortige Bedürfnisbefriedigung, kann dem Baby die vorübergehende Illusion vermitteln, nicht nur wirkmächtig, sondern allmächtig zu sein. Für Winnicott (z. B. 1988b, S. 101) ist diese lebensanfängliche illusionäre ›grenzenlose‹ Omnipotenzerfahrung mit nachfolgender abgestufter Desillusionierung zum Realitätsprinzip eine unumgängliche Entwicklungserfahrung auf dem Wege zu einem gesunden, lebendigen und schöpferischen Selbst-Bewusstsein.

Ein vollkommenes, umfassendes primäres Gehaltenwerden ist aber eine Utopie, da alles menschliche Handeln immer relativ ist und auch niemals völlig bedingungslos sein kann. Das von Geburt an unvermeidliche Versagen und die Versagungen der bedeutsamen frühen Beziehungspersonen durchlöchern gewissermaßen das primäre Halten und führen sukzessive zu den verschiedenen Formen des sekundären Haltens.

Im Gegensatz zum primären Halten mit seinem eher konservierenden und regressionsfördernden Charakter besitzt das sekundäre Halten einen progressiven Charakter. Das primäre weist bindenden und das sekundäre entbindenden Charakter auf und die Funktion, die Individuation zu fördern.

Das sekundäre Halten ist charakterisiert durch Widerstand, Grenzmarkierung, Rahmenschaffung und dient vor allem der Differenzierung zwischen Selbst und Objekt, der Desillusionierung, der Trennung, der Ablösung und der Individuierung und Autonomieentwicklung.

Nur ein festes und sicheres Gehalten- und Gebundensein in Beziehungen (primäres Halten) schafft nach Ergebnissen der Bindungsforschung die Möglichkeit zur Ent-bindung zu selbstbewusster und selbstbestimmter Aktivität. Ohne ein wirkliches Gegenüber, ein Nicht-Ich, ein Objekt, das einen Widerpart und Widerstand anbietet, von dem ich mich abgrenzen, abstoßen und ablösen kann, ist eine Individuation (Subjekt-werdung) nicht möglich. Das Erleben des begrenzenden Mutterleibes, der sich den spontanen aggressiven Bewegungen des Fötus bietet, stellt nach Winnicott (1958, S. 211; 1984, S. 93) einen ersten bedeutungsvollen Widerstand dar, der auf die Nicht-Ich-Welt verweist und somit gleichzeitig ich-konstituierend ist. Der haltende Mutterleib ist insofern Prototyp nicht nur des primären, sondern auch des sekundären Haltens. Beim sekundären Halten ist auf Seiten des Objekts eine Dialektik gefragt zwischen Festhalten und Loslassen, die Voraussetzung einer Selbstentwicklung des Subjekts ist.

Nach Auffassung von Winnicott konstituiert und entwickelt sich das individuelle Selbst weiter dadurch, dass es – neben der Erfahrung von Entwicklungsfrei- und Spielräumen – (immer von Neuem) auch an Widerstände und Grenzen stößt. Das Kleinkind, der Adoleszente, der Erwachsene und auch der Patient im Maßregelvollzug – ich komme darauf gleich näher zu sprechen – ist also darauf angewiesen, »auf Widerstand zu stoßen« (Winnicott 1958, S. 212, S. 215). Dieser Widerstand, welcher aber gleichermaßen die Eigenbewegung, die spontane Geste einschränkt, wird vom Kind oder Jugendlichen deshalb auch aggressiv attackiert werden. Nach Winnicott ist es von entscheidender Bedeutung, dass das sowohl in der Phantasie wie in der Realität aggressiv angegriffene Objekt all die zerstörerischen und teilweise mörderischen Attacken (Auchter 2002a) überlebt (Winnicott 1971, S. 90), was vor allem bedeutet, sich nicht zerstören zu lassen und sich nicht zu rächen (Winnicott 1971a, S. 91).

»Wenn sie [die Jugendlichen] haltlos werden, dann deswegen weil sie niemand hält« (A. Mitscherlich 1947, S. 103; vgl. Reinke-Köberer 1979, S. 22). Hinreichendes primäres und sekundäres Gehaltensein und Losgelassenwerden führt dagegen im Laufe der Zeit durch Verinnerlichung zum Selberhaltenkönnen. Diese *Fähigkeit* ist zu unterscheiden von der *Abwehrformation* des Selbsthaltens [caretaker-self], der Entwicklung eines »falschen Selbst« (Winnicott 1965a, S. 142; 1958, S. 281) angesichts eines ungenügenden Gehaltenwerdens durch das Objekt. Dazu ein klinisches Beispiel. Herrn G. fällt im Verlauf seiner Psychotherapie folgende Erinnerung ein:

»Auf einem Spaziergang im Wald laufe ich als Kind hinter meinem Vater her. Er hält die Arme hinter seinen Rücken und die Hände verschränkt. Viel lieber wäre es mir gewesen, wenn er mich an der Hand gefasst oder noch lieber wenn er mich einmal in seine Arme genommen und gehalten hätte. So laufe ich hinter ihm her und versuche, die gleiche Körperhaltung einzunehmen wie er, Arme hinter dem Rücken, Hände verschränkt. Durch diese Nachahmung habe ich versucht, wenigstens ein ganz kleines bisschen mit ihm in Verbindung zu sein.«

In derselben Stunde berichtet Herr G. von wiederholten kindlichen (Alp-) Träumen, in denen er voller Angst eine Treppe ohne Geländer hochsteigt oder an einen Abgrund tritt – und droht, hinabzustürzen.

4. Das Halten im Rahmen der therapeutischen Beziehung: »fest halten ohne festzuhalten«

Winnicott (1965a, S. 189) betrachtet den therapeutischen Prozess als ein Äquivalent zum Reifungsprozess beim Säugling und Kind, in welchem bei glückendem Verlauf ein wenig von dem vervollständigt werden kann, was in der ursprünglichen Entwicklung unvollendet bleiben musste (vgl. Auchter 1983, 1995, S. 63ff.).

Ähnlich wie im Entwicklungsverlauf manifestiert sich das Halten auch im psychotherapeutischen Prozess in den vielfältigsten Formen, jeweils abhängig vom individuellen Patienten und seiner spezifischen Erkrankung (Modell 1993; Kutter 1988, S. 23). Je früher und tiefer die strukturelle Störung angelegt ist, je mehr ein Patient immer wieder um seine Fassung und Integration ringen muss, umso bedeutsamer werden die haltenden Aspekte [holding function] des therapeutischen Rahmens und der therapeutischen Begegnung (Bernhard-Hegglin 1999). Dabei kommen Elemente des primären Haltens mit ihrer eher passiv-annehmenden Funktion und des sekundären Haltens mit einer eher aktiv-fordernden Funktion in unterschiedlichem Ausmaß zum Tragen. Bei Patienten, welche an einer Psychose, einer Borderline-Erkrankung, einer narzisstischen Störung oder Psychosomatosen leiden, und entsprechend auch bei vielen Patienten im Maßregelvollzug, liegen entscheidende Schwierigkeiten ja gerade in Beeinträchtigungen ihrer Fähigkeit zur Abgrenzung zwischen Ich und Nicht-Ich und in einer mangelhaften Integration von Körper und Seele (Winnicott 1988a, S. 122ff.). Diese Patienten sind in ihrem Körper nicht richtig ›zu Hause‹, ihr Körperschema ist unterentwickelt und sie tun sich schwer damit, ihre Körperkräfte und körperlichen Aktivitäten richtig einzuschätzen. Kompensatorisch legen dann viele großen Wert auf ihren Körper, sie trainieren ihn, schmücken ihn mit Tätowierungen oder piercen ihn. Die ganze Piercing-Mode hatte ja angefangen mit den *Sicherheitsnadeln*, welche sich die Jugendlichen durch alle möglichen und unmöglichen Körperteile trieben. Ich glaube, dass die unbewusste Motivation der *Vergewisserung* über den eigenen Körper und seine Grenzen, die Haut, und die damit verbundene seelische Versicherung dabei eine äußerst wichtige Rolle spielen. »Schmerz ist die sicherste Art sein Ich zur Kenntnis zu nehmen«, meinte Freud (1923b, S. 253).

Aus dem bislang Dargestelltem ergibt sich nun geradezu zwingend, dass der Maßregelvollzug aus psychoanalytischer Perspektive vor allem als *Strukturierungsnachhilfe* verstanden wird.

5. Der Maßregelvollzug als Strukturierungsnachhilfe

> »Es [ist] auf jeden Fall notwendig, einen Sinn in der scheinbaren Irrationalität delinquenten Verhaltens zu finden«. (Winnicott 1984, S. 10)

Wenn wir die Hypothese akzeptieren, dass die meisten Patienten im Maßregelvollzug grundlegend an irgendeiner Form von *Strukturstörung* leiden, dann muss die Gestaltung des stationären Rahmens wesentlich einer *Strukturierungshilfe* oder *-nachhilfe* (vgl. van Tuinen in diesem Band) dienen. Im Folgenden möchte ich einige Aspekte davon etwas ausführlicher diskutieren.

5.1. Der therapeutische Raum und sein Rahmen

Der therapeutische Raum wird durch den therapeutischen Rahmen definiert. Ein klarer, ebenso stabiler wie flexibler Rahmen gewährleistet dem Patienten die Sicherheit eines hinreichend weiten Raumes für menschliche (Nach-)Entwicklung. Rahmenbedingungen, welche einen Raum definieren, haben immer ein doppelte Funktion: Sie schützen vor Attacken von außerhalb, sie vermitteln insofern Sicherheit, aber sie setzen auch dem Agieren von innerhalb Grenzen. Grenze und Rahmen können so Ängste und Phantasien vor Auslaufen, Zerfließen, Nicht-mehr-halten-können und letztlich vor Selbstvernichtung oder Selbstverlust reduzieren. Sie können aber auch Ängste vor Überwältigung durch schrankenlose Triebe, Impulse und Affekte – zum Beispiel aggressive oder destruktive – mindern. Sie dienen damit dem ›Sicherheitsprinzip‹ (Sandler). Der begrenzende Rahmen beschneidet allerdings auch den Freiheitsraum der Selbstentfaltung und kann insofern Aggressionen wecken. Im *Unbehagen in der Kultur* hat Freud (1939a) auf die Janusköpfigkeit der Kultur aufmerksam gemacht, die einerseits der ungebremsten Aggressionsentfaltung Grenzen setzt, aber andererseits genau durch diese Einschränkung Aggressionen auch verstärken kann.

Beim therapeutischen Raum können wir einen formalen Aspekt vom Beziehungsaspekt unterscheiden, wobei beide jedoch in einer Interdependenz stehen.

Seelische Erkrankungen und Störungen von Menschen – und darunter rechne ich jetzt einmal, ohne ins Detail zu gehen, die Patienten im Maßregelvollzug – werden in Beziehungen, vor allen den familiären Beziehungen begründet; präziser in mangelhaften oder mangelnden Beziehungen. Deswegen können sie auch durch therapeutische *Beziehungen* behandelt und verändert werden (vgl. Loch 1975, S. 156). Eine solche Einstellung erfordert natürlich von den Beziehungs-Personen, zum Beispiel den Mitgliedern eines therapeutischen Teams in der Forensik, einen hohen auch persönlichen Einsatz. Denn in ihrem Wiederholungszwang versuchen die Patienten unbewusst ihre Therapeuten – damit meine ich sämtliche Teammitglieder – ständig in ihre ungelösten Beziehungskonflikte zu verwickeln in der Hoffnung, dass das Geschehen diesmal einen besseren Ausgang nimmt als früher.

Ein stabiler und gemeinsam getragener therapeutischer Rahmen, zu welchem neben dezidierten Behandlungskonzepten (vgl. den Beitrag von Urbaniok und Chopard) als Grundlage zum Beispiel auch eine praktikable Stationsordnung gehört, gewährleistet auch für das therapeutische Team die unumgängliche Sicherheitsplattform, von der aus die mitunter durchaus gefährlichen Expeditionen in den dunklen Kontinent der unbewussten Psychodynamik und -pathologie der Patienten eher gewagt werden können. Die forensische Station stellt doch gewissermaßen eine ›Probebühne‹ (vgl. Bender in diesem Band) dar, auf der sowohl die Strukturprobleme der Patienten reinszeniert werden können, als auch im Sinne des ›Probehandelns‹ (Freud 1911b, S. 233; 1925h, S. 14; 1933a, S. 96) neue Erlebnis- und Verhaltensweisen im geschützten, haltenden (Übergangs-) Raum erprobt und eingeübt werden können. Dazu aber müssen sich die Teammitglieder als resonante *›wirkliche Gegenüber‹* verstehen, einbringen und erweisen (Winnicott 1965a, S. 59, 1971a, S. 111; 1989, S. 89, S. 101).

Wenn das therapeutische Geschehen auf einer Station durch festgelegte, verbindliche Regeln und Ordnungen bestimmt ist, dann kann das Phantasien und Realisierungen willkürlicher Machtausübung sowohl auf Seiten der Patienten als auch auf Seiten des Teams eindämmen. Persistierende derartige Vorstellungen können dann umso eher von den Psychotherapeuten ›gedeutet‹ werden. Sowohl alle Mitglieder des Teams wie auch die Patienten haben mit den Regeln etwas ›Drittes‹, auf das sie sich beziehen können, dem sie aber auch unterworfen sind. Neben der Verkleinerung von

Phantasien bei den Patienten, einer therapeutischen Willkür ausgeliefert zu sein – wie früher häufig willkürlichen und unberechenbaren Gewaltverhältnissen zum Beispiel in der Herkunftsfamilie –, trägt die Unterordnung aller therapeutischen Teammitglieder unter ›das Gesetz‹ auch zu deren therapeutisch notwendiger Entidealisierung, zum Beispiel im Sinne einer Aufhebung von Omnipotenzphantasien über sie, bei. Es fördert somit die Realitätsprüfung der Patienten.

Die sicherheitsvermittelnde Funktion der therapeutischen Rahmenbedingungen wird von den strukturschwachen oder strukturgestörten Patienten unbewusst immer wieder attackiert werden müssen, um ihre Haltbarkeit zu überprüfen. Ich vergleiche das – im gegebenen Fall bisweilen auch ausdrücklich gegenüber Patienten – mit den Maschinen, die bisweilen im Eingangsbereich eines bekannten nordeuropäischen Möbelhauses stehen. Diese Maschinen schlagen unaufhörlich systematisch auf ein Möbelstück ein, aber nicht um es zu zerstören, sondern im Gegenteil um dessen Widerstandsfähigkeit und Strapazierfähigkeit nachzuweisen. So beuteln unsere schwer gestörten Patienten uns Therapeuten auch immer wieder, um unsere Stabilität und Festigkeit zu testen und dadurch die Sicherheit zu gewinnen, dass sie uns *nicht* zerstören können. Wir Therapeuten »müssen (...) für unseren Rahmen eintreten, aber wir dürfen nicht erwarten, dass der Patient den Rahmen einhalten kann« (Trimborn 1990, S. 66). Wenn der Therapeut »nicht fähig ist, eindeutig für Zeit und Raumgrenzen einzutreten, kann der Patient das Risiko und Wagnis nicht eingehen, seine primitiven Impulse zuzulassen, ohne sie als verführerisch oder zerstörerisch zu erleben« (Trimborn 1994, S. 97).

5.2. »Im Anfang war die Tat« (Freud 1912–13a, S. 194), oder: Agieren und Mitagieren im Dienste des therapeutischen Prozesses

Die erste ›Sprache‹, die einem Mensch in seinem Leben benutzt, ist die Körpersprache. Dem Säugling steht in seinen frühen Lebensmonaten nur die Sprache der Aktion, eine ganzheitliche Handlungssprache zur Verfügung. Er schreit lauthals, läuft am ganzen Körper rot oder blau an, schlägt mit den Händen oder dem Kopf, strampelt und tritt mit den Füßen. In der Körpersprache teilt sich ein Säugling und ein Kleinkind seiner Mitwelt mit. Und die Sprache des Körpers ist auch die, welche es am besten versteht (in den Arm genommen werden, gestreichelt werden, gewiegt werden, den Körper der Mutter am eigenen spüren, u. ä. m.). Im besten und bei einigermaßen gelingendem Entwicklungsverlauf lernt das Kind darüber hinaus noch andere Verständigungsmöglichkeiten wie zum Beispiel die Wortsprache. Erst mit dem Erwerb von Worten, beginnend mit dem ›Ich‹ und dem ›Nein‹, fängt eine neue Möglichkeit des Kommunizierens an. Das Kind kann das ›Nein‹-Sagen nur erlernen, indem es ›Neins‹ hört und erlebt! Das Wort ›Nein‹ eröffnet die Möglichkeit zum Gespräch, zur Diskussion, zur verbalen Auseinandersetzung anstelle des körperlichen Angriffs, »damit kann der soziale Verkehr von Mensch zu Mensch beginnen« (Spitz 1957, S. 113).

Die Handlungssprache feiert naturgegeben in der Pubertäts- und Adoleszenzzeit noch einmal fröhliche Urständ. Auch in dieser Zeit wird die Erfahrung und Definierung des eigenen Selbst häufig über das Körper-Handeln – Peter Blos (1964, S. 120; 1962) spricht geradezu von einer »Handlungssucht« des Jugendlichen – gesucht. Adoleszente fahnden nach einer Orientierung in der Wirklichkeit, indem sie ›Anstoß erregen‹, ›anecken‹ und andere bis an deren Grenzen provozieren (Winnicott 1958, S. 311; 1984, S. 153).

Dieses Motiv der Suche nach Wirklichkeitsorientierung trifft nun ebenso für das Agieren von Patienten im Maßregelvollzug zu. Auch sie werden ›handlungssüchtig‹ und bedienen sich der Körperaktion, wenn sie innerlich in Verwirrung zu geraten drohen – über sich selbst und ihre Mitwelt. Viele von ihnen stammen ja aus in irgendeiner Weise ›ungeordneten‹ Verhältnissen (zerrütteten Familien, Heimaufenthalten u. a. m.) oder direkt aus Gewaltverhältnissen, in welchen sie ausschließlich die Sprache des Körpers (schlagen, treten, misshandeln) lernen konnten. Eine Welt, in der Gefühle, Empfindungen, Impulse ohne Aufschub direkt in die Tat umgesetzt wurden. Wodurch sie auch nicht oder zu wenig die wichtige Ichfunktion des ›Probehandelns‹ anstelle des unmittelbaren und unkontrollierten Agierens erwerben konnten.

Ein großer Teil der therapeutischen Kommunikation spielt sich nun gerade bei den früher und schwerer gestörten Patienten ›jenseits der Worte‹ ab (vgl. Balint 1970). Insbesondere bei früh und präverbal oder traumatisch gestörten Patienten dominiert sehr die Handlungssprache, weil sie in ihren verbalen Fähigkeiten beeinträchtigt sind. Sie müssen auch ihre ungelösten und unbewältigten Konflikte zunächst überwiegend vorsprachlich äußern, sie agieren sie aus. Deshalb erhebt sich die Frage, wie im Rahmen einer Therapie ein kontrolliertes Agieren und Mitagieren im Dienste der Entwicklung und Selbst möglich wird? So dass dieser Handlungsdialog, Jörg Scharf (1995) spricht von der »inszenierenden Interaktion«, zum

»Organon neuer Einsicht« (Klüwer 1983, S. 828) werden kann. Das Agieren ist für diese Patienten ein bedeutsames und oft fast ausschließliches Medium der Kommunikation. »Ausagieren ist eine Alternative zur Verzweiflung« (Winnicott 1965a, S. 209). Auch wenn es sich bei der Rolle, welche der Behandler in den therapeutischen Inszenierungen übernimmt, überwiegend um eine symbolische handelt – der Therapeut ist »schließlich nicht die natürliche Mutter des Patienten« (Winnicott 1958, S. 299) –, sind gegebenenfalls auch reale und konkrete Re-Aktionen wie beispielsweise Grenzsetzungen nicht nur unumgänglich, sondern not-wendig.

5.3. Die Containerfunktion der therapeutischen Station

Der Begriff des ›Containers‹ bzw. des ›Containing‹ wurde vor allem von dem britischen Psychoanalytiker Wilfred Bion (1970) als therapeutisches Konzept ausgebaut. Vom Patienten aufgrund ihrer Strukturstörung nicht auszuhaltende und zu bewältigende Gefühle, Impulse und Konflikte werden von ihm externalisiert und projizierend, agierend und interagierend seiner Umgebung, in unserem speziellen Fall dem therapeutischen Umfeld, zugeordnet. Ein Patient kann zum Beispiel durch ständige ›kleine Sticheleien‹ oder ›spitze Bemerkungen‹ gegenüber Teammitgliedern und/oder den noch viel sensibleren Mitpatienten bei diesen soviel Ärger auslösen, sie vielleicht sogar dermaßen ›zur Weißglut‹ bringen, dass *sie* schließlich in irgendeiner Weise ihm gegenüber aggressiv werden. Damit hat er unbewusst mindestens zweierlei erreicht: Erstens ist die Aggression nun nicht mehr in und bei *ihm*, sondern ganz offensichtlich sind die anderen aggressiv. Das ist für ihn zunächst einmal schlicht seelisch entlastend, denn er ist ja damit auch nicht mehr so durch unbewusste Schuldgefühle über seine Aggressionen belastet. Ein zweiter unbewusster ›Gewinn‹ liegt wahrscheinlich darin, dass er mit seinem Verhalten eine alte passive Erfahrung – zum Beispiel den ›spitzen Bemerkungen‹ und niedermachenden Äußerungen seiner Mutter passiv und ohnmächtig ausgesetzt zu sein – in einer *Verkehrung ins Gegenteil* in aktiv machtvolles Verhalten umwandeln konnte.

Im besten Fall gelingt es nun dem Therapeuten oder dem therapeutischen Team, die unerträglichen Konfliktspannungen, Empfindungen und Tendenzen des Patienten zunächst einmal einfach ›aufzunehmen‹ und in sich zu *containen*. Das kann beispielsweise auch darin bestehen, dass der Therapeut bzw. das therapeutische Team die Fähigkeit besitzt, zumindest vorübergehend, nicht zu wissen, nicht sofort zu wissen und schließlich nicht alles wissen zu müssen. Und dass das Team das geduldig stehen lassen kann, m. a. W.: es aushalten kann, dass Konflikte zeitweilig ungelöst bleiben. Und dass es dem Team gelingt, sie vorübergehend ›für sich‹ behalten (vgl. Winnicott 1971b). Man muss nicht immer sofort reagieren und kann durch einen Aufschub der Reaktion vielleicht vermeiden, sich zum Beispiel unbewusster spontaner Rache hinzugeben. Denn das würde den Gewaltkreislauf nur verstärken und ein Ende der Gewaltspirale unmöglich machen. Im besseren Fall können die vom Patienten initiierten Konflikte ihm bei einer späteren, passenderen Gelegenheit in einer verarbeiteten Form so zurückgegeben werden, dass sie dann für den Patienten annehmbar sind und von ihm seelisch verarbeitet werden können. Bion (1962) vergleicht dieses Geschehen recht treffend mit dem Verdauungsvorgang, also: Das für den Patienten zunächst Unverdauliche und Unbekömmliche wird von ihm gewissermaßen in das Team ›ausgeschieden‹ und kann ihm dann später in einer ›entgifteten‹, verdaulicheren und bekömmlicheren Form zurückgegeben werden.

5.4. »Sich-als-wirkliches-Gegenüber-Erweisen«

Winnicott (1965a, S. 59; 1971a, S. 111; 1989, S. 89, S. 101) hat eine Behandlungstrias für den Therapeuten schwerer Persönlichkeitsstörungen entwikkelt, welche aus ›Halten, Behandeln und Sich-als-wirkliches-Gegenüber-Erweisen‹ [holding, handling, object presenting] besteht. Ein grenzenloses Gewährenlassen auf Seiten von Therapeuten oder des Teams, welches nur unter Selbstverleugnung möglich ist, erschwert und verunmöglicht dagegen strukturierende Nachreifungsprozesse bei den Patienten, die ja gerade eine Förderung seiner Selbststruktur beinhalten sollen. Je ›struktureller‹ ein Patient gestört ist, umso bedeutsamer sind für ihn der ›haltende‹ Rahmen, der ›begrenzende‹ Raum oder das strukturbildende Milieu der therapeutischen Umgebung. Denn bei diesen Patienten liegen die Hauptprobleme ja gerade in Beeinträchtigungen der Abgrenzung zwischen dem Ich und dem Nicht-Ich, dem Selbst und dem Anderen, dem Objekt.

Eine wichtige Variante des ›Sich-als-wirkliches-Gegenüber-Erweisen‹ ist das therapeutische Spiegeln. So wie es für ein Kind wichtig ist, von seinen wichtigen Beziehungspersonen richtig wahrgenommen und realistisch gespiegelt zu werden, ist das auch für die Patienten bedeutsam. Neben der bejahenden Spiegelung, dem erwähnten ›Glanz im Auge der Mutter‹ (Kohut), ist jedoch im gegebenen Fall ebenso wichtig die verneinende Spiegelung. Menschen, die zu allem immer nur ›Ja‹ sagen, die ewigen Jasager, verleugnen erstens einen wichtigen Teil von sich selbst, und zweitens bieten sie für ihr Gegenüber keinerlei strukturfördernde Positionierung. Nur ein Mensch, der zu uns sowohl ›Ja‹ wie auch an den notwendigen Stellen ›Nein‹ sagt, kann uns dabei behilflich sein, uns als Ich von diesem Nicht-Ich abzugrenzen und unser eigenes Selbst zu bestimmen und zu strukturieren. Winnicott definiert als psychotherapeutische Aufgabe, sie stelle einen »langfristigen Prozeß dar, in welchem dem Patienten zurückgegeben wird, was er selbst einbringt« (Winnicott 1971a, S. 117; Auchter 1998). Beim therapeutischen Spiegeln können wir gar nicht und sollten auch gar nicht der konkrete, glatte und kalte Spiegel sein, den Freuds (1912e, S. 384) Metapher nahe legt, aber nicht wirklich meint. Unser Spiegeln ist immer ein durch unsere Person und unsere Persönlichkeit vermitteltes, ein gebrochenes Spiegeln, welches wie ein menschliches Gesicht oder unser Tonfall immer mehr aussagt als unsere ausgesprochenen Worte.

Der Schriftsteller Max Frisch (1972, S. 66) hat die Bedeutung des Spiegelns einmal so formuliert: »In gewissem Grad sind wir wirklich das Wesen, das die anderen in uns hineinsehen (...) Auch wir sind die Verfasser der anderen; wir sind auf eine heimliche und unentrinnbare Weise verantwortlich für das Gesicht, das sie uns zeigen«. »Man macht sich ein Bildnis. Das ist das Lieblose, der Verrat« (Frisch 1972, S. 64). »Die Liebe befreit [das Nächste, lange Bekannte] aus jeglichem Bildnis. Das ist das Erregende, das Abenteuerliche, das eigentlich Spannende, daß wir mit den Menschen, die wir lieben, nicht fertig werden: weil wir sie lieben; solange wir sie lieben« (Frisch 1972, S. 63).

Frischs Gedanken konfrontieren uns mit einem Dilemma. Denn um einen anderen Menschen überhaupt ›begreifen‹ und verstehen zu können, kommen wir nicht darum herum, uns Vorstellungen von ihm zu machen, Phantasien über ihn zu entwickeln, ein Bild von ihm zu entwerfen. Die Bilder, die Eltern sich von ihren Kindern machen, können entweder entwicklungsfördernde Blaupausen für deren Selbstreifung oder gefängnisartige Klischees für eine pathologische Selbstentfremdung (vgl. Dornes 1995, S. 36ff.), die Entwicklung eines »*Falschen Selbst*« (Winnicott) sein. Und vor demselben Zwiespalt stehen wir Therapeuten doch auch immer wieder mit den Bildern, die wir uns bewusst und unbewusst von unseren Patienten machen, machen müssen.

5.5. Verweigerung als therapeutisches Prinzip

Ein Neugeborenes kennt noch keine beziehungsweise sehr wenige Grenzen. Die kann es erst in Erfahrung bringen, wenn ihm Grenzen gesetzt werden. Das Schrankenlose ist auf der einen Seite unermesslich herrlich, auf der anderen ebenso bodenlos beängstigend. Dem Letzten gegenüber werden Begrenzungen als angstvermindernd und sicherheitsvermittelnd erlebt. »Ein normales Kind«, schreibt Winnicott (1984, S. 115), »das Vertrauen zu Vater und Mutter hat, überschreitet alle Grenzen. Nach und nach erprobt es seine Macht zu zerreißen, zu zerstören, zu erschrecken, zu entnerven, zu verschwenden, zu mogeln und sich etwas anzueignen. All das, was Leute vor Gericht bringt (oder in die geschlossene Anstalt), kommt auch als normale Erscheinung in der Säuglingszeit und frühen Kindheit eines Kindes seiner Familie gegenüber vor«. Ein kleines Beispiel dazu aus meiner Praxis:

Frau B. (31) hat eine kleine Tochter von etwa 14 Monaten. Aufgrund eigener traumatischer Erfahrungen – unter anderem ließ ihre eigene Mutter sie nachts stundenlang schreien – will sie ihrer Tochter solche Enttäuschungen ersparen. So holt sie sie nachts jedesmal, wenn sie auch nur einen Ansatz von Schreien macht, zu sich ins Bett. Etwa ein dreiviertel Jahr lang sind Mutter und Tochter damit ganz zufrieden und schlafen beruhigt nebeneinander. Dann aber ist die Tochter nicht mehr zufrieden und will immer mehr. Zum Beispiel nachts spielen. Frau B. hat das Gefühl, als wenn ihre Tochter ihr ständig und zunehmend sowohl körperlich als auch seelisch immer näher rückt. Sie befindet sich in schwierigen Prüfungen ihres Studiums und muss tagsüber ganz fit sein. Einerseits kann sie nun nachts nicht schlafen, anderseits sieht sie sich aufgrund ihrer persönlichen Lebensgeschichte außerstande, ihrer Tochter ein ›Nein‹ entgegenzusetzen. Das steigert sich ein Weile, bis sie eines Nachts einen heftigen Weinkrampf bekommt und plötzlich in sich den Impuls verspürt, ihre kleine Tochter in eine Ecke zu feuern, damit sie endlich Ruhe gibt. Sie ist zu Tode erschrocken.

Das grenzenlose Gewährenlassen der Mutter führt dazu, dass die Tochter immer mehr will und keine Grenze findet. Frau B. nimmt schließlich wahr, dass ihr eigener Raum und ihre eigenen Interessen immer mehr beschnitten und eingeengt werden.

Das therapeutische Durcharbeiten dieses Problems führt dazu, dass Frau B. schließlich einen Weg findet, der einerseits eine Begrenzung einführt und es andererseits sowohl der Tochter als auch der Mutter ermöglicht, mehr ›Ich‹ zu sein. Sie nimmt ein zweites Kopfkissen mit ins Bett und bedeutet ihrer Tochter: ›Das ist mein Kissen und das ist deines, und du schläfst jetzt!‹. Und siehe da, die Tochter kann das akzeptieren, beide finden nächtliche Ruhe. Und die Beziehung zwischen beiden entspannt sich und wird besser.

Wenn es in seiner Entwicklung keine strukturierenden Grenzen erfährt und verinnerlichen kann, dann kann ein solches Kind am Ende zum Beispiel hinter den Mauern des Maßregelvollzuges oder eines Gefängnisses diesen Grenzen begegnen.

Winnicott (1984, S. 125) schreibt bezüglich des antisozialen Kindes: Es sei, als suche es mit seinen Provokationen »nach einem sich ständig erweiternden Rahmen, einem Kreis, dessen ursprüngliche Form die Arme der Mutter oder der Körper der Mutter war. Man kann eine Reihe erkennen: der Körper der Mutter, die Arme der Mutter, die elterliche Beziehung, das Elternhaus, die Familie (...) die Schule, der Wohnort mit der Polizeistation und schließlich das Land mit seinen Gesetzen«.

Patienten mit derartigen Grenz-Störungen müssen an und mit ihren Therapeuten die Erfahrung machen können, dass eine partielle Abgrenzung möglich ist, dass sie entlastend und hilfreich sein kann, und dass sie nicht einen Beziehungsabbruch bedeuten muss. Sondern, dass sie im Gegenteil eine gesündere und befriedigendere wechselseitige Beziehung möglich macht. Die Psychoanalytiker Helmut Thomae und Horst Kächele (1985, S. 267) vermerken knapp zusammenfassend: indem der Therapeut »räumlich und zeitlich Grenzen setzt, gibt er ein Beispiel für Individuation und Autonomie«.

5.6. Über die Heilsamkeit von Konflikten

Vielen Patienten im Maßregelvollzug fehlt neben der Frustrationstoleranz auch die Fähigkeit, Konflikte auszutragen, statt sie gewaltsam zu ›lösen‹. Die Konfliktfähigkeit ist ein lebensgeschichtlicher Erwerb, sie muss erlernt und erprobt werden können. Die Aneignung dieser Fähigkeit wird erschwert oder gar verhindert, wenn Konflikte familiär oder in anderen Sozialisationsinstanzen mit Gewalt, autoritär und dem Recht des Stärkeren ›gelöst‹ werden. Konfliktfähigkeit kann aber auch nicht gelernt werden, wenn im Sozialisationsprozess allen Konflikten ausgewichen wird, Spannungen nivelliert werden, Meinungsverschiedenheiten verleugnet werden und allen Streitigkeiten aus dem Wege gegangen wird. Gesundes Streiten und produktives Austragen von Konflikten muss geübt werden können! Reibungsloses Funktionieren von Menschen mag zwar im Interesse wirtschaftlicher und politischer Mächte liegen, es wird vom Einzelnen aber immer mit einem Selbstverlust bezahlt.

Insofern ist das Geschehen auf einer therapeutischen Station im Maßregelvollzug mit schwer konfliktgeschädigten Patienten überhaupt nicht anders vorstellbar als ein andauerndes Konfliktfeld. Das erfordert natürlich auch von den Teammitgliedern eine ständige Konfliktbereitschaft und stellt starke Anforderungen an deren Konfliktfähigkeit. Nicht selten wird das auch an die Grenzen der Konfliktbereitschaft führen und Wünsche wachrufen, dass das doch endlich einmal – am besten endgültig! – aufhören möge.

Im Übergangsbereich zwischen primärem und sekundärem Halten ist die Fähigkeit des Therapeuten angesiedelt, sich in bestimmtem Rahmen durch den Patienten »gebrauchen« oder »benutzen« zu lassen (Winnicott 1971a, S. 86ff.). Am schwierigsten ist das sicher im Bereich destruktiver Übertragungs- und Gegenübertragungsdynamik, mit welchem man es im Maßregelvollzug allerdings täglich tun hat. Der Patient bedarf hierbei zum Beispiel der paradoxen Erfahrung, den Therapeuten in seiner Phantasie zerstört oder vernichtet zu haben und gleichzeitig erleben zu können, dass dieser in der Wirklichkeit diese Destruktion ›überlebt‹ (Winnicott 1971a, S. 90). Aufgrund ihrer tiefen unbewussten Ängste und zur Befriedigung ihres fundamentalen Bedürfnisses nach Sicherheit müssen insbesondere die schwer strukturgestörten Patienten die sicherheitsspendende und angstreduzierende Funktion des therapeutischen Rahmens immer wieder attackieren, um ihre Festigkeit und Haltbarkeit zu überprüfen. Und sie müssen die Therapeuten immer von Neuem einer Überprüfung ihrer Belastbarkeit unterziehen.

5.7. Die haltgebende und sicherheitsspendende Funktion von Grenze und Rahmen im Maßregelvollzug

Die langjährige Leiterin der Forensischen Psychiatrie Eickelborn, Vera Schumann (1989, S. 7) schreibt programmatisch: »Auch wir können diese Patienten nur mit Zuwendung und immer wieder reflektierender Begrenzung ›behandeln‹«. Für die allgemeine Psychotherapie habe ich in einer früheren Arbeit analog von dem Angebot an »Struktur und Liebe« (Auchter 1983) gesprochen.

Der stabile Rahmen bedeutet Schutz und Sicherheit aber nicht nur für die Patienten, sondern auch für die Therapeuten (Körner 1993). Zum Beispiel: »Wenn wir uns von unseren Patienten [emotional] berühren lassen, benötigen wir Begrifflichkeiten, die uns erlauben, uns der Situation hinzugeben und sie doch auch zu kontrollieren« (Körner 1993, S. 43). Feste aber flexible Rahmenbedingungen, sei es in Theorien und Konzepten, sei es in stabilen Strukturen von Zeit und Raum, erlauben das Wagnis, sich dem Unbewussten des Patienten und dem eigenen auszusetzen, ohne in deren

Strudel und Untiefen hinabgerissen zu werden. Zu starre Regulierungen können den therapeutischen Möglichkeitsraum (Auchter 2004), den Entwicklungsspielraum aller am therapeutischen Prozess Beteiligten, einengen oder gar zerstören.

Vielen der uns im Rahmen der Forensik begegnenden Patienten mangelt es an der Fähigkeit zu einer ausgewogenen Balance in der innerseelischen Regulation. Sie sind häufig erfüllt von utopischen Idealvorstellungen und Erwartungshaltungen an das eigene Selbst und an ihre Umgebung. Wenn diese Über-Ich- und Ich-Ideal-Vorstellungen nicht durch realistische – und das heißt auch immer begrenzte – Ziele und Hoffnungen ersetzt werden, sind Scheitern und Enttäuschungen geradezu vorprogrammiert. Die Unverhältnismäßigkeit zwischen Sehnsüchten und Möglichkeiten wird nur allzu leicht unbewusst auf die Bezugspersonen übertragen, und wenn sie von ihnen übernommen wird, ist die Wahrscheinlichkeit eines Beziehungsscheiterns außerordentlich hoch. Da auch Therapeuten selbst immer wieder meist unbewusst diesen Mustern, zum Beispiel ähnlichen Formen der Idealisierung, zu erliegen drohen, brauchen sie kompensatorisch Möglichkeiten wie z. B. in einer Supervision, um sich dessen bewusst werden zu können und nach besseren Lösungen suchen zu können!

5.8. Über-Ich-Milderung bzw. Über-Ich-Bildung durch Grenzsetzung

Viele delinquente Taten vermitteln auf den ersten Anschein den Eindruck, dass sie von ›gewissenlosen‹ Menschen begangen worden seien, oder – in analytischer Terminologie – von Menschen ohne hinreichendes Über-Ich. Bei genauerem Hinsehen erweisen sich allerdings viele dieser vordergründig norm- und gewissenlos erscheinenden Phänomene nur als »Abwehrreaktionen, hinter denen sich im Laufe der Behandlung außerordentlich strenge Über-Ich-Impulse offenbaren« (Goudsmit 1962, S. 512). Parin (1961/62, S. 324) hat hierfür von einer »Verleugnung des Über-Ichs« gesprochen.

»Die grimmigste Moral ist die des frühen Säuglingsalters«, meint Winnicott (1965a, S. 102). »In den frühen Stadien sind die Über-Ich-Introjekte, die zur Steuerung von Es-Impulsen und Es-Produkten benutzt werden, subhuman und so primitiv, wie man sich es nur vorstellen kann« (Winnicott 1965a, S. 19). »Zunächst sind die Mechanismen der Selbstbeherrschung so primitiv wie die Impulse selbst« (Winnicott 1965b, S. 11). Etwa nach dem biblischen Motto: ›Auge um Auge, Zahn um Zahn‹. Wie kann es zu einer

Humanisierung und Relativierung solcher totalitärer Vorstellungen kommen? Für das Infragestellen von absoluten Normen gibt es direkte und indirekte Beeinflussungsmöglichkeiten durch Beziehungen, d. h. *Relativierung* (vgl. Bauriedl 1984, S. 33). »Die Strenge der Mutter hilft, weil sie weniger brutal und menschlicher ist, denn einer Mutter kann man trotzen, während die Hemmung eines Impulses von innen her gewöhnlich total ist« (Winnicott 1965b, S. 11). »Der Moralkodex des Erwachsenen ist notwendig, weil er das vermenschlicht, was für das Kind unmenschlich ist« (Winnicott 1965a, S. 101). Die »primitiven Ängste werden vor allem durch die Erfahrungen humanisiert, die es in der Beziehung zu den Eltern macht, die missbilligen und wütend sind, aber das Kind nicht beißen und ersäufen und verbrennen« (Winnicott 1965a, S. 101), wie es den unbewussten infantilen Angstphantasien entspräche.

Sowohl aggressive Triebimpulse und Hassaffekte können externalisiert werden, als auch primitive Über-Ich- und Ich-Ideal-Aspekte. Die demgegenüber moderatere Bestrafung durch die Außenwelt und die Internalisierung ihrer grenz- und rahmensetzenden Funktion kann die archaischen, eher brutalen und erbarmungslosen Selbstbestrafungstendenzen und den Selbsthass reduzieren. Das gilt natürlich genauso für den Nachreifungsprozess von Patienten im Maßregelvollzug!

»Durch begrenzte Verbote schaffen wir die Möglichkeit für jene begrenzte Ungezogenheit, die wir gesund nennen« (Winnicott 1965a, S. 28). Und Winnicott (1984, S. 95) warnt: »Übermäßige Selbstkontrolle hat die unangenehme Begleiterscheinung, daß (...) in regelmäßigen Abständen aggressive Gefühle und Verhaltensweisen durchbrechen«.

Das Befolgen von Geboten oder Verboten ist u. a. mit der Fähigkeit, ›Nein‹ zu sagen, verknüpft. »Der Erwerb des ›Nein‹ ist der Indikator für die Wahrnehmung des ›Anderen‹ und die Gewahrung des ›Selbst‹« (Spitz 1957, S. 111). Das ›Nein‹ charakterisiert auch die Abgrenzung zum Nicht-Ich, zum Du.

Das Neinsagen und Widersprechen als Ausdruck von Mündigkeit müssen Kindern in der Auseinandersetzung mit ihren Eltern, Anderen und auch den gesellschaftlichen Institutionen lernen können. Eine notwendige und hilfreiche Erfahrung liegt im Erleben von relativen und nicht absoluten ›Neins‹. Das Erlernen der Möglichkeit, Verbote zu übertreten, obwohl sie grundsätzlich in Geltung bleiben, ist nach Bittner (1971, S. 16) notwendig, um sich Gewissheit darüber zu verschaffen, »dass Gebote von Menschen gemacht werden und nur menschliche Autorität beanspruchen dürfen«. Es geht also um eine Erziehung zum »jeweils konkreten Ungehorsam, zur jeweils konkreten Übertretung willkürlicher Gebote« (Bittner 1971, S. 15). Mündig werden bedeutet lernen zu analysieren, zu unterscheiden, ja und nein zu sagen, gehorsam und ungehorsam sein zu können. Ein hinreichendes moralisches und soziales *Netz* kann so vielleicht die *Mauern* eines Gefängnisses oder des Maßregelvollzuges ersparen.

Die Ungezogenheit setzt dialektisch das Gesetz, die Ordnung und Grenzen voraus, gegen die man stoßen und die man übertreten kann. Mangelnde Gelegenheiten, ungezogen sein zu können, ›nein‹ sagen zu können, werden zudem mit einem Mangel oder Verlust an Widerstandsfähigkeit bezahlt. Und gerade diese wäre im postmodernen Zeitalter massenhafter medialer, ökonomischer und politischer Manipulation umso notwendiger.

Mir fällt keinen passenderes Bild für Winnicotts ›Ungezogenheit‹ ein als die Schlussszene aus Peter Weirs Film *Der Club der toten Dichter*. Der Film berichtet von einem liberalen Lehrer an einem amerikanischen College, der sich darum bemüht, seine Schüler zum ›Wahren Selbst‹ (Winnicott) zu emanzipieren. Am Ende muss er die Schule verlassen, aber in der Schlusssequenz des Filmes geht seine Saat der Freiheit und Integrität dennoch auf. Auch wenn der Direktor ›alter Schule‹ mittlerweile die autoritären Strukturen restauriert hat, steigen in der allerletzten Begegnung zwischen dem Lehrer und seinen Schülern diese im Widerspruch zu den Befehlen des Direktors auf ihre Pulte und stehen mutig und selbstbewusst aufrecht! Und genau in diesem Punkt sehe ich Aktualität von Donald W. Winnicotts Überlegungen zur Fähigkeit, ungezogen zu sein.

6. Zusammenfassende Schlussüberlegungen

> »Verrücktsein ist, wenn man niemanden mehr findet, der einen aushält«.
> (John Rickman zit. n. Winnicott 1986, S. 109)

Abschließend sollen die wesentlichen Funktionen von Rahmen, Halt und Grenze noch einmal kurz zusammengefasst werden:

1. Der Widerstand, den Grenzen, Ordnungen und Rahmenbedingungen bieten, ist Voraussetzung zur Abgrenzung zwischen Ich und Nicht-Ich-Welt. Sie sind so ein wesentlicher Beitrag zur gleichzeitigen Selbstkonstituierung und Objektkonstituierung. Sie sind von besonderer Bedeutung bei Patienten mit Abgrenzungsdefiziten verschiedenster Art.
2. Äußere Grenzen und Regeln dienen (durch Internalisierung) der Trieb-, Impuls- und Affektregulation durch Begrenzung und damit der

Verminderung von Überwältigungsängsten durch die Grenzenlosigkeit des inneren, unbewussten Geschehens.

3. Beim Vorliegen einer pathologischen Über-Ich-Struktur dienen die Grenzerfahrungen mit Verboten und Geboten zur Veränderung in Richtung einer benigneren, subsidiären – statt malignen, destruktiven – Über-Ich-Struktur.
4. Grenzen, Regeln und Ordnungen dienen schließlich dem Realitätsprinzip, indem sie deutlich machen, dass auch der Therapeut oder das Team nicht allmächtig und willkürlich sind, sondern menschlicher Grenzen bedürfen und Grenzen besitzen.
5. Grenzen dienen schließlich der Beziehungsförderung, indem sie *heilsame* Reibungen und Konflikte begünstigen, an denen die Konflikt- und Beziehungsfähigkeit erprobt, gelernt und erweitert werden kann.

Am Ende kann ich keine befriedigendere Lösung anbieten als ein Paradox: Die Existenz von klaren Grenzen, Gesetzen, Rahmen und Ordnungen (z. B. Behandlungskonzept, Stationsordnung) ist als Prinzip ebenso wichtig und unumgänglich – wie die flexible Möglichkeit zu ihrer begrenzten, partiellen und/oder passageren Übertretung.

Ohne Zweifel wird es immer eine bestimmte Anzahl von Menschen geben, bei welchen alle therapeutischen Maßnahmen verlorene Liebesmüh ist und die aus Gründen der öffentlichen Sicherheit nur ›verwahrt‹ werden können. Ausdrücklich habe ich von Mit-Menschen gesprochen, da manche Untaten uns dazu verführen, von ›unmenschlich‹ zu sprechen, und es sogar moderne und sich aufgeklärt, demokratisch und zivilisiert verstehende Länder gibt, die immer noch glauben, solchen Taten nur mit der Todesstrafe begegnen zu können. Ich kann nachvollziehen, dass manche Übeltat tiefste Wut- und Rachebedürfnisse hervorruft. Wenn wir ihnen allerdings ungefiltert und unreflektiert nachgeben, dann hat die tief in uns allen verwurzelte destruktive Inhumanität, dann haben unsere unbewussten archaischen und barbarischen Rachegelüste und unsere Mordimpulse, die Oberhand gewonnen. Das Böse ist in höchstem Maße infektiös (Auchter & Hilgers 1993). Auf diese Weise kommen dann sogar bei höchsten Repräsentanten unseres Staates – durchaus im dumpfen Einklang mit 75% der Bevölkerung – geistige Schnellsch(l)üsse vor wie: Kinderschänder ›müssen weggeschlossen werden – und zwar für immer‹.

Es wird aber immer auch eine bestimmte – und nicht geringe – Anzahl von Delinquenten geben, bei denen sich jede Liebe und jegliche Mühe lohnt, alle therapeutischen Maßnahmen und Möglichkeiten auszureizen. Und mit solchen Menschen, bei denen nicht alle Hoffnung verloren ist, sondern die sich im Übergangsbereich zwischen tiefer Hoffnungslosigkeit und zumindest kleinen Hoffnungsschimmern und -funken befinden, hat man es im Maßregelvollzug zu tun. Dort Tätige haben in ihren verschiedenen therapeutischen Funktionen die Chance, für sich und für die ihnen anvertrauten Menschen zu Hoffnungsträgern zu werden und damit einen ebenso begrenzten und bescheidenen, wie grundlegenden, äußerst wichtigen und wertvollen Beitrag für eine weitere Humanisierung der Menschen zu leisten.

Literatur

Auchter, T. (1973): Zur Kritik der antiautoritären Erziehung. Freiburg (Lambertus).

Auchter, T. (1983): Struktur und Liebe. Voraussetzungen psychoanalytischer Psychotherapie. Wege zum Menschen, 35, 462–478.

Auchter, T. (1992): Das fremde eigene Böse. Zur Psychoanalyse von Scham, Schuld und Verantwortung. In: Schumann, V., & Dimmek, B.: Die Würde des Menschen ist unantastbar. Werkstattschriften zur Forensischen Psychiatrie, 3, S. 31–62.

Auchter, T. (1994): Aggression als Zeichen von Hoffnung. Wege zum Menschen, 46, 53–72.

Auchter, T. (1995): Über das Auftauen eingefrorener Lebensprozesse. Winnicotts Konzepte der Behandlung schwerer seelischer Erkrankungen. Forum der Psychoanalyse, 11, 62–83.

Auchter, T. (1996): Von der Unschuld zur Verantwortung. In: Schlagheck, M. (Hg.): Psychologie und Theologie im Dialog über die Schuld. Paderborn (Bonifatius Verlag), S. 41–138.

Auchter, T. (1998): Die Bedeutung der Scham für den Umgang mit seelisch kranken Menschen. Wege zum Menschen, 50, 144–160.

Auchter, T. (2000): Das Halten und seine Bedeutung in der allgemeinen und der psychotherapeutischen Entwicklung. Wege zum Menschen, 52, 464–476.

Auchter, T. (2002a): Gewalt als Zeichen von Hoffnung? Zur psychoanalytischen Theorie der jugendlichen Gewalt bei D. W. Winnicott. In: Schlösser, A.-M., & Gerlach, A. (Hg.): Gewalt und Zivilisation. Gießen (Psychosozial Verlag), S. 595–613.

Auchter, T. (2002b): Über das Auftauen eingefrorener Lebensprozesse. Zur Relevanz der psychoanalytischen Konzepte von D. W. Winnicott für die Psychotherapie und die Soziotherapie. In: Eggebrecht, F., & Pehl, T. (Hg.): Chaos und Beziehung. Tübingen (edition diskord), S. 21–51.

Auchter, T. (2003a): Psychoanalyse zwischen Emanzipation, Effiziens, Entfremdung und Euro. Über schleichende Dehumanisierungsprozesse in Vorstellungen von der zukünftigen psychotherapeutischen Versorgung. In: Gerlach, A., u. a. (Hg.): Psychoanalyse mit und ohne Couch. Gießen (Psychosozial Verlag), S. 87–107.

Auchter, T. (2003b): Angst, Hass und Gewalt. In: Auchter, T., u. a. (Hg.): Der 11. September. Psychoanalytische, psychosoziale und psychohistorische Analysen von Terror und Trauma. Gießen (Psychosozial Verlag), S. 134–163.

Auchter, T. (2004): Der Möglichkeitsraum [Potential Space] bei Donald W. Winnicott. Freie Assoziation, 7, in Vorbereitung.

Auchter, T., & Hilgers, M. (1993): Das Böse – das Infektiöse. Beziehungspflege. Werkstattschriften zur Forensischen Psychiatrie, 5, 23–62.

Auchter, T., & Hilgers, M. (1994): Delinquenz und Schamgefühl. Monatsschrift für Kriminologie und Strafrechtsreform, 77, 102–112.

Balint, M. ([1968] 1970): Therapeutische Aspekte der Regression. Stuttgart (Klett).

Bauriedl, T. (1984): Beziehungsanalyse. Frankfurt (Suhrkamp).

Benjamin, J. (1993): Die Fesseln der Liebe. Frankfurt (Fischer).

Bernhard-Hegglin, A. (1999): Die therapeutische Begegnung. Göttingen (Vandenhoeck u. Ruprecht).

Bion, W. ([1962] 1992): Lernen durch Erfahrung. Frankfurt (Suhrkamp).

Bion, W. (1970): Attention and Interpretation. London (Tavistock Publications).

Bittner, G. (1971): Was bleibt von der ›Antiautoritären Erziehung‹? In: Bitter, W. (1972): Freiheit – ohne Autorität. Stuttgart (Klett), S. 49–63.

Blass, H. (2002): Das Bild des genügend guten Vaters und die männliche Fähigkeit, eine Frau achten zu können. Kinderanalyse, 10, 62–92.

Blos, P. ([1962] 1993): Adoleszenz. Stuttgart (Klett-Cotta).

Blos, P. (1964): Die Funktion des Agierens im Adoleszenzprozess. Psyche, 18, 120–138.

Böllinger, L. (1979): Psychoanalyse und die Behandlung von Delinquenten. Heidelberg/Karlsruhe (C. F. Müller).

Dornes, M. (1995): Gedanken zur frühen Entwicklung und ihrer Bedeutung für die Neurosenpsychologie. In: Forum der Psychoanalyse 11, S. 27–49.

Dornes, M. (1999): Das Verschwinden der Vergangenheit. In: Psyche 53, S. 530–571.

Freud, S.: Gesammelte Werke. Die Arbeiten Freud werden zitiert nach: Meyer-Palmedo, I. u. Fichtner, G. (1989): Freud-Bibliographie und Werkkonkordanz. Frankfurt (Fischer).

Frisch, M. (1972): Ausgewählte Prosa. Frankfurt (Suhrkamp).

Goudsmit, W. (1962): Über Abwehrmechanismen bei sogenannten Psychopathen. Psyche, 16, 512–520.

Heinemann, E. (1992): Geschlechtsspezifische Aspekte von Aggression. In: Heinemann, E., u. a. (Hg.) (1992): Gewalttätige Kinder. Frankfurt (Fischer), S. 82–89.

Kernberg, O. (1976): Eine psychoanalytische Klassifizierung der Charakterpathologie. In: Kernberg, O. ([1976]1985): Objektbeziehungen und Praxis der Psychoanalyse. Stuttgart (Klett-Cotta), S. 139–160.

Kernberg, O. (1984): Die strukturelle Diagnose. In: Kernberg, O. ([1984] 1988): Schwere Persönlichkeitsstörungen. Stuttgart (Klett-Cotta), S. 15–47.

Keupp, H. (1999): Subjektsein heute. Wege zum Menschen, 51, 136–152.

Klüwer, R. (1983): Agieren und Mitagieren. Psyche, 37, 828–840.

Körner (1993): Der Behandlungsrahmen und die freie Assoziation. In: Ermann, M. (Hg.): Die hilfreiche Beziehung in der Psychoanalyse. Göttingen (Vandenhokck u. Ruprecht), S. 35–49.

Kohut, H. (1976): Narzißmus. Frankfurt (Suhrkamp).

Kutter, P. (1988): Grundhaltung, professionelle Einstellungen und psychoanalytische Methode. In: Kutter, P., u. a. (Hg.) (1988): Die psychoanalytische Haltung. München/Wien (Internationaler Psychoanalytischer Verlag).

Lidz, T. (1971): Familie und psychosoziale Entwicklung. Frankfurt (Fischer).

Loch, W. (1974): Der Psychoanalytiker als Gesetzgeber und Lehrer. Psyche, 28, 431–460.

Loch, W. (1975): Über Begriffe und Methoden der Psychoanalyse. Bern/Stuttgart/Wien (Huber).

Minden, G. v. (1988): Der Bruchstück-Mensch. München/Basel (E. Reinhardt Verlag).

Mitscherlich, A. (1947): Aktuelles zum Problem der Verwahrlosung. Psyche, 1, 103–118.

Modell, A. H. (1993): The holding environment. In: Goldmann, D.: In one's bones. Northvale/London (Jason Aronson), S. 273–289.

Moses, R. (1986): »Watergate« als universelles Phänomen. In: Lobner, H. (Hg.): Psychoanalyse heute. Wien (Orac), S. 185–204.

Parin, P. (1961/62): Die Abwehrmechanismen der Psychopathen. Psyche, 15, 322–329.

Pecher, W. (1989): Das Gefängnis als Vater-Ersatz. Frankfurt (R. G. Fischer).

Rauchfleisch, U. (1981): Dissozial. Entwicklung, Struktur und Psychodynamik dissozialer Persönlichkeiten. Göttingen (Vandenhoeck u. Ruprecht).

Rauchfleisch, U. (1992): Allgegenwart von Gewalt. Göttingen (Vandenhoeck u. Ruprecht).

Rauchfleisch, U. (1999): Außenseiter der Gesellschaft. Göttingen (Vandenhoeck u. Ruprecht).

Reinke-Köberer, E. (1979): Frühe Beziehungsstörungen und kriminelles Handeln. In: Eschweiler, P.: Psychoanalyse und Strafrechtspraxis. Königsstein (Athenäum), S. 15–34.

Rotthaus, W. (2001): Interview – Erziehung im Wandel: »Die Eltern verweigern zu erziehen«. Deutsches Ärzteblatt, 98, 1637.

Scharf, J. M. (1995): Zwischen Freud und Ferenczi: Die inszenierende Interaktion (1). Zeitschrift für psychoanalytische Theorie und Praxis, 10, 349–374.

Schumann, V. (1989): Fünf Jahre Maßregelvollzug im Westfälischen Zentrum für Forensische Psychiatrie Lippstadt-Eickelborn. Sozialpsychiatrische Informationen, 4, 2–8.

Spitz, R. (1957): Nein und Ja. Stuttgart (Klett).

Spitz, R. (1982): Vom Dialog. Stuttgart (Klett).

Thomae, H., & Kächele, H. (Hg.) (1985): Lehrbuch der psychoanalytischen Therapie 1., Berlin u.a. (Springer Verlag).

Trimborn, W. (1990): Die Funktion des Rahmens der Therapie bei Borderline-Patienten. In: Janssen, P. L. (1990): Psychoanalytische Therapie bei Borderline-Störungen. Berlin/Heidelberg/New York (Springer).

Trimborn, W. (1994): Analytiker und Rahmen als Garanten des therapeutischen Prozesses. Der Psychotherapeut, 39, 94–103.

Trimborn, W. (1995): Der Rahmen und das psychoanalytische Ereignis. In: Haas, P. u. Jappe, G.: Deutungs-Optionen. Tübingen (edition diskord), S. 93–118.

Winnicott, D. W. (1958): Through Paediatrics to Psychoanalysis. Collected Papers. London: Tavistock Publ. Reprinted: London: Karnac (1992).

Winnicott, D. W. (1965a): The Maturational Process and the Facilitating Environment. Hogarth Press, London. Reprinted: London: Karnac (1990).

Winnicott, D. W. (1965b): The Family and individual Development. London (Tavistock Publications).

Winnicott, D. W. (1967): Delinquency as a sign of hope. In: Winnicott, D. W. (1986): Home is where we start from. Harmondsworth (Penguin Books), S. 90–100.

Winnicott, D. W. (1971a): Playing and Reality. London (Tavistock Publ.). Reprinted: London: Routledge (1991).

Winnicott, D. W. (1971b): Therapeutic consultations in child psychiatry. London (Hogarth Press).

Winnicott, D. W. (1984): Deprivation and Delinquency. London (Tavistock Publications).

Winnicott, D. W. (1986): Home is where we start from. Harmondsworth (Penguin Books).

Winnicott, D. W. (1988a): Human Nature. London (Free Associations).

Winnicott, D. W. (1988b): Babies and their mothers. London (Free Associations).

Winnicott, D. W. (1989): Psychoanalytic Explorations. Hg. Winnicott, C. u. a. London (Karnac).

Teamorientierte Stationäre Behandlung und deliktorientiertes Arbeiten als Grundlage einer Behandlungskonzeption in der Forensischen Psychiatrie

Frank Urbaniok und Mirella Chopard

Einleitung

Die forensische Therapiearbeit vereinigt unspezifische Behandlungskonzepte – die in gleicher Weise auch allgemein bei anderer Klientel angewendet werden können – und spezifische Konzeptionen, die speziell auf die Behandlung von Straftätern ausgerichtet sind. Eine möglichst klare Konzeptionalisierung sowohl des unspezifischen Teils und insbesondere der spezifischen forensischen Behandlungselemente stellt eine wesentliche Grundlage für die praktische Therapiearbeit dar. Nachfolgend werden als unspezifische Behandlungskonzeption für stationäre Behandlungen die Grundgedanken des Modells der Teamorientierten Stationären Behandlung (TSB) vorgestellt. Für den Teil einer spezifisch forensischen Konzeption wird anschließend der deliktorientierte Ansatz erläutert. Ein auf diesen beiden Grundpfeilern basierendes Konzept stellt unserer Meinung nach eine theoretische Behandlungsbasis dar, die in ihrer Differenzierung, Zweckgerichtetheit und transparenten Vermittelbarkeit geeignet ist, eine klare konzeptionelle Ausrichtung für ein Behandlungsteam zu ermöglichen. Es soll damit ein Beispiel für eine mögliche stationär forensische Behandlungskonzeption zur Diskussion gestellt werden. Damit sollen nicht zuletzt die Vorteile veranschaulicht werden, die mit einer praxisnahen Konzeptionalisierung verbunden sind. Da sowohl die Teamorientierte Stationäre Behandlung (TSB) als auch der deliktorientierte Behandlungsansatz bereits andernorts dargestellt wurden (Urbaniok 2000, 2001, 2002, 2003a), handelt es sich bei den diesbezüglichen Ausführungen in diesem Beitrag um eine zusammenfassende Skizzierung grundlegender Gedanken, die zum Teil aus vorliegenden Publikationen zusammengefasst wurden, zum Teil sich stark an diese anlehnen. Abschließend wird der für die Praxis der forensischen Teamarbeit bedeutsame Aspekt der Traumatisierung näher erörtert.

Stationäre Therapie ist eine 168-Stunden-pro-Woche-Herausforderung

Die Grundannahmen der TSB sind einfach. Ihre konzeptionelle und umfassende Umsetzung in die Praxis ist aber nichtsdestotrotz eine herausfordernde, anspruchsvolle und komplexe Aufgabe. Ihr muss sich ein Behandlungsteam auf Dauer stellen, um den angestrebten Optimierungsprozess erfolgreich zu gestalten. In der stationären forensischen Praxis gilt es, zusätzliche forensisch relevante Aspekte zu berücksichtigen und entsprechend zu konzeptionalisieren.

Die zentrale Idee der TSB besteht darin, stationäre Behandlungsarbeit als eine umfassende Gestaltungsaufgabe von nicht weniger als 24 Stunden pro Tag aufzufassen. Die einmalige Chance einer stationären Therapie besteht darin, ein therapeutisch geprägtes, »ökologisches« System zu gestalten, in das ein Patient mit seiner gesamten Persönlichkeit eintauchen kann. Das bedeutet, dass alle 168 Stunden pro Woche, in denen sich der Patient in diesem ökologischen System aufhält, das therapeutische Vehikel zur Behandlung sind. Aus dieser Betrachtungsweise folgt die Zielsetzung, möglichst konsequent alle 168 Wochenstunden ohne Ausnahme einer therapeutisch wirksamen Konzeption zu unterwerfen und in diesem Sinne zu durchdenken und zu konzeptionalisieren. Es gibt dabei keine unwichtigen Stunden. Die Effektivität der Behandlung einer Station wird weniger durch die therapeutischen »High-Lights« gekennzeichnet, als vielmehr durch ihre Fehler und Schwächen limitiert. Wer glaubt, stationäre Therapie sei das, was ein Therapeut in einer, zwei, sechs – oder wie vielen Wochenstunden auch immer – mit dem Patienten tut, der unterliegt einem Grundirrtum. Eine spezielle therapeutische Stunde oder Intervention kann lediglich als eine spezielle Ausprägung des gesamten therapeutischen Angebots betrachtet werden. Die Therapie besteht aus nicht weniger als 168 Stunden pro Woche. Die jeweilige Therapiestunde muss somit konzeptionell in den 168-Stunden-Anspruch eingebunden sein und ist dann vielleicht ein hilfreicher »i-Punkt« auf dem Boden einer gelungenen Gesamtstruktur. Wer durch eine personen- oder angebotsbezogene Spaltung des Therapiegedankens von diesem Grundsatz abrückt, der macht ein ambulantes Therapieangebot. Viele der sogenannten stationären Therapien sind nach diesem Verständnis nichts anderes als ambulante Therapien in einem stationären Umfeld. Sie können dann lediglich danach differenziert werden, ob es sich um ambulante Behandlungen in einem fördernden, duldenden oder ablehnenden stationären Umfeld handelt.

Stellt man sich dem Anspruch, 168 Stunden pro Woche zu gestalten, dann bedeutet dies, dass alle in diesen 168 Stunden pro Woche vorkommenden Phänomene – zumindest theoretisch – einem allumfassenden Professionalisierungsprozess unterzogen werden müssen. Dann besteht die therapeutische Frage nicht darin, welche Erkenntnis ein Einzeltherapeut zum Beispiel in der 35. Therapiestunde über die Art der Mutterbeziehung gewonnen hat. Die therapeutischen Fragen lauten vielmehr: »Welche Atmosphäre herrscht auf der Station? Was macht Pfleger X samstags um 19.30 Uhr auf der Station und warum macht er das, was er da tut? Wie geht das Team mit ›Tratsch‹ um, wie teilt es seine Arbeitszeit ein, welchen Grundgedanken über den Patienten folgen ihre Beziehungsangebote?« Der Schlüssel zur Gestaltung dieser und unzähliger weiterer therapeutischer »Alltäglichkeiten« liegt in der Realisierung einer professionellen Teamarbeit auf dem Boden einer durchdachten Teamarbeitskonzeption. Stationäre Arbeit ist Teamarbeit – immer! Aus diesem Grunde führt kein Weg an der Professionalisierung und Konzeptionalisierung der Teamarbeit vorbei.

Bereits die Milieutherapeuten widmeten sich dem Gedanken der umfassenden therapeutischen Gestaltung des Behandlungsmilieus (Bettelheim 1989, 1993; Otto 1993; Wesley 1997; Womack, Jones & Roos 1990). Allerdings fand die Teamarbeit darin bislang wenig Beachtung. Auch in der Ökonomie, in der im Zuge von Lean-Management-Modellen Teamarbeit zeitweise ein Begriff mit Hochkonjunktur war, hat keine sinnstiftende Operatonalisierung des Teamarbeits-Gedanken stattgefunden (Ulich 1993; Womack u. a. 1990). Man begnügte sich mit dem Hinweis auf Produktivitätsunterschiede, die man den positiven Wirkungen zusammenarbeitender Teams zuschrieb. Arbeitskonzepte gingen über oberflächlich wirkende Merkmalsbeschreibungen von Teamarbeit aber nicht hinaus. In der Psychiatrie hat das Teamverständnis ohnehin eine eher zweifelhafte Tradition. Team war lange Zeit ein Kampfbegriff bzw. ein systemdefiniertes Vehikel als Gegengewicht für tatsächlich oder vermeintlich hierarchische Strukturen. In der TSB geht es im Gegensatz dazu um ein professionell begründetes Teamarbeitskonzept, das den Boden für eine durchgängige therapeutische Behandlungskonzeption bieten soll. Gerade persönlichkeitsgestörte Patienten profitieren von solchen umfassenden Behandlungskonzeptionen in besonderer Weise.

Mutation zum Stationsmanager

Der erste Schritt zur Umsetzung der TSB liegt in einer Änderung des Blikkwinkels und des Selbstverständnisses. Mitarbeiter, egal in welcher Funktion sie auf der Station tätig sind, sollten zum Stationsmanager werden. Für die Umsetzung der professionellen Teamarbeit ist jeder Mitarbeiter wichtig. Unselig ist die mancherorts proklamierte Spaltung in therapeutische und nichttherapeutische Mitarbeiter. Der Therapeut auf einer Station ist das Team. Dazu gehört jeder Mitarbeiter auf der Station. Unter dem Blickwinkel des Stationsmanagers erschließt sich die Station in einer anderen Sichtweise. Der Stationsmanager zeigt sich verantwortlich für alles, was auf der Station geschieht und ist bemüht, zu deren gesamthafter Verbesserung beizutragen. Die oft einseitige Fokussierung auf – bisweilen spekulative und für die Praxis wenig verwertbare – Ideen über Patienten oder auf die vermeintlichen, wenigen wahren Therapiestunden gleicht einem Busfahrer, der die Qualität seines Busses daran misst, dass er einen modernen CD-Player zur Verfügung hat, den er mit großer Aufmerksamkeit und professioneller Pflege bedenkt. Ein dem Stationsmanager entsprechender »Busmanager« würde aber den gesamten Bus inspizieren. Er wäre mit dem Zustand des Busses nicht zufrieden, wenn er neben dem vorbildlichen CD-Player im hinteren Teil des Busses verschmutzte und zerrissene Sitzbänke oder betrunkene und randalierende Fahrgäste vorfände. Er würde sich der Optimierung aller mit dem Bus verbundener Aspekte widmen und daran die Qualität seines Angebotes messen.

Die Teamregeln der TSB

Die Professionalisierung der Teamarbeit, insbesondere unter therapeutischen Gesichtspunkten, geschieht weder zufällig, noch trifft sie das Team wie ein Wunder aus heiterem Himmel. Es handelt sich um eine umfassende strategische Aufgabe. Dazu benötigt das Team zunächst eine Theorie über eine professionelle Teamarbeitskonzeption, in der die praktisch wichtigen Elemente operationalisiert und damit einer praktischen Umsetzung zugeführt werden können. In der TSB sind 16 Teamregeln aufgestellt. Sie beschreiben die Basiskonzeption der Teamarbeit nach der TSB:
- Einheitlichkeit
- Verschiedenheit
- Patienten-Team: die großen Subsysteme

- Teamdiagnosen
- Offenheit
- Informationsfluss
- Transparenz
- Wir sind die Eltern
- Respekt
- Fürsorgepflicht
- Spaltung
- Die gemeinsame Idee
- Selbständigkeit
- Nähe und Distanz
- Glaubensmuster
- Wertsetzungen

Es mag bei diesen Überschriften der Eindruck entstehen, dass hier Banalitäten oder Selbstverständlichkeiten genannt werden. Richtig ist, dass es sich bei vielen Grundgedanken – wie z. B. der Einheitlichkeit oder des Respekts – im Prinzip um einfache Sachverhalte handelt. Darin genau liegt aber in der Praxis ihre Tücke. Sie scheinen so einfach und selbstverständlich, dass bislang eine Theorie darüber fehlte und erst recht Strategien zur Umsetzung dieser Prinzipien in der praktischen Teamarbeit. Hell wies in seinem Geleitwort zur TSB zu Recht darauf hin, dass in der TSB der Versuch unternommen werde, diese so allgemein verständlich klingenden Begriffe von Pathos und Moralin zu befreien (Urbaniok 2000). So lässt sich in der Tat zeigen, dass vermeintlich moralische Kontaminationen der dargestellten Begriffe, ebenso wie ein oft auf den ersten Blick einleuchtendes Alltagsverständnis, zu Blockaden in der praktischen Umsetzung entsprechender Arbeitselemente führen. Dementsprechend ist der Zugang der TSB konsequent pragmatisch und praxisorientiert. Teamarbeitselemente sollen konkretisiert und operationalisiert werden. Ihre Umsetzung und Implantierung ist ein strategisches Projekt, das nicht von heute auf morgen abgeschlossen werden kann, sondern auf den Weg der permanenten Optimierung vor dem Hintergrund einer im Team verankerten Basiskonzeptionalisierung realisiert werden muss. Ein entscheidendes Arbeitselement der TSB ist zum Beispiel die Einheitlichkeit des Teams. Deren wesentliche Grundgedanken sollen im Folgenden dargestellt werden, um daran exemplarisch zu veranschaulichen, was mit der Konzeptionalisierung oben dargestellter Teamarbeitselemente in der Praxis konkret gemeint ist.

Einheitlichkeit als professionelles Teamarbeitselement

a) Die Einheitlichkeitserklärung

»Das Team muss zusammenhalten. Wir dürfen uns nicht von Patienten gegeneinander ausspielen lassen.« Solche Aussagen erfahren bei Teamzusammenkünften regelmäßig Zustimmung. Das abstrakte und unverbindliche Bekenntnis zur Einheitlichkeit ist beliebt, weil es konkret noch nichts erfordert und jeder etwas völlig anderes darunter verstehen kann. Mit solchen Bekenntnissen ist nichts gewonnen. Einige werden Einheitlichkeit als eine moralische Qualität begreifen. Andere verbinden mit ihr eine Frontkämpfervorstellung, bei der es darum geht, gegen die Patienten zusammenzuhalten.

In der TSB sollen die Teamarbeitselemente bewusst von moralischen Kontaminationen befreit werden. Moral führt zu Doppelmoral. Fehler werden zu Sünden und können dann nicht in professioneller und sachgerechter Weise angegangen und besprochen werden. Der moralische Beigeschmack verhindert zudem das Verständnis dafür, dass es bei Professionalität einzig und allein um eine pragmatische Dimension geht. Alle Verhaltensweisen und Konzeptionen müssen daraufhin untersucht werden, ob sie nützlich für das Ziel der Arbeit und für den Dienstleistungsauftrag sind. Es geht also allein um die Frage: »Gut für die Arbeit oder schlecht für die Arbeit?« Damit wird deutlich, dass es bei Einheitlichkeit nicht um ein Zusammenhalten gegen die Patienten gehen kann, sondern um ein konstruktives Teamarbeitselement für die Patienten im Sinne des therapeutischen Dienstleistungsauftrags.

Mit dieser Überlegung haben wir uns schon ein wenig von moralischen Dimensionen und einem unreflektierten, diffusen Alltagsverständnis der Einheitlichkeitsidee gelöst. Im Weiteren geht es nun darum, die Idee der Einheitlichkeit aus professioneller Sicht zu begründen (»Warum genau ist die Einheitlichkeitsidee für die Arbeit nützlich?«) und eine Strategie zu ihrer Umsetzung zu entwickeln. Professionelle Definitionen und Begründungen auf der einen und konkrete Umsetzungsstrategien für die Praxis auf der anderen Seite sind das, was mit Konzeptionalisierung und Operationalisierung von Teamarbeitselementen gemeint ist.

Der erste Schritt ist die Einheitlichkeitserklärung. Das Team beschließt die »Einheitlichkeitsidee« als ein Element der gemeinsamen Teamarbeit.

Sobald das Team eine »Einheitlichkeitserklärung« abgibt, geht es die Verpflichtung ein, sich am Gelingen der praktischen Umsetzung dieses Ziels messen zu lassen. Die gemeinsame Absichtserklärung gibt somit das demokratisch begründete Recht, die Umsetzung oder die praktische Verbesserung der Einheitlichkeitsidee zu betreiben. Nach dem Motto: »Das hat noch nicht so gut geklappt, wie können wir es das nächste Mal besser machen, um unser gemeinsames Ziel zu erreichen?« Auch wenn schon oft im Team darüber geredet wurde, lohnt es sich zu prüfen, ob es wirklich einen klaren Teamauftrag für Einheitlichkeit gibt. Dieser ist als Plattform für die Verwirklichung dieses Arbeitselementes notwendig. Anschließend muss das Teamarbeitselement professionell definiert werden. Hierzu einige Stichworte:

Einheitlichkeit bedeutet, dass jeder im Team bestimmte Dinge gleich oder ähnlich handhabt, ganz egal, wer handelt. Einheitlichkeit betrifft immer das sichtbare Tun, das »was« oder das »wie« etwas getan wird. Der professionelle Anspruch betrifft das Tun, niemals das Denken. Einheitlichkeit im sichtbaren Tun setzt jedoch zunächst voraus, dass die Dinge gekennzeichnet werden, die den Stempel »einheitlich zu handhaben« bekommen sollen. Es braucht eine klare Deklaration. Welche Dinge konkret der Einheitlichkeit unterworfen werden, hängt von der Zielsetzung und dem Auftrag einer Station ab. Es empfiehlt sich, wenige, aber klar erkennbare und essentielle Bereiche der Station mit der Einheitlichkeitsidee zu verbinden. Geschieht dies nicht, dann wird ein diffuser Anspruch nach Einheitlichkeit in den Raum gestellt, der erstens der Sache unangemessen ist – längst nicht alle Arbeitselemente bedürfen der Einheitlichkeit – und regelmäßig zu einer Überforderung führt, da »eine generelle Einheitlichkeit« gar nicht zu verwirklichen ist. Die Folge ist, dass die »Einheitlichkeit« ein Leben als diffuse Absichtserklärung fristet, ohne in der Praxis zielorientiert verfolgt werden zu können.

b) Professionelle Gründe für Einheitlichkeit

Um »Einheitlichkeit« als professionelles Arbeitsinstrument zu verstehen, ist es notwendig darzustellen, warum Einheitlichkeit sinnvoll für die Arbeit ist. Es gibt drei Gründe:
- Strukturbildung
- Arbeitsökonomie
- Sinnvolle therapeutische Botschaften

Strukturbildung

Strukturbildung bedeutet, dass Einheitlichkeit zur Ausprägung verlässlicher Eigenschaften einer Station führen kann, die mit dieser Station verbunden werden. Werden beispielsweise bei der Aufnahme alle Patienten von jedem Mitarbeiter in gleicher Weise freundlich und zuvorkommend willkommen geheißen, dann wird die Eigenschaft »freundliche Begrüßung« der Station zugeordnet. Handhaben dies die Teammitglieder unterschiedlich, dann wird diese Eigenschaft mit einzelnen Mitarbeitern verbunden. Also: »Mitarbeiter Y ist freundlich, Mitarbeiter X unfreundlich« usw. Die Eigenschaft »wie wird begrüßt« wird zu einer individuellen, den Teammitgliedern zugeordneten Eigenschaft und nicht zu einer Stationseigenschaft. Einheitlichkeit führt also dazu, dass Stationen (oder andere Systeme) identifizierbare Eigenschaften gewinnen oder sie – bei mangelnder Einheitlichkeit – auf Grund der Zuordnung zu einzelnen Teilen des Systems (beispielsweise den Mitarbeiten) verlieren.

Einheitlichkeit im Dienste der Strukturbildung schafft somit erstens für die Station »Stationseigenschaften«, die dadurch zweitens Teammitgliedern und Patienten »Verlässlichkeit« vermitteln, was wiederum drittens den Patienten »Orientierung« ermöglicht.

Arbeitsökonomie

Benötigt die Station regelmäßig bestimmte Informationen, beispielsweise aus einem Aufnahmegespräch, dann ist es wichtig, dass jeder Mitarbeiter bei dem Aufnahmegespräch die entsprechenden Fragen stellt. Geschieht dies nicht, wird die entsprechende Information manchmal fehlen und führt zu erheblichem Mehraufwand, um diese dann im Nachhinein zu beschaffen. Einheitliche Handlungsweisen aller Teammitglieder können also einer arbeitsökonomischen Zielsetzung folgen.

Therapeutische Botschaften

Die therapeutische Botschaft, die ein einheitlich handelndes Team vermittelt, entspricht der »Botschaft«, die einheitlich handelnde Eltern an ihre Kinder vermitteln. Kinder, die erkennen, dass ihre Eltern eine Einheit darstellen, sehen und spüren, dass sich die Eltern gut verstehen. Das ist beruhigend. Das gibt ihnen ein Modell dafür, wie Menschen sich eine Grundlage gemeinsamen Zusammenlebens bewahren. Darin liegt etwas Hoffnungsvolles. Sie machen zudem die Erfahrung, dass die Eltern in ihrer Einheitlichkeit keine Angriffsfläche dafür bieten, sich gegeneinander ausspielen zu lassen. Zwar bringt Kindern das Ausspielen der Eltern kurzfristig einen Vorteil. Dafür zahlen sie aber den teuren Preis, dass sie die Elterneinheit zerstören. Sie rücken dann an die Seite eines Elternteils und verbünden sich in ihrer Fantasie gegen den anderen. Vielleicht ist das für den Moment mit einem triumphierenden Gefühl oder einem vermeintlichen Vorteil verbunden. Gelingt ein solcher Spaltungsversuch aber häufig, dann werden damit die Qualitäten Halt, Sicherheit, Verlässlichkeit und wohlwollende Begrenzung durch sich verstehende, einheitlich handelnde Eltern verspielt. Durch uneinheitlich erlebte Eltern wird der Spaltungsimpuls permanent verstärkt. Es entsteht ein automatisches Suchverhalten, »die Löcher zu finden« und diese auszunutzen. Am Ende verliert das Kind die sicheren und haltgebenden Grenzen durch sich verstehende und einheitlich handelnde Eltern und damit eine wichtige Voraussetzung für behütetes Wachstum. Teameinheitlichkeit transportiert in diesem Sinne therapeutische Grundbotschaften, die frühe Bedürfnisse in der menschlichen Entwicklung ansprechen. Oft handelt es sich dabei um Qualitäten, die viele Patienten – insbesondere Persönlichkeitsgestörte – in ihrer Geschichte unzureichend erfahren haben.

In dieser Art von Einheitlichkeit für – und nicht gegen – den Patienten ist kein Platz für Strafimpulse, Ärger oder Wut. Man muss Teams zudem vermitteln, dass Spaltungsmechanismen bei Patienten oft frühen psychischen Überlebensstrategien im Sinne einer Selbstverteidigung entsprechen. Nicht Patienten »haben eine Spaltungsfähigkeit«, sondern die Eigenschaft »spaltungsfähig« ist einem Team zuzuordnen. Das Team lässt sich spalten oder lässt sich nicht spalten. In der Praxis bewährt sich folgende Metapher: Patienten, die Spaltungsversuche unternehmen, sollten vom Team als Trainer angesehen werden. So wie manche Firmen Hacker anstellen, um das eigene EDV-Sicherheitsnetz zu überprüfen oder Warenhausdetektive dafür eingesetzt werden, die Schwachstellen im System zu finden, sind Patienten mit besonderer Spaltungsfähigkeit Verbündete, die das System und das Team testen, trainieren und der Station damit zu einer Optimierung verhelfen. Dieser Betrachtungsweise folgend gelingt es vielen Teams leichter, mit den Spaltungsversuchen von Patienten umzugehen und diese professionell – und nicht mit persönlicher Betroffenheit – zu beantworten.

c) Die Kür der Einheitlichkeit

Einen Spezialaspekt der Einheitlichkeit stellt die »Kür der Einheitlichkeit« dar, bei der es nicht um einheitliche Handlungen, sondern um einheitliche

Haltungen geht. Gewöhnlich werden bei der Umsetzung der »Einheitlichkeit« Handlungsweisen vereinheitlicht. Jedes Teammitglied tut in einer klar definierten Situation das gleiche, egal welches der Teammitglieder mit der Situation konfrontiert ist. Gilt die Regel, ein Patient verlässt nach 22 Uhr nicht mehr die Station, dann wird kein Teammitglied einem Patienten die Stationstür eine Minute später öffnen, sofern in diesem Punkt Teameinheitlichkeit beschlossen wurde. Weil diesbezüglich kein Handlungsspielraum für das Teammitglied besteht, kann man diese Art von Einheitlichkeit »Robotereinheitlichkeit« nennen. Ihr entgegen zu setzen wäre eine »Einheitlichkeit in der Haltung oder in der Art der Entscheidungsfindung«, ohne dass das Ergebnis der Entscheidung gleich ausfallen muss. Dem Mitarbeiter entsteht auf dem Boden dieser Einheitlichkeit ein Spielraum bezüglich seiner konkreten Handlungsweise. Die Einheitlichkeit aller Mitarbeiter besteht dann darin, dass das Prozedere der Entscheidungsfindung und die Haltung, in der diese Entscheidung getroffen wird, bei allen Teammitgliedern gleich ist und gleichen Grundsätzen folgt. Somit wird nicht das Ergebnis vereinheitlicht, sondern der Lösungsprozess einer bestimmten Situation oder Fragestellung. Das kann dazu führen, dass ein Mitarbeiter A in der gleichen Situation eine andere Entscheidung trifft, als dies ein Mitarbeiter B tun würde. Die Einheitlichkeit besteht aber darin, dass beide den Weg zu ihrer Entscheidung in der gleichen Haltung und beispielsweise in der gleichen qualitativen Kultur des professionellen Abwägens verschiedener Aspekte treffen.

Nehmen wir an, ein Patient möchte einen Nachtspaziergang in einem nahegelegenen Wald machen. Vielleicht handelt es sich um einen Patienten, der üblicherweise Mühe hat, legitime Bedürfnisse zu äußern. In diesem spezifischen Fall könnte die Gewährung seines Anliegens in nützlicher Weise der therapeutischen Zielsetzung entsprechen. Müsste ein Mitarbeiter diesen Fall »robotereinheitlich« beurteilen, dann würde er das Anliegen ablehnen. Würde er einer »Haltungseinheitlichkeit« folgen, dann bestünde die Einheitlichkeit beispielsweise in der Ernsthaftigkeit, den Wunsch auf seine Sinnhaftigkeit hin zu beurteilen, um dann auf dieser Grundlage eine Entscheidung zu treffen. Vielleicht würde ein Mitarbeiter dann in der geschilderten Situation den Nachtspaziergang genehmigen. Würde das gleiche Anliegen von einem anderen Patienten vorgebracht, dessen Problem in der Akzeptanz von Grenzen liegt und dessen Wunsch vor allem in diesem Kontext zu verstehen ist, dann würde der Wunsch möglicherweise abgelehnt werden. Die Einheitlichkeit bestünde darin, dass das Anliegen mit der gleichen Ernsthaftigkeit, der gleichen Qualität der Entscheidbildung und in der gleichen professionell wohlwollenden Haltung erfolgen würde, unabhängig davon, welcher Mitarbeiter mit der Situation konfrontiert würde.

Bei der hier geschilderten »Kür der Einheitlichkeit« sind flexiblere und der Situation angemessenere Entscheidungen und Verhaltensweisen der Teammitglieder möglich. Nicht für alle Bereiche einer Station, in der Einheitlichkeit sinnvoll ist, bedeutet dieser Entscheidungsspielraum einen Vorteil. Manchmal ist die »Robotereinheitlichkeit« die bessere Strategie. Noch wichtiger ist aber der Hinweis, dass der Umgang mit dem individuellen Spielraum bei gleichzeitiger Realisierung der Haltungseinheitlichkeit erheblich höhere Anforderungen an die Teammitglieder stellt. Es handelt sich bei dem hier dargestellten Spezialaspekt der Einheitlichkeit in der Tat um die Kür, um »Einheitlichkeit für Fortgeschrittene«. Dieses flexiblere Konzept lässt sich nur verwirklichen, wenn die Einheitlichkeitsidee als solche im Team verstanden, fest etabliert und bereits eine Zeit lang mit Erfolg umgesetzt wurde. Diese Spezialform der Einheitlichkeit empfiehlt sich daher nur für Teams, bei denen die Praktizierung des Einheitlichkeitselements bereits auf einem qualitativ hohen Niveau fest verankert ist. Denn es liegt auf der Hand, dass die flexible Haltungseinheitlichkeit zur Sabotage der Einheitlichkeitskonzeption genutzt werden kann. Unter dem Hinweis auf den vermeintlichen individuellen Spielraum kann eine Tür dafür geöffnet werden, die Umsetzung des Arbeitselementes Einheitlichkeit zu torpedieren. Es muss daher beurteilt werden, ob ein Team für die Kür der Einheitlichkeit bereits über ein ausreichendes, professionelles Teamarbeitsfundament verfügt.

Professionelle Teamarbeit als umfassende strategische Herausforderung

Für die praktische Umsetzung der TSB muss ein weiterer Gedanke im Teambewusstsein etabliert werden, der nicht nur für die Einheitlichkeit, sondern für alle Teamarbeitselemente gleichermaßen gilt. Es ist das Bewusstsein dafür, dass es sich bei der Umsetzung von Teamarbeitselementen um eine anspruchsvolle, strategische Herausforderung für das gesamte Team handelt. Es ist weder zu erwarten, noch sinnvoll zu verlangen, dass die im Team festgelegten Richtlinien zur Einheitlichkeit von heute auf morgen vollständig oder gar lückenlos umgesetzt werden. Das wird nie der Fall sein. Der Umsetzungsprozess folgt dem Prinzip der permanenten

Optimierung. Das bedeutet, dass Fehler von Anfang an integraler Bestandteil dieses Umsetzungsprozesses sind. Sie sind wertvoll und führen zur Optimierung des Systems. Jedes Teammitglied muss daher ein professionelles Verständnis dafür entwickeln, Fehler und Unzulänglichkeiten dem Gesamtteam als Information zur Verfügung zu stellen. Das Team wiederum ist dafür verantwortlich, dass es in einem solchen Fall nicht zu Schuldzuweisungen kommt, sondern dass diese Feedback-Information einer wohlwollenden Fehlerkorrektur unterworfen wird. Ein Mitarbeiter, der eine solche Fehlerinformation zur Verfügung stellt, leistet einen wichtigen Beitrag zum Umsetzungsprozess des Arbeitselementes. Nur wenn dieses Bewusstsein im Team verankert ist, kann die Feedback-Schleife etabliert werden. Ist die Feedback-Schleife nicht von Anfang an ein integraler Bestandteil des als anspruchsvoll und herausfordernd zu bezeichnenden Umsetzungsprozesses der Teamarbeitskonzeption, dann werden Fehler verschwiegen. Eine wesentliche Information zur Optimierung der Arbeitskonzeption wird damit systematisch dem Umsetzungsprozess entzogen. Unter professionellen Gesichtspunkten wäre es somit ein Fehler, das Teamarbeitselement einzuführen, ohne gleichzeitig im Team das Bewusstsein für den permanenten Optimierungsprozess und die Notwendigkeit der Feedback-Schleife zu etablieren.

Mögliche Fehlerquellen

In einer Übersicht wurde die Konzeptionalisierung des Teamarbeitselementes »Einheitlichkeit« dargestellt. In ähnlicher Weise sind auch die anderen Teamarbeitselemente der TSB konzeptionalisiert und im Hinblick auf ihre Etablierung und Umsetzung in der Praxis operationalisiert.

Ohne eine solche Konzeption ist es sehr viel schwieriger, wenn nicht gar unmöglich, bestimmte Fehler zu vermeiden, wenn ein Team das Arbeitselement Einheitlichkeit umsetzen will. Fehlermöglichkeiten ergeben sich im Prinzip aus der Umkehrung der beschriebenen Hinweise. Eine Auswahl möglicher Fehler sei hier kurz genannt:

1. Das Team verfügt nicht über eine einheitliche Konzeption bzw. Theorie zum Teamarbeitselement »Einheitlichkeit«.
2. Es gibt keine Einheitlichkeitserklärung als professionelle Legitimationsgrundlage zur praktischen Umsetzung der Einheitlichkeit.
3. Es existieren diffuse Vorstellungen zur Einheitlichkeit wie z. B. das Missverständnis, dass es sich um eine moralische Anforderung handelt.

4. Einheitlichkeit wird als Kampfinstrument gegen die Patienten verstanden.
5. Teammitglieder verfügen nicht über professionelle Gründe für die praktizierte Einheitlichkeit. Dadurch fällt es ihnen schwerer, dieses Konzept in seinem Sinn und seiner Wichtigkeit zu verstehen und vor sich selbst und gegenüber den Patienten authentisch zu vertreten.
6. Einheitlichkeit wird nicht auf bestimmte, wenige Teamarbeitsbereiche beschränkt, sondern gilt als eine diffuse, allumfassende Anforderung. Mit der mangelnden Eingrenzung auf wenige Bereiche, auf die sich ein Team konzentriert, geht der professionelle Bezugsrahmen verloren. Es wird eine umfassende Forderung aufgebaut, die in der Praxis nicht eingelöst werden kann. Das führt zu Frustration und dazu, dass es nicht zu einem zielgerichteten und erfolgversprechenden Umsetzungsprozess kommt.
7. Es fehlt am Bewusstsein dafür, dass die Umsetzung einer Teamarbeitskonzeption eine herausfordernde, langfristig strategische Aufgabe ist, die Energie, Konzentration und gezieltes Handeln erfordert. Wenn dies einem Team nicht bewusst ist, dann kann es diese Herausforderung nicht bewältigen und wird eher immer wieder aus aktuellem Anlass kurzfristig auf Symptome reagieren.
8. Es fehlt das Verständnis dafür, dass die Umsetzung der Teamarbeitskonzeption einem permanenten Optimierungsprozess entspricht und daher die integrale Feedback-Schleife ein wesentliches Prozess-Instrument darstellt. Ist das der Fall, ist das Potential der Verwirklichung des Teamarbeitselementes von Vornherein deutlich vermindert.

Wenn ein Team nicht über eine umfassend konzeptionalisierte Teamarbeitskonzeption verfügt, dann bleibt vieles dem Zufall, persönlichen Einstellungen und situativem Reagieren überlassen. Die Qualität der Teamarbeit wird dadurch entscheidend beschränkt. Bemühen wir noch einmal die Metapher unseres Reisebusses. Niemand würde auf die Idee kommen, einen vollbesetzten Reisebus einem Fahrer anzuvertrauen, weil er sich gut mit CD-Playern auskennt und unterhaltsame Musiktitel auflegen kann, ohne auch nur über ein basales Verständnis für die Führung seines Fahrzeuges zu verfügen. Ausgehend von der These, dass das hauptsächliche Behandlungspotential einer Station in der Gestaltung aller 24 Stunden pro Tag liegt und der Schlüssel zur Gestaltung die professionelle Teamarbeit ist, gleicht die heute vielerorts anzutreffende, in dieser Hinsicht konzeptionslose Stationsführung einem überaus schlecht ausgebildeten Busfahrer. Wir würden diesen auch nicht mit seinen Fahrgästen in südliche Gefilde fahren lassen, wenn er keine Verkehrszeichen kennt, nichts über die Funktionsweise von Lenkrad und Bremsen weiß und wir auf den Zufall vertrauen müssten, dass er den Tankdeckel findet. Dieses zugegebenermaßen provozierende Beispiel soll einen bestimmten Aspekt der heutigen stationären Realität abbilden. Es gibt unzählige Theorien über Patienten, Symptome und Störungsbereiche oder darüber, was ein Arzt oder eine Pflegekraft in einer bestimmten Situation tun sollte. Darum ist stationäre Arbeit in ihrer theoretischen Grundlegung häufig individualfixiert. Die Betrachtungsweise ist auf Einzelaspekte des Patienten oder auf individuelle berufliche Verhaltensweisen ausgerichtet.

Eine wesentliche Aussage der TSB ist aber, dass durch diese Individualfixierung mit großem Aufwand eine theoretische Auseinandersetzung lediglich mit dem Bereich stationärer Behandlung erfolgt, der vielleicht bestenfalls zu 20 oder 30% zum Behandlungspotential stationärer Arbeit beiträgt. Die eigentlich »spielentscheidenden« 70 oder 80% des stationären Behandlungspotentials werden vernachlässigt. Für die Praxis wird damit ein großes und entscheidendes Optimierungspotential nicht oder nur unvollständig genutzt.

Ein erhebliches Entwicklungspotential stationärer Arbeit liegt darin, umfassende Teamarbeitskonzeptionen zu entwickeln, sie für den praktischen Alltagsprozess zu operationalisieren und sich damit dem Anspruch einer zielgerichteten 24-Stunden-pro-Tag-Professionalisierung zu stellen. Dabei ist dieser umfassende und konzeptionell getragene Professionalisierungsprozess eine herausfordernde Aufgabe, der sich ein gesamtes Team langfristig, mit strategischer Ausdauer und dem Einsatz vielfacher professioneller Ressourcen widmen muss. TSB bietet eine solche Teamarbeitskonzeption und möchte damit einen Impuls zur Diskussion und Weiterentwicklung stationärer Behandlungskonzepte bieten. Die Qualität einer Station verändert sich in dem Maße, in dem sich ein Team im Sinne umfassender Professionalisierung verändert, weil stationäre Arbeit immer Teamarbeit ist!

TSB in der Forensischen Psychiatrie

Die therapeutische Arbeit in einem forensischen Behandlungsteam stellt für jeden Mitarbeiter eine besondere persönliche Herausforderung dar:

Klienten mit einem Risikopotenzial auf der einen, öffentliche Sicherheitsinteressen – mit zum Teil bürokratischen Kontrollprozessen – auf der anderen Seite, die Notwendigkeit zur Auseinandersetzung mit Delikten, ohne Strafimpulse zu entwickeln, eine kritisch beurteilende Haltung aus professioneller Distanz wahren und gleichzeitig eine empathische Beziehung zum Klienten gestalten zu können, sind nur einige Facetten dieses komplexen Spannungsfeldes. Vor diesem Hintergrund ist in besonderer Weise die Bereitschaft erforderlich, sich ständig mit den laufenden Teamprozessen auseinander zu setzen und einen eigenen Beitrag zum Gelingen der Teamarbeit zu leisten. Deshalb müssen hier neben den dargestellten allgemeinen Teamprozessen besondere forensisch relevante Aspekte hervorgehoben und näher beleuchtet werden.

Die persönliche Entscheidung für die Arbeit in der Forensik

Die Motivation für die Arbeit auf einer forensischen Station kann verschiedene Ursachen haben. In manchen Institutionen gleichen forensische Abteilungen abgesonderten und gefährlich anmutenden Inseln in der stationär psychiatrischen Landschaft. In der Praxis können sogenannte »Strafversetzungen« in die Forensik vorkommen, indem Mitarbeiter, die sich in anderen Bereichen fehlerhaft verhalten haben, in die Forensik versetzt werden. In Zeiten von Stellenknappheit entscheiden sich Mitarbeiter möglicherweise für die Arbeit auf einer forensischen Station, weil dort gerade eine Stelle frei ist. So arbeiten etliche forensische Teams mit einer nicht unerheblichen Anzahl an Mitarbeitern, die es sich, ähnlich den untergebrachten Klienten, nicht ausgesucht haben, dort zu sein, wo sie sind.

Dabei ist gerade für die forensische Arbeit eine bewusste Entscheidung und die Auseinandersetzung mit bestimmten forensischen Fragestellungen besonders wünschenswert. Das professionelle Behandlungsteam sollte einem Bewerber daher entsprechende Fragen anbieten und sich gezielt mit ihm dazu auseinandersetzen. Neben den üblichen Kriterien im therapeutischen Kontakt zu Klienten spricht der forensische Aspekt einen eigenen, oft sehr persönlichen Bereich an. Ein forensisches Team wird neben den individuellen Biografien und Störungsbildern der Klienten vor allem auch mit deren Delikten konfrontiert. Daher müssen Teammitglieder über ein spezifisch forensisches Interventions-Know-How verfügen, damit alle Mitarbeiter auf einer fachlich gesicherten Grundlage zielgerichtet handeln können.

Neben der in ihren Grundzügen dargelegten unspezifischen TSB-Konzeption vertreten wir für diesen spezifischen Therapieteil den deliktorientierten Behandlungsansatz mit seinen spezifisch auf die Straftätertherapie ausgerichteten Paradigmen und Techniken. In deren Rahmen werden die Delikte der Klienten besprochen und im direkten Kontakt bearbeitet. Akten werden gelesen und Tatabläufe rekonstruiert. Fantasiearbeit, Risikoeinschätzung und Deliktprävention gehören wie das Schaffen eines therapeutischen Milieus zum integralen Bestandteil des stationären Alltags. Eine möglichst klare Konzeptionalisierung im Hinblick auf die Teamarbeit einerseits und auf die spezifischen deliktpräventiven Arbeitsweisen ermöglichen neuen Mitarbeitern bewusste und von authentischer Motivation getragene Entscheidungen für die forensische Arbeit. Ein neuer Mitarbeiter sollte wissen, was auf ihn zukommt. Nur so kann er zu einer Entscheidung kommen, ob er sich den möglicherweise persönlich belastenden Themen tagtäglich stellen will.

Der deliktorientierte Behandlungsansatz

Der hier vertretene deliktorientierte Behandlungsansatz besteht aus zwei Teilen. Es handelt sich um eine Kombination von obligatorischen deliktorientierten Behandlungsinterventionen mit komplementär fakultativen, auf die individuelle Persönlichkeit zugeschnittenen Therapieelementen. Mit diesem Behandlungskonzept, das deliktorientierte und individuell abgestimmte, allgemein psychotherapeutische Therapieelemente verbindet, lässt sich erhebliches Behandlungspotential erschließen. Dabei folgen die deliktorientierten Behandlungselemente keinem festen Ablauf, sondern werden in Timing und Präsentation flexibel angewendet. Deliktorientiertes Arbeiten und entsprechende Interventionen sind das Pflichtprogramm jeder deliktpräventiven Therapie. Unter deliktorientierten Behandlungselementen lassen sich beispielsweise die nachfolgenden Punkte nennen:
- Aufdeckung fördern (z. B. Dunkelziffer)
- Deliktrekonstruktion
- Aufhebung kognitiver Verzerrungen
- Schaffung von »Delikt-Know-how«
- Erklärungskontext für die Tat finden und bearbeiten
- Tatzyklus erarbeiten
- Affektive Kompetenz steigern
- Nachfühlen des Opfererlebens ermöglichen
- Permanenten Wachsamkeitspegel erzeugen und aufrechterhalten
- Risikoentwicklungen frühzeitig erkennen
- Fantasiearbeit

- Kontrolle und Steuerung erhöhen
- »Delikttteil« kennen lernen
- Offenheit lernen
- Täteridentität bilden
- Aggressions- und Sexualpädagogik

Diese Punkte lassen sich zum Teil in ähnlicher Weise in verschiedenen Behandlungsprogrammen finden (Laws 1989; Marques & Nelson 1992; Marshall, Ferndandez, Hudson & Ward 1998; Marshall, Laws & Barbaree 1990; Pithers, Marques, Gibat & Marlatt 1983). Die verstärkte Beachtung solcher deliktbezogener Behandlungselemente wird durch die Ergebnisse verschiedener Therapieevaluationsstudien gestützt (Andrews & Bonta 1994; Antonowicz & Ross 1994; Hall 1995; Lipsey 1995; Lösel 1995; Lösel & Bender 1997). Jedes der genannten Elemente kann mit einem breiten Spektrum spezieller Interventionstechniken in einer Therapie eingesetzt werden. Die sichere Beherrschung der Techniken ergibt sich nicht »quasi automatisch« aus allgemein-psychotherapeutischer Kompetenz. Es bedarf eingehender Schulung des gesamten Behandlungsteams, um das Repertoire deliktorientierter Vorgehensweisen anwenden zu können. Das Training zum Erlernen forensischer Therapietechniken zeigt, dass es manchmal viele Monate in Anspruch nimmt, bis ein Mitarbeiter beispielsweise allein die Techniken zur Fantasiearbeit sicher beherrscht.

Thesen zur deliktorientierten Arbeit

Die Deliktorientierung einer Therapie bedeutet eine Fokussierung auf alle deliktrelevanten Verhaltensaspekte. Neben der Anwendung bestimmter Techniken ist damit eine programmatische Aussage im Therapieverständnis für das gesamte Behandlungsteam verbunden. Die Therapie ist zweckgerichtet auf Rückfallprävention ausgerichtet und setzt sich zum Ziel, alle deliktrelevanten Aspekte des Tatverhaltens besser verstehen, einordnen und dadurch modifizieren zu können. Diese programmatische Ausrichtung einer Therapie mag banal klingen. Es gibt aber durchaus Autoren, die der Rückfallprävention nicht diese Priorität einräumen. Es wird davon gesprochen, dass die Therapie vorrangig der »Gesundung« eines gestörten Täters dienen soll und es daher primär »um die Behandlung. eines sozialrechtlich definierten Krankheitszustandes« gehe (Böllinger 2000). Deliktfreiheit ist in diesem Verständnis, eher ein »Nebenprodukt« – wenn auch ein erwünschtes. Es besteht die Gefahr, dass Deliktfreiheit so mit einem bisweilen nur diffus fassbaren »Heilungsziel« verbunden wird. Der deliktorientierte Ansatz geht hingegen davon aus, dass ein Klient die volle Verantwortung für ein zukünftig deliktfreies Leben übernehmen soll und sich in der Therapie viele Fähigkeiten erarbeiten kann, die ihm zur Erreichung dieses Ziels nützlich sind. Oft wird ein Klient durch eine erfolgreich verlaufende Therapie auch auf vielen anderen Ebenen seines Lebens und seiner Persönlichkeit von Fortschritten profitieren. Die gesamte Therapie ist aber wesentlich zielgerichteter auf das Ziel der Deliktprävention ausgerichtet und führt schon allein dadurch zu einer zweckgerichteteren und konsistenteren Ressourcenaktivierung des Klienten. In einem einfachen Erklärungsmodell könnte man Straftaten damit erklären, dass ein Missverhältnis zwischen der Stärke eines Handlungsimpulses bzw. einer Handlungsmotivation und der gegen diesen Handlungsimpuls (-motivation) gerichteten Steuerungsfähigkeit des Täters besteht. Selbstverständlich wären hier viele weitere Differenzierungen möglich. So könnte unterschieden werden zwischen einem Mangel an Steuerungsfähigkeit und einem Mangel an Steuerungsbereitschaft oder der Stärke eines Handlungsimpulses und der Erkennbarkeit des Handlungsimpulses durch die betroffene Person.

Von diesem Zweikomponenten-Modell ausgehend ließe sich formulieren: Eine Tatbegehung findet dann statt, wenn die Steuerungsfähigkeit für ein tatrelevantes Verhalten gegenüber der Stärke des Handlungsimpulses zu gering ausgeprägt ist. Darum sollte eine deliktpräventive Therapie dazu führen, die Steuerungsfähigkeit des Täters zu erhöhen und/oder die Deliktmotivation zu verringern. Je nachdem, um welche Therapieelemente es sich handelt, wird mit Interventionen einmal mehr auf die Verbesserung der Steuerungsfähigkeit und ein anderes Mal mehr auf die Verringerung der Deliktmotivation abgezielt. Betrachtet man die Wirkung deliktorientierter Arbeit auf die Steuerungsfähigkeit genauer, dann können folgende Bereiche unterschieden werden:

Bewusstseinsnähe erhöht Steuerungsfähigkeit. Nicht wenige Täter haben wesentliche Merkmale ihres Tatverhaltens verdrängt, umgedeutet oder sie sind ihnen aus anderen Gründen nicht bewusstseinsnah verfügbar. Es ist leicht einsehbar, dass die Steuerungsfähigkeit grundsätzlich erhöht ist, wenn eine möglichst große Anzahl verhaltensrelevanter Aspekte möglichst bewusstseinsnah erleb- und verstehbar sind.

Training erhöht Steuerungsfähigkeit. Verschiedene deliktorientierte Therapietechniken wie zum Beispiel die Fantasiearbeit oder das Üben von Risikomanagement-Fähigkeiten beinhalten immer wiederkehrende

Trainingseinheiten innerhalb und außerhalb der Therapiestunden. Sensibilisierung erhöht Steuerungsfähigkeit. Ein Täter, der gelernt hat, z. B. fantasieanregende Stimuli frühzeitig zu erkennen und die innerpsychische Wirkung zu registrieren, ist eher in der Lage, solchen Stimuli auszuweichen.

Früherkennung erhöht Steuerungsfähigkeit. Ein mit der erhöhten Sensibilisierung verwandter Punkt ist die Früherkennung deliktrelevanter Entwicklungen. Es ist leichter, solche Entwicklungen in einem Frühstadium zu stoppen, als zu einem fortgeschrittenen Zeitpunkt.

Wissen und Kompetenz erhöht Steuerungsfähigkeit. Die Erhöhung des eigenen Wissens und das Erleben eigener Kompetenzen im Zusammenhang mit deliktrelevanten Themen vermittelt Sicherheit, verschafft gratifizierende Selbstbestätigung und erleichtert den rationalen Umgang mit deliktrelevanten Phänomenen.

Labeling erhöht Steuerungsfähigkeit. Deliktrelevante Phänomene, bei denen es sich zum Beispiel um innerliche Befindlichkeiten, kognitive Verzerrungen (wie zum Beispiel Bagatellisierungen, Externalisierung von Verantwortung usw.) oder tatvorbereitende Fantasien handeln kann, werden leichter erkannt, wenn sie einen Namen haben, wenn sie in der Therapie durch ein »Labeling« identifizierbar werden. Die damit verbundene Möglichkeit der Benennung und Identifizierung eines Phänomens – schafft eine verbesserte Grundlage für dessen Steuerung.

Betrachtet man in ähnlicher Weise die zweite protektive hauptsächliche Wirkungsebene einer deliktorientierten Therapie, die »Verringerung der Deliktmotivation«, lassen sich folgende therapeutisch relevante Teilaspekte benennen: Emotional korrigierende Erfahrungen – so z. B. die Beseitigung von persönlichen Defiziten – können die Deliktmotivation verändern. Selbstverständlich lassen sich persönliche Defizite durch den komplementären Teil der Therapie beseitigen, der auf die spezifische Persönlichkeitsproblematik des Klienten zugeschnitten ist. Es ist darüber hinaus aber nicht zu unterschätzen, dass Klienten auch über speziell deliktorientierte Therapieelemente emotional korrigierende Erfahrungen machen können. Ein Klient, der aus einer Selbstwertproblematik heraus in seinem Tatverhalten Dominanzsituationen herstellt, kann beispielsweise über seinen Zuwachs an deliktorientierten Fähigkeiten selbstwertverbessernde Erfahrungen machen. So registriert er vielleicht die eigenen Fortschritte, erhält Wertschätzung von anderen Gruppenmitgliedern und dem behandelnden Team oder gewinnt die Überzeugung von »Selbstwirksamkeit«, indem er die verbesserte Steuerung seines Verhaltens wahrnimmt und damit eine Alternativerfahrung zu »ohnmächtigen Erlebensweisen« macht.

Ein Klient, der seine Impulskontrolle im Hinblick auf Aggressionen verbesserte, sah sich eigenen, als persönlichkeitsfremd erlebten Anteilen weniger ausgeliefert und konnte damit im übertragenen Sinne eine andere Erfahrung als in seiner durch traumatische Erfahrungen geprägten Kindheit machen. Ein anderer Klient, der jahrzehntelang von seinen sexualdevianten Fantasien kontrolliert wurde und als Kind sexuell missbraucht worden war, lernte, seine Fantasietätigkeit zu kontrollieren und einzuschränken. Er formulierte in treffender Weise: »Ich habe aufgehört, ein Opfer zu sein.«

Ein anderer typischer Effekt: Wenn Klienten über potentiell angst- oder schambesetzte Themen (Sexualität, eigenes schuldhaftes Verhalten u. a.) sprechen, diese in einer Gruppe offen legen und sich beschützend angenommen fühlen, dann wird damit häufig über den deliktorientierten Inhalt hinaus eine basale Botschaft vermittelt, die mit den Themen Sicherheit, Schutz und Geborgen-Sein assoziiert ist. In dem Maße, in dem tatrelevante Persönlichkeitsdefizite vermindert werden, reduziert sich die Motivation bzw. die Grundlage für das Auftreten und die Intensität von Handlungsimpulsen.

Eine Verringerung der Deliktmotivation erfolgt auch durch die affektive und kognitive Komplettierung der Delikthandlung. Mit der affektiven und kognitiven Komplettierung ist gemeint, dass in der subjektiven Wahrnehmung von Tätern oft viele Aspekte des Tatgeschehens nur selektiv erinnert, ausgeblendet oder umgedeutet werden. Es sind in aller Regel solche Aspekte, deren Wahrnehmung die Deliktbegehung erschweren würde, weil sie Selbstkonzepten widersprechen.

Als Beispiel sei ein pädosexueller Täter angeführt, der das Selbstbild von sich hatte, »nur Gutes« für Kinder zu tun. In seinen Delikten vermied er es, den Kindern in die Augen zu schauen – weil er dann die Angst der Kinder als »deliktaversiven Reiz« wahrgenommen hätte. So blickte er nur »halsabwärts« bzw. konnte nur Bilder ohne die Blicke der Kinder erinnern. Als es über die Deliktrekonstruktion (vgl. nächster Abschnitt) gelang, solche und ähnliche bisher ausgeblendeten Wahrnehmungen für den Täter bewusstseinsnah erlebbar zu machen, war damit eine deutliche Abschwächung der Deliktmotivation verbunden.

Erwähnenswert ist nicht zuletzt, dass erfolgreiche Deliktprävention auf Dauer die Deliktmotivation verringern kann, was wiederum die erfolgreiche Deliktprävention einfacher macht und so fort. Es handelt sich um einen Effekt, der auch aus Suchttherapien bekannt ist, wenn es Klienten gelingt, über eine längere Zeit abstinent zu bleiben. Neben der »Suchtmotivation« beginnt sich allein über den Effekt der erfolgreichen Prävention eine kognitiv und affektiv verankerte Abstinenzmotivation zu etablieren oder zu verstärken (Urbaniok 2001, 2003b).

Deliktrekonstruktion als Beispiel für die notwendige Spezialisierung

Zur Illustration des bisher Beschriebenen soll nachfolgend kurz auf das Therapieelement »Deliktrekonstruktion« Bezug genommen werden (Urbaniok 2003a). Bei der Deliktrekon-struktion handelt es sich um ein Standardelement deliktorientierter Arbeit, das in vergleich-barer Form in verschiedenen Programmen praktiziert wird. Die Deliktrekonstruktion besteht nicht aus einigen wenigen Therapiestunden, in denen ein Klient das Deliktgeschehen nacherzählt. Deliktrekonstruktionen im hier gemeinten Sinne können 10, 20 oder mehr Therapiestunden in Anspruch nehmen und haben prozesshafte Qualität. Ihr Wesen besteht in einer feinsequenziellen Arbeit, bei der es darum geht, szenenhaft Kognitionen, Affekte, Wahrnehmungen, körperliche Befindlichkeiten und Handlungssequenzen so genau wie möglich zu rekonstruieren und zueinander in Bezug zu setzen. Hierzu werden bestimmte Interventionstechniken angewandt, mit deren Hilfe die folgenden Ebenen rekonstruiert werden, auf denen sich das Deliktverhalten konkretisiert:

- Ebene des Verhaltens (»welche Handlungen?«)
- Ebene der Kognition (»welche Gedanken?«)
- Ebene der Emotion (»welche Gefühle?«)
- Ebene der Körperwahrnehmung (»welche körperlichen Wahrnehmungen?«)
- Ebene der Sinneswahrnehmung (»welche Sinneswahrnehmungen?«)

Um das Potential deliktrekonstruktiver Arbeit auszuschöpfen, ist es hilfreich, über eine Theorie zu dieser Arbeit und ihrer Anwendung zu verfügen. Die Interventionstechniken bedürfen – bei diesem wie auch bei anderen deliktorientierten Therapieelementen – der Schulung und intensiver Trainings. Verfügt ein therapeutisches Team über einen großen Fundus solcher therapeutischer Techniken und beherrscht ein Großteil der Mitarbeiter diese Techniken, dann kann eine Station ein klares Interventionsprofil entwickeln. Deliktrekonstruktive Techniken werden nicht nur in einer bestimmten Therapiestunde angewandt. Die technischen Vorgehensweisen – ebenso wie die ihr zu Grunde liegende Konzeption – prägen vielmehr in einer einheitlichen konzeptionellen Ausrichtung zahlreiche Interaktionen zwischen Teammitgliedern und Klienten »rund um das Deliktverhalten«. Alle Teammitglieder intervenieren in einer ähnlichen Grundausrichtung und können sich über Inhalte deliktrekonstruktiver Elemente besser miteinander verständigen. Alle verfügen gewissermaßen über die gleiche »Software«, so dass die spezifisch forensische Interventionsarbeit miteinander kompatibel ist und sich Interventionen so gegenseitig ergänzen. Ist der spezifisch forensische Interventionsanteil nicht konzeptionalisiert und sind die Mitarbeiter in der Anwendung solcher Techniken nicht trainiert, entsteht zwangsläufig ein heterogenes Nebeneinander. Teammitglieder intervenieren dann nach mehr oder weniger abgesicherten eigenen Vorstellungen. Neben mangelnder Kompatibilität der verschiedenen Interventionsstile ist es so schwierig, das Potential größtmöglicher Effektivität in der Praxis realisieren zu können. Daneben ist ein in diesem Sinne heterogen arbeitendes Team anfällig für verschiedene kontraproduktive Phänomene: eine unzureichende fachspezifische Unterstützungskultur im Team, Unsicherheit im Umgang mit deliktrelevanten Themen – im Alltag und in therapeutischen Settings – mit damit verbundenem Vermeidungsverhalten oder Belastungsmomenten, eingeschränktem Informationsfluss usw. Ein Team, das über eine gemeinsame Teamkonzeption und über gemeinsame Konzepte spezifischer Interventionstechniken verfügt, kann im stationären Behandlungsalltag vielfache therapeutische Beobachtungs- und Interventionsräume schaffen und mit ihnen sicher und kompetent umgehen. Im stationären Alltag zeigen einzelne Klienten für sie typisches und somit häufig auch deliktrelevantes Verhalten. Beispielsweise im gesamten Bereich der sozialen Kompetenzen erhält das Behandlungsteam wichtige Informationen zum persönlichen Verhaltensmuster eines Klienten. »Wie nimmt er Beziehung zu anderen Menschen auf? Ist er in der Lage. tragfähige Beziehungen zu gestalten? Wie löst er Konfliktsituationen? Wie organisiert er seinen Alltag?«

Übertragen auf den jeweiligen Klienten ergeben sich häufig unterschiedliche deliktrelevante Aspekte, die bei Kenntnis der Deliktgeschichte therapeutisch genutzt werden können. Manche Klienten haben sich in ihrer prädeliktischen Phase sozial zurückgezogen. Dieser Rückzug stellt somit einen Risikofaktor dar. Zeigt betreffender Klient soziale Rückzugstendenzen im Stationsalltag, dann greift das behandelnde Team diesen Punkt aktiv mit ihm auf, recherchiert mit ihm zusammen die Umstände, welche zum aktuellen Rückzug geführt haben, erarbeitet Bezüge des aktuellen Verhaltens zu Aspekten, die aus der deliktrekonstruktiven Arbeit bekannt sind oder neu erkannt werden, entwirft mit dem Klienten alternative Handlungsstrategien und bietet ihm adäquate Trainingsmöglichkeiten, diese auszuprobieren. Für einen anderen Klienten ist sozialer Rückzug in seiner Deliktgeschichte möglicherweise ohne jede Relevanz. Er zeigte in der Zeit vor seinen Delikten dafür eine zunehmende Reizbarkeit und geriet wiederholt in streitige Auseinandersetzungen im beruflichen Umfeld. Transparent für alle Klienten holt sich das forensische Behandlungsteam regelmäßig Rückmeldungen aus allen Beobachtungsfeldern, in denen sich ein Klient bewegt. Rückmeldungen aus dem Arbeitsbereich können dann zum Beispiel ergeben, dass der beschriebene Klient sich auf der Station zwar unauffällig bewegt, aber während seiner Arbeitszeit zunehmend in Konfliktsituationen mit Vorgesetzten oder anderen Klienten gerät. Wiederum fließen solche Informationen in die durch das Behandlungsteam gestalteten Bearbeitungsprozesse ein. Die Auswertung aller Rückmeldungen aus den verschiedenen Bereichen geschieht, wie in der TSB grundsätzlich, respektvoll und wohlwollend. Auch wenn Grenzen aufgezeigt oder gar Konsequenzen für den Klienten bzw. die ganze Klientengruppe durchgesetzt werden müssen, haben diese Interventionen stets therapeutischen und niemals sanktionierend strafenden Charakter.

Traumatisierungen

Das Risiko für beruflich bedingte traumatische Erfahrungen ist für Mitarbeiter sozialer Berufe grundsätzlich erhöht. Forensische Teams setzen sich darüber hinaus einem nochmals deutlich erhöhten Risiko der Traumatisierung aus. Je nach persönlicher Geschichte und der eigenen Persönlichkeit reagieren Mitarbeiter sehr unterschiedlich auf Delikte oder besondere Verhaltensweisen von Klienten. Durch die intensive Beschäftigung mit den Deliktgeschehen entstehen bei den Mitarbeitern Bilder und Vorstellungen dazu. Wenn Klienten beispielsweise ihre Deliktphantasien beschreiben und diese im Detail rekonstruiert werden, dann können diese Phantasien belastend auf Mitarbeiter und Mitarbeiterinnen wirken. Manchmal wirken nicht nur die Details einzelner Sequenzen, sondern schlicht die Menge der Taten und deliktnahen Themen traumatisierend. Konkrete Rückfälle der Klienten in alte Verhaltensweisen oder gar Delikte können ein gesamtes Team traumatisieren.

Traumareaktionen

Traumata hinterlassen Spuren. Traumatisierte Mitarbeiter, die das Erlebte nicht verbalisieren und unverarbeitet lassen, werden auf diese Erfahrung reagieren. Neben dem möglichen Anstieg von Krankheitstagen, sowie manifesten psychischen und somatischen Erkrankungen, werden Mitarbeiter vielleicht im direkten Umgang mit Klienten und Kollegen Traumareaktionen zeigen, die von ihrer Umwelt möglicherweise nicht als solche identifiziert werden. Es können chronisch sinkende Motivation, Rückzugstendenzen, Vermeidung von Konflikten, zunehmende persönliche Unsicherheit und Burn-Out-Symptome auftreten. Weitere mögliche Traumareaktionen sind Destruktivität, Zynismus, steigende Aggressivität gegenüber den Klienten, aber auch gegenüber Kollegen, Vorgesetzten und der Institution.

Traumaprävention

Ein professionelles Behandlungsteam kalkuliert das erhöhte Risiko der beruflichen Traumatisierung grundsätzlich ein. Es schafft Möglichkeiten der konkreten Prävention und konzeptionalisiert diese. Traumaprävention ist fester Bestandteil eines professionellen forensischen Behandlungskonzepts. Um das behandelnde therapeutische Team und jeden einzelnen Mitarbeiter vor möglichen Traumen zu schützen, haben sich folgende traumapräventive Grundsätze bewährt:

Allen Teammitgliedern stehen alle Informationen über jeden Klienten und dessen deliktische Vorgeschichte zur Verfügung. Unwissenheit im forensischen Setting stellt unnötige Risiken für die direkte therapeutische Arbeit dar.

Im gesamten Behandlungsteam herrscht eine offene, wohlwollende und respektvolle Gesprächsatmosphäre, die es jedem Einzelnen ermöglicht, belastende Themen und Erlebtes anzusprechen. Traumatische Erfahrungen werden nicht als persönliches Versagen erlebt und auch nicht als solches bewertet.

Team- und Einzelsupervisionen, Intervisionen sowie Fort- und Weiterbildungsmöglichkeiten bei forensischen Spezialisten stehen dem behandelnden Team grundsätzlich zur Verfügung. Sie müssen nicht erst langwierig beantragt und erkämpft werden.

Jeder Mitarbeiter hat ein persönliches Recht auf Schutz. Dazu gehört auch, dass das übrige Team es respektiert, wenn ein Kollege sich vielleicht zeitweise bei eingeschränkter persönlicher Befindlichkeit bestimmten, ihn belastenden Themen nicht aussetzen möchte. Dieser Wunsch wird dem Team entsprechend mitgeteilt.

Der therapeutische Behandlungsplan, das stationäre Konzept beinhaltet »problemfreie Zonen«. Weder Klienten, noch das Behandlungsteam können sich rund um die Uhr uneingeschränkt nur mit Delikten und deliktrelevanten Themen beschäftigen. Ruhephasen, Rückzugsmöglichkeiten und Entlastungsangebote stehen allen Beteiligten zur Verfügung. Das Team kann sich für Konzeptarbeiten von der Station zurückziehen und plant zudem teambildende und beziehungsfördernde Aktivitäten ein.

Therapeutische Überforderungen und Unsicherheiten werden minimiert. Therapeutische Interventionen, die einzelnen Mitarbeitern oder dem ganzen Team neu sind werden nicht sofort an den Klienten ausprobiert. Das Team hat die Möglichkeit, Interventionen gemeinsam oder in kleineren Gruppen auszuprobieren, anzupassen und zu trainieren, bis sich der Einzelne sicher in der Umsetzung fühlt. Das Team wird dabei als Ressource für Beobachtungen, Rückmeldungen und Verbesserungsvorschläge genutzt. In den professionellen Lernprozess fließen wertvolle Selbsterfahrungen im Umgang mit deliktrelevanten Interventionen in einer geschützten und unterstützend erlebten kollegialen Atmosphäre ein.

Traumen haben absolute Priorität! Macht ein einzelner Kollege oder gar das ganze Behandlungsteam eine traumatisierende Erfahrung, hat diese Situation Vorrang und wird entsprechend gewürdigt. Alle anwesenden Teammitglieder beteiligen sich bei Bedarf an der Bearbeitung und suchen nach geeigneten Lösungen.

Beobachtungen und Befürchtungen werden ausgesprochen. Erhalten Mitarbeiter Hinweise auf Androhung von Gewalt oder entwickeln auf Grund einzelner Vorkommnisse ein Gefühl für eine anstehende bedrohliche Situation, steht auch diese Information sofort dem gesamten Team zur Verfügung.

Professionelle Grenzen schützen Klienten und Mitarbeiter! Das Behandlungsteam verfügt über klare Absprachen und Vereinbarungen zum Schutz der eigenen Persönlichkeit. Dazu gehören Umgangsformen gegenüber Klienten und der Schutz des Privatlebens der Mitarbeiter. Die persönlichen Probleme eines Teammitglieds haben nichts im Patientensystem verloren. In Ausnahmefällen gibt es gemeinsame Teamabsprachen über sinnvolle Informationen an die Klienten. Grundsätzlich gilt, dass jeder Mitarbeiter selbst bestimmt, welche privaten Informationen in welchem Detaillierungsgrad er allgemein verfügbar machen möchte

Konkrete körperliche Übergriffe auf Mitarbeiter oder die Androhung von Gewalt gegenüber Mitarbeitern werden nicht nur im Team und mit den Klienten besprochen, sondern auch den vorgesetzten Stellen gemeldet. Heldentum ist fehl am Platz! Fühlen sich einzelne Teammitglieder oder das ganze Team bedroht, muss die Situation im Sinne eines Risikomanagements gelöst werden. Erst, wenn sich das gesamte Behandlungsteam sicher fühlt, kann wieder professionell weiter gearbeitet werden.

In forensischen Teams sind Frauen oft unterrepräsentiert. Manchmal sind es nur einzelne Frauen, die in einem Männerteam arbeiten, zumal die forensischen Klienten ebenfalls meist männlich sind. Dieser Aspekt verdient besondere Aufmerksamkeit. Sich als Frau tagtäglich in einer männerdominierten Welt zu bewegen, muss nicht grundsätzlich traumatisierend sein. Gleichzeitig zeigt die Praxis aber, dass Frauen diese Realität oft als traumatisierenden Faktor erleben. Sich beispielsweise anzüglichen Blicken der Klienten auszusetzen, mangelnder Austausch mit Kolleginnen, die fehlende Auseinandersetzung mit geschlechtsspezifischen Themen innerhalb der Klientengruppe und im Team sowie die Konfrontation mit Delikten gegen Frauen u. v. m. können frauenspezifische Belastungsfaktoren darstellen. Neben dem Gespräch unter Kolleginnen haben sich stationsübergreifende Angebote für Mitarbeiterinnen forensischer Teams und Frauensupervisionen bewährt.

Dosierte Deliktarbeit schützt vor Traumatisierung. Manche Delikte beinhalten ein solches Ausmaß potentiell traumatisierender Aspekte, dass es sich empfehlen kann, in der konkreten Deliktarbeit mit dem Klienten die Bearbeitung eines solchen Delikts durch ein geplant strukturiertes Vorgehen zu dosieren. Die Deliktrekonstruktion kann beispielsweise auf einzelne Tatabschnitte reduziert werden, die nach und nach bearbeitet werden.

Das Phänomen der Traumatisierung ist auch im Klientensystem zu beobachten. Klienten sind häufig schon auf Grund ihrer persönlichen Vergangenheit traumatisiert und erleben im Straf- und Maßnahmevollzug neuerlich traumatische Ereignisse. Viele Klienten sind zudem durch das eigene Delikt traumatisiert. Außerdem können Klienten durch die intensive Deliktbearbeitung retraumatisiert werden. In der professionellen forensischen Teamarbeit verdient auch dieser Gesichtspunkt besondere Aufmerksamkeit.

Forensische Arbeit, die nicht genügend spezialisiert erfolgt oder in der dem Traumatisierungspotential nicht ausreichend konzeptionell begegnet wird, birgt ein hohes Risiko der Traumatisierung bei Mitarbeitern und Klienten. Dann besteht die Gefahr, dass ein Team nicht nur sich selbst, sondern auch den Klienten schadet.

Konzeptionalisierung und Spezialisierung als Wirkfaktoren

Das vorgestellte Beispiel einer forensisch stationären Behandlungskonzeption, die sich aus dem Modell der Teamorientierten Stationären Behandlung (TSB) und dem deliktorientierten Behandlungsansatz zusammensetzt, soll zweierlei verdeutlichen: Gerade im forensischen Bereich sind Konzepte ein wichtiges qualitätssicherndes Element. Es kommt umso eher zum Tragen, je mehr sich das Behandlungsteam für einen umfassenden Professionalisierungsprozess engagiert. Konzepte, die den beiden erwähnten Bereichen Rechnung tragen, können die Grundlage für einen solchen Professionalisierungsprozess bilden und dessen Richtung vorgeben. Zu einem solchen umfassenden Professionalisierungsprozess gehören neben tragfähigen Konzepten und einer entsprechenden Motivation der Teammitglieder aber auch Struktur- und Ressourcenfragen. Insbesondere müssen Mittel und Angebote zur Qualifizierung aller Teammitglieder bereitgestellt und Belegungssituationen durchgesetzt werden, in denen effektives therapeutisches Arbeiten überhaupt möglich ist. Die Sorge um die Sicherstellung der beiden zuletzt genannten Punkte kann und darf aber nicht nur an die direkt betroffenen Teams delegiert werden! In nicht wenigen Maßregelvollzugseinrichtungen herrschen diesbezüglich defizitäre und mancherorts unhaltbare Zustände. Hier ist größerer Druck auf Entscheidungsträger nötig, um auch von der Struktur- und Ressourcenseite ausreichende Rahmenbedingungen für therapeutisches Arbeiten herzustellen.

Literatur

Andrews, D. A., & Bonta, J. (1994): The Psychology of Criminal Conduct. Cincinnati (Anderson).

Antonowicz, D. H., & Ross, R. R. (1994): Essential components of successful rehabilitation programms for offenders. International Journal of Offender Therapy and comperative Criminology, 38, 97–104.

Bettelheim, B. (1989): Der Weg aus dem Labyrinth – Leben lernen als Therapie. München (Deutscher Taschenbuch Verlag).

Bettelheim, B. (1993): Erziehung zum Leben: Gespräch mit Ingo Herrmann in der Reihe »Zeugen des Jahrhunderts«. Göttingen (Lamuv).

Böllinger, J. (2000): Offenbarungspflicht des Therapeuten im Strafvollzug – ein Schlag gegen die forensische Psychotherapie. Monatsschrift für Kriminologie und Strafrechtsreform, 83, 11–22.

Hall, G. C. N. (1995): Sexual offender recidivism revisited. A meta-analysis of recent treatment studies. Journal of consulting and clinical psychology, 36, 802–809.

Laws, R. D. (1989): Relapse Prevention with Sex Offenders. New York (Guilford Press).

Lipsey, M. W. (1995): What do we learn from 400 Research Studies on the Effectiveness of treatment with Juvenile Delinquents. In: McGuire, J. (Hg.): What works: Reducing Reoffending. Wiley (Chichester), S. 63–87.

Lösel, F. (1995): The efficacy of correctional treatment: A review and synthesis of meta-evaluations. In: McGuire, J. (Hg.): What works: Reducing Reoffending. Wiley (Chichester), S. 79–11.

Lösel, F., & Bender, D. (1997): Straftäterbehandlung: Konzepte, Ergebnisse, Probleme. In: Steller, M., & Volpert, R. (Hg.): Psychologie im Strafverfahren. Bern (Huber), S. 171–204.

Marques, J. K., & Nelson, C. (1992): The Relapse Prevention Model: Can it work with Sex Offenders. In Peters, R. D., McMahon, R. J., & Quinsey, V. L. (Hg.): Aggression and Violence throughout the Life Span. Newbury Park, CA (Sage), S. 222–243.

Marshall, W. L., Ferndandez, Y. M., Hudson, S. M., & Ward, T. (1998): Sourcebook of Treatment Programs for Sexual Offenders. New York (Plenum Press).

Marshall, W. L., Laws, R. D., & Barbaree, H. E. (1990): Handbook of Sexual Assault. Issues, Theories and Treatment of the Offender. New York (Plenum Press).

Otto, B. (1993): Bruno Bettelheims Milieutherapie (2nd ed.). Weinheim (Deutscher Studienverlag).

Pithers, W. D., Marques, J. K., Gibat, C. C., & Marlatt, G. A. (1983): Relapse Prevention with sexual aggressives: a self control model of treatment and maintenance of change. In Greer, J. G., & Stuart, I. R. (Hg.): The sexual aggressor: Current perspectives on treatment. New York (Van Nostrand Reinhold), S. 214–239.

Ulich, E. (1993): Lean Prduction – aus arbeitspsychologischer Sicht. Zeitschrift für Arbeits- und Organisationspsychologie in Forschung und Praxis, 1.

Urbaniok, F. (2000): Teamorientierte Stationäre Behandlung in der Psychiatrie. Stuttgart (Thieme).

Urbaniok, F. (2001): Das Zürcher PPD-Modell – Ein modernes Konzept der Zusammenarbeit von Justiz und Psychiatrie. Forensische Psychiatrie und Psychotherapie. Aktualisierter Nachdruck, 8, S. 37–67.

Urbaniok, F. (2002): TSB – Das Konzept der Teamorientierten Stationären Behandlung. In: Lasar, M., & Trenckmann, U. (Hg.): Persönlichkeit und psychische Erkrankung. Dortmund (Psychogen-Verlag), S. 19–32.

Urbaniok, F. (2003a): Der deliktorientierte Behandlungsansatz in der Behandlung von Straftätern – Konzeption, Methodik und strukturelle Rahmenbedingungen im Zürcher PPD-Modell. Psychotherapieforum, 4.

Urbaniok, F. (2003b): Was sind das für Menschen – was können wir tun. Bern

(Zytglogge).
Wesley, S. (1997): Die Milieutherapie Bruno Bettelheims: Intention, Theorie und Praxis. Bern (Lang).
Womack, J. P., Jones, D. T., & Roos, D. (1990): The machine that changed the world. In: Stotko, C. (Hg.): Die zweite Revolution der Autoindustrie: Konsequenzen aus der weltweiten Studie aus dem Massachussetts Institute of Technology (2nd ed.). Frankfurt a. M. (Campus).

Analytisch orientierte Supervision im Maßregelvollzug

Wilhelm Jakob Nunnendorf

1. Der Alltag im Maßregelvollzug

Die Behandlung im Maßregelvollzug hat den gesetzlichen Auftrag, den Patienten zu bessern und zu sichern. Sie findet statt unter Entzug von Freiheitsrechten und in der Regel in geschlossenen Anstalten. Dieser Spagat zwischen Wegschließen und Bessern führt zu einer erheblichen Konfliktträchtigkeit des Handelns – er bestimmt den Alltag, die Behandlung und dementsprechend auch die Supervision.

Der Alltag im Maßregelvollzug ist ebenso geprägt durch die lange und geschlossene Unterbringung der Patienten, die langfristig über mehrere Jahre angelegt ist. 1984 betrug die durchschnittliche Verweildauer im niedersächsischen Maßregelvollzug 7,7 Jahre, wie Boyan (1997) feststellte. Als Ergebnis einer auf schnelle Rehabilitation ausgerichteten Behandlungspraxis sank die Verweildauer in den niedersächsischen Maßregelvollzugseinrichtungen dann in den 80er Jahren auf durchschnittlich 5,0 Jahre (Boyan 1997). Derzeit steigt die Länge der Unterbringungszeit wieder auf Grund einer veränderten Risikobereitschaft der Gesellschaft bei der Rehabilitation psychisch kranker Straftäter (vgl. die Beiträge von Bender und van Tuinen in diesem Band).

Die Supervision der Behandlung strafrechtlich untergebrachter Patienten im Maßregelvollzug strukturiert sich durch diese Rahmenbedingungen. Neben die rein therapeutischen Aspekte treten vor allem die Lebens- und Arbeitsbedingungen von Patienten *und* Behandlern, die eine lange Zeit miteinander zu tun haben.

Wegen der verbreiteten Beziehungsstörungen der Patienten infolge erlebter Enttäuschungen, seelischer Verletzungen und Beziehungsabbrüche und wegen ihrer verarmten sozialen Fähigkeiten ist die *Kontinuität* der therapeutischen *Beziehungen* zwischen Patienten und Behandlern erwünscht und ein bedeutsames therapeutisches Agens. Wichtiges Ziel neben dem Erreichen der Deliktfreiheit ist die Förderung der Fähigkeiten der Patienten, befriedigende mitmenschliche Beziehungen aufnehmen und aufrechterhalten zu können. In vielen Einrichtungen orientiert sich die

Behandlung daher an einem »Familienmodell«. Resultat dieser Behandlungsstrukturen ist eine häufig über Jahre dauernde *Beziehung* zwischen Patienten und Behandlern. Die Bediensteten, insbesondere die Pfleger werden zu bedeutsamen Anderen im Leben der Patienten. Auf sie richten sich die oft heftigen Emotionen und Impulse der Patienten, die aber über wenig Steuerung und Modulationsfähigkeit ihrer Antriebe verfügen, und die den Anderen zur Bewältigung und Steuerung des konflikthaften Geschehens in einem intersubjektiven Regulationsversuch brauchen. Entsprechend groß sind das Verwicklungspotential und die psycho-physischen Belastungen der Behandler. Verschärft wird diese Situation noch durch die Besonderheit der hierarchischen Organisation einer »totalen Institution«. Eine Fülle von Reglementierungen und Kontrollfunktionen, die intensive Macht- und Ohnmachtserfahrungen für alle Beteiligten bereithalten, ist die Folge.

Die Supervision im Maßregelvollzug, im Besonderen die Teamsupervision, ist von diesen Grundvoraussetzungen stark bestimmt. Dies zeigt sich in den Anforderungen und Erwartungen, die zu Beginn einer Supervision bei der Schließung des Supervisionskontraktes vom Team geäußert werden und auch in den Themen der einzelnen Sitzungen. Häufig sind es die alltäglichen Probleme im Zusammenleben mit den schwergestörten Patienten, die den Ausgangspunkt einer Supervisionssitzung bilden. In der gemeinsamen Gestaltung eines einigermaßen sinnvollen und für die Patienten gefüllten Alltages manifestieren sich die meist chronifizierten bewussten und unbewussten Probleme, welche die Patienten selber, aber auch die Behandler oft hoffnungslos und ohnmächtig machen. In der Regel ist das forensische Krankenhaus vorläufige Endstation nach einer Reihe von Aufenthalten in Heimen, psychiatrischen Anstalten oder Gefängnissen und steht für viele Patienten am Ende einer langjährigen Mangel- und Missbrauchserfahrung. Für Patienten und Behandler ist es gleichermaßen anstrengend, sich nicht den Tendenzen einer drohenden Hospitalisierung hinzugeben und so die Tage gleichförmig dahin laufen zu lassen. Diese Gefahr der Resignation ist durch die Entwicklung zu längeren Unterbringungen in »Long-stay-units« aktueller geworden.

Supervision im Maßregelvollzug kann dabei helfen, eine behandlungsorientierte, das heißt auch distanziertere Einstellung wieder zu gewinnen, die durch das langjährige Zusammenleben (das als Entwicklungsförderung ja notwendig ist) eben auch, vielleicht unvermeidlich, verloren gehen kann. Als Kontrast zum (eingefahrenen) Alltagsumgang soll die Supervision neue Perspektiven eröffnen: für die Patienten, für deren Lebenssituation und deren speziellen Probleme, vor allem, wenn die Behandlung zu einem

Stillstand gekommen zu sein scheint. Für die Behandler soll sie Beziehungsverwicklungen lösen und Entlastung von beunruhigenden Beziehungserfahrungen und Affekten bieten.

Das intensive gemeinsame Zusammenleben schafft eine hohe Vulnerabilität für Teamkonflikte. »Der Patient spaltet das Team« ist häufig eine entlastende Erklärung der Behandler, die den Anfang einer Supervisionssitzung und die anfängliche Beschreibung eines komplexeren Interaktionsvorganges darstellt. Hinter dem forensischen Alltagsphänomen und »Schreckgespenst« der *Spaltung* verbirgt sich oft nur das unbewusste, allerdings verstehbare und dennoch sozial ungeschickte Bemühen eines Patienten um Unterstützung und Parteinahme. In der Regel zeigen sich in ihr wichtige abgespaltene und in die Behandler ausgelagerte Anteile des Patienten, die durch die Interaktion erst in ihrem Sinn verstehbar werden. Das Verstehen der Verwicklungen zwischen Patienten und Behandlungsteam und die Toleranz für dabei auftretende unangenehme Affekte (Angst, Inkompetenzgefühle, Ärger, Entwertung) liefern dann ebenfalls wichtige Hinweise für das Verständnis eines Patienten. Die Probleme der Behandler sind so als ein unbewusster Ausdruck der Probleme des Patienten anzusehen. Der Wechsel zwischen Fallbesprechung und Klärung von Teamkonflikten in der Supervision stellt vor diesem Hintergrund eher einen Fokus- oder Perspektivenwechsel als einen elementaren Wechsel des Arbeitszieles dar (Rappe-Giesecke 2000).

Ein weiterer maßregelvollzugsspezifischer Auftrag für die Supervision ist die Unterstützung bei der Einschätzung der noch vom Patienten ausgehenden Gefahr. Für die Bediensteten bedeutet der alltägliche Umgang mit Patienten auch Umgang mit potentieller, gelegentlich aber auch realer Bedrohung und Gewalt. Die Gefahrenprognose für Außenstehende bildet häufig *dann* den Inhalt einer Supervision, wenn die Gewährung von Vollzugslockerungen im Zuge der sozialen Erprobung und Rehabilitation des Patienten deren möglichen Missbrauch befürchten lassen. Hier geht es um Fragen wie: Ist der Patient schon so weit? Hat die Behandlung zu positiven Veränderungen geführt, die jetzt Stabilität beweisen? Drohen neue Delikte? Drohen besonders scharfe Reaktionen der Öffentlichkeit bei einem Scheitern der Erprobung? Welches Scheitern könnte drohen? Wie hoch ist das Risiko für die Öffentlichkeit, für das Krankenhaus in der Öffentlichkeit?

Entscheidungen über Genehmigungen von Ausgängen sind zumeist Anlass für eine gründliche Fallbesprechung. Eine gute Dosierung von Abstand und Nähe zum Patienten ist wichtig, wie auch sonst in der forensischen Therapie.

2. Der Supervisor: Rollen und Funktionen

2.1. Der Supervisor als fürsorglicher Kulturarbeiter

Der Teamsupervisor in der Maßregelvollzugsklinik wird mit den hohen emotionalen Belastungen der Behandler konfrontiert. Die Bereitschaft zur therapeutischen Beziehungsaufnahme steht und fällt mit dem Gefühl der psychophysischen *Sicherheit* der Behandler. In besonderer Weise sichert die Supervision damit die emotionale Grundvoraussetzung für die Behandlung im Maßregelvollzug. Möller (1998, 2001) verweist auf die besondere Bedeutsamkeit der Fürsorgefunktion der Supervision für die Arbeit mit Dissozialen als einer Burn-out-Prophylaxe, sowie auf die Funktion des Supervisors als Gegengewicht, das die soziale Gegenkultur der Mitarbeiter unterstützt und stimuliert und dabei eine holding-function im Sinne Winnicotts übernimmt.

Der Supervisor muss folglich auch zur »Kulturarbeit« befähigen können, zum Beispiel indem er die Behandler anregt, sich jugendlichen Patienten zu stellen, die in dissozialer und adoleszenter Weise Beziehungen kaufen und keine Schamgrenze zu kennen scheinen. Ihnen muss eine begrenzende und dennoch liebevoll bezogene Erwachsenenposition entgegen gestellt werden. Die Supervision unterstützt diesen Prozess auch durch wohlwollende Akzeptanz triebhafter und narzisstischer Gegenübertragungsgefühle, die dadurch von den Pflegern »contained« werden können und nicht abgewehrt werden müssen. Neunzner u. a. (1998) sehen in der Supervision eine Chance, die massiven narzisstischen Konflikte und den Über-Ich-Druck der Behandler in deren bewusste Ich-Kontrolle zurück zu geben, sowie die Mobilisierung von als verurteilenswert angesehenen eigenen sadistischen und kontrollierenden Anteilen zu begrenzen. Diese bewirken ansonsten massive Abwehr und Verweigerung der Identifikation mit dem Patienten, weil sie ängstigende Gefühle eigener Inkompetenz auslösen (vgl. Neunzner u. a. 1998, S. 327ff).

2.2. Der Supervisor als Anleiter mit exzentrischer Position

Anleitung zur Verbesserung der Behandlungskompetenz ist ebenfalls eine wichtige Aufgabe des Supervisors. Aus der speziellen Sicht eines psychoanalytisch orientierten Supervisors verstehe ich Supervision mit Becker (1995, S. 9) als einen psychodynamischen Prozess, dessen Gegenstand die unbewusste Arbeitsbeziehung (latente Aufträge, Zustand des Gruppen-Ichs etc.) in einem professionellen Team ist. Spezifische Methoden sind die Fallarbeit nach Balint, die Gruppendynamik nach Foulkes, das Container-contained-Modell nach Bion etc. auf mehreren Beziehungsebenen: Team-Klient-, Team-Team-, Team-Institutionsebene. Die Unterscheidung zwischen Therapie und Supervision, z. B. durch die Begrenzung auf die Verbesserung der Arbeitsbeziehung, verlangt jedoch eine Modifikation der analytischen Grundhaltung. Dies betrifft vor allem die Bedeutsamkeit der *Abstinenz*. Sie kann im supervisorischen Rahmen lediglich als orientierendes Konzept verstanden werden. Denn bereits bewertende Interventionen des Supervisors machen den Supervisor zu einem Mithandelnden und verändern die Konfliktverhältnisse in einem Team. Zudem ist es nicht Sinn der Supervision, Übertragungen durch Enthaltsamkeit zu sehr anwachsen zu lassen, was sich aus der Begrenzung der Aufgabe der Verbesserung der Arbeitsbeziehungen und der damit implizit ausgeschlossenen persönlichen Ebene ergibt. Die Problemlösung sollte als Zielvorstellung präsent bleiben. So empfiehlt Möller (2001, S. 56) mit Zukunftsproben (»Wie werden Sie es in Zukunft machen?«) längerfristige Effekte der Supervision antizipieren zu lassen; Auckenthaler (2003) rät zu einer formalen Strukturierung der Sitzungen mit Rückblick, Ziel und Fokusbestimmung, durch die auf eine Lösungsorientierung fokussiert wird.

Die Verpflichtung auf den Supervisionsauftrag hilft dem Supervisor dabei, der Verführung zu begegnen, sich von der unbewussten Teamdynamik verstricken zu lassen und durch die Verweigerung der Übernahme gewünschter Rollen die Position des Außenstehenden, des »Störenfrieds« (Wellendorf 2000), immer wieder zurück zu gewinnen. Eine solche Haltung hilft dem Team, die Triangularität der Behandlung (Pühl 1998), d. h. die gleichzeitige Orientierung auf den Patienten, das Team und die institutionellen Rahmenbedingungen aufrecht zu erhalten.

2.3. Der Supervisor als Lehrer und Vorbild

Insbesondere bei den Pflegern und anderen Berufsgruppen, die wenig Psychotherapiekenntnisse und Selbsterfahrung in ihren Ausbildungen erworben haben, ist der Wunsch nach Erfahrungs- und Kenntnisaneignung groß. Es ist geradezu ein Qualitätsmerkmal für eine Atmosphäre der Offenheit und der Abwesenheit von Angst vor Gesichtsverlust oder Versagen, wenn aktive Nachfragen in den Supervisionssitzungen geäußert werden. Nach Auckenthaler (2003) sprechen empirische Befunde dafür, dass gerade erfahrene Supervisoren in erheblichem Umfang von sich aus zu belehrenden Interventionen greifen, was von der Autorin als ein Qualitätsmerkmal für eine gute Supervision angesehen wird. Möller (2001, S. 311) sieht Wissensvermittlung als eine Basisaufgabe der Supervision und stellt fest: »Die Beratung professioneller Prozesse ist immer didaktisch unterlegt, will sie für sich qualitätssichernde Funktion in Anspruch nehmen«.

2.4. Der Supervisor als Prognostiker

Gemäß dem Doppelauftrag des Maßregelvollzugs ist der Supervisor auch mit der Aufgabe der Institution identifiziert, *Sicherheit* zu produzieren, das heißt, Gefahren einzuschätzen und gegebenenfalls abzuwenden. Neben der Einschätzung der noch bestehenden Gefährdung der Gesellschaft durch den Patienten ist die Gefahreneinschätzung auch für die Sicherheit in der Institution, für Bedienstete oder andere Patienten, Teil der Supervisionsaufgabe. In Identifikation mit den schwach ausgebildeten Selbstaspekten des Patienten geht es auch um diesen selbst, indem durch die Einschätzung der Gefährlichkeit seiner destruktiven Anteile im Sinne eines Hilfs-Ichs ein Schutz vor weiteren dissozialen Akten und deren Folgen ermöglicht wird.

3. Die Supervision: Aufträge und Lösungen

3.1. Wiedergewinnung von therapeutischer Distanz

In besonderer Weise ist für die Behandlung der schwergestörten Patienten im Maßregelvollzug die Balance zwischen Distanz und Nähe von Bedeutung. Ziel der Unterbringung ist es unter anderem, Entwicklungsdefizite nachzuholen, was hohe Anforderungen an die Qualität der Beziehungen innerhalb der Institution stellt. Die Orientierung der Behandlung an Familienmodellen ist eine Antwort auf diese Erfordernisse. In den folgenden Abschnitten soll praxisnah und exemplarisch gezeigt werden, wie einzelne Themen der Forensik die Supervision prägen.

Wichtige Feste wie Weihnachten sind der Höhepunkt familiärer Erinnerungen und auch in der Unterbringung heikle Feste, an denen sich viel zeigt, an denen aber auch viel gestaltet werden kann. In der Regel sind die Festtage mit therapeutischen Angeboten unterversorgt. Deshalb und wegen der andrängenden Erinnerungen regiert zu diesen Zeiten entweder der Blues auf der Station, oder die Stimmung der Patienten ist von der Abwehr weicherer Gefühle geprägt. Häufig äußern die Patienten den Wunsch, die Tage mögen so alltäglich wie möglich und ohne besondere Sentimentalität vorübergehen. Für die Pfleger ist es eine besondere Aufgabe, das Weihnachtsfest ohne heikle Veranstaltungen, die destabilisierend wirken könnten, über die Bühne zu bringen. Gleichzeitig sollen die Tage aber auch stimmungsvoll und gemeinschaftlich verlaufen, um eine *neue Erfahrung* zu vermitteln und den unterschwellig starken Wünschen nach Geborgenheit und Harmonie einen Rahmen zu geben.

In der ersten Supervisionssitzung auf einer überwiegend von Jugendlichen bewohnten Station trägt ein Pfleger nach der Weihnachtspause dann folgendes Thema vor:

Es habe in der Zeit vor Sylvester einige Vorfälle gegeben. Es sei auf der Station Alkohol angesetzt worden (Saft wurde mit Hefe zur Gärung gebracht), es seien verbotene Filme (FSK 16) ausgeliehen worden, was Ärger mit dem Verleiher gemacht habe. Ein anderer Pfleger fügt hinzu, dass alles geschehen sei, obwohl der Pfleger M. sich sehr für die Patienten engagiert und ein mehrgängiges Weihnachtsmenü mit den Patienten zubereitet habe. Der genannte Pfleger ist in der Sitzung anwesend, äußert sich zunächst aber nicht. Als initiales Supervisionsanliegen wird auf meine fokussierende Frage hin formuliert: Muss die Arbeitsweise des Teams verändert werden, d. h. ist mehr Strenge geboten, da die Jugendlichen offensichtlich Schwierigkeiten mit dem Einhalten von Grenzen haben? Der beim genannten Pfleger deutlich spürbare Affekt von Kränkung und Ärger wird stellvertretend von den Kollegen verbalisiert. Ich rege an, weitere Einfälle und Aspekte zu sammeln, um der Entwicklung des Gruppenprozesses und der Entfaltung des Geschehens Raum zu geben. Es äußern sich weitere Stimmen, die dem Pfleger ausdrücklich für sein Engagement in seinem Dienst danken. Ein neuer Aspekt schließt sich an, indem der pflegerische Stationsleiter sich zu Wort meldet und die Aktion der Jugendlichen als »Blödsinn machen« einstuft.

Der Supervisionsprozess bewegt sich vom Ausdruck der angestauten Gefühle von Kränkung und Ärger zu weiteren verarbeitenden Schritten. Es wird festgestellt, dass dem betreffenden Kollegen die Dankbarkeit der Jugendlichen dafür gefehlt hat, die emotionale Schwerstarbeit, die widersprüchlichen und aufgewirbelten Gefühle zu verdauen. Er hatte sie relativ alleine auf sich gestellt geleistet. Diesen Dank erfährt er jetzt in der Supervision von seinen Kollegen. Die Selbstbezogenheit der Jugendlichen, deren narzisstisch geprägte Beschäftigung mit sich selbst, wird durch die ausführlichere gemeinsame Schilderung der Abläufe deutlich und ebenfalls verständlich empfunden, und zwar von einem Meinungsführer. Der Pfleger M. bricht jetzt sein Schweigen und schildert, wie engagiert und beteiligt einige der Patienten bei der Zubereitung des Menüs waren. Diese Mitteilung fügt einen neuen Aspekt hinzu, dass während des Festes von Seiten der Jugendlichen eine große Nähe zum Pfleger bestand und ein dichtes und regressives Erleben stattgefunden hatte. Ich interpretiere das »Blödsinn machen« der Patienten als eine Art Autonomiebewegung der jugendlichen Patienten, gerichtet gegen die eigenen unbewussten Abhängigkeitswünsche. Die Anfangsszene differenziert sich zunehmend weiter. Es wird angesprochen, dass vor Jahresende drei neue Jugendliche auf die Station verlegt wurden und dass dies einen erheblichen Positionskampf in der Gruppe ausgelöst hatte. Jeder musste offensichtlich einmal kurz zeigen, was er drauf hat. Schließlich kommt noch eine weitere Facette in die Betrachtung, die ebenfalls die Unruhe in der Jugendlichengruppe mitbestimmt, nämlich der Versuch eines Patienten, seine pädophile Kultur durchzusetzen und Bündnispartner gegen die bornierten Erwachsenen (Pfleger) dafür zu finden.

Am Ende der Supervision sind die verschiedenen Einflüsse auseinanderdividiert und es ist nicht mehr die Rede von der Veränderung der Arbeit. Vielmehr ist deutlich geworden, wie die Pfleger durch die dichte und regressive Situation für einen Moment in die Rolle der undankbar ausgebeuteten Eltern geraten waren. Jetzt war der Blick auf das Verständnis der Gruppendynamik gerichtet und eine therapeutische Einstellung wiedergewonnen. Das Verständnis der vielschichtigen und komplexen Gruppensituation machte es den Pflegern leichter, die eigenen Affekte wieder distanzierter zu sehen, sich mit den Sichtweisen der Jugendlichen partiell zu identifizieren und auch die eigene Arbeit wieder wertzuschätzen. Dieses Beispiel zeigt, dass es in der Teamsupervision nicht sinnvoll ist, eine Trennung zwischen fallbezogener und teamkonfliktorientierter Supervision einzuführen. Die Besprechung der kritischen Gruppensituation schwankte zwischen einer mehr fallorientierten Klärung und Beschäftigung mit der Patientengruppe und einer Infragestellung der eigenen Arbeitsweise, die das Team in dieser Situation jedoch nicht weiter fortführen musste.

Ebenfalls der Kategorie »Wiedergewinnung von therapeutischer Distanz« zuzuordnen ist eine weitere für den Maßregelvollzug typische Situation: Die Klärung einer anstehenden Entscheidung, einen Patienten »abhängen zu lassen«. Damit ist im Jargon gemeint, dass ein Patient für die nächste Zeit mit Pflege- und Therapieplanungen in Ruhe gelassen werden soll. Auch hier ist zu klären, wie weit eine zu große Nähe entstanden ist und ob die geplanten Maßnahmen eine verdeckte Rache der Pfleger am Patienten sind und dem unbewussten Agieren von Gegenübertragungsgefühlen zur eigenen Befreiung aus einer sado-masochistischen Interaktion und Verwicklung dienen. Die Klärung, in wie weit der Impuls aus einer Übertragungsbeziehung des Patienten stammt und so Wichtiges über die inneren Beziehungsdramen und das Erleben des Patienten verrät, oder ob dies mehr mit dem inneren Erleben der Behandler zu tun hat, ist auch in diesem Fall wichtig, der so eindeutig nach einer sadistischen Gegenübertragung der Pfleger zu klingen scheint. Hier bedarf es des besonderen Fingerspitzengefühles des Supervisors, nicht zu sehr zu beschämen, wenn die heftigen sadistischen Über-Ich Anteile der Patienten in die Beziehung zum Pfleger hineingeraten und bei diesem zu einer strengen Verurteilung führen. In vielen Fällen lässt sich so in der Supervision klären, dass es einem guten Verständnis für den Patienten entsprochen hat, ihn nicht weiter mit Pflegevorstellungen (allgemeiner gesprochen: mit Vorstellungen über ihn) zu bedrängen, sondern abzuwarten, welche Impulse vom Patienten kommen und diese Impulse aufzunehmen und damit einem nicht übergriffigen Beziehungsmodus zu entsprechen.

3.2. Übermäßige Distanz und beunruhigende Fremdheit verhindern Beziehungsarbeit

Die Arbeit mit psychisch kranken Straftätern ist immer eine Beschäftigung mit Menschen, die Verstörung und den Impuls zur Distanzierung auslösen. Dabei ist die emotionale Reaktion besonders intensiv, wenn Scham oder heftige Verachtung im Dienste der Abwehr auftreten und mit Hilfe dieser Affekte die Beschäftigung mit dem Verstörenden vermieden werden soll. Sie können einen Gegenübertragungswiderstand erzeugen, der zur Verweigerung einer Beziehung durch den Behandler führen kann. Beispielhaft dafür sei eine Supervisionssitzung angeführt, in der die Klärung der Frage, welche Pornos man im Stationsalltag dulden soll und welche nicht, das Anliegen des Teams war. Ich möchte hier anmerken, dass ein striktes Verbot und eine rigide Kontrolle von pornografischem Material im Maßregelvollzug weder durchführbar noch wünschenswert sind. Pornografische Darstellungen sind in den gängigen Medien auch für Patienten verfügbar. Wird in der Behandlung der Umgang der Patienten mit Pornografie aufgegriffen, wird eine Chance genutzt, ihre sexuellen Vorstellungen und Wünsche zu thematisieren und in die therapeutische Beziehung zu holen. Sie blieben sonst verheimlicht oder verleugnet und so unerreichbar für den therapeutischen Prozess. In der konkreten Supervisionssitzung war die Frage mit der Klage verbunden, dass es keine einheitliche Regelung in der Klinik gibt, welche Pornos erlaubt sind, und dass auch auf der Station unterschiedliche Umgangsweisen mit Pornos bei den Bediensteten zu beobachten sind. Im Supervisionsprozess wurde deutlich, dass sich hinter dem sachlich erscheinenden Thema: Es gibt einen Regelungsnotstand, bzw. eine uneinheitliche Behandlung in der Duldung von Pornografie auf der Station, der unbewusste Supervisionswunsch verbarg, sich von der persönlichen Überforderung in der Konfrontation mit Scham erzeugendem archaischem Bildmaterial und triebhaften Phantasien zu entlasten. Die meisten Pfleger hatten es vermieden, Patienten auf gefundene Pornos anzusprechen oder davon Kollegen Mitteilung zu machen. Die von einem Patienten angelegte Sammlung von aus Zeitschriften ausgeschnittenen Achselhöhlen hatte zur Distanzierung vom Patienten und darüber hinaus zur Vermeidung von Austausch über das Beobachtete unter den Pflegern geführt. Erst das gemeinsame Gespräch in der Supervision ließ die Beteiligten die abgewehrten beunruhigenden Phantasien und die vermiedene Peinlichkeit erkennen. In der Supervisionssitzung wurde bald deutlich, dass das eigentliche Problem darin bestand, sich vor eigenen Schamgefühlen zu schützen, die aus der Konfrontation mit der Schamlosigkeit (der Verleugnung von Schamgefühlen) resultierten. Hilgers (1996, S. 141) bemisst am Ausmaß der Fähigkeit eines Behandlungsteams, Schamempfindungen und Beschämungen bewusst ertragen zu können ohne sie direkt weiterzugeben, die Kapazität des Teams, Destruktion und Gewalt (durch Agieren eines agierenden Patienten) zu einem relativen Stillstand zu bringen. Im Übrigen kann man gerade bei der Erkundung der Psychodynamik der Perversionen mit Stoller (1979, S. 115) feststellen, dass man »mit der Pornographie ein Spezialinstrument in der Hand hat, das einem zuweilen Hinweise gibt, die man sonst leicht übersehen könnte. Die Tatsache, dass der Hersteller damit ein Geschäft machen möchte und mehr als ein Exemplar verkaufen will, bringt ihn dazu, den erotischen Tagtraum, den Pornographie auch darstellt, möglichst genau und doch allgemein zu entwickeln« Die Toleranz gegenüber Phantasien und Inszenierungen, die das eigene Schamerleben angreifen, kann sowohl Agieren begrenzen als auch dem diagnostischen Verständnis dienen.

Eine ähnliche Problematik findet sich in einem anderen Supervisionsthema, in dem es einem Pfleger darum ging, eine Haltung gegenüber dem Wunsch eines Patienten zu finden, der wegen mehrfacher Vergewaltigung untergebracht war und nun als Transsexueller gesehen und als Frau angesprochen werden wollte. Der Pfleger sah sich in einer Schamfalle. Er wäre borniert erschienen, wenn er sich geweigert hätte, und er hätte Wut und Ärger beim Patienten ausgelöst oder hätte die Arbeit des Coming-outs zu übernehmen gehabt, das der Patient seinerseits nur sehr zurückhaltend betrieb. In der Supervisionsstunde entwickelte sich aus der Klärung der Gegenübertragungsgefühle eine lebhafte Diskussion über die Gewinnung eines therapeutischen Standpunktes in Abwägung zu dem forensischen Problem der Verarbeitung bzw. Nichtverarbeitung der Schuld. Die Wut des Pflegers, der die Anrede des Patienten als Frau verweigerte, lag darin begründet, dass er das Verhalten als Manöver des Patienten verstand, sich seiner Schuld zu entledigen, indem er sich seiner Männlichkeit durch Abspaltung entziehen wollte. In der Folge war es dann möglich, über die unbewussten Anteile einer solchen Spaltung zu sprechen und als ein mögliches Therapieziel für den Patienten zu formulieren, diese »böse«, mit der eigenen Schuld verknüpfte, männliche Seite als zu sich gehörig akzeptieren zu können.

Ein weiteres Beispiel aus den Alltagskonflikten eines Stationsteams: Als Supervisionsthema wurde die provokante Beeinflussung der Gruppensitzungen durch einen Patienten angesprochen, der eine Art pädophile Subkultur durchsetzen bzw. in der Stationsgruppe verankern wollte. Die Pfleger reagierten darauf mit Empörung und mit Gegenagieren. In der Supervision wurde der heftige Affekt der Pfleger in der Abwehr deutlich, am liebsten gar nicht darüber sprechen oder sich einfühlend damit beschäftigen zu wollen. In Folge der Vergegenwärtigung und Bearbeitung der eigenen rigiden Verurteilung war es den Pflegern besser möglich, den entstehenden Widerstand und die Gegenwehr in der Patientengruppe zu unterstützen und den Patienten konfrontierend, aber nicht niedermachend anzusprechen. An diesem Beispiel wird deutlich, dass Balance und Selbstkontrolle nötig sind, um notwendige Begrenzungen mit Respekt durchzuführen.

Die Supervision kann von heftigen Affekten und unbewussten Gegenübertragungstendenzen entlasten und dadurch die Fähigkeit und Bereitschaft wieder herstellen, sich erneut einem schwierigen Patienten widmen zu können. In einem speziellen Fall konnte ein Pfleger seine hilflose Wut und seinen Ekel davor, von einem distanzlos übergriffigen Dissozialen ständig »angegrabscht« und »angeschwult« zu werden, zum Thema machen. Diesen Affekt auffinden und aussprechen zu dürfen, zu bemerken, dass es anderen ähnlich ergeht und dann gemeinsam zu überlegen, wie Hilflosigkeit und Ohnmacht zu verändern sind, führt zur Erlaubnis, im Team über Schwächen und Unannehmlichkeiten zu sprechen, also zu einer Selbstreflektion und damit zur Stärkung des Teams. Die Bearbeitung in diesem Patientenbeispiel entsprach einem fließenden Übergang zwischen der Fallarbeit und dem Aufarbeiten der unterschiedlichen Übertragungsbereitschaften der Teammitglieder. Die Bearbeitung der Übertragungsauslöser und der eigenen Anteile der Behandler wurden dabei unter Berücksichtigung der Arbeitsvereinbarung für die Supervision von mir nur tangential gestreift. Die Erweiterung des vorgebrachten Themas durch die Sammlung weiterer Erfahrungen der Kollegen führte ebenfalls zu ersten Ansätzen, sich besser gegen den Patienten abgrenzen und sich vor den eigenen Affekten schützen zu können, und zur Verbesserung der Bereitschaft, über nicht gelungene, heikel erlebte eigene Verhaltensweisen zu sprechen. So wurde deutlich, dass z. B. aggressionsvermeidende Umgangsweisen mit dem Patienten zur Verstärkung seiner Übergriffigkeit führten. Pfleger, die heftig und eindeutig reagierten, wurden dagegen respektiert.

3.3. Einschätzung von Gefährdungspotentialen

Die behandlungsbegleitende Beurteilung der bestehenden Gefährlichkeit eines Patienten und die Einschätzung des Gefährdungspotentials geplanter Lockerungsmaßnahmen ist eine Routinetätigkeit des forensischen Teams. Von forensischen Einrichtungen wird erwartet, dass sie das Risiko weiterer Straftaten ausschließen können. Dies gilt nicht nur bei Erprobungen durch die schrittweise erfolgende Lockerung des Freiheitsentzugs, sondern in besonderem Maße auch für Entlassungen von Patienten. Die Klinik als Gesamtinstitution und deren einzelne Mitarbeiter sehen sich dabei einem großen Druck durch eine sensibilisierte Öffentlichkeit ausgesetzt. Wenn der Patient während genehmigter Ausgänge eine Straftat begeht, hat das erhebliche Folgen für das gesamte Kollektiv, z. B. durch dann verhängte Sperrungen von Ausgängen oder Außenaktivitäten. Absicherung und Kontrolle einer Entscheidung mit möglicherweise weitreichenden Konsequenzen bilden ein weiteres wichtiges Anliegen an die Teamsupervision (Nunnendorf 2003).

Häufige Anlässe für Supervisionssitzungen aus diesem Problemkreis sind so Erweiterungen des Lockerungsrahmens eines Patienten, dessen Gefährlichkeit von den Betreuern unterschiedlich eingeschätzt wird, vor allem dann, wenn es besondere Vorkommnisse mit dem Patienten im Vorfeld dieser Lockerungserweiterung gegeben hatte. Solche Supervisionen entwickeln sich zumeist zu einer Fallbesprechung.

Beispiel: Ein jugendlicher, entwicklungsverzögert wirkender Patient hatte in der Nachtwache eine Krankenschwester angesprochen und ihr von seinen sexuellen Vorstellungen erzählt, die er sich von ihr machte. Die Krankenschwester erlebte in ihrer Gegenübertragung intensive Angst, dass der Patient sexuell übergriffig werden könnte. Ihr gelang es, die Situation zu beenden und den Patienten ins Bett zu schicken. Ihre Rückmeldung des Vorfalles an das Team setzte die Routine der Gefahrenprognose in Gang. Der Vorfall wurde von der Stationsärztin und dem pflegerischen Stationspfleger mit der selbstkritischen Frage in die Supervision eingebracht, warum das Team so lange einen blinden Fleck hatte haben können und die Gefährlichkeit des Patienten nicht richtig einschätzte, obwohl der Patient doch wegen versuchter Vergewaltigung untergebracht war. Das Zusammentragen verschiedener Interaktionserfahrungen mit dem Patienten und meine Anregung, die Gegenübertragungserlebnisse mitzuteilen, führten zu einer spannenden Fallbesprechung. Die unterschiedlichen Facetten fügten sich wie Puzzleteile zu einem konstanten Beziehungsmuster. Es zeigte sich, dass der Patient sich in vielen Interaktionen in die Rolle des hilflos überforderten, aber auch fordernden Jungen begeben hatte. Die Behandler (insbesondere die Frauen) hatte er als mächtige, mütterlich über alles verfügende Handlungspartnerinnen idealisiert und als zurechtweisende und steuernde Objekte funktionalisiert. Das Team sah ihn als das tapsige, dumme und »abnervende« Bärchen, dem problematische Angelegenheiten vom Team aus dem Weg geräumt wurden, bevor er noch fordernder auf die Nerven ging. Die Reflektionen im Team machten jetzt erstmalig bewusst, wie stark der Patient durch sein nerviges Verhalten unbewusst die Kontrolle über die »mächtig gemachten« Objekte behielt und wie austauschbar die Beziehungspartner dabei blieben. Der Patient brachte die Pfleger unbewusst zu einer fürsorglichen Übergriffigkeit, die seinen vertrauten Objektbeziehungen entsprach. Mit dem verbalen Übergriff auf die Nachtschwester hatte er gezeigt, dass er mit sexuellen Impulsen auf die gleiche fordernde und grenzüberschreitende Weise umging. Der Wegfall der Verleugnung der sexuell aggressiven und übergriffigen Anteile des Patienten machte den Behandlern (und insbesondere den Frauen) deutlich, dass sie den Patienten bislang aus Abwehrgründen unbewusst als kleinen Jungen depotenziert hatten in der Übernahme der projektiven Identifikation mit einer mächtigen Mutterimago. Die Supervision konnte die wechselseitige Funktion der Übertragungsbeziehung deutlich machen: Zum einen diente sie dem Schutz der Behandler vor übergriffigen sexuellen Impulsen, zum anderen besaß sie eine steuernde und begrenzende Funktion für den Patienten. Es hatte sich eine unbewusste stabile Beziehungsstruktur, ein Ort des seelischen Rückzugs (vgl. Steiner 1998) gebildet, in dem keine therapeutische Entwicklung mehr möglich war.

Durch die Bereitschaft der Behandler zur momentanen Verwicklung mit dem Patienten und – noch wesentlicher – zur Reflektion der eigenen Identifikationen mit seiner projektiven Identifizierung wurden schlaglichtartig die internalisierten Objekte und Objektbeziehungen des Patienten und deren latente Übergriffig- und Gewalttätigkeit erhellt.

In diesem Fallbeispiel zeigt sich, wie sich aus einem Supervisonsanliegen, eine mögliche Gefahr besser sehen und abwehren zu können, ein erweitertes Verständnis für die unbewusste Dynamik des Patienten ergeben kann. Die ausführliche Betrachtung der Interaktion im Licht von Übertragung und Gegenübertragung lässt die unreife, prägenitale Motivierung der Delikte und die noch bestehende, dyadisch geprägte Beziehungsstruktur des Patienten nach dem Muster: bedürftiges Kind und mächtige Frau/Mutter deutlich werden.

Kernberg (1983, S.100ff.) weist darauf hin, dass es in Beziehungen mit dissozialen, zumeist ich-strukturell gestörten Menschen zur Ausbildung eines Teufelskreises kommen kann, der zu einer hartnäckigen Stagnation der Therapie führt. Dissoziale verfügen nicht über sich selbst beobachtende Ichanteile und damit nicht über die Fähigkeit zur Selbstreflektion (Rauchfleisch 1991). Sie nehmen daher die aggressive Gestimmtheit ihrer Interaktionen nicht wahr. Diese wird stattdessen durch die hoch affektiv aufgeladene Interaktion auf den Behandler projiziert (projektive Identifizierung) und erzeugt unbewusst auch im Gegenüber eine von der jeweiligen Person abhängige Wirkung. Die Wahrnehmung des Gegenübers durch den Patienten liefert ein Zerrbild, das die introjizierten Objekte und Selbstimagines bestätigt. Es droht so eine Wiederauflage pathogener Objektbeziehungen, die das Zustandekommen eines Arbeitsbündnisses verhindern. »Mit solch einem Therapeuten ein Arbeitsbündnis einzugehen, käme ja einer Unterwerfung unter den bedrohlichen und mächtigen Feind gleich« (Kernberg 1983, S. 103). Die Verleugnung dieser negativen Übertragung in der therapeutischen Einstellung der Behandler führt zu einer Pseudo-Beziehung, die durch emotionale Flachheit und Scheinunterwerfung des Patienten unter die Forderungen des Therapeuten – oder unter das, was er dafür hält – gekennzeichnet ist.

Die geschilderte fallbezogene Supervisionssitzung ermöglichte, in eine festgefahrene Beziehungskonstellation, einen Circulus vitiosus, entstanden durch projektive Identifizierung und Reintrojektion, Bewegung hinein zu bringen. Dem Team wurden das negative Übertragungsgeschehen und die dagegen gerichtete Abwehr deutlich. Wären die komplexen unbewussten Übertragungsprozesse nicht erkannt worden, hätte dies zur Eskalation von vermuteter und tatsächlicher Feindseligkeit und vielleicht auch zu wiederholenden (agierenden) Handlungen führen können. Häufig wird oberflächliche Anpassung des Patienten an die Behandler als Fortschritt missdeutet. Die Bewusstmachung der komplexen Übertragungsprozesse wirkte so wie eine Enttäuschungsprophylaxe und verhinderte eine mögliche Eskalation von Gewalt. Die Einführung des Behandlungskonzeptes der Containerfunktion nach Bion bei dieser Gelegenheit konnte zu einer weiteren Orientierung und Konzeptualisierung des Behandlungsprozesses führen. Im Resultat wurde der Patient für eine kurze Auszeit auf die Wachstation verlegt und man beschloss, die negativen Übertragungsanteile in der folgenden Behandlung stärker ins Zentrum der Behandlung zu stellen.

Die Nachbearbeitung eines erfolgten gewaltsamen Übergriffes ist ebenfalls ein zentrales Thema der Supervision (siehe auch Urbaniok/Chopard in diesem Band). Dabei steht unter anderem das Bedürfnis des Teams im Vordergrund, das angegriffene Sicherheitsgefühl wiederherzustellen. Ziel der Supervision ist es dann, das Bedrohtheitsgefühl zu bearbeiten und damit die Bereitschaft für ein erneutes Sich-Einlassen auf einen Patienten zu fördern bzw. überhaupt die Bereitschaft dazu aufrecht zu erhalten, sprich, die Arbeitsfähigkeit des Teams zu erhalten. Solche Supervisionsanliegen ergeben sich insbesondere in der Folge eines körperlichen Übergriffes durch einen Patienten. Opfer einer gewalttätigen Aggression zu sein, wie auch die Erkenntnis, gewalttätiges Handeln nicht genügend entschärft zu haben, kann große emotionale Betroffenheit auslösen. Im Extremfall können Verleugnung eigener Angst, auch Opfer werden zu können, oder dagegen gerichtete therapeutische Omnipotenzphantasien zusammenbrechen. Aber auch reifere Mechanismen der Angstabwehr, z. B. ein gewisser Grad an Isolierung ängstigender Inhalte, oder eine Vorstellung davon, im Zusammenhalt des Teams beschützt zu sein, entpuppen sich in solchen Situationen als unvollkommene Schutzmaßnahmen. Die unbewusste »Schutzvorstellung« hat zumeist einen Riss bekommen, sich als illusionär erwiesen und muss gemeinsam wieder hergestellt werden. Durch aggressive Übergriffe auf Behandlungspersonal bestätigt sich die verdrängte Angst auf traumatische Weise. Selbst wenn keine direkte Traumatisierung erfolgt ist, erschwert ein solches Erlebnis zumindest die erneute Verdrängung, die aber für die Arbeitsfähigkeit des Teams notwendig ist.

Dies wird in dem folgenden Beispiel deutlicher. Zwei weibliche Bedienstete stellten mit großer affektiver Beteiligung in der Supervision dar, Zeuge geworden zu sein, wie ein Patient in einem aggressiven Ausnahmezustand einem Pfleger auf dem Hof gedroht hatte, ihn umzubringen. Der Pfleger, früher bereits Opfer eines Überfalls durch Patienten geworden, kollabierte, während der Patient sich in einen anderen Hofteil entfernte. Die beiden Frauen, im Konflikt zwischen Fürsorge für den Kollegen und Kontrolle des Patienten, kümmerten sich zunächst um den unter Schock stehenden Pfleger und bemühten sich telefonisch um Unterstützung, den Patienten in seinem agitierten Zustand zu beschwichtigen und auf die Station zu bringen. Als eine zusätzliche Hilfe sich nicht finden ließ, machte sich schließlich eine der beiden alleine auf den Weg, den Patienten zu suchen und »einzufangen«. In der Supervision erinnerte sie sich an die Angst, die sie dabei in einem unübersichtlichen Flur überfallen hatte. Die Erinnerung an einen Überfall auf eine Kollegin in diesem Flur hatte ihr plötzlich vor Augen gestanden. Der Bericht und die Erinnerungen führten zum Aufflackern starker Angst- und Wutaffekte und zu dem Gefühl, im Notfall ohne Solidarität von Kollegen auf sich allein gestellt zu sein. Im Ablauf der Supervision reagierten die Kollegen zunächst mit großem emotionalem Verständnis und mit Berichten von ähnlichen Gefühlen. Dies war neben der Erfahrung, im Schutz des Kollegenkreises intensive Ungeschütztheit zulassen zu dürfen, eine korrigierende Erfahrung zum Alleingelassenwerden und eine Bestätigung dafür, dass im Team doch Solidarität zu erwarten ist. In diesem Sinne konnten auch die pragmatischen Empfehlungen verstanden werden, nicht in übergroßer Verantwortlichkeit mit eigenen Mitteln schwierige Probleme lösen zu wollen, sondern lieber den Pieper (Funkalarm) zu drücken.

In diesem Beispiel zeigt sich auch die Wirksamkeit des *schützenden Rahmens*, den die Supervision im forensischen Behandlungssetting bieten kann. Die schützende Funktion des Supervisors kann dann vom Team modellhaft übernommen werden und als Schutzfunktion deren Gruppennorm und damit den Behandlungsalltag prägen. Wie das Beispiel zeigt, wurden realistischere Schutzvorstellungen und Maßnahmen gefunden. Mit der Schulung der Wahrnehmungsfähigkeit für Affektlagen der Patienten und auch für eigene unterschiedliche Angstaffekte wächst die Fähigkeit, Angst als differenzierten Signalaffekt wahrnehmen zu können.

Hierzu ein kurzes forensisches Alltagsbeispiel: Erst nach seiner Verlegung auf eine Wachstation mit engeren Beziehungsräumen griff ein Patient einen Pfleger an und verletzte ihn im Gesicht. Die Tatumstände und die Tatdynamik ließen jetzt eindeutig die bislang vom Patienten verborgene psychotische Stimmung erkennen. Anlass seiner Verlegung waren zunehmende Abbruchtendenzen in den Beziehungen zum Behandlungspersonal auf der Vorstation nach strengeren Kontrollen wegen Cannabiskonsum gewesen. Im Team der verlegenden Station wurde die Nachbereitung des Vorfalles zum Thema. Neben der Bearbeitung des Schuldgefühles gegenüber dem verletzten Pfleger der Wachstation ging es hauptsächlich darum, unterschiedliche Gegenübertragungsaspekte der Teammitglieder im Vorfeld der Verlegung zusammenzutragen, um sich auf diese Weise die aggressiv gespannte und feindselige Stimmung des Patienten einzuprägen, mit dem Ziel, die darin zum Ausdruck kommende psychotische Stimmung in Zukunft besser erkennen und behandeln zu können.

3.4. Supervision von Teamkonflikten

In den obigen Fallbeispielen wird bereits deutlich, dass es im forensischen Kontext nicht sinnvoll erscheint, sich alternativ für eine teamzentrierte oder eine fallzentrierte Arbeitsweise zu entscheiden. Dasselbe Fazit zieht auch Schlösser (1989). Möller (2001, S. 309) hält mit anderen bei vorhandener Doppelqualifikation des Supervisors für Psychotherapie und Supervision eine solche thematische Trennung für künstlich. Sie betont vielmehr die Notwendigkeit, die Wechselwirkung von Team- und Patientendynamik reflektieren zu können. Die gelegentlich geäußerte Sorge, dass Supervision von Teamkonflikten zu narzisstischen Verletzungen der Mitarbeiter führen könnte und dadurch die Arbeitsbeziehungen verschlechtert würden statt verbessert, scheint mir nicht so sehr ein Argument gegen eine Verschränkung beider Betrachtungsweisen zu sein, sondern eher ein Hinweis auf Brisanz und Wirksamkeit von Supervision generell. Die unbedingte Ausrichtung auf die Verbesserung der Arbeitsbeziehungen erscheint dagegen ein hilfreiches Mittel. Die Trennung beider Supervisionsfoki ist auch aus maßregelvollzugsspezifischen Gründen nicht sinnvoll. Bereits die Zusammensetzung des Patientenkollektives aus zumeist frühgestörten Patienten, deren hohe interaktionelle Potenz sich in Konflikten im Team äußert, spricht dagegen. Der intensive Gebrauch interpersoneller Abwehrformen durch die Patienten bringt es mit sich, dass die Besprechung der Teamdynamik zumeist auch eine Besprechung der Dynamik in der Patientengruppe ist.

Da es in einem erheblichen Umfang in der Therapie um *Sozialisationsarbeit* geht, führen Konflikte im Team und sich daraus entwickelnde Störungen in den Arbeitsbeziehungen der Mitarbeiter auch zu Störungen der Arbeit an der sozialen Nachentwicklung der Patienten.

Ein weiterer Aspekt der Supervision teambezogener Konflikte, der auf die Verbesserung der Behandlung zielt, ist Bewusstmachung und Beseitigung störender persönlicher blinder Flecken bei Mitgliedern des Teams (vgl. Schott 2002). So ist nicht jede Bekleidung der weiblichen Bediensteten für die Verbesserung der Triebkontrolle der von erotischen Reizen depravierten und zudem untersteuerten Patienten förderlich. Supervision kann dabei ein Forum sein, gemeinsame Kriterien für eine »reizärmere« Bekleidung zu finden, wenn modische Einflüsse wie »bauchfrei, hüfttiefe Hosen und sichtbarer Stringtanga« zu einer verleugneten Sexualisierung des Stationsklimas führen. Darüber hinaus kann sie einen geschützten Rahmen dafür schaffen, heikle Rückmeldungen in einer neutralen Beziehungsumgebung geben zu können.

Unterschiedliche Werte und Normen der Teammitglieder sind ebenfalls interessante Supervisionsthemen, die dahinter liegende Ängste oder Abwehrhaltungen aufdecken können. Hierzu passendes Beispiel sind gelegentlich geäußerte Bedenken, ob weibliche Pflegekräfte die Bezugspflege von Sexualstraftätern übernehmen sollten. Im Supervisionsprozess konnte deutlich werden, dass die Gefahr, Verliebtheiten zu provozieren und damit das Gefährdungspotenzial für einschlägige Delikte zu erhöhen, auch für die Übernahme von Bezugspflege durch männliches Personal zu überlegen ist, da für Männer das Problem einer agierten Übertragungsliebe bei homosexuellen Beziehungen bestehen kann, dies auch und vor allem, wenn sie unbewusst bleibt. Eine besondere, in positive wie negative Richtung diskriminierende, Behandlung der Frauen konnte als Schutzphantasie der männlichen Kollegen erkannt werden, welche die Frauen als abwertend erlebten und die sie sich nicht wünschten.

Eine Notwendigkeit von Teamsupervision ergibt sich auch aus der Heterogenität der Behandlungsziele und -vorstellungen der unterschiedlichen Berufsgruppen und der daraus resultierenden divergenten Arbeitsvorstellungen. Bereits die ungleichen beruflichen Perspektiven erzeugen unterschiedliche Vorstellungen hinsichtlich Anpassung oder Entwicklung von Eigenaktivitäten der Patienten und über Freizeitaktivitäten, Gruppenbesprechungen, Patiententätigkeiten auf der Station. Unterschiedliche Auffassungen, wie ein therapeutisches Stationsessen organisiert und finanziert werden soll, offenbaren daneben auch grundlegende Differenzen in den Arbeitskonzepten, oft auch zwischen therapeutischem und pflegerischem Leiter eines Teams.

Schließlich ist auch die Beziehung des Teams zur Institution ein Thema der Supervision. Verschobene Konflikte aus anderen Hierarchieebenen oder anderen Bereichen sind gelegentlich Ursache von Teamkonflikten. In der Behandlung des Patienten kann sich unter Umständen eine Störung zeigen, die in den Leitungsebenen nicht gelöst wurde und agiert wird. Teamsupervision hat hier die komplexe Struktur des Maßregelvollzuges zu berücksichtigen. Die Anhäufung dissozialer Problemlagen in den Institutionen des Maßregelvollzugs kann auch unbewusst dissoziales Verhalten der Bediensteten induzieren und so die Atmosphäre der Klinik prägen (vgl. Mentzos 1988). Der unterschiedliche Umgang mit Willkür und Macht bei Verlegungsentscheidungen zwischen zwei Teams oder anderen Organisationseinheiten ist ein Beispiel, anhand dessen fruchtbare Klärungen in der Supervision über die Auswirkung von Verlässlichkeit und Vorausschaubarkeit erfolgen können, im Kontrast zu Verfahrensweisen, die der Phantasie von willkürlichen Beziehungsstrukturen Nahrung geben.

Letztlich können auch aktuelle Einwirkungen von Außen, durch politische Forderungen oder durch professionsdynamische Veränderungen, auf die Patienten-Team- oder Team-Team-Beziehung Einfluss nehmen und zu einer verstärkten Beschäftigung mit Teamkonflikten in der Supervision führen. Die Professionalisierung der Pflege und die Implementierung von Qualitätsmanagement haben in den Krankenhäusern des Maßregelvollzuges zu einer drastischen Umstrukturierung der Institution und damit zur Veränderung der Arbeit geführt. Die dadurch ausgelöste Welle von Personalwechsel durch Frühpensionierungen, Neubesetzungen und Beförderungen sowie die damit einhergehenden Rivalitäts- und Konkurrenzprobleme taten ihr übriges. Die Neustrukturierung der Arbeit bzw. die Umsetzung neuer Vorstellungen über die Arbeit führte zu erheblichen Konflikten auf den verschiedensten Ebenen, unter anderem auch zwischen den Berufsgruppen, um neue Vorstellungen über die eigene Kompetenz, und machte eine Neuabstimmung der Arbeitszusammenhänge nötig.

Zudem soll die Implantierung neuer Abläufe und Strukturen im laufenden Betrieb ohne zusätzliche manpower oder Ausweitung der Arbeitszeit erfolgen. Folge ist eine schleichende Unterminierung der Arbeitsmotivation und der Bereitschaft, solidarisch oder engagiert mit der Einrichtungen oder den Kollegen zu sein, weil sie dauernd nur gefordert und zu wenig aus der Beziehung entwickelt wird. Auswirkungen zeigen sich z. B. in schlechter Laune bei der Dienstplangestaltung allgemein – keiner möchte mehr Vertretung machen, alle sind gereizt und sprachlos. Ein notwendiger Wechsel eines Kollegen in die Gegenschicht mit allen daran hängenden Umstellungen kann zum Gegenstand von Verweigerung werden. In der Teamsupervision können unter triangulierendem Beistand des Supervisors

Phänomene der Entsolidarisierung und der Ärger darüber deutlich werden. Dieses Sichtbarmachen des Protestes kann erneut Gemeinsamkeit erzeugen und die Tendenz zur Destrukturierung des Teams überwinden helfen und bei der Umstellung auf eine stärker hierarchisch geprägte Arbeitsstruktur konfliktklärend sein.

4. Supervision und Qualitätssicherung

Die Einführung von qualitätssichernden Verfahren im Gesundheitswesen (im Krankenhaus § 135–140 SGB V.) ist gesetzlich vorgeschrieben. Der Supervision wird dabei in der psychiatrischen Versorgung eine bedeutsame Rolle zugewiesen. Neben Qualitätsmanagementverfahren, wie themenorientiert arbeitenden Qualitätszirkeln, ist mit Supervision ein beziehungsorientierter Zugang zur Qualitätssicherung möglich (vgl. Ramme 1998).

Für freiheitsentziehende Maßnahmen, wie sie in stationären Maßregelvollzugseinrichtungen erforderlich sind, wird Supervision als professioneller Standard zur Aufrechterhaltung der personellen und materiellen Voraussetzung und als Beitrag zur Qualitätssicherung gesehen. Beispielhaft formuliert dies eine Leitlinie der Kinder- und Jugendpsychiater für die Behandlungen von Jugendlichen unter freiheitsbeschränkenden Rahmenbedingungen. Sie fordert: »Die intensive Supervision des Personals muss Pflichtteil einer solchen Arbeit sein« (Jungmann 2000). Die Erwartungen an Supervision als eine Art Zauberformel und die noch gänzlich offene Frage, wie denn die Qualitätssicherung der Supervision über entsprechende Forschung abgesichert werden kann, behandelt Möller (2001). Wenngleich die wissenschaftliche Fundierung der Wirksamkeit von Supervision noch aussteht, ist Supervision als zentrales Element einer Praxeologie, mit Buchholz (1998) gesprochen, im Verhältnis sich zueinander ergänzender Umwelten von Wissenschaft und Professionalität, im Maßregelvollzug längst als eine erfolgreiche qualitätssichernde Methode etabliert. Die allgemeine Verbreitung und Akzeptanz von Supervision als qualitätssichernder Kontrolle bei beziehungsorientierten Behandlungen in den Kliniken unterstreicht ihre Wirkmächtigkeit (vgl. Wagner 2000).

Aus den dargestellten klinischen Beispielen werden verschiedene qualitative Aspekte erkennbar, die durch Supervision im Maßregelvollzug abgesichert werden können. So schützt zum Beispiel die triangulierende Funktion der Supervision vor allzu regressiven dyadischen Beziehungen, die

Angst erzeugen. Die Durcharbeitung der Angst erzeugt Solidarität und hält eine basale Bereitschaft zu Beziehung und Therapie aufrecht. Nur wer sich sicher fühlt, stellt sich therapeutisch zur Verfügung. Die Triangulierung durch den Supervisor ist ebenfalls wichtig wegen der im Maßregelvollzug zu beobachtenden Tendenz zu paranoiden Kollusionen. Die Supervision fördert eine Rückorientierung auf die therapeutische Ausrichtung und erinnert an den Resozialisierungsauftrag der Behandlung. Als Lehrer vermittelt der Supervisor zugleich theoretische und klinische Kenntnisse.

Obwohl die Supervisionstheorie noch in den Kinderschuhen steckt (Möller 2001), kann gesagt werden, dass Supervision für den Maßregelvollzug aus professionstheoretischer Sicht wertvoll ist. Buchholz stellt fest, dass Situationen, in denen Praktiker reagieren müssen, von sechs Merkmalen geprägt sind: Sie sind komplex bzw. vieldeutig; sie sind unsicher und erzeugen Unsicherheit; sie sind instabil durch die Eigendynamik, aber auch durch das Eingreifen des Praktikers selber; sie sind einzigartig, keine gleicht der anderen; sie erfordern Werteentscheidungen und sie sind in einer Handlung erfordernden Situation nicht vollständig beschreibbar (vgl. Buchholz 1997, S. 78f.). Dies gilt in besonderer Weise für ein Behandlungsfeld wie den Maßregelvollzug mit seinem eigenwilligen und schwierigen Patientenkollektiv, in dem die Ausnahme häufiger als die Regel vorzukommen scheint und dessen explizite gesellschaftliche Aufgabe es ist, destruktive Prozesse zu entschärfen.

Literatur

Auckenthaler, A. (2003): Supervision. In: Härter, M., Linster, H. W., & Stieglitz, R.-D. (Hg.): Qualitätsmanagement in der Psychotherapie, Grundlagen, Methoden und Anwendungen. Göttingen (Hogrefe), S. 157–169.

Becker, H. (Hg.) (1995): Psychoanalytische Teamsupervision. Göttingen (Vandenhoeck & Ruprecht).

Boyan, N. (1997): Maßregelvollzug in Niedersachsen. Patienten und Praxis der Unterbringung gemäß § 63 StGB, Inaugural-Dissertation der Universität – Gesamthochschule Essen, unveröffentlicht.

Buchholz, M. B. (1997): Psychoanalytische Professionalität. Andere Anmerkungen zu Grawes Herausforderung, Forum der Psychoanalyse, 13, 75–93.

Buchholz, M. B. (1998): Psychoanalyse – Profession oder Wissenschaft. Forum der Psychoanalyse, 14, 79–85.

Hilgers, M. (1996): Scham. Gesichter eines Affektes. Göttingen (Vandenhoeck &

Ruprecht).

Jungmann, J. (2000): Leitlinie: Freiheitsbeschränkende und freiheitsentziehende Maßnahmen zur Sicherung des Behandlungsrahmens in Kinder- und Jugendpsychiatrie und Psychotherapie. Bundesarbeitsgemeinschaft der Leitenden Klinikärzte für Kinder- und Jugendpsychiatrie und Psychotherapie e.V. Krankenhauspsychiatrie, 11, 70–73.

Kernberg, O. F. (1983): Borderline-Störungen und pathologischer Narzissmus. Frankfurt (Suhrkamp).

Mentzos, S. (1988): Interpersonale und institutionalisierte Abwehr. Frankfurt (Suhrkamp).

Möller, H. (1998): Supervision in Forensischen Psychiatrien. In: Eck, D. (Hg.): Supervision in der Psychiatrie. Bonn (Psychiatrie-Verlag), S. 211–224.

Möller, H (2001): Was ist gute Supervision? Grundlagen – Merkmale – Methoden. Stuttgart (Klett-Cotta).

Neunzner, B., Piechotta, B., Pohlmann, W., & Thiel, H. (1998): Verrückte Wirklichkeit – psychoanalytische Supervision in der forensischen Psychiatrie (Maßregelvollzug). In: Eckes-Lapp, R., & Körner, J. (Hg.): Psychoanalyse im Sozialen Feld. Prävention – Supervision. Gießen (Psychosozial-Verlag), S. 323–336.

Nunnendorf, W. J. (2003): Im Spannungsfeld zwischen Wegschließen und Behandeln: Teamsupervision im Maßregelvollzug. In: Gerlach, A., Schlösser, A.-M., & Springer, A. (Hg.): Psychoanalyse mit und ohne Couch. Gießen (Psychosozial-Verlag), S. 294–308.

Pühl, H. (1998): Teamsupervision. Von der Subversion zur Institutionsanalyse. Göttingen (Vandenhoeck & Ruprecht).

Ramme, M. (1998): Qualitätszirkelarbeit und Supervision. In: Eck, D. (Hg.): Supervision in der Psychiatrie, Bonn (Psychiatrie-Verlag), S. 276–287.

Rappe-Giesecke, K. (2000): Gruppensupervision und Balintgruppenarbeit. In: Pühl, H. (Hg.): Handbuch der Supervision 2. Berlin (Edition Marhold), S. 123–136.

Rauchfleisch, U. (1991): Begleitung und Therapie straffälliger Menschen. Mainz (Matthias-Grünewald-Verlag).

Schlösser, A. (1989): Nachrichten aus dem Raubtierkäfig. Balint-Gruppenarbeit in einer forensischen Psychiatrie. In: Die Balint-Gruppe in Klinik und Praxis 4, S. 159–168.

Schott, M. (2002): Integrieren oder Ausstoßen? Wie wirklich Sicherheit entsteht. Ein an Therapie und Vernunft orientiertes Sicherheitskonzept im Maßregelvollzug. Recht & Psychiatrie, 4, Einhefter I–IV.

Steiner, J. (1998): Orte des seelischen Rückzugs. Pathologische Organisation bei psychotischen, neurotischen und Borderline-Patienten. Stuttgart (Klett-Cotta).

Stoller, R. J. (1979): Perversion: Die erotische Form von Hass. Reinbek (Rowohlt).

Wagner, E. (2000): Die institutionelle Verarbeitung von Scheitern, Krisen, Katastrophen – Auswirkungen auf Behandlungsstrategien und Entwicklungen der Forensischen Psychiatrie in Österreich. Werkstattschriften Forensische Psychiatrie und Psychotherapie, 7 (1), 237–251.

Wellendorf, F. (2000): Supervision als Institutionsanalyse und zur Nachfrageanalyse. In: Pühl, H. (Hg.): Handbuch der Supervision 2. Berlin (Edition Marhold), S. 30–40.

II

Der destruktive Wahn in Gesellschaft und Politik

Die Normalität gebiert ›Ungeheuer‹

Götz Eisenberg

> »Ich möchte, dass mich eines Tages alle kennen.«
> Robert S.

Amok – ein »acte gratuit«?

Ein Täter, der sich am Ende seines mörderischen Wütens selbst tötet, hinterlässt in uns eine große Ratlosigkeit. Er entzieht sich der forensischen Aufarbeitung und Beurteilung der Tat, und lässt unseren Wunsch, etwas von der Tat zu begreifen, ebenso ins Leere laufen wie Straf- und Vergeltungsbedürfnisse. Die Tat hat das prekäre Gleichgewicht der Gesellschaft ge- oder gar zerstört, die Strafe soll es wiederherstellen. Das im Falle des erweiterten Suizids entstehende Vakuum füllen die Medien, die den Hunger nach Sinn und Erklärungen in der Regel mit stromlinienförmigen Vereinfachungen und oberflächlichen Schuldzuschreibungen abspeisen. Bei meinem Versuch, die Erfurter Ereignisse vom 26. April 2002 zu verstehen[1], kommt mir der Umstand zugute, dass ich nicht nur Sozialwissenschaftler, sondern auch Gefängnispsychologe bin. Was ich gewöhnlich dem Urteil und den Aussagen des Gefangenen entnehme, beziehe ich in diesem Fall aus den Informationen, die mein Wahrnehmungsapparat aus der Flut von Informationen herausgefiltert hat, die nach der Tat über uns hereingebrochen ist. Mit den Mitteln einer von psychoanalytischen Einsichten geleiteten Empathie versuche ich Teile eines Puzzles zu entwerfen, die sich am Ende vielleicht zu einem Bild der Vorgeschichte der Tat zusammenfügen.

Den »acte gratuit« (A. Gide) gibt es nur dem Anschein nach. Verbrechen, bei denen auf den ersten und zweiten Blick keine Motive erkennbar sind, nötigen uns dazu, im Innern der Täter nach Hinweisen auf eine psychische

---

[1] Im Kern entstand dieser Text in den Tagen unmittelbar nach dem Massaker von Erfurt und erschien zunächst in der *Frankfurter Rundschau*. Die später bekannt gewordenen Ermittlungsergebnisse der Polizei haben meine Vermutungen im Wesentlichen bestätigt. Ich habe den Text für die Veröffentlichung in diesem Band also lediglich überarbeitet und um einige Passagen erweitert.

Störung zu suchen, in deren Kern man häufig auf mächtige Energieverschiebungen und affektive Fehlschlüsse stößt, die zu vollkommen unverhältnismäßigen Reaktionen, Erregungen am falschen Ort und Handlungen gegen versetzte Objekte führen. Man kann kriminelle Handlungen auch als Inszenierungen ›lesen‹, in denen der Täter seine inneren Konflikte und Dramen zur Darstellung bringt. Was der Gefängnispsychologe bei dieser Suche zutage fördert, muss mit aller Vorsicht und stets im Konjunktiv formuliert werden. Was psycho-logisch halbwegs stringent erscheint und auf der Ebene theoretischer Annahmen einen gewissen Grad von Wahrheit zu besitzen scheint, muss, um wirklich ›wahr‹ zu werden, im Einzelfall auch ›stimmen‹. Ich bin also nicht so vermessen zu behaupten: »So war es«, sondern sage lediglich: »So oder so ähnlich könnte es gewesen sein.«

Wir wissen über das Innen- und Vorleben von Amokläufern wenig, da sie höchst selten ihre Tat überleben und über sich Auskunft geben können. Wir betreten kriminologisches Neuland, dessen Erforschung uns zu denkerischen Experimenten nötigt, die manchem Wissenschaftler, der sich aus den Naturwissenschaften abgeleiteten exakten Methoden- und Erkenntnisidealen verpflichtet fühlt, wie phantastische Spekulationen vorkommen mögen. Viele der nach der Erfurter Tat von Experten in den Medien vorgetragenen Versuche einer interpretierenden und erklärenden Aneignung des Schrecklichen erinnern an den Versuch eines Betrunkenen, seinen verloren gegangenen Haustürschlüssel im Lichtschein einer beliebigen Straßenlaterne zu suchen, statt dort, wo er ihn verloren hat. Im fahlen Licht approbierter Deutungsmuster stößt man auf allerhand Erklärungsversuche, der Schlüssel zum Rätsel Amok scheint dort indessen nicht zu finden zu sein. Nicht umsonst verdanken wir wesentliche Einblicke in die Seele von monströs erscheinenden Gewalttätern Künstlern und Schriftstellern wie zum Beispiel Stefan Zweig, Robert Musil, Dieter Wellershoff, Jean-Paul Sartre, Rainer Werner Faßbinder oder Joyce Carol Oates.

Die Normalität gebiert ›Ungeheuer‹

Wenn man auf der Suche nach den Kristallisationspunkten einer psychischen Störung in der Biographie eines Täters auf keine spektakulären Traumatisierungen stößt – Robert S. scheint weder Opfer eines Missbrauchs noch grober körperlicher Misshandlungen gewesen zu sein –, muss man die Suche nicht gleich resigniert einstellen und auf Erklärungen der Neurobiologie zurückgreifen oder den Täter zur Inkarnation des »Bösen« erklären, nach dem Motto: Ein launisches grausames Schicksal hat diesen anständigen Leuten ein Monster in die Wiege gelegt.[2]

Der Satz der Eltern: »Wir waren bis zu dieser brutalen Wahnsinnstat eine ganz normale Familie« belehrt uns darüber, dass auch das ganz ›normale‹ gesellschaftliche Mittelelend Entbehrungen und eine Fülle von Teil-Traumatisierungen bereit halten kann, die Verletzungen im Lebenslauf hinterlassen, die mitunter schlecht oder gar nicht verheilen und irgendwann zur Ursache einer destruktiven Entwicklung werden können.[3] Aus vollkommen heiterem familiärem Himmel geschehen solche Taten nicht. Viele Familien, die nach außen recht ›normal‹ aussehen, sind innen eine einzige Szenerie von Indifferenz und Kälte, das bloße Nebeneinander von Einsamkeiten. Viele Eltern wissen selbst nicht mehr, was richtig und was falsch ist und woran sie sich in punkto Erziehung halten sollen. Eine Karikatur, die ich vor einiger Zeit gesehen habe, zeigt einen jungen Vater, der seine gerade niedergekommene Frau am Wochenbett besucht. Sie hält ihr Neugeborenes im Arm und fragt ihren Mann: »Hast du eine Ahnung, wie man Kinder erzieht?«, worauf er antwortet: »Ich dachte, *Du* wüsstest Bescheid.« Verunsichert ziehen sich Eltern aus dem Feld der Erziehung zurück, suchen ihre Selbstverwirklichung woanders und überlassen die Kinder, die sie zur Komplettierung eines bestimmten Lebensstils oder um ein eigenes narzisstisches Vakuum zu füllen, gezeugt haben, sich selbst und der endlosen Weite postmoderner Beliebigkeit. Man

---

[2] So wartete *Spiegel-TV* am 12. 5. 02 prompt mit einem Hirnforscher auf, der den Sitz des ›Bösen‹ an Hand der visualisierten Hirnströme eines Mörders aufzeigte. »Immer da«, hat Bertrand Russel einmal gesagt, »wo man in sozialen Belangen auf die Biologie zurückgreift, ist das ein Beweis dafür, dass das Denken aufhört.« Aber nicht nur das Denken hört auf, es drohen sich im Schatten biologisch-medizinischer Deutungsmuster auch rabiate Umgangsformen mit Abweichlern und Außenseitern anzubahnen. Ich habe mich mit diesen Tendenzen unter dem Stichwort »Lombrosos Auferstehung« auseinandergesetzt (Eisenberg 2002).

[3] An dieser Stelle fällt mir ein anderer doppeldeutiger Satz ein. Der von Stalin als Kompliment ans deutsche »Volk« gemeinte Satz: »Die Hitler kommen und gehen, das deutsche Volk bleibt bestehen«, lässt ja auch eine ganz andere, deprimierende Deutung zu: Das NS-Regime, Hitler ging, aber das deutsche Volk – als sein Nährboden – blieb. Der Satz von Vater Steinhäuser, der die Familie der Öffentlichkeit gegenüber exkulpieren sollte, birgt einen ähnlich schrecklichen Doppelsinn. In einer anlässlich des ersten Jahrestages des Massakers vom ZDF ausgestrahlten Reportage sieht man zwei Polizisten Streife durch die Erfurter Innenstadt fahren. Einer der beiden deutet nach draußen auf den befriedeten städtischen Verkehr und sagt: »Inzwischen ist alles wieder wie vor dem 26. April.« Er meint das tröstlich. Was aber, wenn Alltag und Normalität zu den Bedingungen des Schreckens gehören?

sperrt sie in Kinderzimmer, die überquellen von so genanntem Spielzeug und technischem Gerät, unter dessen Einfluss sie mehr und mehr geraten, bis eines Tages die Welt für sie »einen rechteckigen Rahmen« hat (Marc Höpfner); man stopft ihnen das Maul mit Schokoriegeln und Hamburgern; man bremst ihre zappelnd-hektische Suche nach haltenden Strukturen und leiblicher Anwesenheit durch *Ritalin* aus[4]; man schickt sie in monströse Schulfabriken, wo sie vom Kältestrom einer Leistungskonkurrenz erfasst werden, die einseitig auf die Entwicklung verwertbaren Wissens setzt und ihnen jede Lust am Lernen und spielerische Leichtigkeit austreibt. Häufig ist elterliche Zuwendung und Aufmerksamkeit auf für Kinder kaum zu ertragende Weise mit Leistungsaspekten verfilzt.[5] Selbst Eltern, die sich ihren Erziehungsaufgaben stellen

---

[4] Schon haben die Ärzte ein neues Syndrom aus der Taufe gehoben und in den »gesellschaftlichen Symptompool« (Edward Shorter) eingespeist: das ADS- oder Aufmerksamkeits-Defizit-Syndrom, dem man mit Ritalin beizukommen versucht. Laut *Spiegel* (22. 4. 02) schätzen Experten, dass bereits einem Fünftel der Grundschüler das Mittel häufig oder regelmäßig verabreicht wird wie unsereinem früher Lebertran. Normgerechtes Verhalten wird gegenwärtig zu einer Frage der »Einstellung« – auf das richtige Medikament und die richtige Dosis. Zeitig werden die Kinder in den Modus der pharmakologischen Moderation der Affekte und toxikologischen Leistungssteigerung eingeübt. Später werden sie zu anderen Mitteln des Psycho-Dopings greifen, das ihnen ein »Leben auf der Überholspur« erleichtert und verhindern soll, auf der Seite der ›Loser‹ zu landen. Das als Miniunternehmen, als »Ich-AG« konzipierte Subjekt steuert sein Gefühlsleben pharmakologisch und reguliert sein inneres Gleichgewicht mittels Drogen und Medikamenten (vgl. Amendt 2003).
Ein psychodynamischer Blick wird in der kindlichen Hyperaktivität den verzweifelten Versuch erkennen, inmitten einer hektischen und diskontinuierlichen Welt Boden unter die Füße zu bekommen und Halt zu finden. In gewisser Weise stellt Hyperaktivität eine Alternative zum Autismus dar, dem Rückzug aus aller Kommunikation und dem Versinken in einer vollkommenen Leere. Dass Kinder bereits so hektisch sind wie Christoph Daum an der Außenlinie, liegt auch daran, dass – vermittelt über die vom Markt flexibilisierten und dynamisierten Erwachsenen und technisches Gerät, von dem sie umgeben sind – die »Weltzeit« in die Kinderzimmer vordringt. Die Zeit für menschliche Entwicklungen und Bildungsprozesse ist aber eine ganz andere als die rasend-lineare Zeit des Kapitals: Sie verläuft eher zyklisch, hat ihre Kreise, Spiralen, Wiederholungen und Ruhephasen. Erziehung, wusste bereits Rousseau, gehört zu den Tätigkeiten, bei denen es darauf ankommt, Zeit zu verlieren, nicht zu gewinnen.

[5] Liebevolle Zuwendung wird als Form der »Wachstumsförderung« begriffen, hat also ihr rigoroses »um... zu«. »Warum sich mit einem mittelmäßigen Kind zufrieden geben, wenn Sie ein besseres haben können?«, fragen moderne Erziehungsratgeber und ermuntern Eltern damit, ihr Kind als ein Produkt zu begreifen, bei dessen Herstellung gewisse Kriterien der »Qualitätssicherung« zu beachten sind. Wer ein besseres, schöneres, perfekteres, leistungsfähigeres und gesünderes Kind haben will, setze Aufmerksamkeit und Zuwendung gezielt zur »Selbstwert- und Intelligenzförderung« und »Synapsenbildung« ein und verzichte gefälligst auf Kränkungen. Jede Beiläufigkeit und fraglose Selbstverständlichkeit scheint aus dem Feld der Erziehung ebenso verschwunden zu sein wie die Gelassenheit Mitscherlichs, der wusste, dass Erziehung zu den menschlichen Tätigkeiten gehört, die nie perfekt, sondern immer nur annäherungsweise gelingen.

wollen, müssen ohnmächtig zur Kenntnis nehmen, dass sie das Monopol auf Prägung ihrer Kinder eingebüßt haben und angesichts der mächtigen Konkurrenz von Werbung, Konsum und medialer Welt zu Statisten verblassen, deren Erziehungsvorsatz zu einem bloßen »Wir möchten oder würden gern ...« schrumpft.

Bei diesen Überlegungen blieb bisher die Frage ausgespart, welchen Einfluss die so genannte Wende auf das Selbstverständnis und Erziehungsverhalten von ostdeutschen Eltern hatte? Die gesellschaftlichen Umbrüche nach 1989 entzogen vielen Menschen die Grundlagen ihres Lebenslaufs und ihrer Identität. Alexander Kluge hat solche Situationen als »Sinnentzug« gefasst: Lebensprogramme und Orientierungen von Menschen zerfallen schneller, als sie neue hervorbringen können. Wie sollen Eltern, die sich selber in einer anomischen Situation befinden, ihren Kindern Sinn und Orientierung vermitteln? Erfahrungen und Haltungen, die Eltern ihren Kindern weitergeben wollen, passen plötzlich auf kein Lebensgelände mehr so richtig und müssen doch zur Basis einer Konstruktion von Identität genommen werden. Es ist, als würde man ihnen einen alten Stadtplan von Frankfurt/Oder in die Hand drücken und sie auffordern, mit seiner Hilfe Frankfurt/Main zu durchqueren. Diese rabiate Unterbrechung der kulturellen Transmission zwischen den Generationen scheint die Ursache dafür zu sein, dass Massen von Jugendlichen in einer kulturellen Wüste aufwachsen. Das entstandene Vakuum füllt sich mit fragwürdigen Produkten der westlichen Kulturindustrie, die ihre kognitiven und emotionalen Energien in Beschlag nimmt. Andere Jugendliche verbinden sich in ihrem diffusen Hass auf die Welt zu männerbündischen Gruppen, zu Jagd- und Lynchmeuten, die für ihre Misere Fremde und Außenseiter verantwortlich machen, die sie verfolgen und erschlagen.

Es mag sein, dass heutigen Kindern manches an körperlicher Rohheit und Misshandlung erspart bleibt, aber was wie gewachsene elterliche Duldsamkeit und Verständnis aussieht, ist mitunter von neuartigen Formen der Kindsaussetzung, Lieblosigkeit und mangelndem emotionalem Interesse kaum zu unterscheiden. Unter dem Einfluss einer solchen Sozialisation entwickeln Kinder bestenfalls flache Anpassungsmuster, unter denen sich eine weitgehend unsozialisierte, ja a-soziale Psyche und archaische Impulse durchhalten.

Wenn all das auch nur annähernd die Bedingungen umschreibt, unter denen Kinder heute mehrheitlich aufzuwachsen gezwungen sind, geht uns mit Schrecken auf, dass es keine harmlose Normalität mehr gibt. Die menschlichen ›Ungeheuer‹, von denen wir lieber hätten, sie stammten von einem fremden Stern, entspringen unserer Normalität.

Narzisstische Wut

Was wir über den Erfurter Täter wissen, deutet darauf hin, dass er im Banne einer pathologisch entglittenen narzisstischen Dynamik gehandelt haben könnte. In der Pubertät kommt es regelhaft zu einer Wiederbelebung frühkindlicher Allmachts- und Größenphantasien, die dringend der ›Erdung‹ bedürfen, d. h. sie müssen Eingang finden in halbwegs realistische Lebensentwürfe und Identitätskonstruktionen. Die Mäßigung narzisstischer Größenphantasien, die immer eine Leidensgeschichte ist, weil sie gleichsam den Aschermittwoch, die Ausnüchterungsphase der Pubertät darstellt, wird dann zu einem heiklen und störanfälligen Unterfangen, wenn deren schrittweise Enttäuschung und Modifikation bereits in der frühen Kindheit misslang. Sie liegen dann unter einem dünnen Firnis von altersadäquater Anpassung immer bereit und dienen dem Selbst in Momenten der Kränkung als Rückzugsort.

Das Abitur eröffnet Zugang zu Lebenschancen und Verwirklichungsbedingungen materieller und narzisstischer Bedürfnisse und ist damit ein Meilenstein im Prozess der Versöhnung zwischen Vorstellungen von der eigenen Grandiosität und den Möglichkeiten, welche die Gesellschaft für Selbstentwürfe zur Verfügung stellt. In Thüringen war es bis vor kurzem so, dass, wer am Abitur scheiterte, über gar keinen Schulabschluss verfügte, also ausbildungsmäßig gewissermaßen auf Null zurückfiel. Dieser, erst Tage nach der Tat langsam durchsickernde Umstand vergrößert die Fallhöhe bzw. -tiefe des Absturzes und das Ausmaß der Ausgrenzung, die der Schulverweis für Robert S. bedeutet haben mag. Auch wenn wir diese Falltiefe in Rechnung stellen, bleibt dennoch ein erklärungsbedürftiges Missverhältnis zwischen der ausufernden, völlig entgrenzten Reaktion und dem Ereignis, das den Racheaffekt ausgelöst hat. Es müssen sich Kränkungen aus der Frühgeschichte des Lebens wie mächtige Verstärker an die aktuelle Zurückweisungserfahrung angeschlossen haben. Der Schulverweis muss die narzisstische Achillesferse getroffen und einen tief eingewurzelten Fundus an Selbstzweifeln wachgerufen haben, der sich bildet, wenn es in der frühen Kindheit an ausreichender Spiegelung und Anerkennung fehlt. Das Selbstwertgefühl mangelhaft valorisierter, d. h. von ihren primären Bezugspersonen libidinös schwach besetzter Menschen geht zeitlebens auf tönernen Füßen, so dass auch Zurückweisungs- und Entwertungserfahrungen, die valorisierte Menschen halbwegs gelassen ertragen, zum Auslöser eines narzisstischen Super-Gaus werden können.

Das Anerkennungsdrama des Zweitgeborenen

Es gibt etwas, das man als Anerkennungsdrama des zweitgeborenen Sohnes und jüngeren Bruders bezeichnen kann. Sartre hat es in seiner monumentalen Flaubert-Biographie (1977) wie folgt umrissen: Was immer der zweitgeborene Sohn unternimmt, der große Bruder ist wie im Märchen vom Hasen und Igel immer schon da. Während ihm – vermeintlich oder real – der Wind elterlicher Anerkennung, Valorisierung und Delegationen in die Segel fährt, der ihn ins Leben trägt, beschleicht den Jüngeren das vage Gefühl, überflüssig, zweite Wahl, Ausschuss zu sein: eine Ware minderer Qualität und ohne festen Verwendungszweck. Es ist, als hätte man ihn in die Welt gestoßen und dann vergessen, ihm »ein Visum auszustellen«. »Ich bin unerwünscht geboren, ein Überzähliger, wer zum Teufel kann mir sagen, was ich hier soll?«, fragt sich ein Kind, dem das Mandat zu leben fehlt. Das Gefühl der Unterlegenheit und des Überflüssigseins wird zum Leitmotiv, zur Grundmelodie des Lebens, das Versagen zu einer Regel, die sich in allen Lebensbereichen durchsetzt: im Sport, in der Schule, im Verhältnis zum anderen Geschlecht. Es ist, als hätte der Nicht-Valorisierte ein für allemal am Katzentisch des Lebens Platz genommen. Interesselos treibt er vor sich hin, er kann sich für nichts wirklich begeistern und überlässt sich im Gleitflug irgendwelchen Winden, die ihn für einen Moment tragen. Wer das Glück hatte, die Gelassenheit des Ur-Vertrauens entwickeln zu können, wird bis in Missgeschicke hinein eine Art von religiösem Optimismus bewahren, der auf der ruhigen Gewissheit seines Wertes beruht. Der Nicht-Valorisierte hingegen wird dazu neigen, bereits in kleinen oder mittleren Zurückweisungen Vorboten seines drohenden Untergangs zu sehen. Aus Gründen des Selbstschutzes wird er in solchen Momenten bei frühkindlichen Größen- und Allmachtsphantasien Zuflucht suchen, die dem Selbst als Rückzugsort dienten und sein Überleben sicherten.

Eine solche Anerkennungs-Rivalität zwischen Geschwistern kann auf Seiten des Zukurzgekommenen chronische Nachgefühle von Neid, Ressentiments und eine diffuse narzisstische Gereiztheit hinterlassen. Durch eine merkwürdige Form des Agierens, die Sartre »Misserfolgsverhalten« genannt hat, bringt der nicht oder mangelhaft Valorisierte sich immer wieder in Situationen, wo er seinen Erwartungen gemäß abgelehnt wird und scheitert. Diese Selbstsabotage sorgt dafür, dass sich Niederlage an Niederlage reiht, Kränkung an Kränkung, von denen keine vergessen wird. Sie wandern auf eine Art von innerer Giftmülldeponie, wo sie lagern, bis eines Tages die Behälter durchrosten und sich hoch-explosive affektive Legierungen bilden. Jetzt schließen sich Kränkungserfahrungen aus der lebensgeschichtlichen

Vergangenheit als Verstärker an aktuelle Zurückweisungserfahrungen an und verleihen ihnen erst ihre dramatische Wucht. Die akkumulierte narzisstische Wut reißt sich von ihrer Verursachung los und wendet sich gegen verschobene Objekte. Es gehört zum Wesen der narzisstischen Wut, dass sie, einmal aktiviert und in einen regressiven Sog geraten, sich jeder Kontrolle entzieht und weit über die aktuelle traumatische Kränkung hinaus zurückschlägt.

Die Zeitstruktur der Rache

Durch den Schulverweis von vielen vielleicht gangbaren Lebens-, Ausbildungs- und Arbeitsperspektiven ausgeschlossen, werden die hochfliegenden Träume des Robert S. plötzlich abstrakt und ortlos, büßen ihre wie immer vage ›Erdung‹ ein. Vielleicht hätte er seinen Wunsch, berühmt und bekannt zu werden, auf eine gesellschaftlich nützliche und akzeptierte Weise realisieren können. In der Regel erfahren narzisstische Größenphantasien im Zuge von Ausbildung, Studium und mit ihnen einhergehenden Prozessen der Nachreifung eine Mäßigung und bescheiden sich mit dem, was das Leben realistischerweise zu bieten hat. So aber erscheint ihm alles verriegelt und er bleibt auf seinen Allmachts- und Größenphantasien sitzen, die nichts von ihrer Wucht verlieren und von denen er quälend heimgesucht wird. Ist er nicht im Begriff, das zu werden, was man im heute dominant gewordenen zynischen Jargon einen »Loser« nennt? Was schützt ihn jetzt noch vor der Einsicht, dass er schwach, ohnmächtig und ohne jede Perspektive ist? Er zieht sich in seine Tagtraumwelt zurück, die von dubiosen Videospielfiguren und allerhand malignen Helden bevölkert ist. Die Rachegelüste rutschen zunächst nach innen – in die Phantasie. Mitunter haben innere Rachgestalten die Funktion eines »seelischen Schadenschnelldienstes« (Silvia Bovenschen), der im Bereich des Symbolischen für eine gewisse Entlastung sorgt und kleinere narzisstische Blessuren beheben kann. In unserem Fall scheint aber die im Innern gestaute narzisstische Wut zu groß, als dass sie sich auf diese Weise entspannen könnte. Sie büßt jede Sublimierungsfähigkeit ein und drängt Robert S. sukzessive über den Bereich des Virtuellen hinaus zur Verwirklichung seiner Schreckensphantasien. »Wenn du nicht in und mit dieser Gesellschaft bekannt und berühmt werden kannst, dann eben gegen sie«, flüstern ihm seine inneren Helden immer drängender ein. Die Größenphantasien geraten mehr und mehr in den Sog einer Regression und damit in den Bann einer durch die erfahrene Zurückweisung freigesetzten Wut. Der Narzissmus geht eine Legierung mit dem Hass ein und wird bösartig.

Die Beziehung zu den Eltern scheint schon länger abgerissen zu sein, so dass er in der kritischen Zeit vor und nach dem Schulverweis auf ihren Schutz, Rat und Beistand nicht zurückgreifen kann. Er lässt sie in dem Glauben, allmorgendlich zur Schule zu gehen und legt ihnen ein gefälschtes Zeugnis vor, das signalisieren soll, dass es aufwärts geht und alles in Ordnung ist. Verzweifelt versucht er dem Bild zu entsprechen, das die Eltern von ihm haben und er von sich selbst hat. Man hat ihn mit einem Ehrgeiz und einer Bestimmung zu Aktivität und Leistungsbereitschaft durchtränkt, und gleichzeitig diesem Kind ohne Visum die notwendigen Fähigkeiten und Mittel zur Erreichung dieser Ziele verweigert. Je mehr sich die Schere zwischen seiner realen Lage und dem Trugbild öffnet, das er der Familie gegenüber aufrechterhält, desto anstrengender und gefährlicher wird die Camouflage. Wie gern würde er die Glückwünsche seiner Eltern zum Abitur entgegen nehmen, nun wird er ihnen eines nicht allzu fernen Tages mit dem schmerzhaften Geständnis seines Scheiterns unter die Augen treten müssen.

Eltern und Bruder registrieren, dass Robert allmählich verstummt, in eine Welt der Fernseh- und Computerspiele abtaucht, ahnen aber nicht, was sich da im Innern Roberts für eine hoch explosive Realitätsvertauschung und katastrophale Lösung seines narzisstischen Dilemmas anbahnt. Eines Tages reißt die Mutter die Kabel aus den Geräten, ein verzweifelter maschinenstürmerischer Akt, der von großer Ohnmacht zeugt und demonstriert, dass es für hilfreiche Interventionen bereits zu spät ist. Das einzige wirksame Antidot gegen das Gift[6], das den Apparaten entströmt, ist ein Familienleben, das mehr an

[6] Nach Erfurt wurde blutrünstigen Computerspielen die Schuld an der Verrohung des Robert S. und anderer Jugendlicher zugewiesen. Gemeinhin macht sich die Kritik an den grauenhaften Spielinhalten fest. Die Dämonisierung der Spielinhalte verhindert, dass ein anderer Umstand ins Blickfeld gerät: Computerspiele bedienen die Abkömmlinge frühkindlicher narzisstischer Bedürfnisse und befriedigen Phantasien von Grandiosität und Allmacht, die in der Realität häufig durch nichts mehr gedeckt sind. Während man es in der »ersten Realität« mit dem Widrigkeitskoeffizient der Dinge zu tun bekommt, gehorcht die »zweite Realität« auf Knopfdruck bzw. Mouse-Click. Das Vernichten von Monstern und das Killen auf dem Bildschirm vermitteln dem Spieler das Gefühl, Herr der Lage zu sein und alles im Griff zu haben, während ihm in Wirklichkeit die Felle davon schwimmen. Die Kluft zwischen einer äußeren Realität, in der sich Niederlage an Niederlage reiht, und der inneren Welt narzisstischer Größenphantasien wird immer tiefer und kann schließlich in eine narzisstische Katastrophe münden. Eine bereits vorliegende narzisstische Störung – und die droht heute zum vorherrschenden Sozialcharakter zu werden – wird durch intensives Spielen gewisser Spiele vertieft: Wut und Sadismus werden stimuliert, die Gegenkräfte der Einfühlung und des Mitleidens und die Fähigkeit zur normalen Kränkungsverarbeitung geschwächt (vgl. zu diesem Themenkomplex: Schmidbauer 2003 und Bergmann 2000).

Lebendigkeit und emotionaler Befriedigung vermittelt, als die medialen Reize. Noch am Tattag nehmen die Eltern an, er gehe zur Schule, um dort eine Prüfung abzulegen, während Robert sich anschickt, die unerträglichen Widersprüche, in die er sich verstrickt hat, gewaltsam zu lösen.[7]

Möglicherweise sieht er im Zustand des »Ausbrütens« der Tat die Fernsehbilder aus Freising, wo Adam L. an seiner Schule Rache nimmt für eine Jahre zuvor erlittene Demütigung. Das mediale Echo, das dieser Tat folgte, kann seinen »malignen Narzissmus« (Kernberg) zusätzlich stimuliert haben. Die Abiturprüfungen nahen, an denen er eigentlich hätte teilnehmen sollen. Jetzt konkretisieren sich die vagen Rachephantasien zu dem Vorhaben, den letzten Tag der schriftlichen Prüfungen für seinen finalen Auftritt zu nutzen, als wollte er sagen: »Ihr Lehrer habt mich ausgeschlossen, hier bin ich dennoch, blickt in meinen Gewehrlauf! Wenn ich das Abitur nicht machen darf, soll es keiner machen!« Schließlich steigt eine Killerfigur aus dem Bildschirm heraus und verschmilzt mit Robert S., der die Waffen aus dem Schrank holt und sich in Richtung Schule in Gang setzt. Dort streift er sich eine Maske über und vollendet damit eine Metamorphose, die mörderische Folgen hat.

Das Ende der Metamorphose

Als ihn der inzwischen berühmt gewordene Lehrer Heise, der ihm bei seiner Suche nach neuen Opfern auf einem Gang begegnet, beim Vornamen nennt und ihn anblickt, kommt die tödliche Unglücksmechanik ins Stoppen. Er zieht sich die Maske vom Gesicht, gibt sich zu erkennen und wird

---

[7] Was lehrt uns die Geschichte der Familie S.? Wer wissen will, ob ein Schüler zur Schule geht und dort etwas lernt, wird es in Erfahrung bringen können. Anders gesagt: Spektakuläre Lügen leben weniger von der Perfektion des Lügners als von den Erwartungen und Wünschen der oder des Belogenen. Die Eltern wollen nicht wirklich wissen, wie es um Robert bestellt ist, weil sie längst resigniert haben und ahnen, dass die Wahrheit Probleme und Unannehmlichkeiten brächte.
Immer haben Teenager gewisse Aspekte ihres Lebens vor den Erwachsenen geheim gehalten, wo aber die Verständigung ganz abreißt und einem Kind der Ausstieg aus einer Lügengeschichte, in die es sich verstrickt hat, nicht mehr gelingt, wird »Federball mit Dynamit« (Gerhard Mauz) gespielt. In Familien müsste ein Klima herrschen, in dem alles gesagt werden kann, ohne mit Sanktionen, Entzug der Zuwendung oder gar Verbannung rechnen zu müssen. Was ausgesprochen werden kann, muss nicht agiert werden. Unter solchen Bedingungen lernt man, es irgendwann selbst mit schlimmen Wahrheiten und peinlichen Kränkungen aufzunehmen.

erkannt. Die ›Inszenierung‹ ist abrupt beendet. Demaskiert kann er das Gemetzel nicht länger fortsetzen, obwohl er noch über riesige Mengen Munition verfügt. Der Lehrer greift reflexhaft auf einen klassischen Vater- und Erziehersatz zurück: »Was hast du dir dabei gedacht?!« Es ist, als hätte diese Art der Ansprache und der Blick des Lehrers Robert S. aus seinem trance- oder traumähnlichen Zustand gerissen. Für einen Augenblick hatten ihm Waffen und Maske absolute Macht verliehen, er war Herr über Leben und Tod, grandioser Terminator und unverwundbarer Racheengel. Dadurch, dass der Lehrer Robert bei seinem Namen nennt und ihn, wie er es in einem Interview andeutete, mit seinem Blick niederringt, wird die Verwandlung rückgängig gemacht. Robert S. ist plötzlich wieder der, der er in Wirklichkeit ist. Der »Sehstrahl« des Lehrers triumphiert über die Macht des Gewehrlaufs und erzwingt die Umkehr der Metamorphose.

»Für heute reicht es«, sagt er jenem Lehrer, der ihn mutig zur Rede stellt. Dieser erklärt den Medien gegenüber später, dass er die Gunst dieses Moments genutzt habe, um den Schüler in eine Materialkammer zu stoßen und einzuschließen. Dort bringt dieser sich um. Am Ende des Amoklaufs schlagen die externalisierten Aggressionen ins eigene Innere zurück und verwandeln sich wieder in das, was sie von Anfang an waren: in Ohnmacht und Selbsthass.Eine Mitschülerin erinnert sich, er habe im Vorfeld der Tat zu ihr gesagt: »Ich möchte, dass mich eines Tages alle Leute kennen.« Jetzt kennen sie ihn.

Der Blick des Lehrers

Der andere ist der Feind, weil sein Blick meine Welt auflöst, ist Sartres These in »Das Sein und das Nichts«. Sinngemäß sagte der Lehrer Heise in einem Interview, es habe bei der Begegnung zwischen ihm und dem ehemaligen Schüler eine Art Ringkampf der Blicke stattgefunden: Wer hält dem Blick des anderen stand, wer schlägt zuerst die Augen nieder oder weicht dem Blick des anderen aus? Seine charakterliche Stärke habe letztlich den Ausschlag gegeben, dass der vergleichsweise schwache Schüler im Duell der Blicke unterlag: »Darin bin ich schließlich Profi.« Um der Verwandlung des Lehrers Heise in eine mythische Gestalt, der man beinahe magische Fähigkeiten zuschreibt und Orden an die Brust heftet, vorzubeugen, sei hier noch eine Möglichkeit erwogen, die seine Rolle etwas entzaubert. Es könnte sein, dass er dem Täter just in dem Moment begegnete, als der Amoklauf ohnehin kurz vor der Implosion stand. Die mörderische Phase eines Amoklaufs zeichnet sich nicht nur durch eine große Dynamik aus, sondern stellt auch eine enorme psychische und physische Kraftanstrengung dar, die der Täter nicht unbegrenzt durchhalten kann. Irgendwann bricht er unter der Anspannung zusammen. Überdies drohte Robert S. in diesem Stadium seines Rachfeldzugs die Kontrolle über die Situation zu entgleiten. Im Innern der Schule herrschte ein unbeschreibliches Chaos. Flure und Treppenhäuser waren angefüllt von panikartig fliehenden Menschen. Von draußen drangen Polizeisirenen zu ihm vor und signalisierten ihm, dass die Schule jeden Moment gestürmt werden konnte. Er war nicht mehr Herr der Lage wie zu Beginn des Amoklaufs, als sich alle Trümpfe in seiner Hand befanden. In diesem Moment, wo der Amoklauf an seinen kritischen Punkt gekommen ist, kreuzt der Lehrer seinen Weg, und es gelingt ihm, den Rückschlag der externalisierten Wut ins Innere des Täters zu beschleunigen. Gewissermaßen instinktiv erkennt er die Situation, und es kommt zu einem Show-down der Blicke, wie wir ihn aus unzähligen Western und Kriminalfilmen kennen. Der Kommissar geht auf den Täter zu, der am Ende ist mit seinem mörderischen Latein, und nimmt ihm die Waffe aus der Hand. Wissend oder instinktiv erahnend, dass der Täter dazu nicht mehr imstande ist, kann er ihn jetzt sogar auffordern: »Schieß doch, los, bring mich um!« Wenn die von den Medien kolportierte Version richtig ist, hat der Lehrer natürlich dennoch einen Mut bewiesen, der keineswegs selbstverständlich ist und für den er höchsten Respekt und Anerkennung verdient. Was ihm manche übel nehmen, ist der Umstand, dass er in den Tagen nach der Tat einer verbreiteten menschlichen Neigung nachgegeben hat: Er hat unverschämtes Glück gehabt und anschließend eine eigene Leistung daraus gemacht.

Die Halbwertzeit der Betroffenheit

Die Abwicklung der Erfurter Ereignisse liefert uns erneut ein Beispiel für die Kürze der Halbwertzeit der Betroffenheit. Wer auf eine Form von Katastrophendidaktik gesetzt hatte, sieht sich rund zwei Jahre später enttäuscht. Das menschliche Bewusstsein demonstrierte erneut seine Fähigkeit, gegen katastrophische Evidenz immun zu bleiben. Selbst die größten anzunehmenden zwischenmenschlichen Unfälle lösen keinen prinzipiellen und nachhaltigen Zweifel an der Gangart des gesellschaftlichen Prozesses aus. Man griff auf die bewährten Hausmittel gesellschaftspolitischer Palliativ-Medizin zurück, verschärfte das Waffenrecht, novellierte das Jugendschutzgesetz und das

Schulgesetz von Thüringen. Im Juni 2002 erklärten die Ermittlungsbehörden die Tatmotive für geklärt und die Ermittlungen für abgeschlossen. Andere Themen wie das Elbe-Hochwasser, die Pisa-Studie und der Wahlkampf verdrängten die Erfurter Ereignisse aus den Medien und dem öffentlichen Bewusstsein. Es steht zu fürchten, dass erst der nächste Amoklauf die Fragen nach den gesellschaftlichen Bedingungen der Möglichkeit solch entgrenzter Gewalt wieder auf die Tagesordnung setzen wird.

Schulen als Orte der Kränkung

Um zu Antworten auf die von den Erfurter Ereignissen aufgeworfenen Fragen zu kommen, hätte es einer Pause der Besinnung und des gründlichen Nachdenkens über die Ursachen solcher Gewaltakte bedurft. Dieses Nachdenken hätte auch vor der Frage nicht Halt machen dürfen, ob Schulen im Zuge der entfesselten sozialdarwinistischen Leistungskonkurrenz nicht auf neue Weise zu Orten der Kränkung werden, auf die Schüler »einen Hass« entwickeln können. Diese Tendenzen werden durch die Konsequenzen, die aus dem »Pisa-Schock« gezogen werden, eher noch verstärkt.[8] Was wird aus den Schülern, die im Rattenrennen um Chancen auf Arbeitsplätze, einer neuartigen Form der »Reise nach Jerusalem«, auf der Strecke bleiben? Droht der Ausbildungsbereich nicht zu einem Abstellgleis für eine Ware Arbeitskraft zu werden, die nicht mehr abgerufen wird? Den Lehrern käme dabei die Rolle derjenigen zu, die an den Waggons rütteln, um den Insassen das Gefühl zu vermitteln, es ginge noch weiter. »Jugend«, die zumindest in den begüterten Schichten einmal ein »psychosoziales Moratorium« (Erikson), einen Schonraum für Reifungs- und Bildungsprozesse, für die Entwicklung von individueller Autonomie und Kreativität bieten sollte und auch bot, wird erneut zu etwas, »das junge Leute selten haben« (Peter Brückner). Für eine wachsende Zahl von vor allem ostdeutschen Jugendlichen verwandelt sich das »Moratorium« unversehens in ein Ghetto, das über keine Ausgänge in die Zukunft verfügt und ihre Sehnsucht nach einem Überschreiten der eigenen Lebensbedingungen auf ein »morgen« hin ins Leere laufen lässt. Es gehört zu den zentralen Nöten vieler Jugendlicher,

---

8 Welche Konsequenzen unser Schulsystem aus dem Erfurter Massaker hätte ziehen müssen, habe ich in meinem Text *In Erfurt und um Erfurt herum* anzudeuten versucht. (Eisenberg 2002, S. 50ff).

dass sie gezwungen sind, ihre Identität in einer Gesellschaft auszubilden, die ihnen bedeutet, dass sie sie nicht benötigt. Bevor Jugendliche den Gesellschaftsvertrag gewaltsam aufkündigen, hat die Gesellschaft häufig ihre Seite des Kontrakts längst gebrochen.

Erklärungen als Tranquilizer

Neben der Funktion, der unsicher-schweifenden Suchbewegung nach Motiven und Vorgeschichte solcher Taten mögliche Richtungen aufzuzeigen, dienen Deutungen wie diese immer auch dem Versuch, den Schrecken zu bannen, den solche Taten in uns auslösen. »Aha, das ist es also«, sagen wir uns, wenn sich das monströse Geschehen endlich doch einem verstehenden Zugang zu erschließen scheint. »Geschichte«, hat Primo Levi einmal gesagt, »ist das Muster, das man hinterher in das Chaos webt.« Letztlich werden Taten wie diese immer etwas behalten, das sich unseren Sinn- und Kausalitätsbedürfnissen verweigert.

In den dunkelsten Phasen des Nachdenkens über solche Akte entgrenzter Gewalt beschleicht mich mitunter die Furcht, dass Volkmar Sigusch Recht haben könnte, der vor Jahren (1997) unter Bezug auf Thesen Adornos den Verdacht geäußert hat, wir hinkten mit unseren Aneignungsversuchen der Entwicklung der Gewalt hinterher. Die zeitgenössischen Barbareien seien nicht länger im Kontext psychologisch-psychiatrischer Deutungsmuster interpretierbar, sondern allenfalls in Termini einer nahe an der Soziologie siedelnden »Dingpsychologie« (Anders 1980, S. 58ff). Immer unvermittelter stoßen wir im Innern der Täter auf Gesellschaftliches, ihre Innerlichkeit ist bloße Reprivatisierung, die Herstellung einer Beziehung der Außenwelt zu sich selbst auf dem Wege einer flachen Verinnerlichung. Die Gesellschaft bemächtigt sich der Kinder mehr und mehr umweglos und reproduziert sich in ihnen als psychische Frigidität und Indifferenz. Der gewaltsame und menschenfeindliche Charakter von Gesellschaften, die sich als ganze der Markt- und Kapitallogik und ihrer alles durchdringenden Kälte unterwerfen, wird durch solche Taten gleichsam aus der Abstraktion gerissen und zur Kenntlichkeit gebracht. Wenn die Täter krank sind – und man hat Grund daran festzuhalten –, so sind sie nicht kränker als die Gesellschaft, in der sie (und wir) leben.

Ein Mord der »new economy«? oder: »Markus und der Markenwahn«

Versuchen wir, den eben ausgesprochenen Verdacht am Beispiel des Magnus G. aus Frankfurt/Main zu konkretisieren, der im Herbst 2002 den Bankierssohn Jakob von Metzler entführt und getötet hat. Der im Prozess als Gutachter bestellte Psychiater Leygraf, eine Kapazität seines Fachs, soll laut Süddeutscher Zeitung (2. 7. 2002) auf die Frage, wie es sein könne, dass ein junger Mann wie Magnus G. eine solche von Kälte und Indifferenz geprägte Tat begehen könne, geantwortet haben: »Das zu erklären, gelingt mir nicht.«

Magnus G. stammt aus einfachen Verhältnissen. Als Jurastudent findet er mit Anfang zwanzig Anschluss an einen Kreis von Kindern reicher Leute, die zwar jünger sind als er, aber dennoch in einer anderen Welt leben, die ihn fasziniert: Ein Fingerschnipsen genügt und der Kellner bringt Champagner, man pendelt zwischen Kitzbühel im Winter und Ibiza im Sommer, man trägt noble Klamotten, fährt schnelle Autos und umgibt sich mit attraktiven, coolen, selbstbewussten Frauen. Magnus beneidet seine reichen Freunde nicht nur um ihren Besitz, sondern um ihre Art des »In-der-Welt-Seins«, von der er sich ausgeschlossen fühlt. Sie haben Fähigkeiten, die er nicht hat, sie bewegen sich elegant und treten selbstbewusst auf, sie sind geschaffen, zu besitzen und deswegen glücklich zu sein. Der Kontakt zu diesen Freunden macht ihm seine eigene Herkunft und Mangellage schmerzlich bewusst. Magnus legt sich eine soziale Maske zu und tischt den anderen Lügen auf: Er sei zwar nicht von Hause aus vermögend, verfüge aber über einen gut bezahlten Job, der ihn instand setze, sich alles Erwünschte leisten und mithalten zu können. Die Lage spitzt sich zu, als er ein sechzehnjähriges Mädchen kennen lernt, deren Forderungen und Ansprüchen er mit seinen Möglichkeiten nicht gerecht werden kann und die er deswegen zu verlieren fürchtet. »Sie war sehr ehrgeizig, egoistisch, selbstbewusst, extrovertiert«, sagt er vor Gericht. Er hält sie hin, erfindet Geschichten, eine Lüge zieht die nächste nach sich, doch irgendwann muss der versprochene teure Wagen vorgezeigt werden. Der Offenbarungseid droht und damit der Verlust der Freundin. »Da habe ich zum ersten Mal über kriminelle Taten nachgedacht, um an das Geld zu kommen.« Er entführt ein Kind aus genau den Kreisen, denen seine Freunde entstammen, um mit dem Lösegeld seine Lebenslüge aufrechtzuerhalten. Da er das Kind kennt und seine Entdeckung fürchtet, bringt er es um. Drei Tage nach der

Tat sucht er mit seiner Freundin ein Autohaus auf und bestellt den versprochenen Luxuswagen. Am 30. 9. 02 wird er festgenommen. Unter Androhung von körperlicher Gewalt gesteht er schließlich die Tat und führt die Polizei zum Fundort der Leiche. Im Sommer 2003 wird er zu lebenslanger Haft mit »besonderer Schwere der Schuld« verurteilt.

Zweifellos ist Magnus G. im juristischen Sinne – und nicht nur in diesem – schuldig: Er hat die Tat begangen, das Kind aus »niedrigen Beweggründen, heimtückisch, grausam und zur Verdeckung einer anderen Straftat« getötet. Er hat getan, was er tun wollte, kein Wahn, keine Persönlichkeitsstörung mildern seine Schuldfähigkeit. Und dennoch nötigt uns dieser Fall in besonderer Weise zu fragen, wie es um die Mitschuld einer Gesellschaft bestellt ist, die Erfolg und Karriere anbetet und deren einziger kategorischer Imperativ der der schnellen Bereicherung zu sein scheint.[9] Immer noch besitzt das Diktum des französischen Rechtsmediziners Lacassagne Gültigkeit: »Die Gesellschaft bekommt die Verbrecher, die sie verdient.« Könnte es nicht sein, dass Täter wie Magnus G. lediglich wörtlich nehmen, was von den Gurus der »new economy« propagiert wurde? Dass man Hindernisse, die dem eigenen Fortkommen im Weg stehen, rücksichtslos aus dem Weg räumen muss; dass man, wenn man zu den »Gewinnern« gehören will, seine »Beißhemmungen« ablegen und einen »Killerinstinkt« entwickeln muss; was ist dabei, die individuelle Nutzenmaximierung über alles zu stellen und für schnelle Gewinne »über Leichen zu gehen«?

Soziologische Taten?

Es wird höchste Zeit, über die verheerenden Folgen zu sprechen, die der Terror der Reklame und der Kult des »winners« zeitigen. Die Jugendlichen sind der Flut der Werbesprüche und dem normativen Zynismus des neoliberalen Zeitalters ausgeliefert. Man kolonialisiert ihre Köpfe mit Bildern einer Welt des Luxus und der Mühelosigkeit, zu der man ihnen gleichzeitig den Zutritt verwehrt. Man weckt in ihnen Wünsche, deren Erfüllung sie zu Mitgliedern dieser Gesellschaft machen könnte, gleichzeitig fehlen ihnen aber die Mittel dazu. Sie leben in einem Zustand permanenter Frustration und

[9] Von Ulrich Endres, dem Verteidiger des Magnus G., stammt die Bemerkung, das Vernehmungsprotokoll könne als Vorlage für einen Roman mit dem Titel »Magnus und der Markenwahn« dienen.

fürchten, mangels vorzeigbarer Statussymbole und demonstrativen Konsums aus der Gesellschaft herauszufallen. Man benötigt also zunächst kein Gran Psychologie, um ihre Devianz zu begreifen, die in gewisser Weise devianter Konformismus ist: Sie wollen, was die Mehrheit will und die Gesellschaft ihnen als oberste Ziele vorgibt. Zum Verständnis dieser Formen von Kriminalität reicht die Anomie-Theorie von Robert K. Merton vollkommen aus.

Das mag ja in bezug auf kleine und mittlere Eigentumskriminalität zutreffen und traf für die Massenkriminalität der ›kleinen Leute‹ schon immer zu, aber geht man deswegen auch über Leichen? Mehr denn je droht eine erschreckende These, die Horkheimer und Adorno (1971, S. 107) bereits in der »Dialektik der Aufklärung« formuliert haben, wahr zu werden: Aus einer zu ökonomisch-instrumenteller Rationalität geschrumpften Vernunft und einer utilitaristischen Moral lässt sich kein grundsätzliches Argument gegen den Mord vorbringen. Vollends der als »Ich-AG« konzipierte zeitgenössische Mensch braucht zu seinem Fortkommen keine Moral, höchstens ein Ethik-Modul, das ihn über jenes Minimum an Spielregeln informiert, dessen Beachtung gerade noch vor strafrechtlicher Verfolgung schützt. Wer heute noch nach moralischen Grundsätzen handelt, macht sich zu einem »Idiot der Ehrlichkeit« (W. Genazino), der schwere private Standortnachteile in Kauf nehmen muss. Moral wird zu einer Kategorie des individuellen Nutzens oder einer bloßen Geschmacksfrage. Im Zuge der kapitalistischen Vergesellschaftung frisst sich der Kältestrom, der aus der Grundschicht der bürgerlichen Gesellschaft – letztlich der Tauschabstraktion – entspringt, durch alle Schichten des Gesellschaftsbaus hindurch, zehrt sozial-moralische Traditionsbestände auf und dringt schließlich bis ins Innere der Menschen vor, das er in eine Gletscherlandschaft eingefrorener Gefühle verwandelt. Die Durchsetzungsgeschichte der Markt- und Kapitallogik erweist sich als ein gigantisches leib-seelisches Desensibilisierungsprogramm, das die ihm unterworfenen Menschen zu skrupellosen Geldsubjekten und Selbsterhaltungsmaschinen herrichtet. Die sich universalisierende bürgerliche Kälte schafft das Mitleid ab, das über weite Strecken der Moderne das Prinzip der Individuation mit der Fähigkeit verschränkte, sich in andere und deren Leiden einfühlen zu können und so dem »Krieg aller gegen alle« gewisse Grenzen setzte. Der von der Wirtschaft propagierte flexible Mensch soll alle Hemmungen ablegen, damit er zu allem fähig werde. So ist es denn auch.

»Die vorbürgerliche Welt kennt Psychologie noch nicht, die total vergesellschaftete nicht mehr«, schrieb Adorno (1972, S. 83) bereits 1955. Er verwies damit auf den Umstand, dass Psychologie davon lebt, dass die Vergesellschaftung im Subjekt ihre Grenzen findet und einen Bereich der Innerlichkeit ausspart, der zumindest partiell einer anderen Logik folgt als der der »gefühllosen Barzahlung« (Marx). Wenn auch die Tendenzen zur »totalen Vergesellschaftung« unübersehbar voranschreiten und sich immer tiefer in die Subjekte hineingraben, befinden wir uns doch noch in einem Übergangszustand, der es uns erlaubt, ja uns nötigt, auf psychologisch-psychoanalytische Deutungsmuster und Kategorien zurückzugreifen. Allerdings muss eine kritische Theorie des Subjekts dem Umstand seiner wachsenden Vergesellschaftung dadurch Rechnung tragen, dass sie ihren Gehalt an Soziologie vergrößert. Die Menschen scheinen sich nur noch am Leben erhalten zu können, indem sie sich als Individuen aufgeben oder sich erst gar nicht zu solchen entwickeln. In dem Maß, wie diese Prozesse voranschreiten, verliert Psychologie ihren Gegenstand und taugt immer weniger zum Begreifen zeitgenössischer Phänomene.

Frei flottierender Hass und ›zweckfreie‹ Kriminalität

»Ist denn da keiner und niemand und nichts? Was muss ich tun, damit jemand kommt und sich meiner Angst und Wut annimmt, die mich zu zerreißen drohen?«, könnten viele heutige Kinder, die an ihre technischen »Spielzeuge« angekettet sind wie Platons Höhlenbewohner an ihre Bänke, fragen. Sie leben in einer »Echowelt« (D. Dieckmann), die ihnen immer nur die eigene Stimme zurückwirft. Selbst wenn das Interesse der Erwachsenen die Form von Strafe oder gar Schlägen annähme, wäre das immer noch leichter zu ertragen als vollkommene Indifferenz und eine berührungslose Leere, die sich im Innern der Kinder als narzisstische Wüste breit macht. Gewalt kann unter diesen Bedingungen zum verzweifelten Versuch avancieren, »zum Anderen vorzudringen« (J. Benjamin). Wenn alle noch tastenden kindlichen oder jugendlichen Hilferufe ins Leere gingen, stellt sich ein Gefühl des Existierens irgendwann nur noch ein, wenn »es kracht« oder gar Blut fließt.

Christoph Türcke (2002, S. 73) hat gezeigt, dass noch der modische Trend, sich tätowieren oder piercen zu lassen, an dieser Dynamik teilhat. »Wie vergewissert man sich unter Bedingungen allgemeiner Audiovisualität seiner Selbst? Indem man sich rituell sticht, sich ein ›Da‹ gibt: eine eindeutige, klar lokalisierbare Empfindung, die dem gesamten Nervensystem, vom Gleichgewichtssinn bis zu den höchsten Wahrnehmungsleistungen, eine unzweifelhafte Orientierung, einen Halt gibt. Halt übrigens auch im Sinne von Haltbarkeit. Man will sich etwas Bleibendes eindrücken.« Tattoo, Piercing, Branding erschließen sich auf diesem Hintergrund als ein Aufbegehren gegen ein »haptisches Defizit«, einen Mangel an leiblicher Anwesenheit und sinnlicher Dichte in einer mikroelektronisch verflüchtigten ungreifbaren Welt. Die Grenzen zwischen Körperschmuck und der neuen Massenkrankheit Selbstverletzung sind fließend. Immer mehr Menschen greifen, wenn innere Spannungen und Gefühle der Leere überhand nehmen, zu Messer oder Rasierklinge und ritzen sich die Haut auf. Ein unerträglicher seelischer Schmerz wird durch einen lokalisierbaren körperlichen Schmerz ersetzt. Die Wunde wird zum Ventil, durch das quälende innere Spannungen entweichen. Nur der Schmerz ermöglicht ein Gefühl der Identität, der Grenzziehung zwischen Innen und Außen, Ich und Welt.

»Heute entscheidet in der Erziehung weniger die väterliche Brutalität ..., sondern eine bestimmte Art von Kälte und Beziehungslosigkeit, die die Kinder in ihrer frühen Kindheit erfahren«, schrieb Adorno (1971, S. 121). Von nichts und niemandem manifest unterdrückt und doch um das Wesentliche betrogen, wachsen psychisch frigide Menschen heran, die nicht wissen, wer an ihnen und ihrem namenlosen Unglück schuld ist und wohin sie sich mit ihrer gestauten Wut wenden sollen. Hass und diffuses narzisstisches Unbehagen stammen heute überwiegend nicht aus missglückten Objektbeziehungen und von strengen Eltern zugefügten Wunden, sondern aus einem menschlichen und erzieherischen Nirwana, das auch und vielleicht gerade in den Mittelschichten verbreitet ist. Nichts und niemand gibt den Trieben der Kinder und Jugendlichen Dauer und Form, ihr Selbstgefühl kann sich an der Waren- und Geldsubjektivität ihrer Umgebung nicht erwärmen. Das Resultat der erzieherischen Verwahrlosung und der Einsamkeit vor den Bildschirmen kann ein subjekt- und objektloser Hass sein, der vollkommen ›rein‹ ist und vermehrt frei flottierende blinde Gewalt und ›zweckfreie‹ Kriminalität hervortreibt, die Opfern, Polizei, Justiz und forensischen Gutachtern Rätsel aufgibt. Ihre Suche nach erkennbaren Motiven fördert nichts Greifbares zutage. Was aber, wenn genau dies Fehlen greifbarer Motive das Motiv wäre?[10] Wie

---

[10] Schon Alexander u. Staub (1971 S. 265f.) haben die Antwort des Angeklagten auf die Frage des Richters nach seinen Motiven: »Ich weiß es nicht« mit dem Kommentar versehen: »Dieses einzige wahre Wort, das bei der Gerichtsverhandlung gefallen ist, glaubt kein Mensch.« In der Regel kommt das Kausalitätsbedürfnis der Justiz, die bis heute an dem Grundsatz festhält: »Jener hat die Tat begangen, dem sie nützt«, erst dann zur Ruhe, wenn es dem Täter im Laufe langwieriger Befragungen gelingt, seine Tat in eine halbwegs plausibel klingende Erzählung einzubetten, die sich gesellschaftlich produzierter Codierungen bedient. Die Ehrlichkeit des »Ich weiß es nicht« bricht unter dem Dauerbeschuss der Fragen schließlich zusammen und weicht einer Nachproduktion von Motiven, die die Justiz und die beunruhigte Öffentlichkeit aufatmen lassen

die klassische Beziehungstat – der Mord aus Eifersucht oder in Hass umgeschlagener Liebe – aus der Erwärmung des familiären Binnenklimas und neurotischen Bindungen hervorwuchs, so entstehen Hass und Amoklauf aus Kälte, fehlenden Objektbeziehungen, um sich greifender Indifferenz und Entleerung. Indifferent eliminiert der Amokläufer ebenso indifferente Wesen (vgl. Baudrillard 1995).

Der destruktive Wahn, der individuelle Täter zu ihren Taten treibt, ist Teil und Ableger eines Wahns, von dem das gesellschaftliche Ganze befallen ist. Je direkter dieser sich in jenem ausdrückt, je offensichtlicher der Täter also das Ensemble seiner und unserer gesellschaftlichen Verhältnisse ist, desto lauter der Aufschrei der Empörung und desto vehementer der Wunsch nach individueller Schuldzuschreibung und harter Bestrafung.

Der Amoklauf des Geldes

Wir möchten uns im Spiegel von Amoklauf und Terror nicht selbst erkennen und neigen dazu, die entgrenzte Gewalt zu betrachten, als stamme sie von einem fremden Stern. Dabei sind der Terror der Nicht-Unterscheidung und das wahnsinnig anmutende Bestreben, in den eigenen Untergang möglichst viele Unbeteiligte mit hineinzureißen, die uns an Amokläufern und Terroristen erschrecken, durchaus von dieser Welt. Ihr Verhalten weist eine mehr als nur formale Analogie zum Vorgehen der Global Player der Geldwelt auf, die sich mitunter wie Gurus von Selbstmordsekten aufführen. Sind die Strategen der New Economy nicht nach einem amokartigen Muster vorgegangen, als sie in ihren absehbaren Untergang möglichst viele Leichtgläubige mutwillig mit hineinrissen? Setzen spekulierende Konzernchefs nicht das Vermögen ganzer Völker aufs Spiel? Der Neoliberalismus planiert im Namen des kurzfristigen Gewinns soziale Strukturen, die über Jahrzehnte gewachsen sind und den Menschen leidlichen Schutz vor den schlimmsten Auswüchsen des Kapitalprinzips boten. Da wird flexibilisiert, dereguliert und privatisiert, da werden Kosten gesenkt ohne Rücksicht auf soziale und ökologische Folgen. Von den hochentwickelten Ländern werden Rohstoffe und natürliche Ressourcen in ungebremsten Tempo verbraucht, und außer Kosmetik unternehmen sie nichts gegen die irreversible Schädigung der Biosphäre. Von der wertzynischen Motorik des Geldes werden sozial-moralische Polster und Traditionsbestände verzehrt, ohne die ein Gemeinwesen nicht existieren und menschliche Identitätsbildung nicht gelingen kann.

Ein hemmungslos und wild gewordener Kapitalismus ist im Begriff, seine und unser aller Existenzvoraussetzungen zu zerstören. Wenn alles Hemmende beseitigt ist, wird es auch nichts mehr geben, das trägt und zusammenhält. Eine durch und durch kapitalistische Welt wird sich als nicht lebbar, ja nicht einmal funktionsfähig erweisen. Wenn es uns, den heute lebenden Menschen, nicht gelingt, den Wahnsinn des losgelassenen Marktes zu stoppen und die Ökonomie vernünftigen gesellschaftlichen Zielen unterzuordnen, drohen wir am Ende Zeugen eines marktwirtschaftlichen Schiffsuntergangs zu werden, von dem wir alle betroffen sind, nämlich als Opfer.

Literatur

Adorno, Th. W. (1971): Zur Bekämpfung des Antisemitismus heute. In: Kritik. Kleine Schriften zur Gesellschaft. Frankfurt/M. (Suhrkamp-Verlag).

Adorno, Th. W. (1972): Zum Verhältnis von Soziologie und Psychologie. In: Gesammelte Schriften, Bd. 8. Frankfurt/Main (Suhrkamp-Verlag).

Alexander, F., & Staub, H. (1971): Der Verbrecher und sein Richter. In: Psychoanalyse und Justiz. Frankfurt/Main (Suhrkamp-Verlag).

Amendt, G. (2003): No drugs, no future. Drogen im Zeitalter der Globalisierung. Hamburg-Wien (Europa-Verlag).

Anders, G. (1980): Die Antiquiertheit des Menschen. München (C. H. Beck).

Baudrillard, J. (1995): Die Stadt und der Hass. Über die »kritische Masse« und ihre Gewalt. In: Frankfurter Rundschau vom 30. 9. 1995.

Bergmann, W. (2000): Abschied vom Gewissen. Die Seele in der digitalen Welt. Asendorf (Mut-Verlag).

Eisenberg, G. (2002): Gewalt, die aus der Kälte kommt. Amok – Populismus – Pogrom. Gießen (Psychosozial-Verlag).

Horkheimer, M., & Adorno, Th. W. (1971): Dialektik der Aufklärung. Frankfurt/Main (S. Fischer-Verlag).

Sartre, J.-P. (1977): Der Idiot der Familie, Bd. 1. Reinbek (Rowohlt-Verlag).

Schmidbauer, W. (2003): Der Mensch als Bombe. Eine Psychologie des neuen Terrorismus. Reinbek (Rowohlt-Verlag).

Sigusch, V. (1997): Metamorphosen von Leben und Tod. Psyche, 9/10, 835–874.

Türcke, Ch. (2002): Erregte Gesellschaft. Philosophie der Sensationen. München (Verlag C. H. Beck).

Psychiatrische und psychodynamische Aspekte des Falles Franz Fuchs – genannt »das Bombenhirn«

Reinhard Haller

Einleitung

In Österreich ereignete sich von Dezember 1993 bis Ende 1995 eine Bombenserie, durch welche vier Menschen getötet und 15 weitere zum Teil schwer verletzt wurden. Die in insgesamt sechs Staffeln ausgesendeten Briefbomben waren an Personen und Institutionen gerichtet, welche sich verstärkt um Minderheitenangelegenheiten, Ausländerintegration und Anwerbung ausländischer Arbeitskräfte bemühten. Der sich daraus ergebende Verdacht auf einen fremdenfeindlichen Hintergrund wurde durch Beiblätter und Selbstbezichtigungen, in denen sich eine »Bajuwarische Befreiungsarmee« (BBA) zu den Attentaten bekannte, untermauert. In mehreren Bekennerschreiben, die die Bombenserien begleiteten und von verschiedenen »Kampftrupps« der BBA unterzeichnet waren, wurden fremdenfeindliche Parolen geäußert, sehr detaillierte historische Abhandlungen über die Besiedlung Österreichs und die angeblich drohende »slawische Invasion« dargetan, aber auch zahlreiche technische Details über die Bomben mitgeteilt und Ermittler und Gerichte verhöhnt. Bei der ersten Serie wurden ein Flüchtlingspfarrer, die Moderatorin einer Ausländersendung des ORF und der sich in Integrationsfragen sehr engagierende damalige Wiener Bürgermeister zum Teil schwer verletzt. Weitere Bomben waren u. a. an auslandstämmige Ärzte, an eine Menschenrechtsaktivistin, an eine nach Meinung der BBA oststämmige Fernsehmoderatorin, an den sich in Ausländerfragen engagiert zeigenden Vizebürgermeister der Stadt Lübeck, aber auch an ein auf die Vermittlung ausländischer Frauen spezialisiertes Partnerbüro gerichtet. Die letzte, am 09. 12. 1996 auf dem Postweg zur Detonation kommende Briefbombe war an die Mutter des ehemaligen österreichischen Innenministers adressiert. Noch folgenschwerer waren drei Sprengfallen, zu welchen sich ebenfalls die BBA in zuletzt immer umfangreicheren, ausufernden Selbstbezichtigungsschreiben bekannte. Im August 1994 wurden drei Beamte beim Versuch, eine gegen die zweisprachige deutsch-slowenische Volksschule in Klagenfurt gerichtete Rohrbombe zu entschärfen, schwer verletzt, einer verlor beide Hände. Am 05. 02. 1995 wurden unweit einer Roma-Siedlung in Burgenland die Leichen von vier Angehörigen der Minderheit gefunden, welche durch die Detonation einer als Straßenverkehrszeichen getarnten Rohrbombe mit der Aufschrift »Roma zurück nach Indien« getötet worden waren. Wenige Stunden später wurde in einer slowenischsprachigen Gemeinde ein Müllmann durch die Explosion einer in einer Spraydose versteckten Bombe schwer verletzt.

Erwartungsgemäß kam es im Gefolge der Anschläge zu heftigen politischen Auseinandersetzungen, die sich im Wesentlichen um die Frage drehten, inwieweit die damalige politische Situation in Österreich und das in Wahlkämpfen thematisierte Ausländerthema verantwortlich für die Motive der Attentate seien und aus welchen Gründen die umfangreichsten Ermittlungen in der Geschichte der zweiten Republik keinen Erfolg brachten. Da die Bekennerschreiben akademisch anmutende Kenntnisse auf verschiedensten Gebieten enthielten, wurde allgemein von einer Tätergruppe mit rechtsradikaler bzw. deutschnationaler Ideologie ausgegangen. Lediglich von Seiten eines kriminalpsychologischen Profilers wurde der Verdacht auf eine Einzeltäterschaft geäußert und in weiterer Folge konkretisiert. Zur Aufklärung des spektakulärsten Verbrechens der Republik kam es aber durch einen scheinbaren Zufall. Am 01. 10. 1997, einem Tag, an welchem in Österreich als unmittelbare Folge der unaufgeklärten Bombenserien die Möglichkeit zur Rasterfahndung gesetzlich in Kraft trat, brachten zwei Frauen in einer kleinen südsteirischen Gemeinde einen PKW-Lenker, von dem sie sich verfolgt fühlten, zur Anzeige. Als der aufgefallene Mann von der herbeigerufenen Gendarmerie aufgefordert wurde, sich auszuweisen, brachte er eine Bombe zur Detonation, durch welche die beiden Beamten verletzt wurden und der Täter beide Unterarme verlor. Der Festgenommene, ein arbeitsloser Techniker namens Franz Fuchs, gab in der Aufwachphase nach der Notoperation Äußerungen von sich, aus denen seine Beteiligung an den Briefbombenattentaten unzweifelhaft hervorging. In seiner Wohnung wurden Bombenpläne und belastendes Schriftmaterial, aber keine unwiderleglichen Beweise gefunden.

Gegenüber einer psychiatrisch-psychologischen Untersuchung zeigte sich Fuchs lange Zeit abwehrend, war aber dann doch bereit, sich durch zwei forensische Psychiater explorieren und testpsychologisch untersuchen zu lassen. Er bekannte sich durchgehend zur Beteiligung an den Bombenattentaten und gab umfangreiches Insiderwissen preis, ließ aber bis zu seinem Tode offen, ob er als Einzeltäter oder als Mitglied einer Gruppe gehandelt habe.

Lebensgeschichte

Franz Fuchs ist unter einfachen, aber geordneten familiären Verhältnissen in einer südsteirischen Gemeinde aufgewachsen. Hereditäre Belastungsfaktoren mit psychischen Störungen sind nicht bekannt. Er entwickelte sich körperlich und psychisch normal, galt schon im Kindesalter als sehr intelligent, aber auch als introvertiert und einzelgängerisch. Trotz anderer Pläne seiner Eltern kam er infolge sehr guter Leistungen in der Pflichtschule aufs Gymnasium der Bezirkshauptstadt, wo er insbesondere in den Fächern Mathematik und Physik vorzügliche Zensuren erhielt. Nach der Matura im Jahre 1968 leistete er den Präsenzdienst als Einjährig-Freiwilliger, ehe er 1969 auf der Universität Graz Theoretische Physik inskribierte. Da seinem Antrag auf Erhöhung des Stipendiums nicht nachgegeben wurde, brach er das Studium nach zwei Semestern ab, arbeitete einige Monate lang als Hilfsarbeiter in einem Großbetrieb, ehe er von 1970 bis 1976 als Fließbandarbeiter bei zwei deutschen Autofirmen tätig war, wo er durch sehr gute berufliche Leistungen, aber auch durch soziales Engagement für Gastarbeiter auffiel. Seine vergeblichen Bemühungen nach einer qualifizierteren, seiner Ausbildung entsprechenden Tätigkeit, welche ihm seiner Meinung nach wegen seines Gastarbeiterstatus vorenthalten wurde, stürzten ihn in eine schwere Krise, in welcher wohl auch die Wurzel für die völlige Änderung seiner Haltung gegenüber Ausländern liegt. Er gab die Stelle in Stuttgart über Nacht auf, kehrte in seine Heimat zurück, kündigte dort in einem Abschiedsbrief seinen Suizid an, worauf er für mehrere Wochen in stationär-psychiatrische Behandlung kam. Dort wurde eine reaktive Depression diagnostiziert, differential-diagnostisch wurde aber auch ein beginnender schizophrener Prozess in Erwägung gezogen.

Der in seinem Elternhaus isoliert lebende, partnerschaftlich nicht gebundene Mann fand dann Stellen als technischer Zeichner in einem hydrologischen Büro und im Betrieb eines ehemaligen Schulkollegen und hatte von 1977 bis 1987 eine stabile berufliche Phase. Nachdem er von seinem letzten Dienstgeber wegen mangelnder Teamfähigkeit und auch Unproduktivität, die vorwiegend auf seiner übergenau-anankastischen Arbeitsweise beruhte, gekündigt worden war, war er noch einige Zeit freiberuflich tätig, ehe er sich im Jahre 1993 – dies fällt mit dem Beginn der

BBA-Aktivitäten zusammen – sozial völlig zurückzog, keinerlei Einkünfte mehr bezog, von seinen Ersparnissen lebte und praktisch nur noch mit seinen Eltern in oberflächlicher Verbindung stand. Im abseitsgelegenen Teil seines Elternhauses hatte er sich einen eigenen Wohnbereich geschaffen, den er auch gegenüber seinen Angehörigen völlig abschloss. Seine Eltern waren der Meinung, dass ihr Sohn dort zum Studieren allein sein wolle, wie dies schon von Kindheit an seine Art war. Mit Ausnahme der geschilderten psychischen Krise im Jahre 1976 war Franz Fuchs nie ernsthaft krank. Er lebte praktisch abstinent und galt in seinem Dorf als angepasster, aber nicht weiter auffälliger Sonderling. Während sich seine Angehörigen als Sympathisanten der Sozialdemokratischen Partei bekannten und teilweise politisch aktiv waren, hatte Fuchs nie politisches Interesse oder Engagement gezeigt. Als Motiv für die Verbrechen nannte Fuchs die angeblich drohende Überfremdung Österreichs und die Gefahr des Niedergangs der deutschsprachigen Volksgruppe. Er verwies wiederholt darauf, dass der Inhalt der BBA-Ideen und die Motive der Bombenlegung in einem anonym verfassten Brief, zu dem er sich später bekannt hat, vollständig beschrieben seien. Der Brief war an den ORF gerichtet und bezog sich auf eine Radiosprechstunde mit einem für die Flüchtlingslagerverwaltung zuständigen Beamten. Darin heißt es:

»Nachdem es bei uns so gut wie keine deutschen Namen mehr in der Politik gibt, holen sich die Politiker mit Begeisterung auch noch die Bevölkerung ihrer Herkunftsländer nach Österreich. Ich bin gespannt, wann an uns Deutsche die Aufforderung ergeht, das von uns gerodete Land zugunsten der neuen slawischen Völkerwanderung zu verlassen!

Dass sich Deutsche wie Sie mit Begeisterung in den Dienst der Sache stellen anstatt sich zu wehren, kann ich nur darauf zurückführen, dass die meisten den Braten noch nicht gerochen haben. Vor 200 Jahren gab es etwa 90% Deutsche (deutsche Namen) in Deutsch-Österreich; es gehörte aber auch noch die Untersteiermark und Südtirol zu uns. Jetzt gibt es gerade noch 60% Deutsche im zusammengeschrumpften Österreich und es werden immer weniger.

Gute Nacht Österreich!«

Der Teilnahme an der Schwurgerichtsverhandlung entzog sich Fuchs durch anhaltendes Brüllen ausländerfeindlicher Parolen, was den Ausschluss von den Sitzungen zur Folge hatte. Das Gericht, welches von einer Einzeltäterschaft ausging, verurteilte ihn zu lebenslanger Haft und wies ihn zur

Sicherungsverwahrung in eine Anstalt für (zurechnungsfähige) geistig abnorme Rechtsbrecher ein. Franz Fuchs lehnte eine Berufung ab und mied bis zu seinem Suizidtod sämtliche Außenkontakte, auch zu seinen Angehörigen.

Psychiatrisch-psychologische Befunde

Bei allen Untersuchungsgesprächen zeigte sich Franz Fuchs freundlich, kooperativ, er verhielt sich während der Explorationen ruhig und kontrolliert, machte fast durchgehend einen gefassten Eindruck, antwortete auf sämtliche Fragen sehr überlegt und vermittelte den Eindruck, alles und jedes gründlichst durchdacht zu haben. Es fanden sich keine aktuellen produktiv-psychotischen Symptome, keine Defekt- und keine Organizitätszeichen. Bei Allgemeinthemen war er umgänglich, bei Gesprächen mit historischem Inhalt gelöst und begeisterungsfähig, in politischen und ausländerspezifischen Fragen argumentierte er abweisend, zynisch und kalt. Bezüglich der zur Verhaftung führenden Umstände hielt er unerschütterlich und unkorrigierbar an der Meinung fest, dass er seit Herbst 1996 bespitzelt und von Agenten verfolgt worden sei.

Während Fuchs apparative und elektrophysiologische Untersuchungen mit dem Hinweis, nicht »der bestuntersuchte Verbrecher der Kriminalgeschichte« sein zu wollen, ablehnte, war er mit der Durchführung testpsychologischer Verfahren einverstanden:

Im MMPI zeigten lediglich die Skalen »Hysterie« und »Psychasthenie« leichte Erhöhungen, wogegen die Skalen »Paranoia« und »Manie« leicht erniedrigt waren.

Im Rorschachtest sprach schon die hohe Antwortzahl für Qualitätsehrgeiz und Zwanghaftigkeit. Die zumeist ausgezeichnete Formerfassung wies auf eine hohe Intelligenz und ein breit gefächertes Interessensspektrum hin. Der stark überhöhte Prozentsatz an Formdeutungen war Ausdruck eines pathologisch erhöhten Kontrollbedürfnisses, die Wahrnehmung des sozialen Umfeldes schien überkritisch zu sein. Weiters fanden sich Zeichen der erhöhten Aggression und Aggressionshemmung, der Zweifelsucht, Skepsis und Unschlüssigkeiten, der affektiven Ambivalenz, von Gründlichkeitszwang und Komplettierungsbedürfnis. Wiederholte Blutdeutungen wurde als Ausdruck situativ bedingter Angst, der niedrige Prozentsatz von Schattierungsdeutungen wurde als Hinweis auf verdrängte Zuwendungsbedürfnisse gewertet. Allgemein fielen das überhöhte

Geltungsbedürfnis, die sehr kritische Haltung gegenüber anderen Menschen, die unpersönlich-objektivierende Haltung, eine gewisse Trotzhaltung und ängstlich-paranoide Erlebnisverarbeitung auf. Vorherrschende Abwehrformen waren Rationalisierung, Verschiebung und Isolierung. Es fand sich weiters eine gewisse Strukturlabilität, wie sie bei Borderline-Störungen gesehen wird, auf. Mehrere Deutungen ließen auf Autoritäts- und Kastrationsängste, auf introjizierte Aggressionen und Minderwertigkeitsgefühle schließen. Ein hoher innerer Anspruch an sich selbst stand im konträren Verhältnis zu inneren Verarbeitungsmöglichkeiten, was für narzisstische bzw geltungssüchtige Strebungen charakterisiert ist. Gesamthaft ergab sich das Bild eines unsicher-ängstlichen, misstrauischen und dysphorischen Menschen mit hoher Intelligenz, wobei besonders die technische Begabung herausragend war. Durchgehend zeigten sich überhöhte Aggressionstendenzen, Abwehr von sexuellen Bedürfnissen und mangelnde Bindungsfähigkeit. Im Intelligenztest erreichte er mit einem IQ von 139 eine deutlich überdurchschnittliche hohe Intelligenzausprägung. Darüber hinaus imponierten die sehr hohe Kurzzeitspeicherkapazität, die sehr gute und rasche Auffassungsgabe sowie eine auffallend hohe Informationsverarbeitungsgeschwindigkeit. Gesamthaft ließen sich bei Fuchs im psychischen Bereich zwei wesentliche Störungen diagnostizieren: einerseits eine überdauernd vorhandene, kombinierte Persönlichkeitsstörung mit schizoiden, paranoiden, fanatischen und narzisstischen Anteilen, andererseits eine seit Herbst 1996 in Gang gekommene wahnhafte Entwicklung, welche zumindest für seine letzte Tat, den versuchten erweiterten Mord bzw. Selbstmord bei seiner Festnahme, zur Aufhebung des Steuerungsvermögens geführt hat.

Persönlichkeitsanalyse

Die Persönlichkeitsanalyse des Franz Fuchs zeigt klare Störungen mit den erwähnten Anteilen. Von den ICD-Kriterien, die die Diagnose einer Persönlichkeitsstörung rechtfertigen, ließen sich bei ihm eine deutliche Unausgeglichenheit in den Einstellungen und im Verhalten sowie in den Beziehungen zu anderen klar nachweisen. Genannt seien insbesondere seine Haltungen zu manchen Politikern, zur Frage der Ausländer und jener der »Naturrechte« der Staatsbürger, zu welchen er den Kampf gegen drohende Überfremdung zählte. Er war schon als Kind einzelgängerisch, hatte später nie enge freundschaftliche oder partnerschaftliche Beziehungen gehabt, hatte sich in den letzten Jahren mehr und mehr zurückgezogen und war geradezu »soziophob« geworden. Auch die im Diagnostischen und Statistischen Manual Psychischer Störungen (DSM-IV) genannten Kriterien für eine Persönlichkeitsstörung waren bei Franz Fuchs eindeutig erfüllt: Seine schizoiden, paranoiden, fanatischen und narzisstischen Persönlichkeitszüge stellten ein überdauerndes Muster des Wahrnehmens, der Beziehungsgestaltung und des Denkens über die Umwelt und sich selbst dar, waren in hohem Maße unflexibel und unangepasst und führten zu schwerer sozialer und beruflicher Funktionsbeeinträchtigung. Schizoide Züge finden sich in seinem einzelgängerischen Wesen und der seit Kindheit bestehenden sozialen Isoliertheit, in der distanzierten und emotional kühlen Affektivität, in seiner Unfähigkeit, Gefühlsregungen zu zeigen, in seiner äußerlichen Gleichgültigkeit gegenüber Lob und Kritik und in der Vorliebe für einzelgängerische Beschäftigungen.

Die Hauptmerkmale der paranoiden Persönlichkeitsstörung, nämlich das in bestimmten Situationen auftretende durchgängige Misstrauen und die Neigung, neutrale Handlungen anderer als feindselig zu interpretieren, waren bei Franz Fuchs nicht nur in den Monaten vor dem 01. 10. 1997, in denen es zu einer wahnhaften Entwicklung gekommen ist, sondern auch schon zuvor festzustellen, etwa in seinem außergewöhnlichen Misstrauen, das zu Auseinandersetzungen mit Nachbarn und Gerichten geführt hatte, oder in der auch während der Haftzeit durchgehenden vorhandenen Reserviertheit und Rigidität. Seine Neigung, negative Stereotypien über andere – insbesondere gegenüber Menschen aus anderen Bevölkerungsgruppen – zu entwickeln, ist im DSM-IV als Merkmal der paranoiden Persönlichkeitsstörung beschrieben, ebenso die Tatsache, dass das Festhalten an paranoiden Wertesystemen häufig im Fanatismus endet. Letzterer ist bei Fuchs als zentrale Störung und Motor seiner verbrecherischen Handlungen zu betrachten. Er wurde nach der beruflichen Desintegration mehr und mehr von überwertigen Gedankenkomplexen beherrscht und richtete sein ganzes Handeln, ja seine Lebensführung danach aus.

Innerhalb der von Kurt Schneider (1980) beschriebenen Unterteilung dieser Charakterkategorie in aktiv-expansive, persönliche und matte Fanatiker gehörte der Bombenattentäter zu den »Ideenfanatikern«, welche für ihre Ideen kämpfen. Der Gedanke, dass es in Österreich zu einer Verschiebung der Volksgruppen komme und ein »Deutschösterreicher« das Recht, ja geradezu die Pflicht habe, sich gegen die »Umvolkung« (diesen Ausdruck bezeichnete Fuchs als besonders treffend) zur Wehr zu setzen, war für ihn zum Programm geworden. Im Gegensatz zu den meisten Ideenfanatikern war er allerdings nach außen keine hochaktive, kämpferische und suggestible Persönlichkeit, die ihre Aggressionsimpulse auf Gruppen oder Massen übertragen konnte. Sein absoluter Einsatz für die überwertige Idee, die unbedingte Überzeugung von der Richtigkeit und Gerechtigkeit der eigenen Ideologie, sein unbeirrbares und für jede Kritik unzugängliches, beinahe messianisches Sendungsbewusstsein gehörten aber zum Wesen des Kampffanatikers im Sinne Kretschmers. Dessen Bild wurde durch die Schilderungen von Fuchs, wonach er sich vor und bei Einsätzen »wie ein Krieger vor der Schlacht« gefühlt und der unter höchstem Stress, Übelkeit und Durchfall gelitten und stets mit Todesangst gekämpft habe, komplettiert.

Auch die wesentlichen Symptome der *zwanghaften Persönlichkeitsstörung*, nämlich Ordnungsliebe, Streben nach Perfektion und Ausdauer, haben sich bei Fuchs immer wieder gezeigt. Erwähnt seien besonders seine beruflichen Leistungen an seiner letzten Stelle, wo er wegen seiner übertriebenen Sorgfalt und unpragmatischen Genauigkeit im betrieblichen Kontext nicht mehr zurechtgekommen war, ferner sein ungemeines Streben nach Perfektion im historischen Wissen und in der Lösung technischer Probleme, die höchste Präzision, mit der er wahre technische Wunderwerke von Bomben baute, seine (spaltende) Einteilung von Kontaktpersonen und Experten je nach Perfektion ihrer beruflichen Leistung, sein bis kurz vor dem Schluss perfektes kriminelles Agieren und schließlich auch seine extreme Genauigkeit bei der Beantwortung der Fragen im Rahmen der Vernehmung und der psychiatrischen Exploration. Elemente der beschriebenen Persönlichkeitsabweichungen wie auch jener Charakterzüge, die bei Anonymographen beschrieben sind, fanden sich im Übrigen auch in den Bekennerbriefen der BBA.

Obschon wegen des bescheidenen, nach außen zurückhaltenden und introvertierten Auftretens des Franz Fuchs nicht ohne weiteres ersichtlich, zeigten sich bei genauer Analyse seiner Persönlichkeit jedoch eindeutig Zeichen des Narzissmus. Narzissmus bezeichnet in seiner negativen Variante eine durch Selbstbezogenheit und hohe Empfindlichkeit gestörte Beziehungsfähigkeit, die sich bei Fuchs in den fehlenden Freundschaften, den frustranen Frauenbeziehungen, den Problemen im beruflichen Umfeld und im zunehmenden sozialen Rückzug manifestierte. Selbstbezogenheit kam im Durchsetzen des eigenen Standpunkts mit allen Mitteln und im unbeirrbaren Festhalten an seinen Ideen zum Ausdruck. Die hohe Empfindlichkeit gegenüber der Einschätzung durch andere bewirkte eine nahezu krankhafte Angst, nicht ernstgenommen oder zurückgewiesen zu werden, wie dies bei seiner Reaktion auf die negative Beantwortung seines

Antrages auf Erhöhung des Studienstipendiums, bei seiner Weigerung, um Arbeitslosenunterstützung anzusuchen oder bei seiner Haltung, keine Anträge auf Vergünstigungen in der Justizanstalt zu stellen, sichtbar wurde. Der Mangel an Einfühlungsvermögen, der zum Teil in starkem Kontrast zu seiner sehr feinen psychischen Empfindsamkeit steht, äußerte sich in seiner Haltung gegenüber manchen Briefbombenopfern.

Auch in den Explorationen haben sich zahlreiche narzisstische Elemente gezeigt. Dazu gehörten das ständige Streben nach absoluter Perfektion, das Überlegenheitsgefühle auslösende korrigierende Verhalten bei der Erklärung von historischen Zusammenhängen oder von technischen Fragen des Bombenbaus, seine nahezu verachtende Haltung gegenüber Personen, die seiner Einschätzung nach nicht diese Perfektion aufbringen, aber auch seine Taktik, mit der er den ermittelnden bzw. befragenden Personen immer wieder ein Stück der Lösung zukommen ließ, jedoch Wesentliches verschwieg. So blieb er im Besitz eines Wissens, das andere nicht hatten, was sein Überlegenheitsgefühl noch weiter förderte.

Wenngleich die Genese von Persönlichkeitsstörungen auf vielfältigen Faktoren beruht und nicht restlos durchschaubar ist, lassen sich in der psychodynamischen Entwicklung und Lebensgeschichte des Bombenattentäters einige markante Punkte finden. Insbesondere fallen eine Reihe von Kränkungserlebnissen auf, die, nach dem »Diathese-Stress-Modell« bzw. dem »Organ-Minderwertigkeits-Überkompensations-Modell« betrachtet, seine Charakterauffälligkeiten erklären können. Zu nennen sind die schwierige Rolle, die er durch seine soziale Herkunft unter den großenteils aus gutbürgerlichem Milieu stammenden Mitschülern und durch seine unbeholfen wirkende, von starkem Dialekteinschlag und leichten Sprachfehlern geprägte Sprechweise im Gymnasium gehabt hat, ferner die mangelnde Anerkennung seiner schulischen Leistungen, welche zur Selbstdefinierung über hohen Qualitätsehrgeiz führte, und der aus finanziellen Gründen notwendig gewordene Abbruch des Studiums, durch welchen der soziale Aufstieg beendet war und er seinen Traumberuf (Atomphysiker) nicht verwirklichen konnte. Die jahrelange Tätigkeit als Akkord- bzw. Fließbandarbeiter lag nicht nur weit unter seinem intellektuellen und ausbildungsmäßigen Niveau, sondern bedeutete auch eine soziale Stigmatisierung als Ausländer unter Ausländern. Der ihm versagt gebliebene Wunsch nach Wechsel vom Fließband auf eine Bürostelle kränkte ihn umso mehr, als dass er das, was andere Gastarbeiter zum Teil erreichten, nicht verwirklichen konnte. Dies hat ihn zur Aufgabe seiner Stelle bewogen und in eine schwere suizidale Krise gestürzt. Damals ist wohl auch der Keim zur (selbstrettenden) fanatischen Idee, nämlich dass Ausländer im Gastland keine Rechte haben, gelegt worden. Durch die Projektion der schweren persönlichen Kränkung infolge der beruflichen Zurückweisung musste er sich seinen eigenen Minderwertigkeitsgefühlen und Versagensängsten gar nicht stellen. Nach der Rückkehr in die Heimat, welche als regressiver Akt zu verstehen ist, kehrte er die Verhältnisse um: Nun hatte er als Inländer alle Rechte, welche es zu verteidigen galt, nun galt es für ihn, die als bedrohlich erlebten Ausländer zu bekämpfen. Die zwangsweise Einlieferung und Unterbringung in einem psychiatrischen Krankenhaus führte zu Stigmatisierungen, welche er nach der Entlassung, insbesondere in zum Teil querulativen Rechtsstreitigkeiten mit der Nachbarschaft, zu spüren bekam. Hinter dem unerfüllten Wunsch nach einer partnerschaftlichen Verbindung und dem Scheitern mehrerer Frauenbeziehungen steckten bei Fuchs ein Mangel an allgemeiner Beziehungsfähigkeit und tief verwurzelte Sexualängste. Die Auflösung seines letzten Arbeitsverhältnisses trotz weit überdurchschnittlichen Einsatzes hat er als extrem ungerecht empfunden. Er war so irritiert, dass er sich in der Folge nie mehr um eine neue Stelle gekümmert hat. Der Kränkung, als Arbeitsloser von der Unterstützung durch die öffentliche Hand abhängig zu sein, ist er – ähnlich wie beim seinerzeitigen Ansuchen um Stipendium – dadurch entgangen, dass er nie um Arbeitslosengeld ersucht hat. Auf all diese Kränkungen hat Fuchs entweder durch Überkompensation, etwa durch hohen Leistungsanspruch in der Schule oder großen Qualitätsehrgeiz in seiner beruflichen Tätigkeit, durch narzisstische Phantasien, im Wesentlichen aber durch verbitterten Rückzug reagiert. Daraus wird das ungemein aggressive Potenzial, das zur konsequenten Umsetzung seiner fanatischen Idee erforderlich war, verstehbar.

Wahnhafte Entwicklung

Die Umstände, die zur Klärung des größten Verbrechens der österreichischen Republik führten, wurden zum Teil als Zufall abgetan, zum Teil als Erfolg der intensiven Fahndungsmaßnahmen gewertet. Tatsächlich hat sich Franz Fuchs aber selbst zur Strecke gebracht, er wurde Opfer seines eigenen Wahns. Die bei ihm eingetretene wahnhafte Entwicklung lässt sich unterschiedlich interpretieren. Eine psychoanalytische Interpretation, nach welcher die Wurzeln des Wahns in Konflikten zwischen »Es« und »Über-Ich« zu sehen ist, drängt sich bei Fuchs mit seinem außerhalb der Verbrechen eigentlich recht starken Gewissen und seiner Verhaftung in tradierten Wertvorstellungen ebenso auf wie eine finale Deutung, nach welcher der Verfolgungswahn als »Flucht in die Krankheit«, als unvermeidbare Lösung in seiner existenziell immer bedrohlicher werdenden Situation zu sehen wäre. Der Wahn könnte nicht nur mit den bei Fuchs vorhandenen starken Triebkonflikten in Verbindung gebracht werden, sondern auch als Projektion, als Abwehrmechanismus gegen das Gefühl, selbst unbedeutend zu sein, betrachtet werden. Deutet man den Verfolgungswahn des Bombenlegers als das aus Minderwertigkeitsgefühlen erwachsene Bedürfnis, andere zu beschuldigen, so stellt sich die Frage, ob die wahnhafte Entwicklung nicht schon früher, beim Aufbau der überwertigen Idee und des Fanatismus in Gang gekommen ist. Der in seiner Struktur als »logisch« zu betrachtende Wahn, der als »eklektische Umweltskommunikation« bezeichnet werden könnte, hat aber offensichtlich einem inneren Bedürfnis, nämlich jenem der Selbstbestrafung, entsprochen.

Eine Reihe von Bedingungskonstellationen für eine paranoide Entwicklung waren bei Fuchs jedenfalls klar gegeben: Verwiesen sei auf seine kombinierte Persönlichkeitsstörung, die gewisse Risikomomente für schwer nachvollziehbares, nicht immer den Gesetzen des Vernünftigen und Logischen folgendes Verhalten enthält. Des Weiteren ist der anwachsende innerpsychische Druck, dem sich gerade ein sozial isolierter, kaum Gedanken- und Problemaustausch pflegender, entäußerungsgehemmter Mensch gegenüber sieht, zu bedenken. Die stete Angst, entdeckt zu werden, das permanente Gefühl, bei einem Einsatz ums Leben zu kommen (das er sehr eindrücklich schilderte), das enorme psychische Energie erfordernde Arbeiten mit höchster Präzision und Geschicklichkeit, die ständige Überwachheit und Übervorsichtigkeit, der kontrollierte Umgang mit Allmacht und Größenphantasien (die sich durch das mediale Echo verstärken) und das jahrelange Leben mit dem »Gefühl des Spions in einer fremden Stadt« – um einen treffenden Ausdruck Erwin Stranskys (1950) zu verwenden – würden über kurz oder lang die Kräfte eines jeden Menschen überfordern und zu einer psychischen Dekompensation führen.

Fuchs selbst führte dazu aus, dass er grundsätzlich ein misstrauischer Mensch sei und stets manche Verdächtigungen habe, die er nicht beweisen könne. Im letzten Jahr vor der Festnahme hätten sich aber Dinge zugetragen, die eindeutig auf seine Person abgestellt gewesen seien und bei denen es sich nicht um Zufälle handeln könne (»so viel Zufälle kann es gar nicht geben«). Er habe im Oktober 96 plötzlich festgestellt, dass er beobachtet und observiert werde. Sein Gefühl, von Geheimagenten observiert zu werden, nährte er aus Museumsbeamten, hinter denen er Geheimpolizisten sah, aus ihn scheinbar verfolgenden Autos, aus Hausdetektiven in Supermärkten und einem in der Nähe seines Wohnsitzes abgestellten »Radarauto«. Zufällig über seinen Heimatort fliegende Hubschrauber dienten nach seinem Empfinden seiner Überwachung, ortsfremde Spaziergänger enttarnte er als »Agenten«. Er war bis zuletzt überzeugt, dass die Geheimpolizei durch Überwachung und Beobachtung seiner Person an die Hintermänner der BBA herankommen wollte. Er habe sich in der Form gewehrt, dass er versuchte, die Agenten zu enttarnen und ihre Methoden aufzudecken. In Erwartung des mit 01. 10. 97 in Kraft tretenden Gesetzes zur Rasterfahndung wurde er nervös, ängstlich und bunkerte sich noch mehr in seiner Wohnung ein, die er mit Bomben sicherte. Der bis dahin mit höchster Vorsicht agierende, mit ungemeiner Umsicht handelnde, überaus misstrauische Mann hat sich mehr und mehr so verhalten, dass er nahezu zwangsläufig gestellt werden musste. Zum Verhängnis wurde ihm schließlich sein Bestreben, ein ihn scheinbar überwachendes Agentenauto zu stellen.

Neben den phänomenologisch charakteristischen Schilderungen des Franz Fuchs ergaben sich aus diversen Zeugenaussagen Hinweise für sein paranoides Erleben und sein durch den Verfolgungswahn gesteuertes Verhalten. Seine Eltern führen aus, dass er in den Monaten vor der Verhaftung davon gesprochen habe, dass er überwacht werde, ihm beim Wegfahren mit dem PKW sofort ein anderes Auto folge und dass er ängstlicher, nervöser (besonders beim Vorbeifahren von Autos) und noch zurückgezogener geworden sei. Ein unbeteiligter Nachbar gab an, dass ihn Franz Fuchs unvermittelt als »Agent« bezeichnet habe.

Somit ergibt eine psychiatrische Analyse, dass bei Franz Fuchs durch die beschriebenen Erlebnisinterpretationen und seine phänomenologischen Schilderungen die deskriptiven Kriterien eines Wahns, nämlich »Unmöglichkeit des Inhaltes, subjektive Gewissheit und Unkorrigierbarkeit« klar nachweisbar waren. Er hat in den letzten Monaten in typischer Weise aus alltäglichen Vorkommnissen einen »krankhaften Ichbezug« hergestellt, gewöhnliche Ereignisse haben bei ihm zu einem »abnormen Bedeutungsbewusstsein« geführt, seine Urteilsbildung war verfälscht und führte zu »Beziehungssetzungen ohne Anlass«. Er ist letztlich einem »pathologischen Irrtum« unterlegen, den er nie mehr korrigieren konnte. Das Wahnkriterium der subjektiven, absoluten Gewissheit war bei ihm ebenso erfüllt wie jenes der Unkorrigierbarkeit. Dabei war nicht so sehr der Inhalt seiner Vorstellungen als das eigentlich Pathologische zu verstehen (immerhin wäre es möglich gewesen, dass er observiert worden ist bzw. hat er ja realistischerweise mit Verfolgung rechnen müssen), sondern dessen Stellenwert innerhalb des Erlebens und die ausschließliche Ichbezogenheit. Es sei betont, dass die Inhalte eines Wahnerlebens nicht unbedingt von denen des normalen Erlebens unterscheidbar sein müssen, denn das, was der Wahnkranke sich vorstellt und was er wahrnimmt, kann größtenteils auch im Erleben des Gesunden vorkommen. Im Gegensatz zum Gesunden bzw. seinem Normalzustand konnte aber Fuchs in seinen Vorstellungen und Interpretationen nicht umschalten, er vermochte das Bezugssystem nicht mehr zu wechseln. In typischer Weise verteidigte er mit unanfechtbarer Sicherheit seine (wahnhafte) Überzeugung. Auch die Wahndefinition von Kraepelin (1912), wonach die Paranoia eine »aus inneren Ursachen erfolgende schleichende Entwicklung eines dauernden unerschütterlichen Wahnsystems, das mit vollkommener Erhaltung der Klarheit und Ordnung im Denken, Wollen und Handeln einhergeht« sei, war bei Fuchs für diese Episode klar erfüllt. Es ist typisch, dass neben dem wahnhaften Empfinden und Denken die psychische Ordnung völlig erhalten war und dass er außerhalb dieses Themas vollkommen klar denken und urteilen konnte. Das Wahnbedürfnis entsprang bei Fuchs der Ambivalenz zwischen seinem an sich feinen Gewissen bzw. seinem starken Überich und der Verhaftung in der fanatischen Idee. Er hat gespürt, dass das, was er getan hat, nicht in Ordnung war und dass er – wie er auch betont – eine gewisse Schuld auf sich geladen hat (»Es war mehr als Notwehr und mehr als nur Fahrlässigkeit«). In diesem *auch* vorhandenen Bedürfnis nach Bestrafung hat der Wahn für Fuchs eine Funktion erfüllt, das heißt, der übermächtige Bombenattentäter war jetzt plötzlich Opfer, er ist observiert und verfolgt worden und musste konkret mit einer Bestrafung rechnen.

Einzeltäter versus Gruppenmitglied

Nachdem Fuchs nicht alle Geheimnisses des Bombenterrors und der BBA lüftete, war den Spekulationen über die Frage, ob er tatsächlich als Einzeltäter gehandelt habe, Tür und Tor geöffnet. Obwohl der Bombenterror mit seiner Verhaftung schlagartig beendet war und nie mehr Bekennerschreiben aufgetaucht sind, halten sich bis heute Gerüchte über die Existenz einer Terrororganisation. Aus der Analyse der Persönlichkeitsstruktur und des Sozialverhaltens des Franz Fuchs, seiner psychischen Entwicklung vor der Verhaftung und seines Verhaltens danach ergeben sich aber eindeutige Hinweise, dass er als Einzeltäter gehandelt hat:

Wie bereits mehrfach betont wurde, ist Franz Fuchs zeit seines Lebens ein introvertierter Einzelgänger gewesen. Er betonte bei der Exploration wiederholt, dass er »nur ungern auf andere angewiesen sei«. Durch seine Charakterzüge wie emotionale Distanziertheit, Entäußerungshemmung, Vorliebe für einzelgängerische Beschäftigung, übermäßige Inanspruchnahme durch Phantasie und Introspektion, chronisches Misstrauen und übertriebene Empfindlichkeit war schon die Kontaktaufnahme mit anderen Personen erschwert und eine enge, vertrauensvolle Kooperation kaum möglich. Ein schizoider Mensch verbringt seine Zeit am liebsten allein, er lebt sozial isoliert und wählt fast immer Einzelunternehmungen und solche Hobbys, die keine Interaktion mit anderen Menschen beinhalten. Durch tiefgreifendes Misstrauen, ständigen Argwohn und Zögern, sich anderen Menschen gegenüber anzuvertrauen, war er kaum gruppenfähig. All diese persönlichkeitsspezifischen Umstände machen es sehr unwahrscheinlich, dass Fuchs Mitglied einer tiefverschworenen, eng zusammenhaltenden, höchstes gegenseitiges Vertrauen erfordernden Terroristengruppe gewesen ist. Es wäre selbst für einen kommunikationsoffenen Menschen mit einer derart spezifischen und hochwissenschaftlichen Interessenslage sehr schwierig, einen gleichgesinnten Interessenspartner zu finden. Somit handelt es sich bei der Persönlichkeitsstörung des Franz Fuchs um jene Charakterstruktur, die am wenigsten von allen möglichen Varianten mit Gruppenfähigkeit im weitesten Sinn kompatibel ist.

Ein zweites wesentliches Argument, das aus psychiatrischer Sicht für weitgehend isoliertes Leben und Handeln des Franz Fuchs spricht, liegt in der Art der in den letzten Monaten vor der Verhaftung eingetretenen wahnhaften Entwicklung. Bei der Erörterung dieser Störung wurde eingehend darauf hingewiesen, dass psychoreaktive Faktoren eine entscheidende Rolle gespielt haben und die affektive Dynamik nur deshalb dieses Ausmaß erreicht hat, weil Fuchs *allein* mit dem Problem fertig werden musste, weil er niemanden gehabt hat, dem er sich näher anvertrauen konnte und weil er seine immer bedrohlicher werdenden Eigeninterpretationen mit niemanden besprechen und dadurch korrigieren konnte. Dass er sich monatelang auf dem immer engeren Weg der abnormen Inbeziehungssetzung fortbewegen konnte, hängt mit der fehlenden Relativierung seines Empfindens und Urteilens durch Austausch mit jemand anderem zusammen. Er hat allein mit dem Druck des Wissens und des schlechten Gewissens, den Belastungen durch die intensiver werdenden Fahndungsmaßnahmen und mit der zunehmenden Wahnspannung fertig werden müssen. Dabei hat er den Realitätsbezug allmählich verloren, ist aus seinen überwertigen und mehr und mehr irreal werdenden Interpretationen sozusagen von niemandem auf den Boden der Wirklichkeit zurückgeholt worden, sodass er schließlich bei tatsächlicher Zunahme des äußeren Druckes (Veröffentlichung des Täterprofils, Einführung der Rasterfahndung) psychotisch dekompensierte. Die Art und Weise, wie sich die innere Konfliktsituation entwickelt und ihre affektive Dynamik zugenommen hat, und die spezifische Erlebnisweise des Verfolgtwerdens wären wohl nie so möglich gewesen, wenn Fuchs diesen enormen Druck nicht allein hätte bewältigen müssen.

Ein weiterer Umstand, der für einzeltäterisches Verhalten des Franz Fuchs sprach, war die Art, wie er sich selbst bei den Explorationen dieser Frage stellte. Die BBA, die anfangs recht stark in seiner Argumentation vertreten war, hat bei den späteren Gesprächen kaum mehr eine Rolle gespielt. Er setzte die Möglichkeiten des Agierens als Einzelperson oder als Gruppenmitglied spielerisch ein (»Langsam freunde ich mich mit der Rolle des Einzeltäters an ...«; »Die Einzeltäterschaft hätte auch verschiedene Vorteile ...«; »Solange es die Möglichkeit der BBA gibt, können die Politiker nicht tun, was sie wollen«). Er argumentierte – was für das festgenommene Mitglied einer verschworenen Gruppe typisch wäre – kein einziges Mal mit Hoffnungen auf Befreiung, der Möglichkeit von Racheanschlägen oder der Angst, bei weiteren Angaben – die er genau dosiert nach eigenem Gutdünken einsetzt – als Verräter dazustehen. Neben den kriminalistischen Fakten kann somit aus der psychiatrischen Analyse abgeleitet werden, dass Fuchs als Einzeltäter gehandelt und dass die »Bajuwarische Befreiungsarmee« aus einer einzigen Person bestanden hat.

Schluss

Am Fall des Bombenterroristen Franz Fuchs ist zu erkennen, wie in der Öffentlichkeit hoch besetzte und heftig geführte politische Diskussionen von einem in seiner Persönlichkeit gestörten, sensitiv agierenden Individuum verwertet werden und die konkrete Ausformung einer fanatischen Idee zu einem manifesten Wahn prägen können. Auf besonders eindrückliche Weise zeigt sich bei Fuchs die destruktive Kraft fanatisch-paranoider Strebungen, welche sich zunächst gegen eine Minderheit, später gegen die gesamte Gesellschaft und schließlich gegen die eigene Person gerichtet haben. Die Geschichte der BBA und des Bombenterrors in Österreich endete am 28. 02. 2000, als sich Franz Fuchs suizidierte. Ohne Hände bzw.

Prothesen war es ihm gelungen, sich in der bestüberwachten Zelle Österreichs mit Hilfe eines Stromkabels und eines Leitungsrohres an dem an der Decke befindlichen Wasserkasten zu erhängen. Für die Vorbereitung und Durchführung der Suizidhandlung standen ihm gerade zwanzig Minuten zur Verfügung. Er hat es geschafft, in einer Zeit, in der niemand damit rechnete, und auf eine Art, die niemand für möglich gehalten hätte, fast alle zu überraschen. Fuchs war der schizoide Einzelgänger schlechthin, ein menschenscheues, von der Gesellschaft gekränktes Genie, welches sein gesamtes Leben einer fanatischen Idee unterordnete und für sein destruktives Agieren allein die Verantwortung tragen wollte und das schließlich durch seinen nahezu autistischen Rückzug Opfer seines eigenen Wahns wurde. Fuchs war Ideologe, Historiker, Chemiker, Elektroniker, Logistiker, Planer und Handwerker in einer Person. Er war die BBA. Er hat der ausländerfeindlichen Stimmung in der Gesellschaft ein entsetzliches Gesicht verliehen, er plante und handelte völlig autonom, er schuf sich selbst die Verfolger. Er allein hat sich zur Strecke gebracht, er selbst hat sich – gleich den Verletzungen eines seiner Opfer – durch eine Bombenexplosion die Hände amputiert, er hat sich bestraft und sich letztlich auch selbst gerichtet. Wie sehr sein ganzes Dasein von Resignation, kalter Wut und nihilistischer Selbstaufgabe geprägt war, hat »das Bombenhirn« schon ein Vierteljahrhundert zuvor in einem Abschiedsbrief – welcher mehr über seine Persönlichkeit aussagt als alle bisherigen Ausführungen – kundgetan:

»... Vor 3 1/2 Wochen fasste ich den endgültigen Beschluss zum Selbstmord. Wozu sollte ich Jahrzehnte lang Ärger und Enttäuschung und Rückschläge und Mühen auf mich nehmen, wenn ich letzten Endes doch nur altere und verfalle!

Meine Bedeutung und Existenz für die Menschheit ist null, erschöpfen sich auch meine gesellschaftlichen relevanten Tätigkeiten im Arbeiten und Fressen bzw. Geldausgeben für persönliche Bedürfnisse.

Mein letzter Wunsch:

Ich wünsche nicht, dass falsche Vermutungen über meine Motive oder gar über meinen Geisteszustand angestellt werden. Wer über mich spricht, den soll der Blitz auf offener Straße erschlagen. Es würde für mich einen großen Triumph bedeuten, meine Leiche fern von menschlichem Zugriff gebracht zu haben. Sollte meine Leiche aber dennoch gefunden werden, möchte ich bei Nacht und Nebel und ohne Pfarrer begraben werden.«

Literatur

American Psychiatric Association (1996): Diagnostic and Statistical Manual of Mental Disorders. 4. Aufl., (DSM-IV) Wahshington, D. C. (APA).

Schneider, K. (1980): Klinische Psychopathologie. 12. Aufl. Stuttgart (Thieme).

Stransky, E. (1950): Das Initialdelikt. Arch. Psychiatr. Z. Neurol. 185: 395.

Weltgesundheitsorganisation (2000): Internationale Klassifikation Psychischer Störungen (ICD-10) Kapitel V (F), Klinisch-diagnostische Leitlinien. 2. Aufl. Bern (Hans Huber).

Versuch, Jim Jones besser zu verstehen.

Psychoanalytische Überlegungen zur Verschränkung zwischen individuellem und kollektivem destruktiven Wahn

Thomas Auchter

> »Bosheit, Schlechtigkeit, sogar Sadismus sind analysierbar, heilbar oder was gleichbedeutend ist: sie haben ihre Entstehungsgeschichte. *Man wird schlecht durch Leiden*«
> (Michael Balint 1935)

Am 18. November 1978 sterben über 900 Anhänger der ›Volkstempel‹-Sekte und ihr Führer, Reverend James Warren (›Jim‹) Jones im Alter von 47 Jahren, in Jonestown, in dem kleinen, im Norden Südamerikas gelegenen Staat Guayana eines gemeinsamen gewaltsamen Todes durch Mord respektive Selbstmord mittels Gift und Erschießen.

»Those who do not remember the past are condemned to repeat it«.[1]. Dieser Satz des amerikanischen Philosophen George Santayana stand auf einem Schild über dem ›Thron‹ von Jim Jones in Jonestown (siehe Krause 1978, S. 113). Der Lebensverlauf von Jim Jones scheint wie eine Illustration dieses Gedankens, der dem Denken des Psychoanalytikers wohlvertraut vorkommt. Mein Beitrag stellt einen Versuch dar, mittels einer psychoanalytischen Untersuchung und Hypothesenbildung[2] dem Verständnis dieses ›unfassbaren‹ Phänomens ein wenig näher zu kommen. Eine tiefgreifendere und befriedigendere *Erklärung* des Zusammenspiels und Ineinanderwirkens von individueller und kollektiver Wahnpathologie (vgl. Mentzos 1978, 1993) muss weiterer Untersuchung vorbehalten bleiben.

---

[1] »Wer seine Geschichte verleugnet, der ist dazu verdammt, sie zu wiederholen«.

[2] Die Geschichte von Jim Jones und dem Massen(selbst-)mord in Guyana beschäftigt mich im Gunde seit den damaligen Ereignissen. Immer wieder im Laufe der Jahre habe ich Notizen dazu gesammelt. Ich freue mich, nun hier die Möglichkeit zu haben, meine Überlegungen zusammenbringen zu können.

1. Fundamentierung

Der destruktive Wahn von Jim Jones [im Folgenden: JJ] hat seine Wurzeln in der zerstörerischen Verletzung seines Vaters, James T. Jones, durch einen Senfgasangriff im 1. Weltkrieg. Er trägt ein schweres Lungenleiden davon, das ihn lebenslang zum Invaliden und arbeitsunfähig macht. Seine Defizienz und sein Minderwertigkeitsgefühl versucht James T. Jones wohl durch seine Mitgliedschaft im *Ku-Klux-Klan* zu kompensieren. Über die Existenz des Klan in dem kleinen amerikanischen Ort Lynn und die Zugehörigkeit von James T. Jones gibt es allerdings widersprüchliche Angaben. Einerseits heißt es unter Berufung auf einen Nachbarn, George Southworth, der Klan sei eine ›»starke politische Macht in Lynn« (Krause 1978, S. 29) mit »zahlreichen Anhängern« (Kilduff & Javers 1979, S. 23f.) gewesen. Andere Jugendfreunde von JJ halten Lynn nicht für »Klan-Land« und James T. Jones nicht für ein Klanmitglied (Reitermann & Jacob 1982, S. 11, 581). Psychologisch machte eine Mitgliedschaft in dem sich gegenüber den Schwarzen mächtig gebärdenden *Ku-Klux-Klan* (Zee 1980, S. 347) für den auf der untersten Stufe der sozialen Leiter stehenden Halbinvaliden als Kompensationsversuch seiner Versehrtheit allerdings durchaus Sinn. Die *Ku-Klux-Klan*-Mitglieder hüllen sich in weiße Gewänder mit Kapuzen, die ihnen etwas Geheimnisvolles verleihen, und predigen Hass gegen die Schwarzen.

Ende der zwanziger Jahre des letzten Jahrhunderts heiratet Lynetta Putnam den 16 Jahre älteren Straßenbauarbeiter James T. Jones, statt ihre Karriere als Anthropologin (Zee 1980, S. 347) oder Geschäftsfrau (Reiterman & Jacob 1982, S. 9f.) zu verfolgen, Sucht sie mit ihrer Wahl unbewusst nach einem (sicher) schwachen und *abhängigen* Partner, der ihr nur vordergründig durch sein Alter überlegen ist, so wie ihr Sohn später zur Entfaltung seines Heilungs- und Größenwahns ebenfalls Schwache und Abhängige benötigt?

Im Gegensatz zu dem versehrten und blassen James T. Jones ist Lynetta Jones offenbar eine begabte, kraftvolle, aber exzentrische Frau. Sie ist voller Phantasie, liest und schreibt selber (Reiterman & Jacob 1982, S. 12). Sie ist unter ihrem intellektuellen Niveau als Fabrikarbeiterin beschäftigt und verrichtet zusätzlich Gelegenheitsjobs, trotzdem bleibt die Familie sehr arm. Sie muss von der schmalen Kriegsversehrtenrente und den Einkünften von Lynetta leben.

Lynetta schottet sich gegenüber den Nachbarn ab, trägt auch im Sommer dunkle Kleidung. Andererseits provoziert sie gerne ihre

Umgebung zum Beispiel mit unflätigen Schimpfwörtern. Einmal zeigt sie sich rauchend auf der Hauptstraße von Lynn, was seinerzeit einen absoluten Skandal darstellt (Kilduff & Javers 1979, S. 26).

Lynetta Jones berichtet von einem Traum, in dem ihre verstorbene Mutter ihr prophezeit, dass sie einen Sohn gebären würde, »der alles Unrecht der Welt zurechtrücken würde« (Zee 1980, S. 347). Nach der Geburt von JJ ist sie überzeugt, dass er »ein Messias sein würde« (Zee 1980, S. 347; Lifton 2000, S. 162). Sicher liegen in diesen Erwartungen seiner Mutter Fundamente für JJs spätere Erlösungs- und Größenvorstellungen (Stierlin 1979, S. 19). Die schon in seinen Eltern angelegte Spaltung zwischen destruktiven bzw. destruierten Anteilen und konstruktiven Elementen und die daraus resultierende Spannung wird sich wie ein roter Faden durch das Leben von JJ ziehen.

JJ wird am 13. Mai 1931 in dem kleinen Ort Crete im amerikanischen Bundesstaat Indiana geboren. 1934 zieht die Familie an den Rand des nahegelegenen Bauerndorfes Lynn um. Da seine Mutter arbeiten gehen muss und sein alter und versehrter Vater vorwiegend mit sich selbst beschäftigt ist, bleibt JJ weitgehend sich selbst überlassen, vernachlässigt (Reiterman & Jacob 1982, S. 13), ungepflegt und einsam, ein *Niemandskind*.

Die *Idealisierung* durch seine Mutter ist für JJ insofern gepaart mit der Erfahrung hochgradiger *Vernachlässigung* und daraus resultierender Enttäuschung, Unsicherheit und Angst. Für das Erleben des alleingelassenen Kindes spielt es keine Rolle, ob dahinter ökonomische Zwänge stehen. Die narzisstische Aufblähung durch seine Mutter erweist sich als Luftblase, wenn sie ihm andererseits durch ihre Nichtpräsenz eine ständige narzisstische Kränkung zufügt. Aus der Enttäuschung über sein Verlassensein erwächst narzisstische Wut (Kohut 1975), ein maligner Narzissmus (Rosenfeld 1981), und der führt zu destruktiver Aggressivität[3]. Götz Eisenberg (2002) hat dafür die treffliche Formulierung von der »Gewalt, die aus der Kälte kommt«, gefunden (vgl. auch seinen Beitrag in diesem Band). Außerdem bewirkt das Wechselbad zwischen Vergötterung und Verachtung beim Kind eine tiefe Verwirrung über Gut und Böse. Da eine massive Zurückweisung durch seine Eltern für ein Kind unbegreiflich ist und das

[3] Michael Moore hat in seinem 2002 entstandenen Film *Bowling for Columbine* eindrucksvoll diesen bis heute zu beobachtenden Zusammenhang zwischen ökonomisch bedingter *Vernachlässigung* und der Entwicklung von *Gewalt* bei Kindern herausgearbeitet (vgl. auch Eisenberg 2002).

Unfassbare existentielle Angst auslöst, besteht eine Möglichkeit, es erklärlich zu machen in der Erzeugung von dem, was ich den ›*Mythos der eigenen Schlechtigkeit*‹ nenne. Denn wenn ich total böse bin, dann hat die Vernachlässigung durch meine Eltern ja einen Grund und einen Sinn. Auf diese Weise kann es zur Ausbildung eines total negativen Selbstbildes kommen. Das kollidiert jedoch mit den narzisstischen, idealen Selbstvorstellungen, die bei JJ zudem durch die Erwartungen seiner Mutter extrem verstärkt sind. Gegen die aus diesem Widerspruch resultierende Spannung, die ihn zu zerreißen droht, kämpft JJ lebenslang an.

Ein Kind mit dermaßen defizienten Eltern kann sich auch unbewusst herausgefordert fühlen, nicht nur seine Mutter zu einer guten Mutter zu ›erlösen‹, sondern auch den schwachen und kranken Vater ›ganz‹ und heil zu machen, damit es endlich die ›guten Eltern‹ voller Liebe findet, die jedes Kind zu einem gesunden seelischen Wachstum benötigt und die es ihm selbst ermöglichen, ›gut‹ zu sein. Diese Selbstsicherheit kennt JJ aus seiner Erfahrung nicht.

Beim einsamen Spielen gerät er als Kleinkind einmal fast unter einen Zug, der direkt hinter dem Garten entlangfährt. Von da nimmt ihn eine Nachbarin, Myrtle Kennedy, unter ihre Fittiche. Neben ihrer Funktion als Mutter-Ersatz wird er von ihr aber auch in den fundamentalistischen Glauben der ›Nazarener‹ eingeführt. Die emotionale Zuwendung von Myrtle Kennedy und die Glaubensvorstellungen, mit denen er im Gottesdienst und der Sonntagsschule konfrontiert wird, versprechen ihm mit ihren manichäischen, absoluten Unterscheidungen zwischen Gut und Böse einen Ausweg aus seinem inneren Durcheinander. Sie verheißen endlich eine klare Ordnung und Orientierung für sein bisheriges weitgehend unstrukturiertes und deshalb verwirrendes Leben. JJ erhält erstmalig das Angebot, aus dem Chaos seines tristen Alltags in die erhabene Welt, den Kosmos des Religiösen zu flüchten. Die Religion, das ›Opium des Volkes‹ (K. Marx), bietet ihm einen theoretischen Überbau, seine inneren bösen Objekte durch idealisierte gute Objekte vorläufig in Schach zu halten. Hier beginnt die »Krankheit der Idealität« (Chasseguet-Smirgel 1981) von JJ.

In Lynn gibt es sechs verschiedene Kirchen (Reiterman & Jacob 1982, S. 11, 17), unter anderem die der Nazarener, der Quäker, der Methodisten, der Jünger Christi und der Pfingstler, die vermutlich alle in Konkurrenz zueinander stehen. Da Kirchen die Tendenz innewohnt, sich selbst für die einzig richtige und ›wahre‹ zu halten, führt das zwangsläufig dazu, die anderen abzuwerten und zu verachten. Diese äußeren Spaltungsphänomene in total gut und total schlecht können sich mit den frühen, präambivalenten inneren

Spaltungen von JJ in ausschließlich gute und ausschließlich schlechte Objekte verknüpfen. Bar-On (2001) nennt das daraus resultierende Produkt eine »monolithische Struktur« des Selbst und des Anderen. Unter diesen Umständen hat JJ keine Chance, über die paranoid-schizoide Position (M. Klein) hinauszuwachsen. Der Erwerb der *Fähigkeit zur Ambivalenz* bleibt ihm unzugänglich.

Noch als Kind erlebt er als weitere destruktive Erfahrung den offensichtlichen *Suizid* des Bruders seines Vaters, eines Alkoholikers, mit, der zu dieser Zeit bei der Familie lebt (Reiterman & Jacob 1982, S. 16).

Wie seine Mutter provoziert JJ in unbewusster Identifikation mit der Aggressorin schon als Kind seine Umgebung mit gemeinen und obszönen Ausdrücken (Krause 1978, S. 28). Er schreit seine Trauer, seine Wut und seinen Hass über seine Verlorenheit in die Welt hinaus. In einer seiner Predigten, ein Jahr vor seinem Tod, bemerkt er: »Am Ende des dritten Schuljahres war ich soweit, dass ich hätte töten können. Ich will damit sagen, ich war so verdammt aggressiv und hasserfüllt. Ich hätte töten können. Niemand liebte mich, niemand verstand mich« (Reiterman & Jacob 1982, S. 16). Da er die Menschen als so unzuverlässig erlebt, nimmt sich JJ streunender Tiere (Reiterman & Jacob 1982, S. 16) an – wie früher seine Mutter mehr Verbundenheit mit Tieren als mit Menschen erlebt (Reiterman & Jacob 1982, S. 10). Sie sieht in ihm einen neuen Heiligen Franziskus (Zee 1980, S. 347). Bei den Tieren, die er in Käfige einsperren und beherrschen kann, die er aber auch mit ›Experimenten‹ quält (Reiterman & Jacob 1982, S. 16, 20), sucht er einen Ersatz für die fehlenden oder fehllaufenden menschlichen Beziehungen.

Seine neue Verbundenheit mit dem Religiösen manifestiert sich zum Beispiel darin, dass JJ feierliche Begräbniszeremonien für Tiere organisiert (Zee 1980, S. 347) und beim ›Kirchespielen‹ mit anderen Kindern als Prediger[4] auftritt (Kilduff & Javers 1979, S. 25). Er bleibt aber im Grunde ein Einzelgänger, und wenn er nicht »Anführer sein konnte, machte er nicht mit« (Kilduff & Javers 1979, S. 25). Versucht er schon früh durch die Beherrschung anderer, seine tiefen unbewussten Ängste vor dem Verlust von Sicherheit, Kontrolle und Existenz aufgrund seiner Wurzel- und Heimatlosigkeit in den Griff zu bekommen? JJ findet nach vergeblicher Suche in anderen Gemeinden in seiner späteren Kindheit schließlich eine

[4] Ähnlich wie Hitler nach dem Ersten Weltkrieg entdeckt JJ zu einem bestimmten Zeitpunkt seine rhetorischen Fähigkeiten, die es ihm erlauben, andere in seinen Bann zu ziehen.

Heimat bei einer Kirche der Pfingstlerbewegung (Reiterman & Jacob 1982, S. 17f.; Robins & Post 2002, S. 163).

Über die psychosozialen und psychodynamischen Verhältnisse seiner Kindheit lässt sich Folgendes zusammenfassen: JJ ist ein extrem vernachlässigtes (Reiterman & Jacob 1982, S. 13) und vereinsamtes Kind, ein »Straßenkind« (Kilduff & Javers 1979, S. 24), wurzellos. Neben einer existentiellen Vernichtungsangst und einem extrem negativen Selbstbild resultiert aus seinen narzisstischen Enttäuschungen auch ein intensives Wut- und Hassgefühl und eine massive destruktive Aggressivität, die sich auch aus der *Identifikation mit dem Aggressor* speist. Sie wird früh kanalisiert durch eine kompensatorische Hinwendung zu Tieren und religiöse Aktivitäten. Darüber hinaus wird JJ von Geburt mit extremen Widersprüchen konfrontiert. Die Geschlechtsrollen sind invertiert, seine machtvolle Mutter hat ›die Hosen an‹ (Reiterman & Jacob 1982, S. 12) und geht zur Arbeit, während der Vater invalide, schwach und wehleidig zu Hause sitzt. Man kann sich vorstellen, dass seine Geschlechtsidentität dadurch prekär bleibt. »Werde nicht so ein Nichtsnutz [nothing] wie dein Vater« predigt Lynetta ihrem Sohn (Reiterman & Jacob 1982, S. 17). Aufgrund dieser Umstände ist auch keine konstruktive Lösung des ödipalen Konflikts für JJ möglich, statt dessen bleibt er in der ödipalen Spannung fixiert. In der (verdrängten) Liebe zu seinem Vater liegt vermutlich zugleich eine Wurzel seiner paranoiden Ängste (vgl. Freud 1911c, S. 299ff.) und seiner narzisstischen Selbstüberschätzung, seines »Größenwahns« (Freud 1911c, S. 301). Seiner Mutter soll er ein Messias sein, der sie aus ihrem Elend erlösen soll. So trägt sie zu seiner grandiosen narzisstischen Aufblähung bei (vgl. Stierlin 1979). Seine massive Vernachlässigung durch dieselbe Mutter führt zu einer moralischen Verwirrung über Gut und Böse bei sich und anderen, die aufzuheben die fundamentalistische Religion mit ihrem Schwarz-Weiß-Denken verheißt. Sie kann sich auf die guten Objekterfahrungen, die JJ mit Myrtle Kennedy macht, aufpfropfen.

Seine unbändige Sehnsucht nach einer idealen, ganzen Familie und einer heilen Welt, in der er selbst heil sein kann, die er nie wirklich erfahren hat, wird sein Leben prägen. Er wird versuchen, eine ideale Welt zu errichten – und wenn es sein muss, mit aller Gewalt! Das Übermaß macht aus dem Idealisten den Bösewicht, der durch die Idealisierung eigentlich in Schach gehalten werden sollte. Es kommt zur Wiederkehr des Verdrängten. »Niemals tut man so gut und so vollständig das Böse, als wenn man es guten Gewissens tut« (B. Pascal).

In seiner Pubertät wendet sich seine Mutter einem anderem Mann zu, die Eltern trennen sich (Zee 1980, S. 347) und JJ zieht mit seiner Mutter und ihrem neuen Freund in die nahegelegene Stadt Richmond. Sechs Jahre später stirbt sein Vater vereinsamt in einem Hotelzimmer (Zee 1980, S. 347). Nach seinem Wechsel von der Oberschule in Lynn auf die in Richmond verstärkt sich der religiöse Fanatismus von JJ (Kilduff & Javers 1979, S. 28). Infolge der Armut seiner Eltern verdient sich JJ schon als Schüler nachts in einem Krankenhaus Geld. Bereits während seiner Oberschuljahre Ende der 40er Jahre beginnt JJ sich in ausdrücklicher Abgrenzung gegenüber seinem Vater (Kilduff & Javers 1979, S. 27) für *Rassengleichheit* einzusetzen. Eine Universitätsausbildung beendet er nach kurzer Zeit und beginnt eine Tätigkeit als Pfleger in dem Krankenhaus, in dem er schon früher gearbeitet hatte. Dort lernt er Marceline Baldwin, eine zweiundzwanzigjährige Krankenschwester, vier Jahre älter als er, kennen und heiratet sie nach kurzer Zeit 1949. Ein Zimmernachbar bezeichnet sie als ›Mutterfigur‹ für JJ (Kilduff & Javers 1979, S. 29). In dem charismatischen schwarzen Prediger *Father Divine*, mit dem er auch persönliche Kontakte pflegt, sucht sich JJ eine idealisierte Vaterfigur, die wohl unbewusst seine Enttäuschung über seinen schwachen leiblichen Vater kompensieren soll (Robins u. Post 2002, S. 162f.; Reiterman & Jacob 1982, S. 58f.).

2. Latenz

1950 ziehen JJ und seine Frau nach Indianapolis. Ohne richtig ausgebildet und geweiht zu sein, übernimmt JJ 19jährig (!) dort eine Pfarrstelle in einer methodistischen Gemeinde. Seine gepredigten liberalen Ansichten über die Bürgerrechte und seine Aktivitäten für die Rassenintegration beantworten seine konservativen kirchlichen Gegner mit verbalen und anderen Attacken, unter anderem werden tote Tiere in die Kirche geworfen oder in die Toiletten gestopft (Kilduff & Javers 1979, S. 29). Wieder erlebt er sich verlassen und enttäuscht von den idealisierten kirchlichen Objekten und der religiösen Gemeinschaft und bleibt auf sich selbst zurückgeworfen, den einzigen, auf den er sich verlassen kann. Wegen der Anfeindungen an seiner bisherigen kirchlichen Wirkungsstätte begründet JJ 1956 fünfundzwanzigjährig seine eigene ›*Gemeinschafts-Einheits-Kirche*‹ (*Assembly of God Church*), eine rassisch-integrierte Gemeinde (Kilduff & Javers 1979, S. 30). 1956 eröffnet er seine eigene Kirche, den ›*Tempel des Volkes*‹ in Indianapolis. Dahinter steht sein »Traum von einer vollkommenen Harmonie unter den Rassen innerhalb einer utopischen Gemeinschaft« (Lifton 2000, S. 301), ohne Hass und ohne Gewalt. JJ konstruiert eine »höchst eklektische Theologie, die Inhalte der Pfingstbewegung mit christlichen Elementen und Inspirationen aus so unterschiedlichen Quellen wie Karl Marx, Father Divine, Stalin, Hitler, Gandhi, Martin Luther King und Fidel Castro verknüpfte« (Lifton 2000, S. 305). Sie spiegelt wohl auch seine Restitutionsversuche gegen seine innere Zerrissenheit und Bedrohung durch (psychotische) Desintegration. Mit seinen Verkündigungen, einer Mischung aus Sozialismus (Marx und Lenin) und Erlösungsglaube (Christentum), spricht er vor allem Benachteiligte, Bedürftige und Desorientierte an und zieht sie in seinen Bann. Seine Anschauungen über Rassenintegration untermauert er durch die Aufnahme von sieben Adoptivkindern unterschiedlicher Rassen (Kilduff & Javers 1979, S. 31) in seine eigene Familie[5]. In einer rassistischen Gesellschaft ist es nur zu leicht möglich, durch ein offensives Eintreten für Rassengleichheit Feindseligkeit und aggressive Attacken von Gegnern zu provozieren[6]. Durch solche Provokationen, mit denen JJ bei seiner Mutter und sich selbst vertraut ist, wird die Außenwelt unter anderem dazu veranlasst, eine vorhandene paranoide Erwartung zu bestätigen und damit paradoxerweise einen vorläufigen Ausweg aus dem Wahn anzubieten (Winnicott 1971, S. 148). Die realen äußeren Feinde helfen JJ außerdem dabei, seine innere Spaltung in Selbstidealisierung und Fremdabwertung aufrechtzuerhalten und zu verschärfen.

Erst 1964 macht JJ seinen Bakkalaureus an der Philosophischen Fakultät und wird offiziell zum Pfarrer der methodistischen *Christlichen Kirche* geweiht.

Ist JJ einerseits mit den Unterdrückten identifiziert und mit ihnen solidarisch, so verwandelt er sich in seinem Lebensverlauf in einer inneren Gegenbewegung gegen die (seine) Unterdrückung immer mehr zum Unterdrücker. Er erwartet, von jedermann geliebt zu werden, »wenn jemand das nicht tat, wurde er furchtbar heftig« (Kilduff & Javers 1979, S. 32). Hinzu kommt ein zunehmender Anspruch auf Allwissenheit (Kilduff & Javers 1979, S. 33) und absolute Loyalität. Die sich verstärkenden Selbstidealisierungen sollen einen Schutz vor seinen unbewussten Selbstinfragestellungen bieten. Die inneren Dämonen seines negativen Selbstbildes

---

[5] Wegen seiner Gesichtszüge und vor allem seiner rabenschwarzen Haare entwickelt JJ später den *Mythos*, dass seine Mutter eine Indianerin gewesen sei (Kilduff & Javers 1979, S. 24). So sei ihm die *Rassenintegration* gleichsam in die Wiege gelegt worden.

[6] Es geht bei dieser Betrachtung nicht um eine moralische Einschätzung, sondern um den Versuch einer Beschreibung der *psychodynamischen Verhältnisse*.

lassen sich aber immer weniger unterdrücken. Zunehmend quälen ihn persönliche Ängste und ein außergewöhnliches Misstrauen (Robins u. Post 2002, S. 164). Schon Ende der 50er Jahre etabliert JJ, damals noch nicht 30 Jahre alt, in seiner Gemeinde einen ›Befragungsausschuss‹ aus ihm ergebenen und wachsamen Gemeindegliedern, welche die anderen kontrollieren sollen (Kilduff & Javers 1979, S. 31f.). Der Ausschuss soll herausbekommen, »ob in der Kirche eine Verschwörung gegen ihn im Gange sei« (Kilduff & Javers 1979, S. 32). Trotz dieser beginnenden regressiven, destruktiven (paranoiden und daraus resultierenden totalitären) Veränderungen im Innern steht nach außen zunächst noch sein aktiver und mutiger Einsatz für die Bürgerrechtsbewegung, m. a. W. eine neue, bessere Welt, im Vordergrund. 1961 wird JJ vom Bürgermeister von Indianapolis zum *Leiter der Menschenrechtskommission* ernannt. Die aggressiven Angriffe von Befürwortern der Rassendiskriminierung gegen ihn und seine Familie verstärken sich.

Etwa um diese Zeit erklärt JJ, »er habe eine ›persönliche Vision‹ von einer unmittelbar bevorstehenden atomaren Katastrophe gehabt« (Kilduff & Javers 1979, S. 34; Krause 1978, S. 30; Reiterman & Jacob 1982, S. 76f.). Seine aus seinen frühen negativen Kindheitserfahrungen stammende, unbewusste latente Desintegrations- und Vernichtungsangst findet in der tatsächlichen atomaren Bedrohung ein äußeres Objekt, an die sie sich heften kann. JJ ist 14 Jahre alt, als im August 1945 die Atombomben in Hiroshima und Nagasaki ihre verheerende destruktive Wirkung entfalten. Er beschäftigt sich seinerzeit intensiv mit dem Kriegsgeschehen und seinen Führern wie Hitler und Stalin (Reiterman & Jacob 1982, S. 24). Durch die Trennung der Eltern ist der zuvor schon unter anderem von der Mutter zu einem Nichts entwertete leibliche Vater für JJ völlig ausgefallen, sodass sich der Pubertierende die für die ›tertiäre Triangulierung‹ und seine männliche Identitätsbildung entwicklungspsychologisch notwendigen Vaterobjekte in der Ferne suchen muss. Infolge ihrer Virtualität können sie keiner kritischen Infragestellung und Überprüfung unterzogen werden, wie es bei einem realen Vater möglich wäre.

Anlässlich eines längeren Aufenthalts in Südamerika, um dort seine Familie vor der vorhergesehenen Atomkatastrophe in Sicherheit zu bringen, hält sich JJ 1963 erstmalig auch kurz in *Guayana* auf (Kilduff & Javers 1979, S. 35).

Man möchte an dieser Stelle fragen, wo denn nun das *Wahnhafte* verortet ist? Bei JJ und seiner Angst vor der atomaren Bedrohung, die ihn nach einem vor Atombomben sicheren Ort auf dieser Welt suchen lässt? Oder bei denjenigen, die mit billigen Propagandafilmchen die Atomgefahr verharmlosen? Ich selber wurde Anfang der 60er mit derartigen Produktionen konfrontiert, in denen den Schülern eingeredet wurde, sie könnten sich vor der Atombombe schützen, indem sie unter die Schulbank kriechen oder die Schultasche über den Kopf halten (vgl. Lifton 2000, S. 304). Diese die Gefahren bagatellisierenden Propagandafilme wurden von dem Amerikanern wider besseres Wissen produziert, denn sie selbst hatten schon 1945 mit den zwei Atombomben auf Hiroshima und Nagasaki gezeigt, welche überwältigende destruktive Kraft in der Bombe steckt (vgl. den Beitrag von Döser in diesem Band).

Die wahnhaften Angstvorstellungen von JJ haben wie alle psychotischen Vorstellungen immer auch etwas mit realen Bedrohungen zu tun. Wie wir heute wissen, stand die Welt angesichts der Kuba-Krise 1962 tatsächlich unmittelbar vor dem atomaren Holocaust – und es ist eher Zufällen als weiser Vernunft zu verdanken, dass die Katastrophe damals ausblieb.

1963 nennt JJ seine Kirche in ›*Volkstempel – Das ganze Evangelium*‹ (*Peoples Temple Full Gospel Church*) um. JJ unternimmt in der Folgezeit in den USA Erweckungsreisen, auf denen er auch zunehmend seine angebliche *Fähigkeit zum Gesundbeten* praktiziert (Kilduff & Javers 1979, S. 35ff.). Man kann sich fragen, ob diese Wunderheilungen, mit denen er schon zehn Jahre zuvor begonnen hatte (Reiterman & Jacob 1982, S. 44fff.), nicht auch unbewusste Reparationsversuche an seinem schon immer defekten, kranken und schwachen Vater darstellen und dazu dienen sollen, ihn schließlich doch noch heil, ganz und ideal zu machen? Wie aus späteren Berichten von Beteiligten klar wird, sind alle seine Heilungen ›Fakes‹, inszenierte Täuschungen (Lifton 2000, S. 302; Heuwagen 1978). Sein mangelnder Erfolg beim Abbau rassistischer Spannungen macht ihn nach Aussagen von Mitarbeitern depressiv (Kilduff & Javers 1979, S. 39), er leidet unter starken Verfolgungsängsten (Reiterman & Jacob 1982, S. 79). Sein zunehmender paranoischer Wahn soll auch der Abwehr dieser depressiven Verzweiflung dienen.

1965 zieht JJ mit etwa 150 treuen Jüngern, darunter viele Schwarze, auf eine Farm in dem angeblich atombombensicheren Ort Redwood Valley, 200 km nördlich von San Franzisko. Innerhalb kurzer Zeit wächst seine Anhängerzahl aufs Doppelte. Durch diverse soziale Aktivitäten gewinnt JJ in der Lokalpolitik dermaßen an Einfluss, dass er 1967 zum Mitglied und Sprecher des Bezirksschwurgerichts (County Grand Jury) berufen wird (Kilduff & Javers 1979, S. 42). Ende der 60er Jahre wird seine Anhängerschaft auf bis zu 400 Personen geschätzt (Kilduff & Javers 1979, S. 45). Seine

Jünger rekrutieren sich überwiegend aus Outcasts der Gesellschaft, Unzufriedenen, Entwurzelten, Versehrten und Idealisten – also Menschen, denen er aufgrund seiner eigenen Lebensgeschichte nahesteht. Für sie stellt er die Verheißung von Stärke und Erlösung dar. Für ihn versprechen die ihn liebenden und ihn bewundernden Anhänger einen Weg aus seiner abgrundtiefen Einsamkeit und Verlassenheit.

Seine Gedanken und Reden kreisen zunehmend mehr um *Sexualität* (Kilduff & Javers 1979, S. 44; Reiterman & Jacob 1982, S. 171ff.). JJ verhält sich nicht nur heterosexuell und homosexuell (Kilduff & Javers 1979, S. 66; Lifton 2000, S. 306), nicht nur promiskuitiv, sondern man könnte von einer *›pansexuellen‹* Orientierung sprechen. Vielleicht ist das auch Ausdruck seiner mangelnden sexuellen Integration und Identifizierung. In seinen Reden bezeichnet er sich kompensatorisch selbst als den »einzig vollkommenen Heterosexuellen« (Kilduff & Javers 1979, S. 67) und die einzige Person, der Sex gestattet sei (Kilduff & Javers 1979, S. 66). Die Sexualität wird für ihn eine Technik der Kontrolle, Beherrschung und Machtausübung (Reiterman & Jacob 1982, S. 172f.) nach außen und nach innen eine omnipotente Abwehr seiner fragilen und fragmentarischen sexuellen Identität.

Der Volkstempel schottet sich zunehmend mehr gegen die Außenwelt ab. Die Begründung lautet, dass die Sekte von außen vor allem durch Rassisten und Faschisten bedroht würde. Die Tempel-Kirche wird unter anderem durch scharfe Hunde bewacht (Kilduff & Javers 1979, S. 44), die Wächter tragen Pistolen oder Gewehre (Kilduff & Javers 1979, S. 49). Anhänger, welche die Kirche verlassen wollen, werden unter Druck gesetzt (Kilduff & Javers 1979, S. 44) und daran gehindert. Die Isolierung führt immer mehr in ein *geschlossenes System*, in dem die persönlichen Vorstellungen nicht mehr kritisch hinterfragt werden, sondern wechselseitig beglaubigt werden (Robins u. Post 2002, S. 161). Feinde der Kirche werfen nach Angaben von Gemeindemitgliedern immer wieder tote Katzen und Hunde in den Vorgarten des Tempels oder zerschießen Fensterscheiben (Reiterman & Jacob 1979, S. 45). Paranoia und reale Attacken der Außenwelt bilden eine eskalierende Spirale. Die lebensanfängliche Zurückweisung von JJ durch seine Mutter und seinen Vater reproduziert sich so ständig in neuen Ablehnungen und Feindseligkeiten. »Jones nahm seit Anfang der siebziger Jahre große Mengen von Schmerzmitteln, Tranquilizern und Amphetaminen« (Lifton 2000, S. 308), die seine wachsende psychotische Fragmentation in Schach halten sollen.

Neben den eher verdeckten pathologischen Elementen bemüht sich JJ die ganze Zeit in einer Art Doppelleben um öffentliche Anerkennung, die er offensichtlich auch erhält. Krause (1978, S. 27) bezeichnet ihn als eine »Jekyll- und Hyde-Persönlichkeit«.

Der materielle Wohlstand von JJ beziehungsweise der Sekte nimmt mit der Zeit durch einbehaltene Sozialbezüge der Sektenmitglieder und gesammelte Geldspenden immer mehr zu. Dieses Geld setzt JJ dann wieder geschickt und gezielt ein, indem er Sozialeinrichtungen, Journalisten und Politiker materiell unterstützt. Schon damals und auch später stellen die Stimmen seiner Anhänger bei lokalen Wahlen eine zunehmende politische Macht dar.

1972 verlegt JJ seine Kirche nach San Franzisko (Kilduff & Javers 1979, S. 52; Reiterman & Jacob 1982, S. 164). 1973 umfasst sie nach eigenen Angaben 7500 Mitglieder (Kilduff & Javers 1979, S. 53), nach anderen Schätzungen 3000 (Reiterman & Jacob 1982, S. 156), überwiegend Schwarze. 1977 eröffnet JJ eine weitere Kirche in Los Angeles (Kilduff & Javers 1979, S. 55). Er bzw. seine Kirche kauft Sendezeit im Rundfunk, wird Gegenstand von Zeitungs- und Zeitschriftenberichten und wird in Talkshows eingeladen. Er kommt auf eine überkonfessionelle Liste der 100 berühmtesten Geistlichen der USA, der *Los Angeles Herald* ernennt ihn zum *Humanisten des Jahres*. JJ empfängt sogar den *Humanitätspreis* der Martin-Luther-King-Stiftung (Zee 1980, S. 360). Er karrt seine Anhänger zu politischen Veranstaltungen und lässt sie in Massen Briefe und Leserbriefe schreiben (Kilduff & Javers 1979, S. 56ff.). Im Wahlkampf 1975 unterstützt JJ mit seinen Mitgliedern den Bürgermeister George Moscone (Reiterman & Jacob 1982, S. 267). 1976 wird JJ zum Dank ein Amt in der Menschenrechtskommission angeboten, er lässt sich jedoch in die Wohnungsbaukommission von San Francisco berufen und wird 1977 deren Vorsitzender (Kilduff & Javers 1979, S. 58), Tempelmitglieder erhalten Posten in der Stadtverwaltung (Krause 1978, S. 28). »Immer mehr maßgebliche kalifornische Politiker erscheinen zu den Sonntagsgottesdiensten des ›Tempels‹« (Kilduff & Javers 1979, S. 59; Krause 1978, S. 28), unter anderem der Gouverneur Jerry Brown. Bei einer Wahlveranstaltung von Rosalynn Carter 1976 unterstützt JJ sie mit 600–700 Anhängern (Kilduff & Javers 1979, S. 57; Reiterman & Jacob 1982, S. 303ff.; Krause 1978, S. 27). Er erhält ein persönliches Dankschreiben (abgedruckt z. B. in: Kilduff & Javers 1979, S. 84). In narzisstischer Partizipation nutzen die Politiker JJ und JJ sie aus. Um des eigenen Vorteils und der eigenen Macht willen bleiben sie auf einem, dem rechten Auge blind. Die Beziehungen kommen über eine parasitäre Komplizenschaft nicht hinaus.

JJ umgibt sich mit bewaffneten Leibwächtern, und die Besucher des streng mit Sicherheitseinrichtungen abgeschirmten Volkstempels (Kilduff

& Javers 1979, S. 18f.) werden mit Metalldetektoren abgetastet (Kilduff & Javers 1979, S. 61). Zu derselben Zeit nehmen seine persönlichen Ängste und Phantasien weiter zu, er wittert überall Verrat und Gefahren, wird immer misstrauischer. Je mehr sich das Ich-Selbst von JJ aufgrund seiner Ich-Schwäche und der unerfüllbaren Anforderungen seines Narzissmus gefährdet erlebt, je größer die Bedrohung einer psychotischen Dekompensation wird, umso dickere Schutzmauern muss er um sich und seine Sekte errichten. Der Volkstempel mutiert immer mehr zu einem Hochsicherheits-Gefängnis.

JJ bringt die Außenwelt mit seinem zunehmend destruktiven Verhalten in ein unlösbares Dilemma, in dem sie in jedem Fall ›böse‹ werden muss. Schauen sie nämlich seinem Treiben tatenlos zu, dann erweisen sich Außenstehende in der Tolerierung der menschenverachtenden Maßnahmen, um deren Destruktivität die Restbestände des Realitätsprinzips sowohl bei ihnen als auch ihm unbewusst sehr wohl ›wissen‹, als böse[7]. Greift die Außenwelt jedoch ein und geht gegen ihn vor, ist sie in seinen Augen bewusst und offensichtlich böse. Auf diese Weise wird unbewusst eine Zwickmühle aufgestellt, in der die paranoiden Phantasien durch die Reaktionen der Außenwelt auf jeden Fall Realität werden.

3. Exodus

1973 erkundeten Mitglieder der Sekte das Gebiet von Guayana und 1974 pachtet JJ von der sozialistischen Regierung des Landes ein 11.000 Hektar großes Stück Land in der Nähe von Port Kaituma (Krause 1978, S. 34). Der Staat Guayana ist seinerzeit marxistisch orientiert, mit engen Beziehungen zu China, der UdSSR und Kuba. Auch die Volkstempler-Sekte versteht sich selbst als sozialistisch. »Ich bin Sozialist, der an die absolute Demokratie glaubt« (Kilduff & Javers 1979, S. 179). JJ behauptet, dort »den besten Himmel, den man auf Erden schaffen kann« (Lifton 2000, S. 300), errichtet zu haben. Er nennt ihn ›*Jones-town*‹ als Manifestation seines grandios aufgeblähten Selbstkonzeptes. Die einzige Beziehungsform, die JJ vertraut ist, ist die des Führers, also genau das, was er an seinem Vater immer vermisst und

[7] Ähnlich wie Soldaten im Krieg trotz aller Indoktrination ihren Schuldgefühlen über ihr Töten und Zerstören letztlich nicht entgehen können. Suizide von Soldaten und vielfältige posttraumatische Störungen sprechen hierfür eine eindrucksvolle Sprache.

unter anderem bei seiner Mutter erlebt hat. JJ lässt sich von seinen Jüngern als »*Dad*« [*Vater*] titulieren. Er übernimmt im wahrsten Sinne des Wortes das Himmelfahrtskommando für die Tempelsekte. In die Dschungelkolonie folgen JJ 1974 etwa 1100 Sektenmitglieder.

Die (Wahn-)Vorstellung einer besseren Welt, eines Paradieses auf Erden, ist nur aufrecht zu erhalten um den Preis 1. einer manichäischen Sichtweise, die alles Übel in der äußeren Realität verortet, 2. daraus resultierend einer wachsenden Abschottung gegen das ›äußere Böse‹, 3. einer zusätzlichen sich steigernden Notwendigkeit der Kontrolle von ›Resten‹ des Unheilvollen im Innern und 4. einer ständig strengeren Bestrafung von Abweichungen vom Ideal, um die Eliminierung des Bösen aufrecht erhalten zu können.

Die Kommune der Templerkirche im abgelegenen Urwald von Guayana wird von JJ durch eine Reihe von psychosozialen Kontrolltechniken zu einem geschlossenen autoritären System vervollkommnet. Lasaga (1980, S. 213) bezeichnet Jonestown als »totalitären Staat en miniature«. Darunter zählen nach Lasaga (1980): Kontrolle über Eigentum und Einkommen (Enteignung), Auflösung familiärer Bindungen (z. B. geforderte Promiskuität), ein streng hierarchisches soziales Kastensystem (siehe Reiterman & Jacob 1982, S. XVII), totale Einschränkung der Bewegungsfreiheit (Entfernung aus Jonestown ist verboten und wird bestraft), Zensur der Redefreiheit (strengste Bestrafung kritischer Äußerungen, Spionagesystem und Denunziation), Überwachung der Gedanken (Unterdrückung aller Informationen von außen, ständige Indoktrination), emotionale Kontrolle (stundenlange Reden des ›Führers‹, öffentliche Entwertungen, Bestrafungen und Demütigungen). Das Hochsicherheitsgefängnis verwandelt sich immer mehr in ein Konzentrationslager. Der destruktive Wahnsinn wird zur Normalität.

Durch die Zersetzung der engen familiären Bindungen verfolgt JJ einerseits das unbewusste Ziel, dass die Kinder niemals *Niemandskinder* sein sollten – so wie er früher –, sondern *Allerkinder*. Andererseits wiederholt er durch die Trennung von Eltern und Kindern unbewusst ständig seine eigenen frühen Trennungs-Traumatisierungen. Mittels projektiver Identifikation und einer Pervertierung unterwirft er deshalb unbewusst die Kinder der Sekte einer massiven Kontrolle und Disziplinierung. Körperliche Misshandlungen bei ›Vergehen‹ werden nicht nur an Erwachsenen, sondern auch an Kindern vollzogen. Dazu gehören Schläge mit einem Brett und elektrische Schläge mit einem elektrischen Viehtreiberstock oder einem Herzdefibrillator (Kilduff & Javers 1979, S. 76ff.). Das Dschungelparadies kann nur durch wachsende physische und psychische Einschüchterung und Gewalt aufrechterhalten werden.

Durch die Abschottung gegenüber der Außenwelt und das Unterbrechen jeglicher Informationszufuhr von außen ist keine Infragestellung, keine Überprüfung und keine Relativierung der eigenen Position mehr möglich. Die eigene ›Wahrheit‹ wird damit zur einzigen und somit absolut richtigen. Daraus resultiert eine Einschränkung und Begrenzung der Wirklichkeit, die sich nicht mehr etwas Ganzes und Komplexes mit der ständigen Herausforderung ihrer Neubestimmung erweist, sondern auf etwas Einfaches und Klares reduziert wird (vgl. den Beitrag von Laval in diesem Band). Die Realitätsprüfung als fortwährende Neuorientierung wird außer Kraft gesetzt, an ihre Stelle tritt die Unterwerfung unter die wahnhafte starre Weltanschauung.

In der Paranoia von JJ fließen Aspekte lebensgeschichtlicher Erfahrungen zusammen: seine aus der Kindheit stammende unbewusste existentielle Desintegrations- und Vernichtungsangst und zweitens seine tiefverwurzelte reaktive destruktive Aggressivität, die von ihm zum Teil externalisiert und auf die Außenwelt projiziert wird.

JJ will mit aller Gewalt den ›menschlichen Makel‹ (Philip Roth) aus der Welt schaffen, dadurch verkörpert er ihn aber nur umso deutlicher. Eine ideale Welt ist nur unter der Bedingung von Spaltungen und Vernichtung alles Nicht-Idealen (Chasseguet-Smirgel 1988) zu realisieren. Alle menschlichen Versuche, die Erde in das Paradies zu verwandeln, sind bislang gescheitert. In der Regel sind sie in der Einrichtung einer Hölle gemündet.

Erst 1977 bekommt die schöne und gute Fassade des ansonsten hermetisch abgeschlossenen Volkstempels erste Risse durch ausgetretene Mitglieder, obwohl ihre Aussagen zunächst »verrückt klangen« (Kilduff & Javers 1979, S. 64). 1978 desertiert eine enge Vertraute von JJ, Deborah Layton, und verfasst eine elf Seiten lange eidesstattliche Erklärung über die tatsächlichen Verhältnisse in Jonestown und den Geisteszustand von JJ. Der *San Francisco Chronicle* berichtet am 16. Juni 1978 über diese Erklärung.

4. Expedition und Explosion

Mitte November 1978 unternimmt der linksliberale demokratische Kongressabgeordnete Leo J. Ryan aufgrund dieser Veröffentlichungen im Namen der amerikanischen Regierung eine offizielle Untersuchung der Volkstempler-Sekte in Guayana. Zu seiner Gruppe gehören dreizehn Verwandte von Sektenmitgliedern, teilweise selbst früher führende Sektenmitglieder, darunter ein Anwalt, Tim Stoen, der diese Gruppe leitet, und neun Journalisten (Krause 1978, Reiterman & Jacob 1982, S. 476ff.).

Nach langwierigen Verhandlungen darf die Gruppe zweimal, am 17. und 18. November 1978, nach Jonestown hinein. Ihnen wird dort eine Show geboten und vorgegaukelt, dass alles in Ordnung sei, alle freiwillig dort seien und dort paradiesische Zustände herrschten (Reiterman & Jacob 1982, S. 491ff.). Nur einer Frau gelingt es, einem NBC-Reporter einen Zettel zuzustecken: »Bitte helfen Sie uns, aus Jonestown herauszukommen« (Kilduff & Javers, 1979, S. 171). Am nächsten Tag sagt eine Frau, Edith Parks, mit fester klarer Stimme zu den Besuchern: »Ich möchte mit Ihnen gehen. Ich möchte Jonestown verlassen« (Kilduff & Javers 1979, S. 175). Ihrem Beispiel folgen immer mehr, bis schließlich 20 Personen aus Jonestown weg möchten (Kilduff & Javers 1979, S. 176).

JJ, der von Anfang an auf die Besucher einen merkwürdigen Eindruck macht, maskenhaft wirkt, krank mit Schweißperlen auf der Stirn, gerät immer mehr in Erregung und schließlich in *Panik* (Kilduff & Javers 1979, S. 169, 176). Zwischen einem Sektenführer und seinen Jüngern besteht eine sogenannte *Selbst-Objekt-Beziehung* (Kohut). Der Führer erlebt seine Anhänger unbewusst als Erweiterung seines Ich-Selbst, und umgekehrt verschmelzen die Sektenmitglieder unbewusst mit dem Sektenführer, wie Freud (1921c) das schon in *Massenpsychologie und Ich-Analyse* beschrieben hat. »In seinem Größenwahn erlebte er [JJ, Anm. v. T. A.] jeden Austritt als Beschädigung seines Ichs« (Lifton 2000, S. 309) und als weitere narzisstische Kränkung und Infragestellung.

Als die Reporter und ein Teil der Flüchtlinge mit dem Abgeordneten Ryan nach ihrem Aufenthalt in Jonestown am nahegelegenen Flugplatz von Port Kaituma ankommen, werden sie dort von drei oder vier Mitgliedern der Sekte unter Feuer genommen. Fünf Menschen, darunter der Abgeordnete, werden umgebracht.

Das paranoide ›System‹ funktioniert, solange die Mechanismen der projektiven Externalisierung alles ›Bösen‹ bei gleichzeitiger Selbstidealisierung ausreichen und die Abschottung gegenüber der äußeren Realität dicht ist. Die immer vollständigere Isolierung der Mitglieder hat allerdings den Nachteil, dass nun auch die Destruktivität nicht mehr nach außen abgeführt werden kann. Umso notwendiger wird es, sie durch immer stärkere innere Überwachung unter Kontrolle zu bringen und zu halten. Der Druck, auszubrechen, wird aber dadurch korrespondierend immer stärker. Das System dekompensiert in dem Moment, da der Drang von Sektenanhängern, aus dem Eingeschlossensein zu flüchten, eine gewisse Stärke erreicht und zudem die äußere Realität – in Gestalt des Abgeordneten Ryan und seiner Gruppe – in das Innere einzudringen droht (vgl. Stierlin 1979, S. 22).

Durch die Ermordung Ryans und seiner Begleiter wird ein letzter Versuch des gewaltsamen Aufhaltens der äußeren Realität versucht. Danach bleibt zur Rettung der Idealität nur noch die totale Eliminierung der äußeren Realität durch Selbstauslöschung der Sekte und von JJ selbst.

5. Implosion und Exekution

In seinem letzten Interview, einen Tag vor seinem Suizid, am 18. November 1978 sagt JJ: »Das einzige, was ich jetzt wünsche ist, dass ich nie geboren wäre ... Ich möchte nie geboren sein« (Kilduff & Javers 1979, S. 180). »Jones' Hass auf die Welt war untrennbar mit seinem langen inneren Kampf gegen die Verzweiflung verbunden ... Die funktionierende Gemeinschaft seiner alternativen Welt hielt diese Verzweiflung in Schach« (Lifton 2000, S. 309).

Einmal in der Woche wird in Jonestown seit Anfang 1976 (Lifton 2000, S. 311) als ›Treueprobe‹ eine sogenannte ›*Weiße Nacht*‹ abgehalten. Alle Sektenmitglieder werden aus dem Schlaf gerissen, müssen sich versammeln und erhalten ein Glas roter Flüssigkeit, das nach Angaben von JJ ein schnellwirkendes Gift enthält. Alle gehorchen, trinken die Flüssigkeit, und als keiner stirbt, erklärt JJ, sie hätten den Loyalitätstest bestanden (Kilduff & Javers 1979, S. 135; Krause 1978, S. 58f.). JJ hatte damit seine unbewusste Vernichtungsbedrohtheit externalisiert und den Tod, die Vernichtung zu einem ständigen Begleiter seiner Jünger gemacht. Auf diese Weise vermochte er seine individuelle Psychopathologie auf kollektiver Bühne in Szene zu setzen.

Der »Mord an der Realität« (Grunberger & Chasseguet-Smirgel 1976, S. 149ff.) führt in Jonestown zwangsläufig zur Realität des Mordes. Wenn ich die Realität nicht mehr aushalten kann oder will, mich unfähig und ohnmächtig erlebe, sie zu verändern, dann bleibt als ›Lösung‹ die Flucht in eine andere Wirklichkeit, jedoch um den Preis wirklichen Lebens. Schließlich wird JJ zu einem *Selbstmordattentäter*. »Letzten Endes gelang es Jones, seine 912 Anhänger eher zum Massenselbstmord zu bewegen, als sich der bedrohlichen Welt um sie herum zu stellen« (Robins & Post 2002, S. 169). »Die von eigener Hand herbeigeführte Miniapokalypse stellte eine Möglichkeit dar, die von ihm befürchtete Vernichtung der Welt zu überleben und ihr zugleich zuvorzukommen« (Lifton 2000, S. 304). Liftons Gedanke entspricht der psychoanalytischen Selbstmordtheorie von Heinz Henseler (1974). Nach ihm ist »Die Suizidhandlung (...) eine Konfliktlösung. Der

Konflikt besteht in der Gefahr, einer vernichtend phantasierten Situation passiv und hilflos ausgeliefert zu sein« (Henseler 1974, S. 89). Die Suizidhandlung ist dann eine unbewusste Abwehr, indem sie dem passiv befürchteten Zustand (vernichtet, getötet zu werden) durch ein kontraphobisches Agieren, ein aktives Handeln (die Selbsttötung) zuvorkommt. In diesem Sinne ist der (gelungene) Suizid ein einmaliger narzisstischer Triumph: einmal Herr über Leben und Tod!

Der gemeinsame Massenselbstmord bedeutet für JJ zudem eine letztmalige eindrucksvolle Bestätigung seiner unbewussten Phantasie von der Selbst-Objekt-Einheit zwischen ihm und seinen Anhängern. Ein für alle Mal und für alle Zeit wird mit dem Massensuizid seine Angst ausgeräumt, dass sich einer seiner Jünger (als Selbst-Objekt) von ihm entfernen könnte, was in JJs unbewusstem Erleben einer Totalvernichtung gleichkäme.

Von den letzten Stunden in Jonestown existieren Tonbandaufzeichnungen. Die Aussagen von JJ machen ein letztes Mal die Dimensionen seines destruktiven Wahns sichtbar: »(...) ohne mich hat das Leben keinen Sinn. Ich bin das Beste, was ihr je haben werdet (...) Sind wir schwarz, stolz und Sozialisten oder was (...) Der Tod hat nichts furchterregendes. *Es ist das Leben das verflucht ist* (...) Es ist viel, viel schwieriger, es Tag für Tag zu durchwandern, langsam zu sterben (...) Ich habe praktisch mein Leben geopfert. Ich bin praktisch jeden Tag gestorben, um euch Frieden zu geben (...) Wir begehen keinen Selbstmord. Dies ist ein revolutionärer Akt« (zit. n. Lifton 2000, S. 317–319; vgl. Kilduff & Javers 1979, S. 220f.). Sein letzter aufgezeichneter Satz lautet: *»Wir haben keinen Selbstmord begangen; wir haben aus Protest gegen die Zustände einer unmenschlichen Welt einen Akt des revolutionären Selbstmords begangen«* (zit. n. Lifton 2000, S. 319). Überlebende Augenzeugen berichten: »Während seine Anhänger zu seinen Füßen sterben, habe Jones gerufen: ›Ich sehe euch im nächsten Leben. *Ich werde endlich meine Ruhe finden*‹« (zit. n. Badische Zeitung vom 27. 11. 1978).

Die meisten Menschen sterben an einer Zyankali-Vergiftung, die ihnen mittels eines vergifteten Getränks oder durch eine Injektion verabreicht wird, drei, darunter JJ selber, werden erschossen (Lifton 2000, S. 301). Die Differenzierung zwischen Selbstmord und Mord erweist sich als äußerst schwierig. Lifton (2000, S. 301) erwähnt Zahlen von einem Drittel bis sogar der Hälfte der Anhänger, die ermordet werden, weil sie den Selbstmord verweigern.

Am Ende ist JJ wohl unbewusst total mit seinem Vater identifiziert. Er erweist sich als gehorsamer Sohn, aber zugleich als der ›bessere Vater‹: Er setzt in die Tat um, was sein Vater nur predigte. Mit seinen Helfern, übrigens zumeist Weißen (Lifton 2000, S. 314), tötet JJ Hunderte von Schwarzen. Er hat letztlich mit seinem Massen(selbst)mord tatsächlich mehr Schwarze umgebracht, als es sich sein Vater vielleicht in seinen destruktiven *Ku-Klux-Klan*-Phantasien je erträumt hätte! Dieser späte ödipale Triumph beschließt aber zugleich sein eigenes Leben.

Das Leben von JJ reflektiert auch ungelöste Konflikte der amerikanischen Gesellschaft und anderer Gesellschaften. Auf der einen Seite steht ihr Bemühen um die Schaffung der ›Neuen Welt‹ auch durch Integration Fremder als gleichberechtigte Mitbürger einer freien Welt. Auf der anderen Seite stehen Spaltungstendenzen (Apartheid) und Eliminierung der andersfarbigen Mitmenschen – und daraus resultierende kollektive unbewusste Schuldgefühle. Auch die amerikanische Gesellschaft und ihre politischen Repräsentanten sind nicht frei von der Neigung, immer wieder den untauglichen Versuch der gewaltsamen Schaffung einer neuen idealen Welt zu unternehmen, in der alles nur gut und schön ist.

Erst, wenn wir begreifen, dass Auschwitz, Srebrenica, New York und auch Jonestown oder der Terrorismus nicht nur außerhalb von uns anzusiedeln sind, erst, wenn wir solche Untaten nicht mehr nur als unmenschlich diffamieren und damit als gefundene Projektionsfläche unserer eigenen unbewussten destruktiven Antriebe oder destruktiven Handlungen missbrauchen (Auchter 2003), erst, wenn wir die Bereitschaft zur Unmenschlichkeit als zu unser aller Konstitution gehörig (vgl. Mitscherlich 1970) anerkennen, dann haben wir Menschen, dann hat die ›leise Stimme des Intellekts‹ (S. Freud) eine Chance, unsere wirkliche Destruktivität etwas mehr in den Griff zu bekommen, anstatt sie immer von Neuem wahnhaft auszuleben.

Literatur

Auchter, T. (2003): Angst, Hass und Gewalt. In: Auchter, T., u. a. (Hg.): Der 11. September. Psychoanalytische, psychosoziale und psychohistorische Analysen von Terror und Trauma. Gießen (Psychosozial Verlag), S. 134–163.

Balint, M. ([1935] 1966): Die Urformen der Liebe und die Technik der Psychoanalyse. Bern/Stuttgart (Huber/Klett).

Bar-On, D. (2001): Die »Anderen« in uns. Dialog als Modell der interkulturellen Konfliktbewältigung. Hamburg (edition Körber-Stiftung).

Chasseguet-Smirgel (1981): Das Ich-Ideal. Psychoanalytischer Essay über die ›Krankheit der Idealität‹. Frankfurt (Suhrkamp).

Chasseguet-Smirgel, J. (1988): Zwei Bäume im Garten. München/Wien (Verlag Internationale Psychoanalyse.

Eisenberg, G. (2002): Gewalt, die aus der Kälte kommt. Gießen (Psychosozial Verlag).

Freud, S.: Gesammelte Werke. Die Arbeiten Freuds werden zitiert nach: Meyer-Palmedo, I., & Fichtner, G. (1989): Freud-Bibliographie mit Werkkonkordanz. Frankfurt (Fischer).

Grunberger, B., & Chasseguet-Smirgel, J. (1976): Freud oder Reich? Frankfurt (Ullstein).

Henseler, H. (1974): Narzißtische Krisen. Zur Psychodynamik des Selbstmords. Reibek (Rowohlt).

Heuwagen, M. (1978): Das mörderische Utopia. DIE ZEIT 33, Dez. 1978.

Kilduff, M., & Javers, R. (1979): Der Selbstmordkult. Die Hintergrundgeschichte der ›Volkstempel‹-Sekte und das Massaker von Guayana. München (Goldmann).

Kohut, H. (1975): Überlegungen zum Narzissmus und zur narzisstischen Wut. In: Kohut, H. (1975): Die Zukunft der Psychoanalyse. Frankfurt (Suhrkamp), S. 202–251.

Krause, C. A. (1978): Die Tragödie von Guayana. Der Massenselbstmord. Frankfurt/Berlin/Wien (Ullstein).

Lasaga, J. I. (1980): Death in Jonestown: Techniques of political control by a paranoid leader. Suicide and Life-Threatening Behavior, 10, 210–213.

Lifton, R. J. ([1999] 2000): Terror für die Unsterblichkeit. Erlösungssekten proben den Weltuntergang. München/Wien (Carl Hanser Verlag), S. 300–321.

Mentzos, S. (1988): Interpersonale und institutionalisierte Abwehr. Frankfurt (Suhrkamp).

Mentzos, S. (1993): Der Krieg und seine psychosozialen Funktionen. Frankfurt (Fischer).

Mitscherlich, A. (1970). Versuch, die Welt besser zu verstehen. Frankfurt (Suhrkamp).

Reiterman, T., & Jacobs, J. (Hg.) (1982): Raven. The untold story of the Rev. Jim Jones and his people. New York (Dutton).

Robins, R. S., & Post, J. M. ([1997] 2002): Die Psychologie des Terrors. Vom Verschwörungsdenken zum politischen Wahn. München (Droemer), S. 161–169.

Rosenfeld, H. (1981): Zur Psychoanalyse psychotischer Zustände. Frankfurt (Suhrkamp).

Stierlin, H. (1979): Jonestown und die Sekten. Herder Korrespondenz, 33, 18–24.

Winnicott, D. W. (1971): Playing and Reality. London (Tavistock Publications).

Zee, H. J. (1980): The Guyana Incident. Some psychoanalytic considerations. Bulletin of the Menninger Clinic, 44, 345–363.

Psychoanalyse des totalitären Mordes[1]

Guy Laval

Einleitung

Selbst die bekanntesten Historiker des 20. Jahrhunderts (darunter Eric Hobsbaum und Ian Kershaw) geben zu, die größte Katastrophe der Menschheitsgeschichte, die Shoah, nur bis zu einem bestimmten Punkt erklären zu können – nämlich nur so weit wie ihr eigenes wissenschaftliches Instrumentarium reicht. Ab diesem Punkt beginnt für sie eingestandenermaßen ein Rätsel. Wie jeder gewissenhafte Wissenschaftler akzeptieren sie zwar die Grenzen ihres Faches, weisen aber auf einen Rest jenseits dieser Grenzen hin und geben zu, dass es ihnen ihre Wissenschaft nicht ermöglicht, das gesamte Phänomen zu erklären. Dieser Rest wird entweder zu einer Beute der öffentlichen Meinung oder von anderen Wissenschaftszweigen vereinnahmt. Es ist ein ungeklärter Bereich, der zunächst umrissen und näher bestimmt werden muss. Was bei jedem Erklärungsversuch im Dunkeln blieb und was in der Regel Widerstände hervorruft, ist:

1. die Tatsache, dass der Schritt zur mörderischen Tat (passage à l'acte) von Personen begangen wurde, die keine Mörder waren.
2. die Tatsache, dass die außerordentlich hohe Anzahl dieser Individuen in keinem Verhältnis zu der üblichen Zahl an Mördern in der gleichen Gesellschaft steht und dass ihre Opfer wesentlich zahlreicher waren: es handelte sich um Massenmord.

Man kann nicht nachdrücklich genug auf diesen Tatsachen insistieren: Bevor sie massenhaft Juden umgebracht haben, waren diese Deutschen keine Mörder. Genau da liegt das Rätsel: Diese Männer, möglicherweise auch Frauen, die so viele Juden umgebracht haben, kommen nicht aus der

[1] Dieser Beitrag ist die überarbeitete Fassung eines Vortrags vom 10. Oktober 2003 an der Freien Universität von Brüssel und entspricht einer Darstellung des 8. Kapitels meines Buches *Bourreaux ordinaires* (2002).
Aus dem Französischen von Martina Feurer; wissenschaftlich überarbeitet von Thomas Bender

klassischen Verbrecherszene (mehr oder weniger professionelle Mörder aus der Unterwelt, Gelegenheitsmörder aus einem Affekt heraus). Es müssen demnach außergewöhnliche Umstände gewesen sein, die sie zum Morden gebracht haben. Wenn nun für diese gesellschaftliche Tatsache keine Erklärung gefunden wird, wenn man deren elementaren Strukturen und deren dynamische Abfolge nicht aufdeckt, dann kann es leicht zu einer Wiederkehr dieser Ereignisse kommen, zur Wiederkehr des Gleichen, zu einer Wiederholung. Wenn aber ein derartiges Geschehen immer wieder, an jedem Ort und unter den unterschiedlichsten Umständen auftreten kann, dann hat unsere menschliche Gemeinschaft letztlich keine wirklich solide und beständige Grundlage und kann jederzeit ohne Vorankündigung wieder zerbrechen. Diese Frage muss daher von allen Seiten betrachtet werden, um zu klären, was unsere Gesellschaften zusammenhält, und was ständig, gelegentlich oder schubartig an ihrer Zerstörung arbeitet. Die Psychoanalyse sollte in der Lage sein, die psychische Dimension dieses mörderischen Agierens (passage à l'acte) zu erklären. Allerdings handelt es sich hier um gesellschaftliche Tatsachen. Der Gegenstand der psychoanalytischen Praxis, Forschung und Theorie ist jedoch das individuelle Unbewusste, so wie es in der analytischen Behandlung herausgearbeitet wird. Allem Anschein nach befinden wir uns in einer Sackgasse. Die einzige Chance, aus ihr herauszufinden, besteht darin, eine besondere Methode zu entwickeln, die es gestattet, die gesellschaftlichen Gegebenheiten mit der notwendigen Schärfe zu erfassen, ohne sich dabei einer bequemen »Beweisführung« durch Analogie, Metapher oder direkter Deutung zu bedienen.

In Hinblick auf das soziale Geschehen interessiert uns der Mensch in der Masse, der gesellschaftliche Mensch, der Mensch mit seinen Bindungen und Verwicklungen. Nun befassen sich unsere Analysen aber mit Individuen, die eine spezifische pathologische Struktur aufweisen, und unser Ziel ist ihre Heilung. Nichts dergleichen gilt für das gesellschaftliche Geschehen, so schrecklich es auch sein mag. Diese beiden Zugangsweisen erscheinen auf den ersten Blick nicht vereinbar.

Wir stellen hierzu folgende Hypothesen auf:

Der Massenmord ist an sich nicht pathologisch: Gesellschaftlich betrachtet stellt er einen Zivilisationsbruch dar, der nur dann als Pathologie erscheint, wenn man Individuum und Gesellschaft gleichsetzt. Nun wurde den Menschen so manches Mal schon »die beste aller Welten« versprochen: Aber »das Reich Gottes« oder das Land einer strahlenden Zukunft haben sich – um jeglichen Widerstand zu unterdrücken – immer wieder für Mord entschieden, gründlich durchgeführt von der Inquisition oder dem KGB. Bei den Tätern handelte es sich oft um ehrenwerte Bürger, die sich nur – und dies durchaus ernsthaft – Frieden und Gerechtigkeit wünschten. Auch bei den Nazis trat Gewalt an die Stelle des Rechts. Über unsere Gesellschaften muss also auf einer normativen und damit politischen Ebene verhandelt und geurteilt werden. Die Anwendung der analytischen Theorie ist aber auf ihren eigentlichen Gegenstand beschränkt. Psychoanalytisch kann der Massenmord nur dann betrachtet werden, wenn man vom Individuum ausgeht, ohne sich von ihm zu entfernen: Triebe sind immer Teil eines Individuums, es gibt keinen spezifischen Trieb der Masse (in *Massenpsychologie und Ich-Analyse* (1921) weist Freud die Existenz eines Herdentriebs zurück).

Die einzige Lösung für uns besteht darin, die Beziehungen zwischen dem Individuum und der Gesellschaft dialektisch zu betrachten. Die sozialen Auswirkungen sind auf der gesellschaftlichen Ebene wahrzunehmen, die psychischen Prozesse [das *psychische Funktionieren*] sind aber nur auf der Ebene des einzelnen Individuums zu erkennen. Selbst aus den schlimmsten Massakern lässt sich zunächst keine, wie auch immer geartete, Anormalität des einzelnen Mörders ableiten, weshalb wir von einem normalneurotischen Individuum ausgehen müssen. So betrachtet ist Töten keine Krankheit, sondern ein Verbrechen. Unter »normalen« Bedingungen (Demokratie, keine sozialen Krisen oder extremen Spannungen) stellen sich zahlreiche Widerstände einer Mordtat entgegen. Den größten Widerstand – der zugleich eine Voraussetzung ist – bildet der Rechtsstaat. Aber der Rechtsstaat kann von seinem ursprünglichen Ziel deutlich abweichen, seine Gesetze können verdreht werden, vor allem und gerade in einem totalitären Regime, aber nicht nur dort. Davon abgesehen beruht die Überlebensfähigkeit unserer Gesellschaften ja nicht nur auf dem Gesetz und dessen repressiven Komponenten. Wenn alle Bürger nur noch spontan ihren Interessen oder Impulsen folgen würden, die in einem besonderen Moment der Verwirrung derart stark werden können (und das gilt für uns alle), dass sie geltende Gesetze außer Kraft setzen, dann wäre die Gesellschaft von Straftaten überschwemmt und eine Demokratie letztlich in Gefahr. Also wird der Zusammenhalt unserer Gesellschaften von anderen Elementen aufrechterhalten. Ich beschränke mich hier auf die Erwähnung jener Ideale, jener staatsbürgerlichen Tugenden, die eine hohe, aber nicht rigide Vorstellung von Staatsbürgerschaft gemeinsam haben, sowie auf die Moral und folglich auf jene Persönlichkeitsinstanz, die die Einhaltung ihrer Gebote garantiert, also auf das Über-Ich. Dieses muss allerdings von einem Ich unterstützt werden, das selbst wiederum nur seine Rolle so spielen kann, wie es die Gesellschaft von ihm verlangt, und dies letztlich auch nur, wenn sich alle Bürger in einer »hinreichend guten« (»good enough«) sozialen Lage befinden. Worin besteht nun die Aufgabe des Über-Ichs? Es steuert das gesellschaftliche Funktionieren des Subjekts, damit es das, was die Gesellschaft von ihm erwartet, erfüllt, nämlich auf einen guten Teil an Triebbefriedigung zu verzichten, damit ein Zusammenleben möglich ist.

Über ein Drittel von Freuds Werk befasst sich mit sozialen Sachverhalten. Aber auf der methodischen Ebene hat Freud nur Bruchstücke hinterlassen, die man auf methodisch kohärente Weise sammeln, ergänzen und zusammenfügen muss, um daraus einen Schlüssel zu bilden, der uns gesellschaftliche Phänomene zugänglich machen kann, die der Analyse sonst verschlossen blieben. Dabei verbietet er uns eine Betrachtungsweise, von der er selbst reichlich Gebrauch machte, nämlich die Analogie. In *Das Unbehagen in der Kultur* (1930) beurteilt er sie folgendermaßen: »Aber man müßte sehr vorsichtig sein, nicht vergessen, daß es sich doch nur um Analogien handelt, und daß es nicht nur bei Menschen, sondern auch bei Begriffen gefährlich ist, sie aus der Sphäre zu reißen, in der sie entstanden und entwickelt worden sind« (GW Bd. XIV, S. 504f). Auf Analogien müssen wir also verzichten. Im günstigsten Falle sind sie eine Andeutung vor und eine Illustration nach einer Beweisführung. Freud selbst haben seine Intuition und sein Gespür für Grenzen geholfen, derartige Kurzschlüsse, auf die er am Ende seines Werks anspielt, zu vermeiden. Eine solche direkte Interpretation historischer und gesellschaftlicher Ereignisse wäre genauso problematisch, da sie nicht falsifizierbare und in den meisten Fällen irreführende Deutungen liefern würde. (Meines Wissens hat Freud dies nur einmal – und meiner Ansicht nach nicht glücklich – versucht, nämlich als er die Kastrationangst als eine Ursache des Antisemitismus bezeichnete).

Eine genaue analytische Vorgehensweise bei der Untersuchung eines sozialen Sachverhalts setzt Folgendes voraus:

1. Das Procedere, das der Aufstellung einer spezifischen Methode vorausgeht, einschließlich der Fragen, die sich dabei gestellt haben und die zu ihrer Beantwortung eine eigene Methode verlangen.
2. Die Definition dieser Methode und die Beschreibung des psychoanalytischen Vorgehens.
3. Die Gründe, sich heutzutage für soziale Sachverhalte zu interessieren, wo doch die meisten Psychoanalytiker nach Freud vor solchen Themen eher weggelaufen sind.

In der Tat wurde die gesellschaftliche Dimension der Psychoanalyse, die für Freud gleichermaßen substantiell war, zugunsten einer individualistischen Psychoanalyse fallengelassen, die ich als solipsistisch bezeichne. Warum die Shoah? Mir scheint, dass im ungelösten Rätsel der Shoah selbst die Ursache für mögliche Wiederholungen in der Gegenwart (auf unterschiedliche Weise) liegt, und Psychoanalytiker dürfen sich nicht noch einmal einer Aufgabe entziehen, die nur sie lösen können. Vom Menschen und seinem Es heißt es immer wieder: »dieses widerliche Tier ... den Rachen immer offen«. Diese Metapher Brechts bestimmt ganz richtig die Verwerfung der Aufklärung, die von einer dunklen und tiefen Sehnsucht herrührt und die heute leider oft als modern gilt. Diese Verwerfung wird vom Faschismus sehr wohl aufgegriffen und ist nicht selten der erste Schritt in seine Richtung.

Wege und Entdeckungen

Die großen Historiker des Nationalsozialismus (wie Ian Kershaw und Christopher Browning) haben neue Einzelheiten über die Shoah aufgedeckt und der Inhalt ihrer Enthüllungen zwingt uns dazu, unvermeidbare Fragen zu stellen. Solange wir glaubten oder zu glauben vorgaben, dass die Vernichtung der Juden von Berufsmördern der SS ausgeführt wurde, lagen die Dinge sehr einfach. Seitdem wir aber zur Kenntnis nehmen müssen, dass die meisten Massaker (an Juden, Zigeunern und Slawen) von gewöhnlichen Bürgern begangen wurden, schützt uns nichts mehr vor tiefen, selbstzersetzenden Ängsten: auch wir sind betroffen. Ich, ein guter Mensch, bin ich wirklich unschuldig? Ich, ein Pazifist, hätte ich derartige Verbrechen nicht auch begehen können? Natürlich nicht, werde ich mir sagen. Und dennoch, diese deutschen Durchschnittsbürger, die getötet haben, oft getötet haben, waren sie so grundlegend von mir verschieden? Die These von den Berufsmördern, vermischt mit einem gewissen antideutschen Rassismus, hat uns zu lange reingewaschen. Zu Unrecht.

Einige Jahre nach Kershaw und Browning veröffentlichte Daniel Goldhagen (1996) ein viel beachtetes Buch, das sich zum Ziel setzt, dieses Rätsel zu lösen. Aber er scheint sich nicht darüber im Klaren gewesen zu sein, dass es sich dabei um ein äußerst folgenschweres Rätsel handelt, das nach nichts weniger als nach den Grundlagen des menschlichen Gewissens und damit nach dem Spezifischen unseres Menschseins fragt. Seine Antwort ist klar und deutlich: Deutschland ist das Land, in dem der Antisemitismus am tiefsten verankert und am stärksten ausgeprägt war, und das allein schon erkläre den Massenmord an den Juden. Diese Ausführungen haben mich erschüttert. Sein Buch lud mich dazu ein, eigene, stark empfundene Schuldgefühle auf die Deutschen zu projizieren. Ich habe es dennoch versucht, diese Schuldgefühle bei mir zu lassen. Sein inquisitorischer Duktus hat Goldhagen der Mühe enthoben, das zu beweisen, was er behauptet. Seines Erachtens ist eine tiefgehende und massive ideologische Indoktrination die Ursache des Mordbegehrens. Es wäre aber notwendig, dies nachzuweisen, die ideologische Verwicklung zu erklären und ihre Mechanismen ans Tageslicht zu bringen. Goldhagen scheint sich dieser Notwendigkeit nicht bewusst zu sein. Er gibt sich damit zufrieden, diese Verwicklung zu behaupten. Im Großen und Ganzen schreibt er: In Deutschland, von dem er bewiesen zu haben glaubt, dass es antisemitischer war als andere (dennoch gab es in der Weimarer Republik keine Pogrome nach dem polnischen oder russischen Muster, keine Universitätsausschlüsse von »Juden« wie in den USA, keine Affäre Dreyfus wie in Frankreich, sondern im Gegenteil: einen Außenminister jüdischer Herkunft, Walter Rathenau, der sehr populär war, übrigens auch als Schriftsteller), habe es gescheiterte Intellektuelle gegeben, die antisemitische Schmähschriften verbreiteten. Unter dem Einfluss dieser Ideologie, die bereits vom fundamentalen und tief verankerten Antisemitismus der Epoche geprägt war, hätten die Deutschen die Juden in Massen ermordet mit dem Ziel, sie restlos auszurotten. In der »Beweisführung« Goldhagens ist die Tatsache, dass dieses Land unter dem Joch der Nazis stand, nicht entscheidend: eine geradezu essentialistische Sichtweise, an der Grenze des Rassismus.

Für mich war das aus wissenschaftlichen, ethischen und persönlichen Gründen nicht akzeptabel. Mein antirassistisches *Vorurteil* (es sind Vorurteile gegenüber dem Guten, genau so wie gegenüber dem Bösen) verbietet es mir, ein ganzes Volk zu stigmatisieren. Außerdem glaube ich, dass ich als Intellektueller die Pflicht habe, Sophismen und trügerische Beweisführungen zu widerlegen. Zudem ist es ein grober Fehler, derart schrecklichen Verbrechen einen falschen Prozess zu machen: Das verhilft nur den wahren Schuldigen, sich ihrer Verantwortung zu entziehen, und das ist für mich umso weniger akzeptabel, als dass ich mich der deutschen Kultur gegenüber zutiefst verpflichtet fühle: Goethe, Kant, Freud usw. Hinzu kommt, dass ich aus persönlichen Gründen schlecht darauf eingestellt war, in jedem Deutschen einen Verbrecher zu sehen. In meinem Dorf zum Beispiel wohnte nach Kriegsende ein deutscher Nazigegner und Widerstandskämpfer, der bei einer Aktion gegen die SS verletzt wurde.

Dass Goldhagen für sich in Anspruch nimmt, eine wissenschaftliche Antwort auf das zu geben, was bis heute ein Rätsel ist, hat mein besonderes Interesse geweckt, denn ich untersuche seit einiger Zeit bereits die psychischen Mechanismen des Totalitarismus. Goldhagens Versuch ist aber offensichtlich gescheitert; zum Beispiel durch das Fehlen einer stringenten Beweisführung: nebeneinanderstehende Aussagen, bei denen die eine als Voraussetzung für die andere dient; sowie die nicht bewiesene Behauptung, dass der deutsche Antisemitismus stärker war als sonstwo in der Welt. Wenn dem so war, wie erklärt man dann die folgenden zwei Tatsachen: 1. Wie ist es möglich, dass Gewalttätigkeiten gegenüber Juden bis dahin in Deutschland weniger häufig und nicht mörderisch vorkamen, aber in anderen Ländern sehr häufig und mörderisch waren? 2. Wenn der Antisemitismus vor dem Nationalsozialismus die Shoah erklärt, warum ist diese dann erst mit den Nazis ausgebrochen, und warum ist die Gewalt gegen die Juden von vornherein so extrem gewesen? Und schließlich seine Petitio principii: Seine zu leidenschaftliche Überzeugung von der Richtigkeit der eigenen Schlussfolgerungen hat seiner Beweisführung Zwang angetan. Dies wiederum hat mich als Psychoanalytiker aufhorchen lassen: Was bei Goldhagen nämlich am wenigsten untersucht wird, ist das Individuum. Er stellt sich nicht die Frage, was einen deutschen Durchschnittsbürger dazu hat bringen können, erstmalig in seinem Leben zu töten, ihn, der sich doch niemals selbst als Mörder betrachtet hätte. An keiner Stelle fragt sich der Autor, was im Kopf eines solchen Menschen vorgegangen sein mag. Was an seiner Darstellung auffällt, ist

das Schweigen des psychischen Apparats,

eine Leere für den Psychoanalytiker. Was verbirgt diese Leere, die nur notdürftig mit Soziologismen aufgefüllt wird? Was versteckt sich hinter diesem tautologischen Gerede? Es verrät die Abwesenheit und vermutlich das Vermeiden einer psychischen Arbeit auf der wissenschaftlichen Ebene, das meinem Eindruck nach einer nicht geleisteten psychischen Arbeit auf der Ebene der menschlichen Beziehungen entspricht.

Nachdem ich vor zwanzig Jahren etliche theoretische (lacanianische) Vorträge gehört hatte, die auf den ersten Blick neutral und in sich schlüssig wirkten, deren destruktive, ja sogar demütigende Wirkung ich aber nachträglich feststellen musste, bin ich im Laufe meiner persönlichen Entwicklung auf eine Frage gestoßen, die mich seither nicht mehr losgelassen hat: Wodurch wird Hass (bereits durch die Anordnung von Ideen und oft ohne die geringste wahrnehmbare Aggression) übertragen – wie entstehen mörderische Ideen?

Ich bin in meinem Buch *Malaise dans la pensée* (1995) der Frage nach den Spuren der Triebe in der Theoriebildung nachgegangen. Ich untersuchte den Prozess der Ausschaltung des Über-Ichs, wenn ein Mensch sein Ich-Ideal mit einem grandiosen sozialen Ideal verknüpft. Was mich veranlasste, meine Untersuchungen über die subjektiven psychischen Vorgänge bei Mord zu vertiefen, war eben die Lektüre der genannten Historiker und ihrer methodischen Probleme, als sie auf dieses Rätsel stießen, sowie Goldhagen mit seinem unüberhörbaren Schweigen des psychischen Apparats. Hier hilft uns das Verständnis des analytischen Prozesses und das Insistieren auf die jeweilige Art psychischen Funktionierens (das wir in Frankreich René Diatkine verdanken). Beides steht im Zentrum der analytischen Praxis, prägt das analytische Hören und stützt sich auf die Kenntnis bestimmter Abwehrformen, der Triebrepräsentanzen und der Wiederholung gewisser Abläufe, deren Bedeutung oft nicht sofort zu verstehen ist und die uns immer wieder überraschen.

Greifen wir die zwei wesentlichen Momente aus dem Ablauf der Geschichte heraus, die Goldhagen übergeht:
1. Deutschland geht von der Demokratie zum Nationalsozialismus über.
2. Bis zu diesem Zeitpunkt sind seine Einwohner, die Deutschen, nicht mörderischer als die Einwohner irgendeines anderen Landes.
Diese beiden Sätze bezeichnen Sachverhalte, die leicht übersehen werden, weil das Nachher eines Traumas das Vorher löscht. Goldhagen hat mir diese Tatsache bewusst gemacht, denn er nimmt als entscheidendes Element nicht wirklich zur Kenntnis, dass das Deutschland, das diese Gräuel verübt hat (und vergessen wir nicht, dass es sich um die größten Verbrechen der Menschheit handelt), sich fundamental verändert hatte. Dadurch sieht Goldhagen eine Kontinuität, wo ein Bruch stattgefunden hatte. Wie die Zitate in seinem Text zeigen, sucht er im Gegenteil die Ursachen in dem Deutschland vor Hitler. Für diesen Politikwissenschaftler stellt die Shoah nicht wirklich ein Rätsel dar, er reduziert sie auf seinen eigenen Untersuchungsbereich. Geht man nun von der entgegengesetzten Hypothese aus, nämlich dass die Deutschen nicht eigentlich kriminell sind, so muss man sich fragen, was sich in den Köpfen derjenigen, die zu Mördern wurden, abgespielt hat und welchen fundamentalen Veränderungen sie ausgesetzt waren, die aus friedlichen Bürgern Mörder machen konnten. Diese Veränderungen fanden unter dem Nationalsozialismus und durch ihn statt. Da ich die These von der ideologischen Indoktrination als zu einfach ablehne, weil sie rein quantitativ ist und jeglicher Dynamik entbehrt, habe ich die Antwort im psychischen Funktionieren des Subjekts und in den Modifi-

kationen, die der Nationalsozialismus ihm abverlangte, gesucht. Die psychischen Funktionen müssen erhebliche Veränderungen erfahren haben, damit ein nichtmörderisches Individuum zu einem Mord fähig wird. (In Frankreich wie in Deutschland liegt die jährliche Mordziffer normalerweise unter eintausend.)

Man muss diesen Mechanismus, der den Weg zum Mord bahnt, ans Tageslicht bringen. Der übliche psychische Ablauf, der den Forderungen der Gesellschaft angepasst ist, insbesondere den Forderungen nach Triebverzicht, gründet sich bekanntlich auf einer Hemmung der Mord- und Sexualtriebe: das Es drängt, während das Ich sich in konstantem Kontakt mit der äußeren Realität befindet. Das Ich analysiert und stellt fest, ob es den Trieben freien Lauf lassen kann oder nicht, ob es unter deren Diktat zulassen kann, zur Tat zu schreiten (es kontrolliert die Motilität). Dafür stehen ihm zwei Parameter zur Verfügung:

1. In der äußeren Realität entsteht (oder entsteht keine) Gefahr, wenn es zu einer solchen Handlung kommt.
2. Das Über-Ich gibt (oder gibt kein) grünes Licht: es entscheidet gemäß den Idealen des Subjekts, ob der Trieb befriedigt werden soll.

All dies setzt voraus, dass die drei psychischen Instanzen gut zusammenarbeiten, dass sie kommunizieren, dass es eine Dynamik zwischen ihnen gibt.

Weil diejenigen, die dazu aufgefordert wurden, Juden zu töten, diesem Aufruf in deutlicher Mehrheit folgten, projiziert Goldhagen diese Tatsache auf die gesamte deutsche Bevölkerung und vergrößert diese Mehrheit noch. Das ist eine unzulässige Verallgemeinerung. Man kann Leuten nicht unterstellen, was sie nicht getan haben. Die belegten Zahlen sind an sich schon monströs genug. Ihnen unberechtigterweise noch mehr hinzuzufügen, kommt einer Art Besessenheit gleich. Selbst wenn man nur von den niedrigeren Zahlen ausgeht, muss man betonen, dass diejenigen, die unter diesen Bedingungen getötet haben, für ihr Morden voll und ganz verantwortlich sind. Die Tat wurde begangen. Man kann nichts *ungeschehen machen*. Jeder Staatsbürger weiß, dass man keine Zivilisten tötet.

Diese Schuld ist jedoch streng individuell. Nun hat man sie aber durch den Begriff der Kollektivschuld zu ersetzen versucht (die Deutschen, die Widerstand leisteten, wurden also einbezogen), der ein juristisches Monstrum ist. Oder man hat unter dem Vorwand, das Volk zu rehabilitieren, sein Schicksal mit dem des Nationalsozialismus verwechselt, dessen »Nützlichkeit« man in der Verteidigung des Abendlandes zu entdecken glaubte. Am verblüffendsten ist, dass sowohl Ankläger wie auch Ehrenretter an dieser These festhielten, was auf deren grundsätzliche Übereinstimmung hinausläuft, die Schuld der Nazis zu verkleinern. Wenn das ganze Volk schuldig ist (und das sogar vor dem Auftreten der Nazis), dann löst sich die Schuld der Nazis in der Kollektivschuld auf. Oder aber, wie Ernst Nolte es behauptet (Furet & Nolte 2000), man betrachtet den Kommunismus als eine absolute Gefahr für die Menschheit, und demnach hätten sich die Nazis für die Zivilisation geopfert. (Sicher, es gab »Schönheitsfehler« – sagen sie –, für die man aber das Vorbild der sowjetischen Straflager verantwortlich machte, das als weit schlimmer und verbrecherischer angesehen wurde, trotzdem wollte offensichtlich niemand diese »Fehler« rechtfertigen.) Und da kommt Goldhagen zu Hilfe: Natürlich muss man die Exzesse diesem antisemitischen Volk zuschreiben. Tatsächlich bestätigt Goldhagen implizit die Theorie der Kollektivschuld. Er schreibt immer »die Deutschen« (so wie die Nazis »die Juden« sagten und damit jegliche Individualität zerstörten), er bezeichnet die deutsche Kultur und die deutschen Institutionen völlig undifferenziert als antisemitisch. Er lässt die Weimarer Republik und ihre extrem konflikthafte Gesellschaft gänzlich außer Betracht. Ich zitiere:

> »Es waren also immer die gleichen Vorstellungen und Bilder von den Juden, die bereits zum Zeitpunkt der Machtübernahme Hitlers den Deutschen eigen waren und diese dazu brachten, den antisemitischen Maßnahmen der dreißiger Jahre zuzustimmen und sie zu unterstützen. Mehr noch: Sie bereiteten nicht nur all jene, die durch die Umstände, durch Zufall oder in freier Entscheidung zu Tätern wurden, auf ihre Aufgabe vor, sondern sie veranlaßten auch die große Mehrheit der Deutschen, die totale Vernichtung des jüdischen Volkes zu verstehen, ihr beizupflichten und sie nach Möglichkeit zu fördern. Man muß den Tatsachen ins Auge sehen: Die deutsche Politik und Kultur hatte sich bis zu einem Punkt entwickelt, an dem die meisten Deutschen hätten werden können, was eine ungeheure Zahl ganz gewöhnlicher Deutscher tatsächlich wurde: Hitlers willige Vollstrecker«. (Goldhagen 1996, S. 531)

Goldhagen leugnet indirekt, dass es mit der Errichtung des Nationalsozialismus zu einer tiefgreifenden Veränderung kam: nolens volens spricht er den Nationalsozialismus von Schuld frei; immer wieder die Essenzphilosophie; die Deutschen sind und bleiben die Deutschen. Goldhagen ignoriert das vollständige Fehlen jeglicher Kontinuität mit der Weimarer Republik. Nun stand Weimar geradezu als Synonym für eine Überfülle an unterschiedlichen Ideen und bildete dadurch einen unerträglichen Konfliktherd für viele Deutsche (und nicht »*die* Deutschen«, wie »*die* Juden«), die den Nationalsozialismus gegen andere Deutsche errichteten. Nur durch die Analyse dieser tiefgreifenden Veränderung kann das Rätsel gelöst werden, wie ein Subjekt in einem totalen Bruch mit seiner gewöhnlichen psychischen Natur zum Mörder wird. Eine grundsätzliche Rehabilitation des deutschen Volkes insgesamt unterliegt aber mehreren Voraussetzungen, von denen manche schmerzhaft sind.

1. Die Bürde der Schuld, die man dem Volk abnimmt, müsste wieder den Nazis und ihren Komplizen auferlegt werden.
2. Alle Personen, die solche Verbrechen begangen haben (oder dabei geholfen haben, wie z. B. Denunzianten), müssten für schuldig erklärt werden.
3. Alle Mitglieder des verbrecherischen Kollektivs müssten des Mordes für schuldig befunden werden, auch wenn Blut nur an den Händen der anderen klebt.

Die kriminelle Vereinigung bestand aus den nationalen und lokalen Führern der NSDAP und deren parallelen Insitutionen, dem Staat und seinen Institutionen, wozu auch die Wehrmacht zählte (von einigen Ausnahmen wie zum Beispiel Hauptmann Hosenfeld, der Wladislaw Szpilman das Leben rettete, abgesehen (Szpilman 2001)). Hinzu kommen die Verantwortlichen der nichtstaatlichen Organisationen, die Komplizen der Nazis waren. (Wenn man wie die Kirche erklärt, dass Hitler von Gott gesandt ist, hat man vielleicht kein Blut an den Händen, aber in den Köpfen; als Rektor einer Universität weiß man, dass man gewisse Dinge nicht sagen und tun darf – wer soll es sonst wissen?) Alle anderen sind strafrechtlich nicht schuldig. Sie mögen sich nichtsdestoweniger zu Recht oder zu Unrecht schuldig fühlen: Das spielt sich in ihrem eigenen Gewissen ab. Hingegen kann keinem Deutschen die Schande erspart werden, selbst den Opfern nicht, dass das abscheulichste Verbrechen aller Zeiten in seinem Namen begangen wurde. Es ist sehr bedauerlich, dass jeder Deutsche angesichts dieser immensen Aufgabe allein gelassen wurde, da die »Notwendigkeiten« des kalten Krieges die politische Blockade einer öffentlichen Auseinandersetzung »erforderten«, die jedem hätte helfen können, sich und seine Geschichte anzunehmen. Darauf folgte eine Art kollektiver Verleugnung, oder zumindest, da dieser Begriff fragwürdig erscheint, eine allgemeine Atmosphäre der »Omerta«. Sie begünstigte die individuelle Verleugnung und den Übergang zur Abspaltung der Schuld oder Scham, die das Individuum weitaus mehr beschädigt.

Methodische Überlegungen

In *Malaise dans la pensée* (1995, S. 76) habe ich geschrieben: »Um ein Konzentrationslager zu errichten, ist Theorie notwendig«. Für die Shoah würde ich sagen: Damit ein Durchschnittsindividuum, das a priori kein Mörder ist, dem Finger befehlen kann, auf den Abzug eines Gewehrs zu drücken, das gegen den Kopf eines einen Monat alten jüdischen Babys gehalten wird, bedarf es einer entsprechenden psychischen Verfassung, einer speziellen Art und Weise des ›psychisches Funktionierens‹. Unter diesen Voraussetzungen haben die Sonderkommandos die »Endlösung« an der Ostfront eingeleitet. Auf diese Weise sind 1.700.000 Juden innerhalb von zwei Jahren umgekommen.

Goldhagen kommt der Verdienst zu, die von ganz gewöhnlichen Deutschen durchgeführte Massenvernichtung, die von den kaum gelesenen Historikern bereits ans Licht gebracht worden war, allgemein bekannt gemacht und einen Schlussstrich unter die Vorstellung gezogen zu haben, dass diese Massaker von Berufstätern durchgeführt worden waren. Abgesehen von den Vereinfachungen, die durch seine leidenschaftliche Einstellung entstehen, und abgesehen von seiner unstimmigen Beweisführung, besteht aber das wesentliche Manko seiner Arbeit in diesem »Schweigen des psychischen Apparats«. Selbst wenn es stimmt, dass der Antisemitismus (und zwar mündlich und schriftlich, denn es gab vor Hitler wenige spontane eigentliche antisemitische Akte, keine Morde, keine Pogrome) stärker ausgeprägt gewesen war als in anderen Ländern, so bleiben zwei Fragen unbeantwortet:

1. Ein bestimmter Zustand umfasst nicht einen anderen, vor allem komplexeren Zustand. Der gewöhnliche Antisemitismus schließt einen eliminatorischen Antisemitismus (der Juden aus dem Blickfeld verschwinden lässt) nicht ein, und dieser wiederum umfasst nicht die »Endlösung« (Vernichtung).
2. Wenn man postuliert, dass Ideen Konsequenzen haben, und es handelt sich hier um tödliche Konsequenzen, kann man sich den Weg, den diese Ideen im Seelischen zurücklegen müssen, nicht ersparen. Wir müssen uns fragen, ob und wie diese Ideen in das Ich eindringen, wie die bereits im Ich vorhandenen Werte diese Ideen aufnehmen und wie das Über-Ich sie beurteilt.

Allerdings muss man Goldhagen anrechnen, dass er sich vorgenommen hat, jenes Rätsel zu lösen, bei dem die Historiker nicht weiterkamen. Die Diskussion über sein Buch hätte fruchtbar sein können. Leider hat das Ausbleiben einer wissenschaftlichen Auseinandersetzung das Aufdecken dieser Widersprüche verhindert: Weder der Bruch in seiner Beweiskette noch das Weglassen des psychischen Apparats wurden aufgedeckt, und viele sahen sich durch eine so wenig stringente Arbeit in ihren Vorurteilen bestärkt.

Freud zeigt uns in *Massenpsychologie und Ich-Analyse* (1921) einen Weg zum Verständnis dieses Rätsels, wenn er Gustave Le Bon (1895) zitiert, der eine »überraschende Tatsache« feststellte. Nur unter besonderen Umständen treten bestimmte Ideen auf und setzen sich in Handlungen um: nämlich in der Masse. Dieses Phänomen wird von Freud so erklärt: Die Masse hebt die Verdrängungen des Unbewussten, »in dem ja alles Böse der Menschenseele in der Anlage enthalten ist« (GW Bd. XIII, S. 79), auf und bringt das moralische Bewusstsein zum Verschwinden. Freud lehnt es ab, sich auf einen sozialen Trieb zu berufen, um dieses Phänomen zu erklären; er lehnt es ab, »dem Moment der Zahl eine so große Bedeutung einzuräumen, daß es ihm allein möglich sein sollte, im menschlichen Seelenleben einen neuen und sonst nicht betätigten Trieb zu wecken« (GW Bd. XIII, S. 74).

Wir gehen also vom Individuum aus, ohne uns von ihm zu entfernen. Woher bezieht eine Gesellschaft ihre Fähigkeit, das psychische Funktionieren des Individuums derart entscheidend zu beeinflussen? Durch welche Mechanismen führt eine gesellschaftliche Veränderung zu einer tiefgreifenden Veränderung im Funktionieren des Individuums? Was hat unter der Naziherrschaft die Gesellschaft der Weimarer Republik am meisten verändert? Allgemein geht man davon aus, dass ein totalitäres Regime totalitäre Ideen in die Köpfe seiner Bürger quasi einpflanzt (oft ist die Rede von Gehirnwäsche). Ich behaupte hingegen, dass es keinerlei Ideen hinzufügt, sondern dass die totalitäre Struktur als solche sich störend auf den psychischen Apparat auswirkt, so dass er seine Dynamik verliert. Er behält sein technisches Denkvermögen, verliert aber seine Urteils- und Einsichtsfähigkeit. Le Bon bezeichnet diesen Prozess als hypnotisch. Der Prozess schwächt das, was wir nach Freud als das Ich bezeichnen, zersetzt das Über-Ich und verherrlicht auf extreme Weise das Ich-Ideal. Das Subjekt wird zum Automaten und setzt die ihm eingegebenen Ideen in Handlungen um. Es gibt also keine Zeit zum Nachdenken, keine innere Auseinandersetzung. Der psychische Apparat hat seine innere Konfliktfähigkeit, den Motor seines Funktionierens, verloren. Das Über-Ich ist zwar nicht zerstört, aber eng begrenzt, es verliert seine beratschlagende Funktion, die für das erwachsene Über-Ich charakteristisch ist (»Wenn ich das tue, ist das gut, ist das schlecht?«), es regrediert auf ein infantiles Niveau. Man ist nicht mehr schuldig, wenn man tötet (Töten ist zu einer guten Sache geworden), sondern dann, wenn man nicht tötet. *Das Böse ist gut.* In Wirklichkeit kommt es zu einer Verschiebung, einer Exteriorisierung (im Gegensatz zur Reifung, die sich auf Verinnerlichung gründet) des Über-Ichs auf die gesellschaftliche Instanz, die Gut und Böse diktiert. Auf jeden Fall wird das Über-Ich am Gängelband geführt, außer Funktion gesetzt, sei es, weil es mit einem grandiosen Ich-Ideal verschmilzt (das betrifft die Gläubigen), sei es, dass es durch fehlende Konfliktenergie daran gehindert wird, zu funktionieren. Ich halte es für notwendig zu präzisieren, dass das Über-Ich unablässig durch neue Identifizierungen, die es verinnerlichen kann, versorgt werden muss. Diese Identifizierungen entstehen durch soziale Kontakte und neue gesellschaftliche Erfahrungen des Subjekts, die mit seinem Identitätsgefühl übereinstimmen, mit dem Über-Ich, das es im Erwachsenenalter für sich akzeptiert. Sonst geht das Subjekt das Risiko ein, durch gewisse Werte, die durch unwiderstehlichen gesellschaftlichen Druck auf es ausgeübt werden, geschwächt zu werden. (Wahrscheinlich ist es das, was Freud meint, wenn er wiederholt die *Schwäche* des Über-Ichs betont.)

Wenn der libidinöse Austausch mit den äußeren Objekten unmöglich wird, bleibt im Prinzip nur noch die Konfliktmöglichkeit mit den inneren Objekten. Aber diese innere Konfliktfähigkeit hat nur eine Minderheit, jene nämlich, die von vornherein Widerstand leistet. Der libidinöse Austausch mit den äußeren Objekten ist in den meisten Fällen aber unerlässlich, um die inneren Objekte und Phantasmen zu mobilisieren. (Vielleicht ist es nicht unnötig, hinzuzufügen, dass man in manchen Fällen durch eine Analyse gehen muss, um dorthin zu gelangen.)

Die unzulängliche Beweisführung Goldhagens dient uns als Lehre für die Erarbeitung eines speziellen methodischen Vorgehens. Insbesondere leitet er heterogene Ebenen voneinander ab, so dass es zwischen diesen heterogenen Ebenen einige »Schleusen« bräuchte, da die Lücken und die Niveau- und Komplexitätsunterschiede zwischen ihnen beträchtlich sind. Aus einer Parallele macht er eine Kausalität. Zwischen der Ideologie einer Gesellschaft und dem Handeln eines Individuums befindet sich aber die Subjektivität dieses Individuums. Sich nicht mit dieser Subjektivität zu beschäftigen, bedeutet, eine vielschichtige Entwicklung zu leugnen, die vor Millionen Jahren begonnen hat: die Menschwerdung. Wir stoßen auf das, was Michel Neyraut (1997, S. 141) primitive Logik nennt:

»wenn → dann
wenn Theorie → dann Handlung (Mord)«.

Im demokratischen Kanal führt der Fluss durch eine Reihe von Schleusen abwärts. Er geht von Ideen aus, führt über die politische Auseinandersetzung, die Gesetze und Erlasse schließlich zu den Handlungen. Aber alles kann auf jeder dieser Ebenen angehalten werden. Der totalitäre Kanal verhält sich dem gegenüber wie ein Wasserfall (in der Art der Niagarafälle), er führt von der Ideologie direkt zur Handlung, dem Mord. Dem psychischen Apparat geht es wie der Demokratie: Die Ideen, die man dem Subjekt eintrichtern will, und die Taten, die es begehen soll, sind für das aufnehmende Subjekt nicht ohne Bedingungen. Wie integriert das Ich die Ideologie in seine Weltanschauung? Was sagt der Ordnungshüter, das Über-Ich dazu? Welches verwirrende Phänomen verwischt die Trennlinien, welche Macht fegt die Schleusen hinweg? Der Totalitarismus kennt grundsätzlich weder Schleusen noch Riegel oder Sperren. Seine Wirkung auf den psychischen Apparat besteht darin, das außer Funktion zu setzen, was im Psychischen an deren Stelle steht.

Totalitäre »Vernunft« ist hart und stößt bei der Durchsetzung ihrer Bedingungen auf geringen Widerstand. Unter normalen Bedingungen besteht die Vernunft aber darauf, unser Urteilsvermögen einzusetzen und unsere jeweilige Denkweise dem zu behandelnden Gegenstand anzupassen. Dabei kann es viele Hindernisse geben, die das Denken (auf der Ebene des Realitätsprinzips) dem Handeln entgegensetzt, wobei es das Über-Ich ist, das den letzten Riegel vorschiebt – oder auch nicht. Der Philosoph Spengler formuliert ein Prinzip totalitären Denkens: »Der Krieg ist die ursprüngliche Form des Handelns aller Lebewesen (...) der Kampf und das Leben sind ein und dieselbe Sache« (Spengler, zitiert nach Raul Hilberg 1985, S. 888). Dies ist eine (von Darwin abgeleitete) Anspielung auf den Artenkampf, um die jeweilige ökologische Nische zu schaffen oder zu verteidigen. Die Nazis stützten sich auf diese Analogie, um die Invasion und Expansion des europäischen Raums zu rechtfertigen. Himmler erinnerte sich an Spenglers Lehre, als er zu den Truppen vor Minsk sprach: »In der Natur werden sie den Kampf sehen, in der Tier- wie in der Pflanzenwelt, und all diejenigen, die auf den Kampf verzichten, werden untergehen« (Himmler, zitiert nach Hillberg 1985). Das macht deutlich, wie Recht Freud hatte, als er vor den Gefahren der Analogie »für die Theorie und für die Menschheit« (GW. XIV, S. 504f) warnte. Die nationalsozialistische »Argumentation« vergewaltigt eine Regel der Vernunft, die von Hans Kelsen (1996, S. 71) unterstrichen wurde, der auf deren unüberschreitbare Trennlinie für das menschlichen Handeln hinweist: Wissenschaft siedelt sich im Bereich des Seins an, jede politische Entscheidung aber in demjenigen des

Seinmüssens. Zwischen beiden gibt es keinen Vektor, das Sein impliziert nicht das Seinmüssen.

Goldhagen stellt sich ein passives Seelenleben vor, das sich wie Wachs dem Druck der herrschenden Ideologie entsprechend verformt. Der psychische Apparat hingegen ist aktiv. Ich und Über-Ich filtern jegliche Propaganda gemäß den eigenen Idealen des Subjekts und seines Gewissens. Sie bearbeiten die Propaganda, integrieren oder weisen sie zurück. Ich und Über-Ich sind, wenn sie auch nur einigermaßen normal funktionieren, ein entscheidendes Hindernis dagegen, dass Menschen derartige Verbrechen vollbringen können. Ihr Funktionieren muss zutiefst gestört sein, damit derartige Verbrechen möglich werden. Die äußere Realität spielt eine wesentliche Rolle, die jedoch weder absolut noch automatisch ist. Unter »normalen« Bedingungen ist letztendlich die Dynamik des psychischen Apparates entscheidend. In den *Neuen Vorlesungen* schreibt Freud: »(...) daß das Ich jener Teil des Es ist, der durch die Nähe und den Einfluß der Außenwelt modifiziert wurde (...) Die Beziehung zur Außenwelt ist für das Ich entscheidend geworden, es hat die Aufgabe übernommen, sie bei dem Es zu vertreten« (GW Bd. XV, S. 82). Das bedeutet, dass jede weitergehende Veränderung in der Außenwelt entscheidende Auswirkungen für das Ich hat. Man kann also den psychischen Apparat nicht willkürlich von der Außenwelt trennen, da man sonst in einen Solipsismus verfiele. *Die äußere Realität funktioniert praktisch wie eine vierte Instanz des psychischen Apparates.* Wenn aus dieser Welt bestimmte Objekte und Beziehungen beseitigt werden und sie zensiert wird, dann erleidet das Ich an dieser Stelle einen Verlust in seiner vormaligen Vertrautheit und libidinösen Beweglichkeit. Die psychische Realität des Subjekts ist von ihren Wünschen, die an das abwesende Objekt gebunden sind, abgeschnitten, ihre Dynamik wird nicht länger von dem libidinösen Kreislauf zwischen dem Subjekt und seinen Objekten genährt. Im totalitären Staat sind manche Identifizierungen, auf denen die Persönlichkeit ruht, nicht mehr erwünscht. Sie fließen in die Spaltung und treffen dort mit vom Bewusstsein nicht mehr zugelassenen Wahrnehmungen zusammen.

Nehmen wir das *fiktive Beispiel* eines hochqualifizierten Physikers im Deutschland der dreißiger Jahre. Die nationale Nähe Einsteins gibt ihm einen Vorsprung. Viele ausländische Physiker erweisen ihm ihre Wertschätzung. Er ist stolz, dass ein Deutscher den Nobelpreis erhält. Selbst nachdem die Nazis dessen Werk als jüdische Wissenschaft verurteilt haben, bewahrt er eine tiefe Bewunderung für Einstein. Aber das Regime schafft Ordnung. Es löscht in der äußeren Realität alles, was mit Einstein zu tun hat. Von nun an ist die Physik deutsch. Unser Physiker ist verwirrt. Er kann sich plötzlich nicht mehr mit seinem Freund W. darüber austauschen, denn dieser wurde gerade in ein anderes Labor versetzt. (W. hatte sich kritisch über die Nazis geäußert, was er sich mit einer gewissen Bereitwilligkeit angehört hatte, auch wenn er sich selbst nicht für Politik interessierte. Plötzlich muss er aber daran denken, dass auch ein ihm bekannter Gewerkschaftsfunktionär nicht mehr da ist.) Außerdem scheint P., der seine Begeisterung für Einstein geteilt hatte, ihm auszuweichen. K. hat ihm das Verschwinden einer anderen Person oder gewisser Dinge mitgeteilt. Er selbst hatte nichts bemerkt. Mit seiner Frau spricht er nicht darüber, obwohl er ihr sonst alles erzählt. Am nächsten Tag hat er diesen Vorfall wieder vergessen. Es ist ja auch nicht immer leicht zu sehen, dass etwas fehlt. In den nächsten Tagen hält er sich an seine Arbeit. Um sich ein Urteil bilden zu können, hätte er mehr Informationen, zwischenmenschliche Kontakte, Diskussionen und Auseinandersetzungen zur Verfügung haben müssen. Er kann sich kein vollständiges Bild mehr machen. Aber das wird vor einer neuen drängenden Aktualität völlig unwichtig: Der Krieg steht vor der Tür. Einige sehr mächtige fremde Staaten werden Deutschland gegenüber äußerst aggressiv, wo doch der Führer nur den Frieden will. Unser Mann hat versucht, mit seinem Pfarrer, der die Nazis in seiner Stadt exkommuniziert hatte, darüber zu reden. Aber seit das Konkordat mit dem Vatikan unterzeichnet worden ist, spricht der Pfarrer nur noch im engsten Sinne von Religion. Unser Physiker hat keine Wahl mehr; wie viele andere hört er auf, an etwas anderes zu denken als an seine Laborexperimente. Er weiß übrigens nicht, dass er keine Wahl mehr hat, er denkt nicht mehr nach, weil er so viel zu tun hat. Die Situation wird immer schwieriger. Ausländer sind an all dem schuld. Man hört sogar überall und unablässig, dass es die Schuld der Juden sei. Aber das ist ihm zu viel, er ist kein Antisemit. Überdies hatte er mehrere jüdische Freunde ... er merkt nicht wirklich, dass er das Verb »haben« im Imperfekt gebraucht, in der Vergangenheit ... er hat jüdische Freunde, glaubt er aufrichtig, aber er macht sich nicht wirklich bewusst, dass das der Vergangenheit angehört, er hatte jüdische Freunde ... Er denkt an R., der in ein weit entferntes Labor versetzt worden sein soll, sicherlich eine Beförderung, denn R. ist ein brillanter Wissenschaftler. Gleichzeitig hat er nicht bemerkt, dass R. Jude ist/war. Er weiß nichts von R.s neuem Labor ... ein Zufall? Kein Mensch spricht darüber... Jetzt ist es zu spät. Endgültig. Weiß er es?

Unser Physiker leidet an seiner Wahrnehmung: Er sieht nur noch eine verstümmelte Wirklichkeit und ist abgeschnitten von dem, was ihre Dynamik ausmacht (Auseinandersetzungen, gesellschaftliche, wissenschaftliche und künstlerische Konfliktmöglichkeiten). Er ist nicht mehr in der Lage, seinem Ich mit neuen Wahrnehmungen Nahrung zuzuführen, woraus so etwas wie eine Wahrnehmungslähmung entsteht. Eine solche eindimensionale Wirklichkeit wäre aber für alle einschläfernd, wenn das Regime den Tag seiner Untertanen nicht so organisieren würde, dass sie wachgehalten werden: Massendemonstrationen, Paraden, Aktivismus. Es handelt sich um den Ersatz der Wirklichkeit durch eine ständig in Gang gehaltene halluzinatorische Bilderwelt. Unser Physiker ist kein Held, und die Mechanismen von Verleugnung und Abspaltung kommen ihm zu Hilfe. Um zu überleben, schneidet er den Teil seiner Seele von sich ab, der sich auf Einstein bezieht und auf andere Bereiche, die, wenn auch nur entfernt, mit ihm zu tun haben. Dieser Mechanismus der Wahrnehmungsverleugnung steuert ab jetzt seinen »Radar« in der nationalsozialistischen Gesellschaft. Er wird nur noch sehen, hören und schließlich denken, was gesehen, gehört und gedacht werden soll, und das alles automatisch, ohne darüber nachzudenken. Er wird so »willig« wie gewünscht, instrumentalisierbar, aber seelenlos wie ein Roboter; nicht durch das, was die Nazis ihm eingetrichtert haben (die Propagandaflut), sondern durch das, was sie ihm weggenommen haben (seine Reflexionsfähigkeit in Konflikten, seine psychische Dynamik), indem sie ihn zu einem willfährigen Jasager gemacht haben. Sein psychisches Funktionieren ist zerrüttet. Ihm fehlen das Begehren und die Vorstellungen, die an das unsichtbar gemachte, verschwundene, deportierte, usw. Objekt gebunden sind. Seine Wahrnehmung wird schließlich von allem abgezogen, was das Wiedererinnern in ihm wachrufen könnte.

Ein totalitäres Regime diktiert Einbahnstraßen der Wahrnehmung und ihrer Interpretation. Alles erstarrt und innere Konflikte, die eine Sinnsuche anregen, verschwinden. In *Das Ich und das Es* (1923) sagt Freud, dass die »Wahrnehmung für das Ich die Rolle spielt, die der Trieb für das Es spielt« (GW Bd. XIII, S. 252f). Diese Feststellung ist von zentraler Bedeutung: Stellen Sie Sich ein Es ohne Triebe vor! Es hätte keinerlei Mittel, um dem Seelenleben eines völlig träge gewordenen Subjekts Antrieb zu geben. Wenn wir noch hinzufügen, dass der Konflikt die gleiche Rolle für die äußere Realität spielt (Freud spricht in den *Formulierungen über die zwei Prinzipien des psychischen Geschehens* (GW Bd. VIII, S. 231) davon, »die psychologische Bedeutung der realen Außenwelt in das Gefüge unserer Lehren aufzunehmen«), dann erhalten wir das, was ich als die dynamische Trilogie bezeichne:
Die äußere Realität wird durch Konflikte dynamisiert.
Das Ich bekommt durch die Wahrnehmung seinen Antrieb.
Das Es drängt durch den Trieb.

Wenn die Konfliktfähigkeit schwindet und die Wahrnehmung substantiell manipuliert wird, stehen sich nur noch folgende Instanzen gegenüber: das mit der Kraft der Triebe drängende Es, die durch die Ausschaltung der Vermittlungsfunktionen noch verstärkt wird, und die äußere Realität, die ihre gewohnte Rolle umkehrt und Aggression fordert, statt sie zu unterdrücken. In *Das Ich und das Es* (1923) betont Freud die funktionelle Bedeutung des Ichs, das die Motilität steuert. Wenn das Ich geschwächt und ohne Dynamik ist, kann es den Druck des Es nicht mehr integrieren, sondern »pflegt den Willen des Es in Handlung umzusetzen« (GW Bd. XIII, S. 253). In *Fetischismus* (1927) deckt Freud einen Mechanismus auf, der die Beziehung zwischen dem Ich und der äußeren Realität verfälscht. Der Geschlechtsunterschied bringt einen Konflikt mit sich, denn dessen Wahrnehmung ist unvereinbar mit den Wunschvorstellungen des kleinen Jungen: sein Penis ist dabei von entscheidender Bedeutung. Kann er fehlen? Kann man ihn verlieren? Dieser Mangel an Übereinstimmung des Seelischen mit der äußeren Realität ruft eine Verleugnung hervor: »Das ist nicht zulässig. Das kann nicht sein«. Wenn sich daraufhin die Wahrnehmung der äußeren Realität durchsetzt, verblasst die Verleugnung: »Es kann zwar immer noch nicht hingenommen werden, aber es ist so, man muss damit leben«. Wenn nun aber das Subjekt diese konfliktuelle Differenz nicht erträgt, hält es die Verleugnung aufrecht und greift zur Spaltung. Eine Realität, aus der alles Unverträgliche entfernt wird, bestätigt diese Spaltung und erstarrt. Wenn der Unterschied zwischen Innen und Außen sich dem Subjekt nicht mehr bemerkbar macht, kann es zum Fetischismus kommen. Totalitäre Gesellschaften sind dadurch gekennzeichnet, dass die Wahrnehmung der äußeren Realität nicht mehr funktioniert, sie bekommt keine Konturen mehr, sie wird einförmig.

»Das Böse ist also anfänglich dasjenige, wofür man mit Liebesverlust bedroht wird« (Freud, GW Bd. XIV, S. 484). Aber die faschistischen Autoritäten verkünden, das Böse sei das Gute. Je mehr man sich seinen Destruktionstrieben hingibt, desto mehr wird man von dieser Autorität geliebt werden. Es gibt kein Schuldbewusstsein mehr, aber ein unbewusstes, vielleicht abgespaltenes Schuldgefühl, welches das Subjekt zutiefst unterminiert. Der psychische Apparat heißt ja nicht alle Impulse gut, die aus der äußeren oder seiner eigenen inneren Realität kommen. Er hat eine Widerstandsfunktion (in erster Linie gegen Reflexhandlungen), die sich im Verlauf der Menschwerdung als grundlegend erwiesen hat. Die Fähigkeit, eine Befriedigung aufzuschieben, und die hemmende Funktion des Ich sind wesentliche Elemente des menschlichen Fortschritts. Freud bringt in

Das Unbehagen in der Kultur (1930) deutlich zum Ausdruck, »in welchem Ausmaß die Kultur auf Triebverzicht aufgebaut ist« (GW Bd. XIV, S. 457). In *Die Zukunft einer Illusion* (1927) erkennt er als Humanist allerdings hellsichtig die Grenzen dieses Verzichts:

> »Wenn aber eine Kultur es nicht darüber hinaus gebracht hat, daß die Befriedigung einer Anzahl von Teilnehmern die Unterdrückung einer anderen, vielleicht der Mehrzahl, zur Voraussetzung hat, und *dies ist bei allen gegenwärtigen Kulturen der Fall*, so ist es begreiflich, daß diese Unterdrückten eine intensive Feindseligkeit gegen die Kultur entwickeln, die sie durch ihre Arbeit ermöglichen, an deren Gütern sie aber einen zu geringen Anteil haben. Eine *Verinnerlichung* der Kulturverbote darf man dann bei den Unterdrückten nicht erwarten, dieselben sind (...) bestrebt, *die Kultur selbst zu zerstören*, eventuell selbst ihre Voraussetzungen aufzuheben. (...) Es braucht nicht gesagt zu werden, daß eine Kultur, welche eine so große Zahl von Teilnehmern unbefriedigt läßt und zur Auflehnung treibt, weder Aussicht hat, sich dauernd zu erhalten, *noch es verdient*«. (GW Bd. XIV, S. 333; Hervorhebung vom Autor)

Auf den Ruinen der von den Nazis zerstörten Kultur wird eine starre, konturlose und konforme äußere Realität erbaut. Es handelt sich um eine konfliktfreie Welt, in der es dem psychischen Apparat unmöglich ist, in seinen Besetzungen Unterscheidungen vorzunehmen oder etwas zu interpretieren, da jede Bedeutung bereits vorgegeben ist. Die äußere Realität liefert keinerlei Hilfe für das Funktionieren der Urteilsfähigkeit: »Erst in späteren Jahren ist einem eigentlich richtig bewusst geworden, was damals geschehen ist,« sagte Erwin Grafmann bei seinem Prozess. »Die Massen haben nie den Wahrheitsdurst gekannt. Sie fordern Illusionen, auf die sie nicht verzichten können. Das Irreale hat bei Ihnen stets den Vorrang vor dem Realen, das Unwirkliche beeinflußt sie fast ebenso stark wie das Wirkliche. Sie haben die sichtliche Tendenz, zwischen beiden keinen Unterschied zu machen. (...) Die Realitätsprüfung [tritt] zurück gegen die Stärke der affektiv besetzten Wunschregungen«, schreibt Freud in *Massenpsychologie und Ich-Analyse* (GW Bd. XIII, S. 85).

Ich stelle dazu folgende Hypothese auf:

Das psychische Funktionieren des Subjekts erlahmt, wenn die Gesellschaft ihm in ihrem Inneren keine Konfliktmöglichkeiten mehr bietet. In den meisten Fällen kann die innere Konfliktfähigkeit, Grundlage der psychischen Dynamik, ohne gesellschaftliche Vermittlung (relais social), zwischen-

menschliche Beziehungen und libidinösen Austausch mit gesellschaftlichen Objekten (Institutionen, Sachen, Situationen, Ideen usw.) nicht aufrechterhalten werden.

Das seiner Konfliktenergie beraubte Subjekt verfällt in operationales Denken: Unter normalen Bedingungen sind die gesellschaftlichen Vermittlungsfunktionen (relais sociaux) ein notwendiger Libidolieferant (der hier ausfällt). Das Ich wird bewegungslos und das Über-Ich ausgeschaltet. Es reicht der repetitive und traumatisierende Appell der äußeren Realität an die Destruktivität des Subjekts und eine paradoxe Verbindung, eine Art Direktschaltung zwischen der äußeren Realität und dem Es, kommt zustande. Es entsteht ein freier, ungebundener Strömungsdurchgang, ein praktisch vorstellungsloser, reiner Energiefluss. Der destruktive Appell der äußeren Realität erhält sofort Unterstützung durch die destruktiven Kräfte im Es. Verstärkt wird diese Bewegung durch eine gewisse Anzahl von Elementen, die als Beschleuniger wirken:

- Ein charismatischer Führer, der »an die Stelle des Ich-Ideals gesetzt wird«, verwirrt das Subjekt in der Kohärenz seiner eigenen Ideale. Er zieht die Libido der Staatsbürger auf sich, so dass sie entsexualisiert und dadurch Aggression freigesetzt wird.
- Die wechselseitigen Identifizierungen zwischen den Individuen funktionieren in dieser affektgeladenen Atmosphäre mit der Geschwindigkeit von Zündschnüren.
- Zahlreiche gesellschaftliche Vermittlungsstellen (relais sociaux) nivellieren diese Identifizierungen und vermehren die Gleichförmigkeitsverhältnisse. Sie saugen die noch übriggebliebenen Besetzungsfähigkeiten der Subjekte auf.

Die Shoah

Der Mensch, der durch die Erstarrung seines psychischen Apparats ohne innere Vermittlungsfunktionen ist, wird triebhaft, er äußert sich in Handlungen, da dies die einzige ihm verbliebene Dynamik ist. In seiner Arbeit *Die endliche und die unendliche Analyse* (1937) hebt Freud hervor, dass das Ziel nicht darin besteht, eine Triebforderung auf Dauer auszuschalten. Der wünschenswerte Ablauf ist »etwas anderes, was man ungefähr als die Bändigung des Triebes bezeichnen kann.: das will heißen, daß der Trieb ganz in die Harmonie des Ichs aufgenommen, allen Beeinflussungen durch die anderen Strebungen im Ich zugänglich ist, nicht mehr seine eigenen

Wege zur Befriedigung geht« (GW Bd. XVI, S. 69). Wenn diese Bedingungen nicht zusammenkommen und der Trieb nicht in die Harmonie des Ichs aufgenommen werden kann, ist er für alle anderen Strebungen nicht mehr zugänglich und geht seine eigenen Wege zur Befriedigung. Nun macht der totale Mangel an Konfliktmöglichkeiten in der nationalsozialistischen Gesellschaft und dessen psychische Konsequenzen diese Integration unmöglich. Die Folge davon sind Projektion und Externalisierung der inneren Konflikthaftigkeit auf einen Teil der deutschen Bevölkerung, den man im Voraus festgelegt hat, nämlich »die Juden« – und in einem gewissen Maße »die Roten«, ein ebenso rassistischer Begriff, der immer wieder in *Mein Kampf* auftaucht, wo jeder Gegner auf »das Rote« zurückgeführt wird. Des Weiteren wird der innere auf den äußeren Konflikt projiziert, den Krieg, denn deutsch kann der Konflikt nicht sein, das Volk ist schließlich eins.

Es handelt sich um eine archaische Logik, die Logik des kleinen Kindes, das sich ein gutes Innen und ein schlechtes Außen aufbaut. Die Kriegslogik nimmt den Platz der Konfliktlogik ein: die Ursache des Unbehagens befindet sich außen. Aber man muss vorsorglich eine Reinigung vornehmen, die im Inneren jegliche »Befleckung« wegwäscht. Goldhagen konstruiert einen eigenartigen Syllogismus; er sagt im Wesentlichen: erstens, dass ein eliminatorischer Antisemitismus in der deutschen Kultur vorherrsche; zweitens, dass einige Durchschnittsdeutsche es ohne Gewissensprobleme akzeptiert hätten, das Vernichtungsprogramm umzusetzen, obwohl man es ablehnen konnte (ein Beweis dafür sei das Schweigen der Kirchen, das nach Goldhagen dem Druck des Volkes zuzuschreiben war). Daraus folgert er, dass das deutsche Volk in seiner großen Mehrheit bereit war, das Judenvernichtungsprogramm durchzuführen. Der Autor wundert sich nicht über das eigentliche Versagen der religiösen Moral (er projiziert es auf einen Verantwortlichen: das Volk). Nun waren die Deutschen aber im kirchlichen Sinn viel moralischer als die Franzosen. Und die religiöse Moral gründet auf Gehorsam, die laizistische hingegen auf Autonomie: Man muss Gott, dem Priester, dem Pastor und letztendlich Hitler als dem »Gesandten Gottes« gehorchen. Von dem Augenblick an, wo der Antisemitismus moralisch gebilligt wurde, war das Gebot »Du sollst nicht töten« vergessen.

Es wäre richtiger, diesen Syllogismus umzukehren: Die Kirchen waren es, die, durch ihre unverhohlene Kollaboration mit dem Regime, dem Volk keine Alternative ließen. Man überlege doch: Wer hatte mehr Freiheit? Das Volk hatte keinerlei widersprüchliche Informationen. Die Kirchen waren durch ihre nationalen und internationalen Nachrichtennetze auf dem

Laufenden und hatten eine gewisse Redefreiheit (die sie nur für ihre eigenen Interessen genutzt haben, wie etwa für das Kreuz in bayrischen Schulen, aber nicht, um den Völkermord öffentlich zu verurteilen). Goldhagen kann sich schuldige Kirchen, die ihre eigenen Gründe hatten, ein kriminelles Regime zu unterstützen, anscheinend nicht vorstellen, und so schiebt er das Verbrechen dem Volk zu. Nun haben die Kirchen aber einigen Nutzen aus dem Nationalsozialismus gezogen: das totale Verbot aller laizistischen oder atheistischen Vereinigungen und die Judenvernichtung selbst. Denn die Kirchen bekundeten einen gewissen nicht biologischen »christlichen« Antisemitismus. Bei den Katholiken wurde er vom Vatikan betrieben; bei den Lutheranern war er die Folge der zutiefst antisemitischen Schriften Luthers, was die Synode im Jahre 1934 dazu bewegte, Hitler zum »Gesandten Gottes« zu proklamieren, womit sie die Abspaltung der »Bekennenden Kirche« auslöste. Die Kirchen erreichten noch die Ausmerzung der demokratischen und avantgardistischen Sitten der Weimarer Republik, vor allem in Berlin, dem damals aktivsten und originellsten kulturellen Zentrum in der Welt.

Außerdem betrieb Kardinal Pacelli (der zukünftige Pius XII), apostolischer Nuntius seit 1929, die Unterzeichnung eines Konkordats, das von der Zentrumspartei (der damaligen katholischen Regierungspartei mit Brüning und anschließend von Papen) abgelehnt wurde. Daraufhin wandte er sich an Hitler. Allerdings hatte die deutsche katholische Kirche den Mut gehabt, die Nazis zu exkommunizieren. Aber gegen die Zusage der Konkordatsunterzeichnung verbietet der Kardinal die Exkommunikationen und noch vor dem 30. 1. 1933 verdoppeln sich die Nazistimmen in den katholischen Regionen. In Wirklichkeit war die Allianz für beide Seiten gewinnbringend: Der Kardinal führte den gleichen Kreuzzug gegen den Kommunismus und den politischen Liberalismus wie Hitler.

Goldhagen bagatellisiert die antinationalsozialistischen Kräfte und den Widerstand gegen den Antisemitismus vor der Zeit des Nationalsozialismus. Immerhin hatte das Volk Hitler bei den Wahlen vom November 1932 mit dem Verlust von zwei Millionen Stimmen und vierzig Abgeordneten bloßgestellt. Wegen dieser Niederlage bedurfte es einer Verschwörung, um den Reichspräsidenten Hindenburg zu veranlassen, Hitler zum Kanzler zu ernennen. Die Last der Schuld müsste also dem Volk abgenommen und auf die Nazis und ihre Komplizen übertragen werden: auf die Eliten und die bestehenden Körperschaften (die Universitäten, die Kirchen usw., aber nicht die Gewerkschaften):

Das deutsche Volk ist von seinen Eliten verraten worden

Der »Vernichtungswille der Deutschen« vor Hitler ist ein rein theoretisches Konstrukt. Selbst nach fünf Jahren der NS-Herrschaft kam das Volk Goebbels Aufruf nicht nach, »spontane« Übergriffe gegen die Juden auszuführen. Die Reichspogromnacht (»Kristallnacht«, 1938) war ein Verbrechen, das einzig der SS und Teilen der SA zuzuschreiben ist. Drei Jahre später allerdings gab es keinen Fluchtweg mehr. Die Konditionierung, die dem Seelenleben seine Dynamik raubt, funktioniert leider sehr schnell. Der psychische Apparat ist sehr anfällig. Er kann nicht unabhängig von den Umständen »normal« funktionieren. Er zerbricht zwar nicht, aber er verbiegt sich. (In schweren Fällen besteht das Risiko, dass die Deformation des psychischen Apparats bestehen bleibt, dann nämlich, wenn das Subjekt Gefangener der aus seinen Taten folgenden Identifizierungen bleibt.) Das Subjekt funktioniert dann auf eine sinnlose Weise, die Ursache seines Funktionierens ist fremdbestimmt, das Subjekt verwandelt sich in eine menschliche Maschine. Genau das diagnostizierte von dem Bach, SS-General, bei den Männern der Sonderkommandos: »Schauen Sie diesen Männern in die Augen und Sie sehen, wie verwirrt sie sind. Diese Männer sind fertig bis ans Ende ihrer Tage«, sagte er zu Himmler (Hillberg 1985, S. 869).

Dieses Modell ist auch auf Micro-Totalitarismen anwendbar, auf totalitäre Vakuolen, die es in jeder demokratischen Gesellschaft gibt: Sekten, deren Ideologie eine Wirklichkeit zusammenphantasiert, totalitäre Parteien, in denen der Aktivist diese Form des Funktionierens vorwegnimmt, Armeen, das Milgramexperiment, der Mafia unterworfene Bevölkerungsgruppen, usw. Alle gesellschaftlichen Prozesse, die unter Ausschluss der Öffentlichkeit stattfinden, verleiten zu diesem Verhalten. In affektgeladenen Stimmungen kann es unter bestimmten sozialen Bedingungen zu einer Kristallisation (im Sinne Stendahls) kommen, die ganze Massen in Orgasmen der Gewalt ausbrechen lässt (wie in Ruanda). Bei den Selbstmordattentätern unserer Tage sind die Verwerfung der Realität und der Ausschluss der Öffentlichkeit am extremsten ausgeprägt. Das großgeschriebene Ideal zählt mehr als das Leben, und zwar im Hinblick auf ein Leben nach dem Tod, das für viel befriedigender gehalten wird.

Anhand des Algerienkriegs kann man sich ein Bild davon machen, wie es in einem demokratischen Land zu Horrortaten kommen kann, die mit denjenigen vergleichbar sind, die unter einer totalitären Macht verübt werden (ich stütze mich auf das Buch von Patrick Rotmann 2002). Das Recht, wie in jedem Krieg, Soldaten zu töten, verwandelte sich in das Recht, die Zivilbevölkerung zu töten, und das immer massiver und grausamer. Das alles geschah in einer rassistischen und ideologisch extrem rechts gerichteten Atmosphäre, der die Soldaten uneingeschränkt unterworfen waren. Die in diesem Buch befragten Soldaten unterstreichen, dass sie von allem abgeschnitten waren (Verschwinden jeglicher Konflikthaftigkeit). Die republikanischen Gesetze galten in Algerien nicht mehr, was gegen das Grundgesetz verstieß, denn Algerien war ein französisches Département. Die »Sondervollmachten« vom 7. Januar 1957 sagen ausdrücklich: »Auf dem Territorium des Départements von Algier geht die Verantwortung für die Aufrechterhaltung der Ordnung auf die Militärbehörde über. Sie übt die Polizeigewalt aus, die normalerweise der Zivilbehörde untersteht« (Rotman 2002, S. 122). Das führte dazu, dass ganze Dörfer mit ihren Einwohnern (Frauen und Kindern) durch Napalm zerstört wurden, Massaker mit dem Gewehr unmittelbar an der Bevölkerung verübt wurden (ein Soldat bezeugt, dass ein Baby gegen eine Wand geworfen und zerschmettert wurde). Es gab viele »Oradours« (Oradour-sur-Glane: Dorf in der Nähe von Limoges, wo die ganze Bevölkerung von der SS-Division »Das Reich« umgebracht wurde), sagen die Soldaten. Manche Soldaten wurden dafür von Offizieren oder Folterern erschossen. Diese ganz gewöhnlichen Franzosen standen unter einem doppeltem Terror: demjenigen des »Feindes« und demjenigen eines Teils der faschistischen Führungsschicht. Ein Soldat des Truppenkontingents wird in Algier getötet und seine Kameraden treten zu Vergeltungsmaßnahmen an: 400 algerische Zivilisten werden umgebracht. Die Folter wurde allgemein gehandhabt, es gab eine große Anzahl an Vergewaltigungen, Gefangene wurden von Hubschraubern aus ins Meer geworfen. Zwei Millionen Zivilisten wurden unter entsetzlichen Bedingungen in Lagern, die von der Armee verwaltet wurden, zusammengepfercht (concentrés). Ein Priester macht darauf aufmerksam, dass die Religion nicht ausreicht, um sich zu widersetzen (zumal einige Geistliche selbst die Folter rechtfertigten): »Man muss schon im Voraus gewarnt worden sein und insbesondere universelle Werte verinnerlicht haben« (Rotman, S. 228). Die Dimension des Horrors ist in diesem Krieg allgegenwärtig und nicht weit entfernt vom Verbrechen gegen die Menschheit.

Viele Soldaten fühlen sich schuldig, entweder für das, was sie getan haben oder haben tun lassen. Es gab eine nicht zu unterschätzende Anzahl an Selbstmorden. Aber wir lebten in einer Demokratie. Trotz der Zensur gab es starken Protest und zahlreiche Demonstrationen der Opposition, was die Regierung zwang, den Polizeidirektor Pierre Mairey zu einer Ermittlung vor Ort zu schicken. Er machte einen sorgfältigen und korrekten Bericht und wurde abberufen. Diese schwache Haltung der Regierung war verheerend für die Demokratie. Zwei Staatsstreiche, die allerdings jenseits des Mittelmeers blieben, bestätigen dies.

Am Schluss sprechen die Soldaten sich über die Horrortaten aus. Sie sprechen von Bestialität, von willkürlicher Brutalität, primitivsten Instinkten, von der Faszination und dem Genießen des Bösen, von der Lust und der Banalität des Bösen und vor allem von Scham und Schande. Für viele unterliegen diese entsetzlichen Erfahrungen der Spaltung und einem tiefen Unbehagen: Sie werden niemals davon sprechen. Hoffen wir, dass eines Tages mutige Politiker sich dazu entschließen, den Schleier zu lüften und die öffentliche Diskussion in Gang zu bringen, die unbedingt notwendig ist, um die kollektiven Traumata aufzuarbeiten. Dies ist zugleich ein Beweis dafür, dass eine Demokratie niemals absolut sicher ist. Totalitäre Vakuolen können sie vergiften und unter bestimmten Umständen sogar den ganzen sozialen Raum einnehmen. Totalitäre Tendenzen können sich in alle dafür empfänglichen Zwischenräume einschleichen, und nur eine ständige demokratische Wachsamkeit ist in der Lage, ein auf diese Weise mögliches Abgleiten zu stoppen. Wenn man also in Algerien dem Militär die Macht über die Zivilbevölkerung gibt, darf man sich nicht wundern, wenn es auf den Gedanken kommt, diese Macht in Frankreich selbst zu ergreifen; dieses Beispiel ist nicht unausweichlich: Unter ähnlichen Bedingungen (Kolonialkrieg in Angola) hat die portugiesische Armee genau umgekehrt gehandelt, indem sie die Diktatur abschaffte und die Demokratie wieder einsetzte, was für sich spricht.

Man darf das Schlimmste der Menschheit nicht in dem vorgeblich zeitlosen Charakter eines Volkes suchen, denn das ist eine »psychologische« Konstruktion und wir Psychoanalytiker wissen, wie künstlich sie ist. Nachdem ich versucht habe, die extreme Gewalt theoretisch zu erfassen, indem ich auf einer allgemeinen Ebene argumentierte, möchte ich nun mit dem Besonderen abschließen: Wenn einer meiner ehemaligen Mitschüler aus dem Gymnasium auf grauenhafte Weise einen Algerier ermordet hat, dann nicht deshalb, weil er Franzose war, sondern weil er nicht über das nachdachte, was er tat. Ich muss hinzufügen, und meine Arbeit über die Shoah bezeugt es strukturell, dass mir nichts zur Verfügung steht, was mir gestatten würde zu behaupten, ich wäre unter ähnlichen Umständen nicht fähig gewesen, genauso zu handeln.

Auch in jedem Franzosen gibt es Abgründe der Grausamkeit, die in nichts dem Horror nachstehen, den die Deutschen in den schlimmsten Momenten bewiesen haben: das Es, nannte es Freud. Der Unterschied besteht darin, dass die Theoretiker des Bösen in Frankreich nicht bis ans Ende ihrer Logik gehen konnten: Die Republik und ihre Bürger schliefen nur auf einem Auge und die Schleusen haben funktioniert.

Eine letzte Präzisierung erscheint mir sinnvoll:
1. Der Wahncharakter des Hitlerschen Antisemitismus steht außer Frage, aber er erklärt nichts. Das gehört in die Zuständigkeit der Psychiatrie. Tausende von Menschen haben genauso tödliche Wahnvorstellungen, aber in den meisten Fällen führt das nicht weit, auch wenn man die individuellen Mordtaten einbezieht.
2. Wenn das delirierende Subjekt darüber hinausgehen kann (Machtergreifung), so ist das nur erklärbar, wenn dabei soziale und politische Mechanismen berücksichtigt werden.
3. Die Wirkung eines solchen destruktiven Wahns auf die Mehrheit der Gesamtbevölkerung und die Handlungen, zu denen das politische Zentrum die Bevölkerung drängt, sind in ihrem wesentlichen Kern (wobei es selbstverständlich und notwendigerweise technische Mechanismen gibt) nur erklärbar, wenn dabei das *psychische Funktionieren* in die Betrachtung einbezogen wird.

Es handelt sich um eine historische Warnung, wenn Freud in *Das Unbehagen in der Kultur* schreibt: »Die Schicksalsfrage der Menschenart scheint mir zu sein, ob und in welchem Maße es ihrer Kulturentwicklung gelingen wird, der Störung des Zusammenlebens durch den menschlichen Aggressions- und Selbstvernichtungstrieb Herr zu werden« (GW Bd. XIV, S. 506).

Nach 1945 haben wir geglaubt, dass nichts mehr schief gehen kann. Seit einigen Jahren haben wir gute Gründe, daran zu zweifeln. Vor allen Dingen, wenn wir nur »mit Gottes Hilfe« siegen können, wie es eine Autoritätsperson erster Ordnung uns am 11. September 2001 im Fernsehen verkündete. Gerade das war Freuds größte Befürchtung – Freud, der *hinter solchen Allmachtsphantasien die Schwäche dieses Gottes* aufgedeckt hatte.

Literatur

Bartov, O. (1990): Hitler's Army. Oxford (University Press); (1999): L'armée d'Hitler. Paris (Hachette Littératures).

Browning, Ch. (1992): Ordinary Men. Reserve Police Battalion 101 and the Final Solution in Poland. (Harper Collins Publishers); (1994): Des hommes ordinaires. Le 101e bataillon de réserve de la police allemande et la Solution Finale en Pologne. Les Belles lettres.

Cornwell, J. (1999): Hitler's Pope. London (Penguin); (1999) : Le pape de Hitler. Paris (Albi Michel).

Adam, C. (1996): Carnets du Ghetto de Varsovie. Paris (La Découverte).

Freud, S.: Gesammelte Werke. Frankfurt (S. Fischer Verlag).

Furet F., & Nolte, E. (2000): *Fascisme et communisme*. Paris.

Diatkine, R. (1994): L'enfant dans l'adulte. Paris (Delachaux et Niestlé).

Goldhagen, D. (1996): Hitlers willige Vollstrecker. Ganz gewöhnliche Deutsche und der Holocaust. Berlin (Siedler).

Hillberg, R. (1985): The Destruction of the European Jews. (Holmes and Meier); (1988): La destruction des Juifs d'Europe. Paris (Fayard).

Hobsbawm, E. (1994): Age of extremes: The Short Twentieth Century 1914–1991. London (Abacus); (1999): L'Âge des extrêmes. Paris (Le monde diplomatique).

Johnson, E. A. (1999): Nazi Terror, The Gestapo, Jews, and Ordinary Germans. Basic Books.

Johnson, E. A. (2001): La terreur nazie, la Gestapo, les Juifs et les Allemands ordinaires. Paris (Albin Michel).

Kant, I. (1977): Kritik der praktischen Vernunft. Grundlegung zur Metaphysik der Sitten. Frankfurt (Suhrkamp).

Kelsen, H. (1979): Allgemeine Theorie der Normen. Wien (Manz Verlag); (1996): Théorie générale des normes. Paris (PUF).

Kershaw, I. (1983): Popular Opinion and Political Dissent in the Third Reich. Bavaria 1933–1945. Oxford University Press; (1995): L'opinion allemande sous le nazisme Bavière 1933–1945. Paris (CNRS Édition).

Klee, E. (1997): Auschwitz. Die NS-Medizin und ihre Opfer. Frankfurt (S. Fischer Verlag).

Klee, E. (1999): La Médecine nazie et ses victimes. Arles 13200 (Solin. Actes Sud).

Laval, G. (1995): Malaise dans la Pensée. Paris (Publisud).

Laval, G. (2002): Bourreaux ordinaires. Paris (PUF).

Le Bon, G. (1927): Psychologie des foules. Paris (Alcan).

Neyraut, M. (1997): Les logiques de l'irrationnel. Paris (PUF).

Roseman, M. (2002): The Villa, The Lake, the Meeting (Wannsee). London (Allen Lane The Penguin Press); (2002): Ordre du jour Génocide. Paris (Audibert).

Rotman, P. (2002): L'ennemi intime. Paris (Seuil).

Schoenbaum, D. (1966): Hitler's social Revolution; (2000): La Révolution brune. Paris (Gallimard).

Stoltzfus,N. (1995): Resistance of the Hearts Intermarriage and the Rosenstrasse Protest in Nazi Germany; (1996) La résistance des cœurs. Paris (Phébus).

Szpilman, W. (2001): Le Pianiste. Paris (Robert Laffont).

Turner Jr., H., A. (1996): Hitler's thirty days to power January 1933. (Addison-Wesley Publishing Company); (1997): Hitler janvier 33. Les trente jours qui ébranlèrent le monde. Paris (Calmann-Lévy).

Leere und Gewalt

Reflexionen zu Hitler, der Begegnung mit einem Psychiater und zur ärztlichen Grundhaltung

Roland Knebusch

1. Einleitung

Noch ein Versuch, Hitlers Seelenleben zu ergründen? Erneut Hypothesen zu diesem Menschen, den der deutsche Literat Gustav Regler »the son of no-man's land« nannte (Regler 1941/42)? Seit Hitler in *Mein Kampf* seinen Aufenthalt im Militärlazarett Pasewalk öffentlich gemacht hatte, ist immer wieder versucht worden, hier einen Schlüssel zu seinem Wesen zu finden – nicht ohne Grund, denn Hitler beschreibt dort in emphatischen Worten ein Erweckungserlebnis, seinen Willen in die Politik einzutreten. Schon früh gab es das Gerücht, dass Hitler in Pasewalk psychiatrisch behandelt worden sei. Dies regte die Phantasie an und weckte die Hoffnung, dort Hinweise zur Lösung des Rätsels Hitler zu finden. Die hier vorgelegten Gedanken bleiben überwiegend Hypothesen, die anregen sollen. Das möge beachtet werden, denn es wäre umständlich, jedes Mal das Vorläufige und den Vermutungscharakter des Gesagten herauszustellen. Vorgestellt wird die Rekonstruktion einer Geschichte, die sowohl erfunden wie gefunden erscheint. Kein geringerer als Freud hat auf dem Wert einer »just-so-story« beharrt (Freud 1921c). Hoffen auch wir auf Nachsicht. Wir wollen uns von einem Roman leiten lassen, der uns Anlass zu einigen psychodynamischen Überlegungen geben wird. Es ist das letzte Werk des deutschen Exilschriftstellers Ernst Weiß, *Der Augenzeuge*, 1938 in Paris geschrieben (Weiß 1938). In diesem Werk von hoher literarischer Qualität werden eine Fülle komplexer Themenstränge wie der tiefe Fall der Psychiatrie in einen unmenschlichen Abgrund, Grundfragen der ärztlichen Ethik, der Aufstieg Hitlers, die Katastrophe Deutschlands, durch die sich entwickelnde Geschichte des Protagonisten kunstvoll miteinander verflochten. Das Werk teilte das Emigrantenschicksal seines Autors und erschien erst nach langer Irrfahrt posthum dreiundzwanzig Jahre nach dessen Tod. Im Folgenden sollen zuerst die wichtigsten bekannten Fakten zu diesem Thema aufgeführt werden. Danach werden drei Lesarten der Pasewalk-Episode vorgestellt: zuerst Hitlers Bearbeitung der Geschichte zu einem nationalen Mythos und einer Erlöserlegende, dann eine Rekonstruktion, die ein amerikanische Historiker versucht hat, schließlich der Roman als Lesart des Dichters Ernst Weiß. Um es vorwegzunehmen: »Das Rätsel innerhalb eines Mysterium, das wiederum in einem Enigma steckt«, wie sich Churchill einmal über Hitler äußerte (zit. nach Kershaw 1998), wird durch diese Arbeit auch nicht gelöst. Auch geht es uns hier nicht um die gesellschaftlichen und sozialpsychologischen Zusammenhänge der Kooperation Hitlers mit dem deutschen Volk, die das eigentliche NS-Phänomen ausmachen. Aber dass Hitler ein ungewöhnlich prägender und geschichtsmächtiger Protagonist in unser aller Unglücksgeschichte war und ist, bleibt unbestritten. Die Beschäftigung mit seinem Seelenleben bedarf deswegen keiner besonderen Rechtfertigung.

2. Die Fakten

Der Gefreite Adolf Hitler wurde im ersten Weltkrieg an der Westfront als Meldegänger eingesetzt, eine besonders gefährliche Aufgabe, die er mit Begeisterung erfüllte. Er wurde mit sechs Medaillen ausgezeichnet, die er sich in acht blutigen Schlachten erwarb. Allein in der ersten Ypern-Schlacht wurde sein Regiment um 80% dezimiert. Er wurde 1916 verwundet und hatte große Sorge, nicht in sein Regiment an die Front zurückkehren zu können. In der Nacht vom 13./14. 10. 1918 erlitt Hitler eine Senfgas (Gelbkreuz)-Vergiftung mit schwerer Verätzung der Augenbindehäute, die ihn erblinden ließ. Am 21. 10. wurde er in das Preußische Reservelazarett Pasewalk in Vorpommern eingeliefert, ein umgebautes Schützenhaus. In Pasewalk, einem Eisenbahnknotenpunkt, gab es sieben Lazarette. Es ist unklar, ob Hitlers Lazarett ein Speziallazarett für psychisch kranke Soldaten war. Hitler erholte sich und konnte wieder sehen. Er erblindete ein zweites Mal, als ihn am 10. 11. die Nachricht von der Kapitulation der Front und der Revolution in Berlin erreichte. Diese Krise, vermutlich eine psychosomatische Reaktion, führte zur Vorstellung beim psychiatrischen Konsiliarius des Lazaretts Prof. Forster. Edmund Robert Forster (1878–1933) war damals Oberarzt an der Berliner Charité. Sein »Dienstverhältnis zur Verfügung des Stationsarztes« endete am 15. 11. mit der Wiederaufnahme seiner Arbeit in Berlin. Der Kontakt mit Hitler war demnach kurz und dauerte maximal drei bis vier Tage. Forster gehörte als Militärpsychiater zu der radikalen Schule dieser Ärzte, die Freud als die »Maschinengewehre hinter der Front« bezeichnet hat (Freud 1920). Dies wird durch die damals von Forster veröffentlichten Publikationen belegt (z. B. Forster 1917). Das Traumatische des Krieges wird vollständig geleugnet, dieser wird vielmehr als ein Ertüchtigungsmittel für die Nerven angesehen. Entsprechend wird das Konzept der traumatischen Neurose (Oppenheim) verworfen. Die seelisch Verletzten des Krieges galten als »Hysteriker« und lebensuntüchtige Psychopathen. Forster kam bei der Beschreibung der »Kriegshysteriker« ohne die Erwähnung der Angst aus. Er gebrauchte dieses Wort nur am Rande bei der Beschäftigung mit einem Spezialfall, dem hysterischen Dämmerzustand. In jedem Fall wurden die Patienten in ein radikales Unterwerfungsverhältnis gezwungen. Die »Behandlung« bestand in Anschreien, Zwangsexerzieren, Dauerbädern, Isolationshaft und Stromschlägen, im Extrem Auslösung von Erstickungsangst. Forster selber soll das Verfahren der »rigorosen verbalen Zurechtweisung« bevorzugt haben und empfahl z. B. eine »Überrumpelungsstrategie« gegenüber dem Patienten (Armbruster 1999). Im Münchner Putschprozess 1924 gegen Hitler wurde dessen Krankenakte aus Pasewalk hinzugezogen, ebenso in der sich anschließenden Arbeit der bayrischen Landtagskommission 1924 bis 1928. Der spätere bayrische Ministerpräsident Wilhelm Hoegner hatte Einblick in die Akte. Er erinnerte lediglich, dass Hitler am 19. 11. 1918 dienstfähig entlassen wurde. Es muss ein dürftiges Dokument gewesen sein. Von einer Behandlung erinnerte Hoegner nichts (wiedergegeben nach der Schilderung von Binion 1973).

Die Krankenakte mit allen Kopien ist verschwunden. Sie ist vermutlich nach 1933 von der Gestapo vernichtet worden. Hitler sagte im Prozess zu den Ärzten in Pasewalk: »Sie behandelten uns praktisch nicht wie Individuen! Wir wurden aufgerufen und in Horden ausgemustert« (BAK NS26/1927–1/32, zit. nach Binion 1973, S. 202). Viel interessanter als die offiziellen Aufzeichnungen dürften die persönlichen Notizen gewesen sein, die Forster allem Anschein nach gemacht und privat verwahrt hat. Nach der Machtergreifung fuhr er im Juli 1933 nach Paris. Dort traf er sich in einem Café mit den vier deutschen Exilschriftstellern Leopold Schwarzschild, Joseph Roth, Ernst Weiß und Walter Mehring. Nach Aussage des letzteren habe Forster hier die »verhängnisvollen Akten« übergeben (Mehring 1964; über die Geschichte wurde schon eine knappe Woche nach Forsters Selbstmord in »Das Neue Tagebuch« [Hg.: Schwarzschild; Paris, 16. 9. 1933, S. 273] berichtet). Um Forsters gefährliche Aktion zu verstehen, muss man wissen, dass er nach seiner Berufung 1925 auf den Lehrstuhl in Greifswald eine Wandlung durchgemacht hat. Er nahm eine liberalere Haltung an. So gestaltete er seine Klinik um. Durch eine künstlerische Farbgebung suchte er therapeutischen Einfluss auf die Kranken zu nehmen. Die weiße Schwesterntracht wurde abgeschafft. An den pastellfarbenen Wänden hingen Ölbilder eines befreundeten Malers (vgl. Armbruster 1999. Bei dem Maler handelt es sich um Konrad Lattner, einen Maler und Bildhauer aus Anklam, der den *»entarteten Künstlern«* zugerechnet wird). Forster setzte sich noch 1933 für seinen jüdischen ungarischen Assistenten Zador ein, den er versuchte, gegen die antisemitische und fremdenfeindliche Haltung der Fakultät zu habilitieren. Forster wurde nach seiner Rückkehr im August 1933 intensiv von den Universitätsbehörden verhört. Es ging nicht um seine Parisreise, sondern um die Denunziation eines angeblichen Studenten, der Forster, dessen Namen er falsch schrieb, als »marxistische Systemgröße (...) stark verjudet usw.« anklagte. Das Ganze hatte einen bestellten Charakter. Forster fürchtete Schlimmes hinter diesen Anschuldigungen, vermutlich einen Bezug zu seiner Parisreise, die er heimlich auf dem Weg über die Schweiz unternommen hatte. Nachdem er mehrfach Ängste vor der Gestapo äußerte, erschoss er sich am 11. 9. in seiner Wohnung. Die Identität Forsters als Hitlers Psychiater in Pasewalk wurde erst spät bekannt. Der amerikanische Historiker John Toland entdeckte 1972 per Zufall in den National Archives in Washington ein zu dem Zeitpunkt noch geheim gehaltenes Dokument des US-Marinegeheimdienstes aus dem Jahre 1943. Ein Mitarbeiter Forsters aus der Zeit in Pasewalk schreibt darin, dass Forster bei Hitler die Diagnose *»psychopath with hysterical symptoms«* gestellt habe. Angaben über eine Behandlung fehlen auch in diesem Dokument (zit. in: Toland 1976, in »Notes« zum Prolog des Buches. Bei dem Informanten handelt es sich um den Berliner Nervenarzt Karl Moritz Kroner [1878–1954], der 1938 nach Island floh [Angaben nach Armbruster 1999]).

Die Parisreise macht folgendes deutlich: Forster hätte ein so gefährliches Unternehmen kaum gewagt, um eine Diagnose, die übrigens keinen großen Neuigkeitswert hatte, zu überbringen. Sein Kontakt zu Hitler kann nicht bedeutungslos-beiläufig gewesen sein. In seiner »aktiven« Haltung gegenüber den »Kriegshysterikern« hat er vermutlich eine Behandlung versucht. Aber dies lässt sich heute nicht mehr klären. Es ist auch wenig sinnvoll, darüber zu spekulieren, ob es eine Behandlung im Sinne eines Eingriffs mit bestimmten Interventionen gewesen ist. Ohnehin sind einzelne Therapieschritte weniger wichtig als der Geist, in dem der Umgang mit dem Patienten geschieht. Unstreitig war Hitler für kurze Zeit in Forsters Händen, eine

Behandlung in diesem Sinne hat stattgefunden. Und Forster muss sie als etwas Ungewöhnliches, sehr Wichtiges erkannt haben, das er unbedingt mitteilen wollte. Fassen wir zusammen: Hitler geriet bei Kriegsende 1918 in eine schwere seelische Krise. Den ganzen mörderischen Krieg zuvor hatte er ohne psychische Auffälligkeiten durchgestanden. Offenbar verstörte ihn nicht der Krieg, sondern der Ausbruch des Friedens. Der Kontakt im Lazarett Pasewalk mit Prof. Forster kann nur ein kurzer Kontakt von wenigen Tagen gewesen sein. Dazu machte Forster nur private Aufzeichnungen. So beschreibt es auch Ernst Weiß. Forster traf Weiß in Paris im Kreis einer kleinen Emigrantengruppe und übergab dort seine persönlichen Aufzeichnungen zu seinem Kontakt mit Hitler. Forster, Weiß und schließlich Hitler endeten durch Selbstmord. Schauen wir uns nun verschiedene Lesarten dieser Ereignisse an.

3. Die Lesart Hitlers

Die berüchtigt gewordene Passage in *Mein Kampf* über seine Reaktion auf Kapitulation und Revolution lautet: »Was folgte waren entsetzliche Tage und noch bösere Nächte – ich wusste, dass alles verloren war (...) In diesen Nächten wuchs in mir der Hass (...) Mit den Juden gibt es kein Paktieren, sondern nur das harte Entweder – Oder. Ich aber beschloss, Politiker zu werden« (Hitler 1925/26. Zitiert wird nach der Ausgabe von 1941, München (Eher Nachf.), S. 225). Zu beachten ist, dass *Mein Kampf* nicht als Autobiographie gelesen werden kann. Die Lesart Hitlers erscheint nur im Gewand eines persönlichen Berichts. Tatsächlich ist es eine genau berechnete Kampfschrift, um die extreme Rechte hinter sich zu einen und deren Führerschaft ideologisch und tatsächlich zu übernehmen. In diesem Zusammenhang wurde die angebliche Erweckung Hitlers zu einer Art Gründungslegende stilisiert und zum nationalen Mythos vom Erlöser Deutschlands ausgestaltet, der in Pasewalk visionär seine Erleuchtung durch die Vorsehung erfuhr. Hitler, der sonst persönliche Spuren konsequent tilgte, gestattete hier einen pseudoreligiösen Kult. Einen Tag nach seinem Geburtstag 1933 wurde er Ehrenbürger von Pasewalk. Das armselige Schützenhaus wurde 1936/37 vom Arbeitsdienst zu einer nationalen Weihestätte mit Appellplatz umgestaltet. Über der Tür prangte zusammen mit einem Weihespruch ein Giebelmosaik, das Ritter, Tod und Teufel darstellte. Im Inneren gab es die unvermeidlichen Fahnen, eine Hitlerbüste und an der Stirnwand wieder ein großes Mosaik mit einer profanen

Ausführung des hl. Michael als Frontsoldat, der seinen Fuß auf eine brennende Weltkugel (sic!) stellte.

4. Die Lesart eines Historikers

Der amerikanische Psychohistoriker Rudolph Binion hat sich in besonderem Maße dieser Geschichte angenommen. Seine Sicht fußt auf der Einschätzung seines Historikerkollegen Toland, der den Prolog zu seiner großen Hitlerbiographie mit den Worten enden lässt: »Während jener Nachtstunden im Lazarett von Pasewalk wurde die unheilvollste Macht geboren, die das zwanzigste Jahrhundert bislang erlebt hat. Hitler war nicht in die Politik gegangen – die Politik war zu Hitler gekommen« (Toland 1976). Binion gestaltet diese Sicht, die der NS-Mythologisierung auf eigene Weise gefährlich nahe kommt, in mehreren Arbeiten spekulativ mit psychoanalytischen Begriffen aus (Binion 1973, 1976). Dies erinnert nur allzu sehr an wilde Analyse. Binion nimmt Halluzinationen und Visionen bei Hitler an, die Forster hypnotisch induziert habe, und führt als Beleg den Roman von Ernst Weiß an, den er als Tatsachenschilderung liest. Dies ist eine unzulässige Form der Lektüre. Darüber hinaus beschränkt sich diese allein auf das kurze Behandlungskapitel, in dem zudem weder von Halluzinationen noch von Hypnose die Rede ist. Der Rest des Buches bleibt unbeachtet. Die Spekulationen Binions sind ausufernd. So versteigt er sich zur Annahme einer Wirkungskette, die von der Gelbkreuzvergiftung über den gelben Davidstern zu den Gaskammern von Auschwitz führt. Es ist hier nicht der Platz, die Kritik zu vertiefen und näher zu begründen (dazu Näheres bei Knebusch 2002). Stattdessen seien an dieser Stelle Vermutungen über die Sicht Forsters eingefügt. Wir wissen nur, dass er offenbar eine dramatisch wichtige Botschaft unter Einsatz seines Lebens überbringen wollte. Vielleicht lautete sie etwa so: »Ich bin Hitlers Psychiater in einem Militärlazarett gewesen. Ich habe bei ihm einen gewagten seelischen Eingriff vorgenommen. Wie ein Zauberlehrling war ich so töricht, ihm zu suggerieren, dass er über einen so großen Willen verfüge, dass er Berge versetzen könne. Damit könne er Deutschland erretten, aber auch seine Blindheit heilen. Letzteres tat er. Nun will er Deutschland und schließlich die Welt beherrschen! Er wird es versuchen! Tut etwas!« Wir wissen nicht, ob das Motiv des Zauberlehrlings für Forster Anlass war, seine ärztliche Grundhaltung tiefer zu überdenken. Diese fundamentale Selbstbefragung ist das Hauptmotiv, das Ernst Weiß in seinem Roman gestaltet.

5. Die Lesart des Dichters

Das Treffen mit Forster in Paris war für Weiß der Anstoß für seinen Roman. Bevor wir uns damit beschäftigen, geben wir kurz einige Angaben zu seiner Person. Ernst Weiß (1882–1940) stammt aus Prag und war ein Zeitgenosse und Freund von Franz Kafka. Er studierte in Prag und Wien Medizin, beschäftigte sich mit der Psychoanalyse, ohne aber bei Freud Vorlesungen zu hören. Er wählte den Beruf des Chirurgen, konnte aber dann wegen einer schweren Tuberkulose in diesem Beruf nicht tätig werden. Weiß begann zu schreiben. Er hinterließ schließlich fünfzehn Romane, fünf Novellenbände, zwei Dramen, Gedichte und Essays, alles von hoher literarische Qualität. Das Hauptthema von Weiß ist der ärztliche Beruf, seine Gefährdungen und seine Ethik. Das Treffen mit Forster im heißen Sommer 1933, die Persönlichkeit des Psychiaters und sein Bericht müssen Weiß stark beschäftigt haben. Offensichtlich war die Begebenheit zu heikel, sie sogleich in einem Roman zu verarbeiten. Weiß trug die Geschichte mit sich herum, um sie dann 1938 unter Zeitnot fast in einem Guss niederzuschreiben. Er wollte damit ein Preisausschreiben der *American Guild for German Cultural Freedom* gewinnen – erfolglos. 1939 erfolgte eine Überarbeitung, die verschollen ist. Ernst Weiß nahm sich am 15. 6. 1940 beim Einmarsch der deutschen Truppen in Paris in seiner Verzweiflung das Leben. Philologen urteilen heute: »Es dürfte vielmehr nur wenige Exilromane geben, die so sorgfältig durchkonstruiert sind und deren Konzeption derart anspruchsvoll ist« (Trapp 1986: Der Augenzeuge – ein Psychogramm der deutschen Intellektuellen zwischen 1914 und 1936). Es ist in der Tat ein ergreifendes Werk! Anna Seghers erwähnt in ihrem Roman *Transit* den *Augenzeugen* und schreibt: »Und hätte ich tödliche Wunden gehabt, ich hätte auch sie beim Lesen vergessen.« Es ist hier nicht möglich, den Aufbau des Romans nachzuzeichnen. Deswegen sollen einige Hinweise zum Ganzen des Romans genügen. Es schließt sich die Behandlungssequenz in Pasewalk an.

5.1. Die Entwicklungsstationen des Protagonisten

Der Roman beginnt in der Kindheit des Protagonisten mit einer Begebenheit, die wie eine kontraphobische Variation auf Freuds *»kleinen Hans«* (1909b) anmutet. Ein Junge versucht sich mit einer Mutprobe bei Pferden und erleidet einen Hufschlag gegen die Brust, der ein Vernichtungsgefühl erzeugt. Das »Zermalmende« taucht später achtmal im Roman auf und bezeichnet jedes Mal existentielle Krisen des Protagonisten, in denen seine Identität bedroht wird. Der kleine Junge entdeckt als Ausweg aus der Krise das Machtspiel, den Willen zu herrschen, als einen »Trost für verlorene Knabenfreuden«. Er wählt aus diesem Grund den Beruf des Arztes. Er geht in die Schule eines skrupellosen Psychiaters (der »Narrenkaiser«) und lernt dort u. a. Vivisektionen und eine biologistisch-materialistische Auffassung der Seelenheilkunde. Der jüdische Hausarzt der Familie (der »Judenkaiser«) wird als gütiges Gegenbild des ehrgeizigen Psychiaters gezeichnet. In einer langen, schmerzhaften Entwicklung findet der Protagonist zu einem humanen Arzttum und heiratet schließlich die Tochter des Judenkaisers. Er löst sich von seinem bisherigen Mentor und wendet sich dem Einfluss der »jungen jüdischen Wiener Psychiaterschule« zu. Im Weltkrieg erlebt der Protagonist die Faszination und die Verführung durch Gewalt als Stoßtruppführer und wird nach seiner Verwundung Militärarzt. Es folgt die Behandlungssequenz von A. H. in P. (die Namen werden durchgehend nicht ausgeschrieben). Der Aufstieg Hitlers nach dem Krieg wird geschildert. Der Protagonist versteckt seine Aufzeichnungen. Er wird wegen seines Wissens um Hitler gejagt und im KZ gefoltert. Er kann sich schließlich in die Emigration nach Paris retten und lebt dort mit seiner Familie in elenden Verhältnissen. Das Bild eines von einer Bombe zerschmetterten Kindes bringt ihn dazu, sich als Militärarzt bei den Republikanern in Spanien zu melden. Das spannungsreiche Verhältnis zu seiner Frau löst sich. Der Roman endet mit den Worten: »So blieb ich ihr treu und mir«. Dies dürfte deutlich machen, dass es sich bei dem Roman weder um einen Hitlerroman noch einen Forsterroman handelt. Es ist überhaupt kein Schlüsselroman, wie Weiß betont hat, sondern ein Entwicklungsroman, der die ärztliche Ethik und ihre Wirrnisse behandelt. In diesen Kontext ist die Behandlungsszene in P. eingebettet.

5.2. Die Behandlung von A. H. in P.

Weiß beginnt die Sequenz mit einer mütterlichen Einstimmung. Der Protagonist sitzt nachts in seinem Dienstzimmer und sorgt sich um seine Mutter. Der schlaflose, verstörte A. H. bringt ihn dazu, sich um ihn zu kümmern. Dieses *»Kümmern«* lässt sich in der Abfolge von zehn Eingriffen vereinfacht schildern:

1. *Analytische Eröffnung*: »Ich ließ ihn sprechen, und er sprach stundenlang ohne Unterbrechung fort.«
2. *Annäherungskrise*: Der Arzt stellt zu früh die sensible Frage, ob er nicht

von den Frauen enttäuscht worden sei. A. H. bricht abrupt das Gespräch ab. »Herr Stabsarzt wissen ja ohnehin alles.«

3. *Aufbau einer Abhängigkeitsbeziehung*: »Ich ließ ihn gar nicht erst kommen (...) Er sollte gespannt sein. Er sollte nach mir rufen, er sollte mich sehnsüchtig erwarten, und er war es, der eines Abends durch den verlassenen Korridor angetappt kam und Einlass begehrte.«

4. *Gegenseitiges Teilen von Lügen*: »(...) ihm musste ich nicht mit logischen Überlegungen sondern mit einer großartigen Lüge kommen, um ihn zu überwältigen.« Der Arzt untersucht die Augen A. H.s. Beide wissen, dass die Hornhaut nie verletzt war. A. H. konnte noch vor kurzem gut sehen. Jetzt gilt die Version, dass die Hornhaut mit einer dicken, undurchdringlichen weißen Schicht überzogen sei. Diese Lüge wird mit einem pathetischen Bekenntnis zur Wahrheit bekräftigt, das weitere Lügen bahnt.

5. *Pseudounterwerfung des Arztes*: Der Protagonist erklärt, dass er völlig unfähig sei, seinem Patienten zu helfen.

6. *Tatsächliche Überordnung des Arztes*: »Er wehrte sich gegen mich, aber jetzt war ich der Stärkere, da ich auf die Unterseele dieses Menschen wirkte (...) Voll Freude an meiner Übermacht fühlte ich, ich hatte ihn in meiner Gewalt.«

7. *Unterwerfungsprobe*: Wiederholung der Frage nach den Frauen, die A. H. jetzt beantwortet.

8. *Offerierung einer narzisstischen Größenphantasie*: Der Protagonist beschwört den Willen der Heiligen, von Jesus und Mohammed, welche die Kraft haben, Wunder zu tun. Das sei ein Geist, der Mauern sprenge, auch die weiße Schicht der Hornhaut. Ob A. H. sich diesen Willen zutraue? Er müsse blind glauben! Deutschland brauche jetzt Menschen, die Energie und blindes Vertrauen in sich haben. *»Ihnen ist alles möglich! Gott hilft Ihnen, wenn sie sich selbst helfen!«* (kursiv im Original).

9. *Direkter Appell an den Willen*: »In jedem Menschen steckt ein Stück Gott, das ist der Wille, die Energie! Fassen Sie alle Ihre Kraft zusammen. Noch mehr, noch mehr, noch mehr!« – Das »Wunder« geschieht. – A. H. mit den Kräften des göttlichen Willens, mit der »seltenen, in allen tausend Jahren einmal vorkommenden Kraft, ein Wunder zu tun«, sieht wieder und verharrt gleichzeitig als Befehlsempfänger in der Unterwerfung. – »Setzen Sie sich!«

10. *Suggerieren von Schlaf*: »Wie Herr Stabsarzt befehlen. Schlafen!«

Die Behandlung endet mütterlich: Der Arzt bettet seinen Patienten auf den Untersuchungstisch und streicht ihm die Stirnlocke zur Seite. A. H. schläft ein. Das Fazit ist: »Alles geschah, wie ich es wollte. Ich hatte das Schicksal, den Gott gespielt und einem Blinden das Augenlicht und den Schlaf wiedergegeben.« Letzteres nur vorübergehend, A. H. wird seine Unruhe noch steigern.

6. Interpretation der Behandlungsszene

Bei der Interpretation möge beachtet werden, dass es Weiß, auch wenn er detaillierte Behandlungsschritte beschreibt, durchgehend auf die durch sie illustrierte ärztliche Haltung ankommt. Konkret erscheinende Interventionen müssen als Fiktion zur Bebilderung dieser Einstellung aufgefasst werden. Wir wollen die ärztliche Grundhaltung, die im Roman entwickelt wird, und deren Verletzung in P. zuerst in phänomenologischer Sicht darstellen. Es folgt eine identitätspsychologische Betrachtung und schließlich eine Anwendung von Konstrukten der Theorie des destruktiven Narzissmus.

6.1. Phänomenologische Sicht

Die ärztliche Grundhaltung, die Weiß in seinem Roman beschreibt, lässt sich mit den Worten: *Achtung – Treue – Sorge – menschliche Sorgfalt* umschreiben. Die Berufung auf die so beschriebene Haltung erweitert die übliche Ethik-Diskussion in der Medizin, die sich häufig mit dem Rekurs auf den hippokratischen Eid begnügt, eine Selbstverständlichkeit, die allein noch keine humane Grundhaltung des Arztes begründen kann. Was ist mit diesen vier Worten gemeint ?

Achtung ist die Anerkennung des Patienten als eigenständiges Gegenüber, als Individuum in eigenem Recht. Dieser gewinnt für den Arzt die Bedeutung als Subjekt mit allen seinen Eigenarten und ist nicht länger Objekt einer materialistischen Medizin (z. B. Weiß 2000, S. 92).

Treue meint die dienende Haltung des Arztes, die Begrenzung seiner Machtausübung auf das Mandat des Patienten, das dieser meist implizit erteilt. Die Angst des Pat. kann sich dadurch in Vertrauen wandeln. Wir haben gesehen, dass der Roman mit einem Hinweis auf die Treue endet (ebd., S. 289).

Sorge ist der Ausdruck der affektiven Bindung, die der Arzt passager mit dem Patienten eingeht. Dessen Heilung wird auf diesem Weg zu einem Wunsch des Arztes selbst. Der Hilferuf der Patienten kann sich so in Hoffnung verwandeln, die so wichtig für eine Heilung ist. Im Roman macht das Fieber des Protagonisten den Judenkaiser »besorgt« (ebd., S. 22) – während es vom Narrenkaiser heißt: »Er gab mir Geld, aber nicht die Hand« (ebd., S. 80). *Menschliche Sorgfalt* schließlich ist begründet durch den Blick des Arztes auf sein eigenes Inneres. Dies erlaubt ihm eine einfühlende Wahrnehmung, Verstehen und einen taktvollen Umgang mit dem Patienten. Der Judenkaiser hat diesen »Takt« (ebd., S. 45), er ist ein »guter Menschenkenner« (ebd., S. 61). Der Narrenkaiser dagegen befolgt das Lebensmotto: »Sich strikt an das halten, was ist. Alles ignorieren, was nicht ist (...)« (ebd., S. 104). Dies führt zu »einem starken Verbrauch von Menschen« (ebd., S. 81).

Der ärztliche Eingriff in P. wird in diesem Licht zu einem Übergriff, einer Verletzung der so beschriebenen Grundhaltung: A. H. wird als Subjekt missachtet und zu einem Spielball der Machtwünsche des Arztes gemacht. Er hat für diesen keine andere wesentliche Bedeutung. Die Überwältigung und Unterwerfung des Patienten bedeutet eine Treueverletzung, »weil mich eine Art Leidenschaft ergriffen hatte (...) Ich wollte herrschen (...) Voll Freude an meiner Übermacht fühlte ich, ich hatte ihn in meiner Gewalt« (ebd., S. 151–153). Hergestellt wird eine double-bind-Falle, die A. H. innerlich tief verunsichern muss. Dies ist das Gegenteil des Wirkens von Sorge, die Hoffnung gibt. »Meine Hände hatten Unheil bewirkt. Ich hatte in meiner Gottähnlichkeit einen Blinden sehend gemacht, ohne ihm regelmäßigen Frieden, das heißt Frieden der Seele zu geben« (ebd., S. 281). Es fehlt die menschliche Sorgfalt. Zum Blick nach innen und seiner rationalen Form, der Selbstkritik, findet der Protagonist erst später. In P. nimmt er A. H. nicht als leidenden Menschen wahr. Grund ist der »Wunsch, auch einmal Schicksal zu spielen« (ebd., S. 7), der ihn für seinen Patienten blind machte. »Da war ich blind. Ich wollte nicht sehen, weil mich eine Art Leidenschaft ergriffen hatte« (ebd., S. 151). Zur ärztlichen Grundhaltung gehört ein Rahmen, etwas Drittes, das die Beziehung Arzt-Patient als eine gefährdete Dyade schützt. Diese Funktion hat z. B. die Zeit, welche die Behandlung begrenzt, aber auch die Wahrheit, die unabhängig von beider Belieben ist. Es ist deswegen folgenschwer, wenn sich der Arzt in P. mit seinem Patienten auf Lüge und Manipulation einigt. Dies erzeugt etwas Fusionierendes, das uns weiter unten beschäftigen wird. Die Formierung dieser Verletzungen zu einem antihumanen Syndrom lässt sich in der Entwicklung der NS-Medizin beobachten (Knebusch 2003). Es ist, als ob dies Ernst Weiß vorausgesehen hat. »Der Nürnberger Ärzteprozess nach dem letzten Krieg hat alles erbarmungslos dokumentieren müssen, was Ernst Weiß bis in den Tonfall hinein genau, sieben oder acht Jahre vorher in der französischen Emigration aufgeschrieben hatte« (Schneider 1982).

6.2. Identitätspsychologische Betrachtung

Die Identitätsfindung des Protagonisten ist ein Thema dieses Entwicklungsromans. Identität als Konzept kann uns auch helfen, die Auswirkungen der Behandlung in P. zu verstehen und Hypothesen zum historischen Hitler aufzustellen. Was verstehen wir unter Identität? Sie kann als ein Konzept gesehen werden, welches das Ich in einer kreativen Leistung von sich und seinem Platz in der Welt erschafft. Psychoanalytisch gesprochen ist Identität aus Selbst- und Objektrepräsentanzen zusammengesetzt. Damit wird eine notwendige Folie geschaffen, die allem Wahrnehmen, Vorstellen, Phantasieren und Erinnern hinterliegt und diese Prozesse färbt und mitträgt. Die kreativen Ichfunktionen, die sich in der Identitätsbildung ausdrücken, dürfen nicht mit den synthetischen Ichfunktionen verwechselt werden, die auf einer tieferen Ebene die mentalen Prozesse steuern. Verwiesen wird auf die hervorragenden Zusammenfassungen zu diesem Thema von Fetscher (1983, 1985, 2003) und Bohleber (1992). Der A. H. des Romans ist bereits vor der Behandlung schwer geschädigt. Er wird geschildert als Egomane ohne Boden unter den Füßen, ohne liebende Beziehungen zu anderen. »Er terrorisierte die anderen, als gäbe es keinen anderen außer ihm« (Weiß 2000, S. 144). »Denn der Urgrund solcher Menschen, ihre Wandelbarkeit, ihre Unwahrhaftigkeit, ihre Unersättlichkeit, die Unkenntnis ihrer selbst, ihre Unfähigkeit, in einem anderen Menschen aufzugehen, ja auch nur das Minimum an Lebensrecht eines anderen zu begreifen, ihr Undank, ihr egozentrisches Feuer, ihr Hunger nach Zärtlichkeit und nach Aufsehen – das alles hätte nur ein Gott von Grund aus ändern können« (ebd., S. 145). Das sind ergreifende Worte für eine Identitätsstörung, die wir weiter unten als narzisstische Störung des Selbst behandeln möchten. Ohne Schwierigkeiten ist das Vorbild, der historische Hitler, zu erkennen, der egomane Adoleszent und gescheiterte Künstler, der Obdach- und Staatenlose, der rastlos umherirrt und im Krieg seine neue Heimat findet. Die Behandlung in P. kann dem A. H. des Romans nur eine oberflächliche Stabilisierung mit Identitätsattrappen von Größe, Willensmacht und Messianismus geben. Gleichzeitig wird die Identitätsstörung durch die Unterwerfung in einer double-bind-Situation ausgeweitet. Dies erzeugt eine Inkongruenz des Selbstbildes mit Verwirrung, die verdrängt werden muss.

7. Der destruktive Narzissmus

Dieses Konzept soll uns bei dem Versuch einer Synthese und ihrer Anwendung auf die Person Hitlers helfen. Eine gute Übersicht über die Theorie findet sich bei Trimborn (2002). Kurz zusammengefasst sind folgende Punkte wichtig:

Eine überwältigende Mutter erzeugt früh in dem Kind Fusionsangst. Diese wird durch eine paradox erscheinende fusionierende, globale Identifizierung vom Kind unvollständig abgewehrt. Es bildet sich die narzisstische Grundgleichung Selbst = Objekt aus. In dieser Einheit gibt es keinen Konflikt, keine Ambivalenz, nur ein Alles oder Nichts.

Die fortbestehende Fusionsangst sucht das bedrohte Selbst mit Gewaltanwendung nach außen und innen zu bannen und sich so zu stabilisieren. Diese im Kern konstruktive Gewalt amalgamiert sich mit destruktivem Hass, der gegen das allmächtige Objekt gerichtet ist, das zugleich haltgebend und bedrohlich ist.

Objekthass ist auf Grund der narzisstischen Gleichung immer auch Selbsthass.

In einer Arbeit der Negation (*travail du négatif* nach Green) wird durch Vernichtung der inneren Objekt- und Selbstrepräsentanzen ein innerer Raum der Leere hergestellt. Dies geschieht durch Verneinung, Verleugnung und Verwerfung. Es ist ein Prozess der Desymbolisierung und des Angriffs auf Bindungen (*attack on linking*).

Der leere Raum füllt sich mit diffusem Hass, der das bedrohte Selbst ständig weiter bedroht und in einem Verstärkungszirkel die Gewaltbereitschaft und die innere Arbeit des Negativen verstärkt.

Eine notdürftige Stabilisierung findet das Selbst nur durch eine ständige Externalisierung der Gewalt gegen äußere Objekte. Auch dieser Prozess radikalisiert sich in einem Verstärkungszirkel.

8. Adolf Hitler in Pasewalk – Versuch einer Synthese

Die Kenntnis von Forsters damaliger ärztlich-therapeutischer Einstellung erlaubt die Vermutung, dass der Kontakt mit Hitler, die Art und Weise, mit ihm umzugehen, unter Verletzung der ärztlichen Grundhaltung verlaufen ist. Ernst Weiß hat uns ein Bild der Problematik und der Folgen gezeichnet. Im Lichte der Theorie des destruktiven Narzissmus und ihrer Sprache liest sich das so, dass Forster die Rolle einer fusionierenden Mutter angenommen hat, die ihr Kind vereinnahmt, statt es zu tragen, zu halten und ihm gleichzeitig Raum für eine eigene Entwicklung zu geben. Er hat seinen Patienten vielmehr den eigenen Wünschen unterworfen und seine Individualität annihiliert. Weiß beschreibt diesen Übergriff als Herstellung einer double-bind-Situation, in der zusätzlich der Rahmen der Beziehung durch Lüge und Manipulation verändert wird. Die Dyade Arzt/Patient wird dadurch noch bedrohlicher. Die Narzissmus-Theorie lehrt uns, in der Arzt-Patientenbeziehung grundsätzlich die Gefahr der Herausbildung einer bedrohlichen Dyade zu sehen. Denn in der Regression durch Krankheit und Hilfsbedürftigkeit lebt in dem Patienten dessen frühe Erlebniswelt auf. Dies ist zusätzlich gebahnt durch die asymmetrische Machtverteilung mit eigener Ohnmacht gegenüber der Macht des Arztes. Damit ist die Möglichkeit für den Patienten nahe gelegt, den Arzt wie ein frühes Objekt, das zugleich haltgebend wie gefährlich ist, wahrzunehmen. Die ärztliche Grundhaltung hat in dieser Perspektive die Funktion, den Patienten vor realem Missbrauch, aber auch vor dessen eigenen Fusionsängsten zu schützen. Verlässt der Arzt die ärztliche Grundhaltung bei einem narzisstisch vorgeschädigten Patienten, hat dies eine besonders zerstörerische Wirkung. Wenden wir uns dem historischen Hitler zu, so spricht einiges dafür, dass dies tatsächlich der Fall war. Brockhaus hat mit Recht betont, dass vieles, was wir über Hitlers Person zu wissen vermeinen, nicht belegt oder Spekulation ist (Brockhaus 2003). Einige Umstände jedoch sind sehr wohl gesichert und signifikant. Nehmen wir das Standardwerk von Kershaw (1998) zur Hilfe, so lässt sich folgendes feststellen:

Hitler und seine Mutter verband eine intensive Beziehung. Wohl mit Recht kann man ihn einen *Muttersohn* nennen. Kershaw (1998, S. 42) spricht von der »erdrückenden Fürsorge einer überfürsorglichen Mutter«. Zeitlebens blieb Hitler ein *Pseudoödipus*, welcher der ödipalen Auseinandersetzung mit dem Vater und anderen Vaterfiguren aus dem Weg ging. Hitler hat selbst bemerkt, dass es als Knabe seine Angewohnheit gewesen sei, das letzte Wort zu behalten (ebd., S. 44). Wir wissen, dass er der unbelehrbare Rechthaber blieb. Er wurde in Kershaws Worten »ein kleiner Rädelsführer, außerstande, sich in die Schuldisziplin zu fügen, (...) widerborstig, eigenmächtig, rechthaberisch und jähzornig, (...) verlangte unbedingte Unterordnung von den Klassenkameraden, (...) gegen Schule und Lehrer schroff ablehnend, entwickelte eine träge, ziellose Existenz, (...) rechthaberisch und streitsüchtig, (...) wurde zu einem faulen, übellaunigen, rebellischen, missmutigen, störrischen und ziellos dahinlebenden Jugendlichen« (ebd., S. 44–49). Fügen wir hinzu, dass die Mutter diesem missratenen Ödipus gleichwohl mit verehrender Liebe anhing. Hitler war schon früh kaum beirrbar überzeugt, ›immer Erfolg zu haben‹. Er konnte es nicht fassen und wurde außerordentlich wütend, als er einmal in der Lotterie verlor (ebd., S. 54). Er schreibt in *Mein Kampf*, dass er mit stolzer Zuversicht auf das Ergebnis der Aufnahmeprüfung für die Kunstakademie wartete. »Ich war vom Erfolg so überzeugt, dass die mir verkündete Ablehnung mich wie ein jäher Schlag aus heiterem Himmel traf.« Hitler schrieb und komponierte als Jugendlicher Opern, die sein Freund aufschreiben musste. Er plante grandiose Kulturprojekte und lebte als eingebildeter, tatsächlich aber gescheiterter Künstler in einer Phantasiewelt voller Größenideen. Hitler hatte zeitlebens keine erfüllten menschlichen Kontakte. Seinen Jugend›freund‹ Kubizek benutzte er überwiegend als Zuhörer für seine endlosen Reden. Als Hitler dann eine zweite Ablehnung von der Kunstakademie erfuhr, tauchte er ohne jede Nachricht für seinen Freund, der ihn nie wieder sah, weg. Hitler geriet in eine immer größer werdende Krise und wurde im Herbst 1909 obdachlos, zu einem menschlichen Strandgut. Er stabilisierte sich in der Folgezeit notdürftig in einem Männerheim. »Erst der Krieg bot ihm einen Ausweg (...) das Regiment wurde seine Heimat (...) Jetzt hatte er eine Zeit ohne Sorgen (...) Hitler war leidenschaftlich gern Soldat« (Kershaw 1998, S. 126). Mit dieser schwerwiegenden seelischen Beeinträchtigung kam Hitler nach Pasewalk. Er hatte den Krieg und das Regiment als seine Heimat verloren. Diese hatten ihm die notwendige Entlastung, Schutz und ein Stützkorsett gegeben. Der Krieg gestattete ihm in besonderer Weise die Möglichkeit der Externalisierung der eigenen destruktiv-narzisstischen Gewalt. Jetzt befand er sich in einer Krise, in einem extrem verletzlichen Zustand mit der Gefahr des Zusammenbruchs seines Selbst. Im Lazarett traf er auf einen Psychiater und Militärarzt der extremen Schule, der gewohnt war, seine Patienten in ein Unterwerfungsverhältnis zu zwingen. Die Offerierung von rigiden Identitätsattrappen, von Größe und Macht durch Forster hat Hitler in der Sicht von Weiß stabilisiert. Aber es war eine gefährliche »Schiefheilung«, denn das narzisstische Gleichgewicht war in der Weise unterminiert, dass die innere Gewalt ständig mit zunehmender Radikalität externalisiert werden musste. Weiß stellt uns eine künstlerisch erdachte Behandlungsszene vor. Niemand kann behaupten, dass es so war. Das war nachweislich auch nicht die Intention des Autors. Weiß beharrte auf seiner künstlerischen Freiheit und wollte gerade nicht als Augenzeuge gelten, wie es der Buchtitel nahe legen könnte. Wie dargestellt teilt er uns etwas anderes mit. Der Roman entwickelt seine Vorstellung einer ärztlichen Grundhaltung, die zur Heilung und zum Schutz des Patienten notwendig ist. Dies hätte ein Patient in Not wie Hitler in November 1918 gebraucht. Die Behandlungsszene in P. von Weiß ist eine Paraphrase, ein Negativbild, welches das humane Positiv, das der Roman als Ganzes zeichnet, schärfer hervortreten lässt. Nehmen wir uns zum Abschluss die unhistorische Freiheit zu fragen: Was wäre, wenn Hitler in Pasewalk auf einen einfühlsamen, sorgenden Arzt getroffen wäre, der sich ihm dienend und mit Achtung zur Verfügung gestellt hätte, und darüber hinaus die fachliche Kompetenz gehabt hätte, ihn in seinem Krankheitsbild zu verstehen? Der z. B. die Blindheit als wichtiges Abwehrsymptom erkannt hätte, das in der Krise einer vorläufigen Konsolidierung diente? Der nicht seinen Ehrgeiz darauf verwendet hätte, zum eigenen Machtbeweis dieses Symptom schnellstmöglich zu beseitigen? Weiß schreibt an einer Stelle im Roman, dass nur ein Gott A. H. hätte ändern können (s. o.). So müssen wir es vermutlich auch mit Hitler sehen. Wenn Hitlers Krise in Pasewalk eine Chance war, dann war es ohne Zweifel die letzte, auf ihn Einfluss zu nehmen. In der Folgezeit setzte eine unglaubliche Verhärtung ein, eine kumulative Radikalisierung, die in die Vernichtung führte – in das *no-man's land*, aus dem Hitler kam und in das er Millionen führte.

Literatur

Armbruster, J. (1999): Edmund Robert Forster (1878–1933). Lebensweg und Werk eines deutschen Neuropsychiaters. Inaugural-Dissertation, Greifswald.

Binion, R. (1973): Hitler's concept of Lebensraum: the psychological basis. History of childhood Quarterly, 1, 187–215.

Binion, R. (1976): Hitler among the Germans. New York (Elsevier). Dt.: »… dass ihr mich gefunden habt«. Hitler und die Deutschen: eine Psychohistorie. Stuttgart (Klett-Cotta).

Bohleber, W. (1992): Identität und Selbst. Psyche, 46, 336–365.

Brockhaus, G. (2003): Psychoanalytische Beiträge zur Nationalsozialismusforschung. In: Gerlach, A., u. a. (Hg.): Psychoanalyse mit und ohne Couch. Gießen (Psychosozial Verlag), S. 391–411.

Fetscher, R. (1983): Selbst und Identität. Psyche, 37, 385–411.

Fetscher, R. (1985): Das Selbst, das Es und das Unbewusste. Psyche, 39, 241–275.

Fetscher, R. (2003): Ich-Ideal und Über-Ich im Rahmen einer modifizierten Strukturtheorie. Psyche, 57, 193–225.

Forster, E. (1917): Hysterische Reaktion und Simulation. Monatsschrift für Psychi-

atrie und Neurologie, 42, 298–324 u. 370–381.
Freud, S. (1920): Über Kriegsneurosen, Elektrotherapie und Psychoanalyse. Auszug aus dem Protokoll des Untersuchungsverfahrens gegen Wagner-Jauregg im Oktober 1920, veröffentlicht in: Psyche, 26 (1972), 942–951.
Freud, S. (1921c): Massenpsychologie und Ich-Analyse. GW Bd. XIII, Frankfurt (Fischer) 1999.
Hitler, A. (1925/26): Mein Kampf. Zitiert wird nach der Ausgabe von 1941, München (Eher Nachf.), S. 225.
Kershaw, I. (1998): Hitler. Bd.1. Stuttgart (Deutsche Verlagsanstalt).
Knebusch, R. (2002): The Psychiatric Case History of Hitler – the Story inside the story? Vortrag auf dem IX. Intern. Meeting der International Association for the History of Psychoanalysis (AIHP), 24.–27. 7. 2002. Barcelona.
Knebusch, R. (2003): La psychologie des médecins nazis: comment sont-ils devenus criminels? Vortrag Colloquium Cercle Menachem Taffel »Strasbourg 1943, L'horreur de la médecine nazie«, 21. 9. 2003, Veröffentlichung in Vorbereitung.
Mehring, W. (1964): Die verlorene Bibliothek. München (Kresselmeier).
Regler, G. (1941/42): The son of no-man's land. Unveröffentlichtes, zweibändiges Typoskript. Kopie in der Arbeitsstelle für Gustav Regler Forschung, Germanistisches Institut der Universität Saarbrücken.
Schneider, R. (1982): Die Blindheit Adolf Hitlers. In: Engel, P. (1982) (Hg.): Ernst Weiß. Frankfurt (Suhrkamp).
Toland, J. (1976): Adolf Hitler. New York (Anchor).
Trapp, F. (1986): Der Augenzeuge – ein Psychogramm der deutschen Intellektuellen zwischen 1914 und 1936. Frankfurt.
Trimborn, W. (2002): »Ich lasse mich nicht zerstören«. Zur Dynamik von Gewalt bei narzisstischen Störungen. In: Schlösser, A.-M., & Gerlach, A. (Hg.): Gewalt und Zivilisation. Gießen (Psychosozial Verlag), S. 13–32.
Weiß, E. (1938): Der Augenzeuge. Veröffentlicht erstmals 1963 München (Kreisselmeier Verlag); Zitate hier nach der Ausgabe: Frankfurt (Suhrkamp Taschenbuch) (2000).

»Truman war ein anständiger Mann«

Psychoanalytische Reflexion zu einem Verbrechen »im Dienste der Menschlichkeit«[1]

Johannes Döser

> »Die Menschheit verwirft, was dem Wahnsinn entstammt.«
> Georges Bataille

1. Ausgangspunkt

Den Anstoß zu meinen psychoanalytisch-psychohistorischen Überlegungen gab der Begriff *»Ground Zero«*, der nach dem 11. September im allgemeinen und offiziellen Sprachgebrauch zur Bezeichnung für das zerstörte World Trade Center aufgegriffen und verbreitet wurde. Während der Terrorakt sofort mit Pearl Harbour assoziiert wurde, blieb der andere Zusammenhang in der Öffentlichkeit unbemerkt, dass nämlich *»Ground Zero«* erstmals 1946 zur Beschreibung des zerstörten Hiroshima und Nagasaki durch amerikanische Atombomben verwendet wurde. *»Ground Zero«* kennzeichnet also die Schauplätze zweier Massenmorde. Der eine wurde von Mohammed Atta, einem islamistischen Selbstmordattentäter, der andere von Harry Truman, einem amerikanischen Präsidenten ins Werk gesetzt. Wie kommen solche Entschlüsse zustande? Welches sind ihre Beweggründe? Wie greifen individuelle und kollektive Einflüsse ineinander? Auf welche Weise können sich intelligente Menschen schließlich über alle Hemmungen und Skrupel hinaussetzen und Verbrechen begehen, deren Verwegenheit und Gewalt jedes menschliche Maß überschreiten? Untersucht man den Begriff *»Ground Zero«* als Symptom im psychoanalytischen Sinne, ergibt sich die Frage, ob zwischen dem Anschlag auf das World Trade Center vom 11. September 2001 und dem Atombomben-

[1] Diese Arbeit ist in Dankbarkeit Herrn Professor Dr. med. Carl Klüwer gewidmet.

abwurf auf Hiroshima und Nagasaki im August 1945 ein unbewusster Zusammenhang besteht.

2. Die Ohnmacht der Kultur und das Rätsel der destruktiven Gewalt

Die Biografie Mohammed Attas zeigt, wie sich der Idealist und Perfektionist in einen Asketen verwandelt, sodann in einen gekränkten Propheten, und schließlich in einen souveränen und entschlossenen Strategen, der auf sein Ende zustürzt, um in einer gigantischen menschenvernichtenden Explosion Erlösung und Aufmerksamkeit zu erreichen (vgl. Döser 2003). Er wollte etwas Gutes tun. Seine hinterlassenen Schriftstücke dokumentieren, auf welche Weise es ihm in der Phase der Entschlossenheit gelingt, seine Ohnmacht hinter sich zu lassen: Die gesamte Verantwortung wird an etwas delegiert, das unpersönlich geworden ist, und alles Subjektive, Gefühlshafte, Berührende wird abgestreift. Die fragwürdigen Lüste, gewöhnlichen Laster, unkontrollierten Leidenschaften und Gefühlsinvestitionen des Durchschnittsbürgers werden zur Dekadenz erklärt und entwertet, planlose Loyalitäten und unzweckmäßige Beziehungen werden aufgehoben. Die Arbeit folgt absoluter Strenge, Reinheit und Klarheit. Das gesamte Trachten hat sich an ein übermenschliches *Ideal* geknüpft. Der Wille verwandelt sich in gesammelte Energie. Damit die Explosion zur größtmöglichen wird, müssen die Energien des Terrors Bündelung und Kompression erfahren. Um diese Kaltblütigkeit zu erreichen, muss der Attentäter durch die Unempfindlichkeit hindurchgehen. In diesem »Geist der Negation« verbinden sich Souveränität und Apathie zur Plattform eines ultimativen Handelns. Das Ich ist in seinen Funktionen suspendiert und durch das Ich-Ideal ersetzt. Narzissmus und Triebleben sind radikal entmischt und aufgespalten, das Triebleben verbannt.

Der moderne Selbstmordterrorismus erscheint in seinem Wesen nicht wirklich neu. Die Verbrechen, die mit dem Wunsch beginnen, die Welt zu verbessern, und in der Fabrikation vollendeter Sinnlosigkeit enden, haben das letzte Jahrhundert geprägt. Sie folgen einem Wahnwitz, einer eisernen Logik, einer erlösungsverheißenden Ideologie, die alles auslöscht, was keine absolute Vollkommenheit verspricht. Ihr erstes Opfer ist die Wirklichkeit. Sie enden in der »Banalität des Bösen« (H. Arendt). Will man verstehen, wie diese Verführung zum Vernichten zustande kommt, muss man sich in die Verfassung des Massenmörders hineinphantasieren. Was zeichnet das »große Verbrechen« aus? Das schwierigste Hindernis dieses »Einfühlungsversuchs« ist nicht die Verdrängung, sondern die Apathie. Die Gewaltsamkeit macht gefühllos, bannt und verengt das Bewusstsein. Während Verstehen Zeit braucht, artikuliert sich die Barbarei in der Explosion und Verbrennung. Sie sprengt die Dinge in die Luft. Ihre Grausamkeit und ihr Schrecken erregen Abscheu, versagen sich dem Wort, dem Ausdruck. Der Terror greift die Symbolisierung an: er bombt aus dem Bewusstsein, was uns zu Menschen macht. Sein Angriff gilt dem Weltgespräch, der Weltbürgerschaft. Indem er danach trachtet, das Ich zu zersetzen und das Subjekt im Keim zu ersticken, kennt er weder Erbarmen noch Vergebung. Dies macht den bösartigen Zug seiner Schwermut aus. Die phänomenologischen Formulierungen Batailles greifen diese Zusammenhänge auf und beleuchten sie.

> »Das kaltblütige Verbrechen«, schreibt Bataille in seinen Studien zur Erotik, »ist größer als das in der Glut der Gefühle verübte; aber das ›in der Verhärtung der sensitiven Partie‹ begangene, das düstere und geheime Verbrechen ist bedeutender als alles, weil es der Akt in der Seele ist, die in sich alles zerstört und eine ungeheure Kraft akkumuliert hat, welche ganz in der Bewegung der Totalzerstörung aufgehen wird, die sie vorbereitet. Alle großen Wüstlinge, die nur der Lust leben, sind groß nur, weil sie in sich alle Fähigkeit der Lust ausgelöscht haben. Deshalb greifen sie zu entsetzlichen Anomalien, während ihnen sonst die Mittelmäßigkeit der normalen Wollust genügen würde. Aber sie haben sich unempfindlich gemacht: sie wollen ihre Unempfindlichkeit genießen, diese negierte, vernichtete Empfindung, und sie werden grausam. Grausamkeit ist nichts anderes als eine Selbstverneinung, die so weit getrieben wird, dass sie sich in eine zerstörerische Explosion verwandelt; die Unempfindlichkeit lässt das ganze Wesen vibrieren, sagt Sade: ›[die Seele] geht in eine Art Apathie über, die sich bald in Lüste verwandelt, die tausendmal göttlicher sind als jene, die ihr die Schwächen gewährten‹«. (Bataille 1994, S. 169)

Im Selbstmordterrorismus sind Leben, Selbstverwirklichung, Waffe und Tod ununterscheidbar geworden. Der Tod wird zum Leben umgedeutet, die unzulängliche Welt verteufelt, das Jenseits verklärt. Dies treibt die Verunsicherung der aufgeklärten Welt auf die Spitze. Diese Ungewissheit kommt in Rumsfelds Memorandum an General Myers und Paul Wolfowitz vom 16. Oktober 2003 deutlich zum Ausdruck: »Gegenwärtig fehlen uns die Maßstäbe, um zu erkennen, ob wir den globalen Krieg gegen den Terror gewinnen oder verlieren.«

3. Ground Zero und Hiroshimas langer Schatten

In einem aufschlussreichen Aufsatz ist G. Ray (2002) der Rezeptionsgeschichte des Begriffes *»Ground Zero«* nachgegangen. *»Ground Zero«* kennzeichnet gemäß den Erläuterungen im *Oxford English Dictionary* die Bodenstelle, über der eine Bombe explodiert. Bemerkenswert ist, dass dieser Begriff erstmals 1946, in einem Bericht der *New York Times*, zur Beschreibung von Hiroshima und Nagasaki nach ihrer Zerstörung durch amerikanische Atombomben verwendet wurde. So mischte sich in die Bezeichnung für das kollabierte World Trade Center und in die schmerzliche Trauer um die Opfer in Manhattan das störende, bittere Moment der kollektiven Verleugnung einer unverarbeiteten Tat. Denn im Begriff *»Ground Zero«* spiegelt sich nicht nur die furchtbare Verletzung, die Amerika am 11. September 2001 erlitten hat, sondern zugleich die unrühmliche Entscheidung Trumans zum *atomaren Holocaust* am Ende des *Zweiten Weltkriegs*, die dem allgemeinen amerikanischen Gedächtnis an die »best generation«, die »tugendhafteste Nation«, den »guten Krieg« und die »moralische Überlegenheit« bis heute zuwiderläuft: Sorgfältige historische Forschungsarbeiten jüngeren Datums haben den bis heute verwalteten Mythos widerlegt, laut dem die Auslöschung der Städte für die Rettung von Leben und zur Beendigung des Krieges unvermeidlich war. Sie zeigen vielmehr, dass die ungeheure Tat, der eine Viertelmillion Menschen, größtenteils Zivilisten, zum Opfer fielen, unnötig war. Es erscheint geradezu als bittere Ironie der Geschichte, dass auch das Wort *Manhattan*, das nach dem 11. September zum »Herzen Amerikas« stilisiert wurde, für einen doppelten Kontext steht, denn das »Manhattan-Projekt« war einst die Bezeichnung für das Entwicklungsprogramm der Atombomben, und mit »Manhattan« umschrieb Truman ihren geplanten Abwurf über Japan: »Ich bin sicher, sie (die Japaner; Anm. d. Verf.) werden [zusammenbrechen], wenn Manhattan über ihrer Heimat auftaucht« (Tagebuch vom 18. 7. 1945, zit. in Alperovitz 1995, S. 595). Der »bösen Spur«, den diese Begriffe legen, will ich im Folgenden nachgehen, mit dem Ziel, die Mechanismen der Destruktivität in ein schärferes Licht zu heben. Die bereitwillige, unbewusste Rezeption des Begriffes *»Ground Zero«* und seiner Aura ist auch ein Beispiel für die langfristige, generationenübergreifende Wirkung eines Traumas auf das implizite Gedächtnis der Menschen, die das Aufräumen der Trümmerfelder überdauert. Die wahren Zusammenhänge finden nur schwer den Weg ins Bewusstsein. Sie werden verschleiert. Das zeigt der Ausstellungsstreit zum 50. Jahrestag des Atombombenabwurfs. Die

Washingtoner Smithsonian Institution und das National Air and Space Museum wollten 1995 mit der Ausstellung der *Enola Gay*, dem Bomber-Flugzeug von Hiroshima, zur kritischen Auseinandersetzung mit der amerikanischen Pazifikgeschichte anregen und die amerikanische Öffentlichkeit zum ersten Mal mit dem Leid der zivilen Bombenopfer auf dem Ground Zero Hiroshimas und Nagasakis konfrontieren. Auf Druck von Veteranen- und anderer Gruppen sowie vieler Kongressabgeordneter wurde die Ausstellung unterbunden, der Museumsdirektor entlassen und die renommierte Smithsonian Institution mit Subventionskürzungen bedroht. Die anhaltende verdrängende Orthodoxie des Kalten Krieges, den Atombombenabwurf als Akt der Weisheit, Menschlichkeit und Verantwortung zu definieren, schloss eine Nachprüfung aus.

4. Die Alperovitz-Studie und die Frage nach Trumans Rolle

Eine Reihe kritischer amerikanischer Historiker haben sich nach der Freigabe von Regierungs-Dokumenten in den 90er Jahren erneut mit dem Entscheidungsprozess des Bombenabwurfs befasst. Die Untersuchung der menschlichen Vorgänge hinter der abstrakten Atomwolke beinhaltet auch die unbequeme Frage nach der Verlässlichkeit demokratischer Systeme, nach der Qualität der Menschen, die ihre Geschicke lenken und gelenkt haben, sowie nach der moralischen Struktur demokratisch verfasster Gesellschaften. 1995 wurde von Gar Alperovitz und seinem Forscherteam eine 1000-seitige akribische Studie veröffentlicht: Die Politiker, die über den Atombombeneinsatz entschieden, waren der festen Überzeugung, mit der Bombe Gutes getan zu haben. Sie galten ihr Leben lang als *anständige* Männer. »Als derjenige, der den Abwurf der Bombe befahl, glaube ich, daß das Opfer von Hiroshima und Nagasaki für das zukünftige Wohlergehen sowohl Japans wie auch der Alliierten dringend notwendig war« (Truman; zit. in Alperovitz 1995, S. 616). Es handelte sich um Politiker, die zwei Weltkriege innerhalb von einer Generation erlebt hatten, die einen dritten Weltkrieg verhindern wollten – und die glaubten, die neue Waffe verleihe ihnen die Macht, die Ereignisse so zu gestalten, dass ein wirklich dauerhafter Friede erlangt würde (ebd., S. 695). Ihr Selbstbewusstsein war das von *Wohltätern*. Von 1945–1952 verkörperte Truman den sympathischen, aufrechten und grundsatztreuen Amerikaner aus Missouri, den Jimmy Stewart der amerikanischen Politik (ebd., S. 544–552): einfach, geradlinig, stets anständig, der populäre Bursche vom Land, der hart arbeitete, Freunde gewann und in keine ernsthaften Schwierigkeiten geriet. Einer aus kleinen Verhältnissen, der das Richtige tun möchte und geradewegs sagt, was Sache ist (»plain speaking«), ein *Vorbild*, von dem Bush senior sagte: »Harry Truman kannte die Freiheit, über das zu reden, was für Amerika richtig ist« (ebd., S. 550). Am Tag des Atombombenabwurfs am 6. August 1945 gab Truman folgende Erklärung: »Wir haben den Wettlauf gegen die Deutschen gewonnen, sie zu entwickeln. Wir haben die Bombe zum Einsatz gebracht, um die Qualen des Krieges zu verkürzen und um das Leben von Abertausenden jungen Amerikanern zu retten« (Tondokument, Encarta-Lexikon). Diese *Legende* von der Verhinderung extrem hoher Verluste wurde immer weiter ausgebaut und hält sich bis heute. Truman: »Mir kam vor, eine Viertelmillion unserer jungen Männer in der Blüte ihrer Jahre war ein paar japanische Städte wert« (ebd., S. 561). 1959 sagte er vor Studenten der Columbia University: »Der Abwurf der Bomben hat den Krieg beendet, Millionen Todesopfer verhütet« (ebd., S. 562). Alperowitz kommt zum Ergebnis, dass dies ein *Mythos* ist, der nicht stimmt und Wahrheit und Wirklichkeit verdreht. Eisenhowers Einschätzung hingegen scheint zutreffend, dass es »nicht nötig war, dieses furchtbare Ding abzuwerfen« (ebd., S. 689). Die Strategic Bomb Survey, das Kriegsministerium, General Arnold urteilten ähnlich: Die Atombombe, durch die mehr Menschen starben als durch alle konventionelle Bombenangriffe auf die japanischen Städte, war überflüssig (ebd., S. 346, 365–367). Hiroshimas und Nagasakis Zerstörung war sinnlos (ebd., S. 401). Der Krieg wäre zwei Wochen später zu Ende gewesen, sogar ohne den Kriegseintritt Russlands (ebd., S. 537). Als die Hintergründe des Bombenabwurfs bekannt wurden, verurteilte Einstein die Entscheidung, weil eine Gewaltanwendung sich nur auf jenes Minimum erstrecken dürfe, das notwendig sei, die moralischen Ziele zu erreichen (Clark 1974, S. 420–22): »Nach allem, was man weiß, gehörte die Bombardierung Japans nicht dazu«. Es gab vor dem Abwurf Alternativen, und der Präsident und seine Berater wussten dies (Alperovitz 1995, S. 685). Was also ist in ihren Herzen und Köpfen vor sich gegangen? Warum ist die Atombombe abgeworfen worden?

Gewiss hat die Vorstellung, die Nazis könnten die Atombombe als erste fertig stellen und mit ihrer Hilfe eine globale Schreckensherrschaft durchsetzen, in der Anfangsphase ihrer Herstellung eine Rolle gespielt. Einsteins konkreter Beitrag zur Bombenentwicklung war dabei nicht unerheblich (Clark 1974, S. 391–422). Als 1939 nach den Uranspaltungsexperimenten von Fermi und Hahn die technische Herstellungsmöglichkeit einer Nuklearwaffe in Reichweite rückte, hat Einstein aus Furcht vor einer deutschen Atombombe Roosevelt zur raschen Entwicklung der Atombombe geraten und den Anschub des Manhattan-Projekts unter Oppenheimers Leitung unterstützt. Wohl war Einstein aus dem inneren Kreis der Wissenschaftler ausgeschlossen, hatte auch Los Alamos nie betreten und bis zum Bombenabwurf über Hiroshima am 6. 8. 1945 keine Informationen über die technischen Details und der Einsetzbarkeit der Bombe gehabt. Nach Clark (1974, S. 407) hat Einstein aber nicht nur politisch, sondern auch wissenschaftlich bei der Entwicklung der Atombombe mitgewirkt, indem er eine Studie für die Gasdiffusionsfabrik zur Absonderung des Uran 235 von seinen Isotopen anfertigte, die zu diesem Zeitpunkt mit zu den zentralen technischen Problemen gehörte. »Mit anderen Worten: Amerika hätte die Bombe auch ohne Einsteins Eingreifen gebaut. Doch hätten die Amerikaner sie vielleicht noch nicht einsatzbereit für den Krieg gegen Japan gehabt« (Clark 1974, S. 406). Obwohl Einstein die Besorgnis um ein Wettrüsten (ebd., S. 414), die Alarmierung über den Weltfrieden (ebd., S. 416) und das Problem der internationalen Kontrolle zu dieser Zeit bewusst vor Augen hatte, habe er in den letzten Monaten vor dem Bombenabwurf seinen wissenschaftlichen Freunden empfohlen, sich aus den Diskussionen herauszuhalten, weil sie »die delikate Aufgabe der Staatsmänner nur komplizieren würden«. Szilard, der Entdecker der Kettenreaktion, opponierte gegen einen Einsatz der Atomwaffen im gegenwärtigen Kriegsstadium und trat für eine frühzeitige internationale Kontrolle ein (ebd., S. 420). Mit einem Begleitbrief Einsteins richtete er ein Memorandum an Roosevelt. Es erreichte ihn nicht mehr. Roosevelt war am 12. April 1945 plötzlich verstorben und hatte die Präsidentschaft an Truman übergeben. Nach Roosevelts Tod wurde das Memorandum an Truman adressiert, der es an seinen Staatssekretär Byrnes weitergab. Byrnes wiederum reagierte aversiv gegenüber Szilard und verwehrte sich gegen eine derartige Einmischung der Wissenschaftler in politische Entscheidungen (ebd., S. 421).

Japan war im Grunde geschlagen und hatte bereits Frieden ersucht und die Kapitulation akzeptiert unter der Bedingung, dass der Kaiser geschützt werde (Alperovitz 1995, S. 678–681). Fast alle wichtigen Persönlichkeiten, die mit dem Entscheidungsprozess befasst waren, Außenminister Grew, Kriegsminister Stimson, der Marineminister, die Admiralität, General Marshall, alle zivilen und militärischen Berater, Churchill, die militärische Führung Großbritanniens drängten Truman auf die Klarstellung der Kapitulationsbedingungen (ebd., S. 328). Stimson trat an Truman mit der dringenden Bitte heran, in den Verhandlungen mit den Russen zu versuchen, ein Wettrüsten von weltzerstörenden Ausmaßen abzuwenden und appellierte für einen langsamen Wachstumsprozess mit besseren internationalen Beziehungen und mehr Transparenz, um den Gebrauch der Atomwaffen zu kontrollieren (ebd., S. 466, 469). Das Franck-Committee der Wissenschaftler warnte vor beschleunigtem Rüstungswettlauf, vor der Gefährdung internationaler Kontrollen von Atomwaffen, plädierte gegen einen Überraschungsangriff auf Städte, stattdessen für eine Demonstration auf unbewohntem Gebiet nach Zustimmung durch die Vereinten Nationen und die amerikanische Bevölkerung (ebd., S. 209). Marshall hat eine vorherige Warnung der Städte gefordert (ebd., S. 391). Warum ist dennoch eine Stadt ausgewählt worden? Wieso war es nötig, kurz darauf eine zweite Stadt zu bombardieren? Hat es einen überlegten Entscheidungsprozess gegeben?

Alperovitz' Studie rückt einen Mann ins Zentrum, der in der Geschichte schnell in Vergessenheit geriet, zu Beginn von Trumans Amtszeit aber eine mächtige Rolle eingenommen hatte. Dieser Mann, Jimmy Byrnes, war unter Roosevelt Staatssekretär und unter Truman 19 Monate Außenminister. Truman war mit Byrnes aus alten Tagen freundschaftlich verbunden, und Byrnes war sein einflussreichster Berater, bevor sich Truman mit Byrnes überwarf und dieser selbst in Vergessenheit rückte. Truman hat Byrnes als scharfsinnigen, beeindruckenden, einflussreichen, geachteten Richter am obersten Gerichtshof bewundert. Von seinen Kritikern wird Byrnes als machiavellistischer Hardliner beschrieben: gerissen, erfahren, machtbesessen, manipulativ, bis ins Mark unehrlich, ein Drahtzieher im Hintergrund mit einem notorischen Drang zur informellen Heimlichkeit, die von der Vermeidung von Aufzeichnungen bis zur Verschlüsselung eigener Notizen reichte (ebd., S. 223–226). Byrnes sah auf Truman herab, hielt ihn für eine Null, ohne außenpolitische Fähigkeiten, und er war tief enttäuscht und verletzt über Roosevelts Entscheidung, Truman und nicht ihn zum Nachfolger vorgeschlagen zu haben. Truman fühlte sich Byrnes gegenüber verpflichtet und schuldig (ebd., S. 217–220). Byrnes Haltung zur Bombe war eindeutig. Er hat ihre Produktion so schnell wie möglich vorangetrieben. Byrnes wollte die Bombe von Anfang an mit der Diplomatie gegen Russland verknüpfen, als ein Druckmittel und Faustpfand, das schneller und billiger ist als Massenarmeen. Oppenheimer kritisierte: »Offenbar ist Minister Byrnes der Ansicht, wir könnten die Bombe als Pistole benutzen, um uns in der internationalen Diplomatie durchzusetzen« (ebd., S. 467). Kriegsminister Stimson: »(...) er möchte die Bombe offenbar in der Hosentasche bei sich tragen, als Wunderwaffe zur Durchsetzung seiner Sache« (ebd., S. 466). Byrnes hingegen war der Meinung:

»Was wir nun zu tun haben, ist nicht, die Welt sicherer für Demokratie zu machen, sondern die Welt sicher für die USA zu machen« (ebd., S. 314). Nur wenn die Bombe ihre Zerstörungskraft gegen Japan beweise, könne sie ins »stumpfe Bewusstsein der Sowjets« dringen. Dadurch könne Russland gefügig gemacht werden und die USA die Bedingungen diktieren. Byrnes war gegen jede Alternative zum Einsatz der Bombe (ebd., S. 623).

Wo, wann und wie wurde die Entscheidung getroffen? Sie fiel am 26. Juli 1945 in der Konferenz der großen Drei in Potsdam, und zwar durch eine Reihe von Einzelentscheidungen, die den Spielraum für Alternativen zerstörten (ebd., S. 687–690). Die wichtigsten waren die Verwerfung einer sinnvollen Kapitulationsfrist für Japan, die Streichung der Garantien für den japanischen Kaiser und das Unterlaufen der russischen Kriegserklärung gegen Japan (ebd., S. 687). Der Atomversuch in Alamogordo, der die Einsatzbereitschaft der Atombombe sicherstellte, erfolgte am 16. Juli während der Konferenz. Während Truman vor dem Test noch zur Kriegserklärung Russlands gedrängt hatte, versuchte er sie danach zu verhindern. Die Garantien, die er dem Kaiser bis zum Abwurf vorenthielt, hat er ihm nach dem Abwurf gewährt (ebd., S. 587). Nachträglich wird deutlich, dass der abrupte Kurswechsel der amerikanischen Politik durch die Bombe kam (ebd., S. 313). Ihr fiel die eigentliche Kontrolle zu. Die genaue Auswertung des Vorfeldes zeigt, dass Truman den Einsatz der Bombe bereits vor der Konferenz beschlossen hatte, und zwar während der Atlantiküberfahrt, auf der Augusta, allein, unter dem Einfluss von Byrnes. Tagebuch 7. Juli: »Unterredung mit meinem (...) konspirativen Außenminister. Lieber Himmel, ist der scharfsinnig« (ebd., S. 264). Zu ihren vielen Vier-Augen-Gesprächen dort gibt es keine Aufzeichnungen. Es deutet alles daraufhin, dass Truman in einer komplizenhaften Unterwerfung entgegen den Warnungen und Empfehlungen der meisten Regierungsmitglieder Byrnes nachgab, dann den Abwurf der Bombe anordnete und die volle Verantwortung dafür übernahm (ebd., S. 546). Über die Wirkungen der Bombe war er informiert. Ihr Abwurf war bewusst gegen eine große Zahl von Menschen gerichtet, die nicht an den Kämpfen beteiligt waren (ebd., S. 693). Für Alternativen hätte Truman ausreichend politischen Handlungsspielraum gehabt, auch innenpolitisch (ebd., S. 714). Der Einsatz der Bombe war weder militärisch noch politisch, etwa aus finanziellen Gründen zwingend (ebd., S. 715). Auch rassistische Ressentiments und der Weltsystemkonflikt ergeben keine ausreichende Erklärung für das Motiv (ebd., S. 716). Selbst für einen kumulativen Effekt oder eine situative Dynamik waren der Entscheidungsprozess und seine Alternativen zu klar definiert (ebd., S.

717). Es sieht vielmehr so aus, dass die ungewöhnlich große institutionelle Macht des unter Byrnes' Einfluss stehenden Präsidenten das Geschehen bestimmt hat (ebd., S. 721). Er wollte, da man die Kernwaffen nun einmal hatte, nicht auf die verfügbaren Alternativen zurückgreifen (ebd., S. 725). In der Wahl zwischen verschiedenen Diplomatie- und Kriegsführungen gab er der Kernwaffenoption Vorrang, weil er sich von ihr Vorteile versprach (ebd., S. 725). Truman setzte auf das Wettrüsten in der Zuversicht, »dass wir vorn bleiben werden« (ebd., S. 473).

Wir können an diesen historischen Vorgängen ablesen, welche Rolle auch hier jene Verführung durch Souveränität und Apathie gespielt haben mag, die eingangs unter Berufung auf Bataille skizziert wurde. Nach dem erfolgreichen Bombentest auf Alamogordo wurde Truman als aufgekratzt, aufgemuntert und erregt erlebt, einfach »begeistert von dem Ding« (ebd., S. 246–250, 274–277). Es ist offenkundig, dass er sich hinreißen ließ von dieser neuen, unsäglichen Macht und erleichtert war durch den gewaltigen Kraftzuwachs, der ihm zufiel, und den Byrnes entschlossen wollte. Als die Nachricht vom Testerfolg in Potsdam eintraf, sei Truman wie »ein anderer Mensch« gewesen (ebd., S. 284). Er habe den Russen einfach »gesagt, wo es lang ging« und habe überhaupt während der Sitzung das Kommando geführt (ebd., S. 284). In dieser ansteckenden Atmosphäre habe Kriegsminister Stimson sogar gedacht, dass die USA mit dieser neuen Macht Russland zur grundlegenden Änderung des gesamten Regierungssystems zwingen könnten (ebd., S. 468). Die USA seien nun das bei weitem mächtigste Land auf der Welt. Truman verfiel auf eine Pokersprache, sprach vom »As in der Hand« (ebd., S. 315). Trumans Kommentare zeigen ein »ganz neues Gefühl der Zuversicht« (ebd., S. 274), ja eine fast manische Feierlichkeit: »Die Atombombe wird alle Staaten abschrecken, die versucht sein können, einen Angriffskrieg zu führen« (ebd., S. 318). »Es hat mir eine gewaltige Last von der Seele genommen« (ebd., S. 247). » Fini, Japse, wenn das passiert« (ebd., S. 266). »Wenn sie so explodiert, wie ich mir das vorstelle, werden wir einen Hammer für diese Burschen haben« (ebd., S. 263). Angesichts der neuen Sicherheit wurde Truman der langen Debatten überdrüssig, ungeduldig (ebd., S. 284). In seinem Tagebuch schrieb er: »Wir haben die schrecklichste Bombe der Weltgeschichte entdeckt. Es könnte sich um die Feuervernichtung handeln, die in der Ära des Euphrattales prophezeit wurde, nach Noah und seiner sagenhaften Arche« (ebd., S. 617). Die Psychologie der Macht lässt sich kaum anschaulicher beschreiben als an diesem erregten, regressiven Zerfall der Diplomatie in Richtung Atompoker: Man fürchtet einerseits die Zerstörung, genießt aber gleichzeitig die ungeheure Macht des Krieges bzw. verschmilzt mit dem magischen Allmachtswunsch, den Feind per Knopfdruck zerstören zu können. Trumans Kommentar auf die Bombardierung Hiroshimas während der Heimreise mit der Augusta: »Das ist *das größte Ding in der Geschichte*« (ebd., S. 557). Er sei in seinem ganzen Leben »niemals so glücklich über eine Erklärung gewesen, die ich abzugeben hatte« (ebd., S. 557). Beim Abwurf habe er nicht die »geringsten Bedenken« gehabt (ebd., S. 615). Pearl Harbour habe gezeigt, dass Japan eine »Bestie« sei, und die Japaner »in ihrer Kriegsführung tückische und grausame Wilde« (ebd., S. 614). »Wenn Sie mit einer Bestie zu tun haben, müssen Sie sie wie eine Bestie behandeln. Das ist zwar bedauerlich, aber so ist es nun mal« (ebd., S. 614). Erst nach Nagasaki hat Truman innegehalten, und zwar mit einer – auf dem Hintergrund des bereits Geschehenen merkwürdigen – Stellungnahme: Er habe den Befehl gegen den Abwurf weiterer Atombomben gegeben, weil der Gedanke, weitere 100 000 Menschen zu vernichten, allzu schrecklich sei, und er eine Abneigung gegen den Gedanken habe, »all die Kinder zu töten« (ebd., S. 574). Kirchen und auch konservative Journalisten waren nach dem Abwurf entsetzt: »›Militärische Notwendigkeit‹ wird unsere konstante Entgegnung auf jede Kritik lauten; aber sie wird unser Gewissen niemals von der einfachen Wahrheit befreien können, dass ausgerechnet wir – von allen zivilisierten Ländern – zwar den Einsatz von Giftgas gescheut, aber nicht gezögert haben, die zerstörerischste Waffe aller Zeiten wahllos gegen Männer, Frauen und Kinder einzusetzen« (David Lawrence, Herausgeber von *United States News*; ebd., S. 476). Truman hat seinen Entschluss bis zu seinem Tod 1972 eisern und unerschütterlich verteidigt bzw. immer wieder begründet mit dem Überraschungsangriff auf Pearl Harbour und der nachhaltigen Verbitterung aus diesem Vorfall. Zweifel wurden verdrängt und abgewehrt. 1958: Er habe keine Bedenken gehabt, den Einsatz der Atombombe gegen Japan zu befehlen ... »Falls die Welt in Aufruhr gerät, wird sie wieder eingesetzt werden. Da können Sie sicher sein« (ebd., S. 615). Später richtete er kein einziges Wort des Mitleids oder Bedauerns an die Hinterbliebenen, als hätte er das Wissen um das Furchtbare nicht in sich getragen (ebd., S. 617). Andererseits muss er aber auch doch wieder unerträgliche Bedenken in sich getragen haben, als er im Dezember 1945 bemerkte: »Sie wissen, dass die schrecklichste Entscheidung, die ein Mann jemals zu treffen hatte, von mir in Potsdam getroffen wurde. Es war eine Entscheidung, die schrecklichste aller destruktiven Kräfte für die Massentötung von Menschen einzusetzen. Ich musste immer daran denken, dass es nötig war, Frauen, Kinder und Zivilisten auszulöschen« (ebd., S. 618). Mit der Verselbständigung des Retter-Mythos verselbständigte sich in den darauffolgenden Jahren die Selbsttäuschung (ebd., S. 616ff). Dies bestätigt, dass Gräuel wie die Bombe und die Todeslager der Nazis ab dem Moment des Entschlusses zum Handeln zur immer entschiedeneren Brutalisierung und Verleugnung führen, zur charakterlichen Verbiegung und Abstumpfung. Schließlich siegt die Apathie über die Souveränität jener Menschen, die eigentlich die Welt verbessern wollten.

5. Die neuen Waffen und ihre psychischen Folgen

Die neuen Waffen zeichneten sich dadurch aus, dass sich ihre Dimensionen dem Vorstellungsvermögen entzogen. Ihre entfesselnde Wirkung auf die Täter und die lähmende auf die Opfer potenzierte sich. Alle Folgen auf die Psyche und das Selbstwertgefühl der Menschen erfahren dabei eine Steigerung. Wenn die Angst im kriegerischen Angriff projiziert werden kann, so wird die begangene Schuld im Nachkriegskater reintrojiziert. Diese Schuldgefühle sind immens. Vor allem angesichts latenter Schuldgefühle im Gefolge von Massentötungen versagt unsere bewusste Vorstellungskraft. Sehr früh hat der emigrierte niederländische Analytiker Meerloo (1950, S. 1156) auf latente Schuldgefühle als »Nachernte« dieser gewaltigen Explosion verwiesen, die das Denken unterminieren und Ängste vor dem Zusammenbruch evozieren. Diesen Ängsten versucht eine verdrängende Nation in der Regel dadurch zu entgehen, dass sie erneut in den Krieg zieht: »Natürlich würden wir den neuen Kampf wieder mit dem Schlachtruf ›Wir befreien die Welt‹ begrüßen, während wir in Wirklichkeit nur uns selbst von der quälenden Spannung des Friedens befreien. Das ist das Paradoxon der Angst: Sie verteidigt uns nie gegen das, was wir fürchten ... Selbstzerstörung ist der letzte Ausdruck der Macht«. Meerloo (1950, S. 1154) spricht hier von »psychologischen Äquivalenten des Todestriebs«. In solchen massenpsychologisch organisierten Reflexen dominieren – vor allem bei plötzlichen Massenaktionen – primitive Instinkte, und destruktive Aggression kann sich nun leicht gegen zivilisierte Urteile und Verhandlungswege richten. Zurück bleibt das verdrängte schlechte Gewissen, das unbewusste Schuldgefühl. Am empfindlichsten habe Truman auf die Frage reagiert, warum die Nagasaki-Entscheidung so hastig getroffen wurde (Alperovitz 1995, S. 685, 579). Gelegentlich gab er unmotivierte monologische Rechtfertigungen gegenüber beliebigen Fremden, als müsste er ein schlechtes Gewissen loswerden. Er rechtfertigte sich dann ohne Reue (ebd., S. 620–622). Eisenhower hingegen meinte: »Was in Hiroshima und Nagasaki geschehen ist, wird für immer auf dem Gewissen des amerikanischen Volkes lasten« (zit. n. Alperovitz 1995, S. 390). Und:

> »Ehe die Bombe eingesetzt wurde hätte ich gesagt, ich bin sicher, wir könnten Frieden mit Rußland halten (...) Aber jetzt bin ich mir nicht mehr sicher. Alle Welt hat Angst. Jeder fühlt sich unsicher (...) Mir mißfiel der Gedanke, daß die Vereinigten Staaten die ersten sein würden, die etwas so Schreckliches und Zerstörerisches (...) in einen Krieg einbrachten«. (ebd., S. 385f)

Um die Faktoren zu verstehen, die Trumans Entscheidung beeinflusst haben, muss man den affektiven Druck in Betracht ziehen, unter dem er stand. Er war zu Beginn seiner Amtszeit schlecht informiert, ängstlich, unentschlossen, unbeständig, unsicher, die personifizierte Ambivalenz (ebd., S. 282). Er konnte gleichzeitig schüchtern und aggressiv sein (ebd., S. 551). Wallace, der einstige Vizepräsident Roosevelts, beschrieb es so: »Ich glaube, es hat noch nie einen Präsidenten gegeben, der innerhalb so kurzer Zeit in zwei verschiedene Richtungen laufen konnte wie Truman. Er ist stets völlig ehrlich und aufrichtig und nicht im Mindesten beunruhigt darüber, dass seine Meinung fast gleichzeitig in entgegengesetzte Richtungen gehen kann« (ebd., S. 555). Nach der Entbindung der tödlichen Superwaffe war Truman hin- und hergerissen zwischen Bagatellisierung und Feierlichkeit. Einerseits: »Die Bombe ist bloß eine weitere Kriegswaffe« (ebd., S. 559). Andererseits: »Es ist das größte Ding in der Geschichte« (ebd., S. 557). In einem posthum veröffentlichten Aufsatz von 1938 nannte Freud (1940e, S. 59) diese Verfassung eine »Ich-Spaltung im Abwehrvorgang«, die so sonderbar erscheine, weil man die Synthese der Ich-Vorgänge für so selbstverständlich halte. Das gespaltene Ich antworte auf einen Konflikt mit zwei entgegengesetzten, nunmehr aber konfliktfrei empfundenen Reaktionen, beide gleich gültig und wirksam, und spüre keinen Grund, sich fürchten zu müssen, weil es auf diese Weise glaube, sich der Realität bemächtigen zu können, ohne auf Befriedigung verzichten zu müssen, und das sogar ohne Gewissensbisse und schmerzlichen psychischen Aufwand. Freud sagt hier lakonisch: »Aber umsonst ist bekanntlich nur der Tod« (1940e, S. 60). Unter dem Eindruck der Kastrationsdrohung klebt das Subjekt in dieser Situation und in seinen unbewussten Phantasien ganz und gar am Fetisch der Macht. Dieser erlaubt nach Freud (ebd., S. 61) die Reinszenierung der infantilen Halluzination vom »Penis des Weibes«, als dessen unheimlichste Projektion das Bild des Atompilzes fungieren könnte. Was darunter verloren geht, ist die Wahrnehmung und das Bewusstsein, dass man auf diese Weise die Zukunft aller aufs Spiel setzt.

Dass Szilards Geistesblitz von der Kettenreaktion zeitgleich mit Hitlers Machtübernahme erfolgte, ist ein furchtbarer Zufall. War er fällig, lag er nach der Entdeckung der Kernspaltung und ihres Energiepotentials in der Luft? Das Hitlertum, das die Spaltung zwischen dem Unmenschlichen und dem Menschlichen in die letzten Winkel der Dörfer trug, erscheint wie eine destruktive Kettenreaktion in der Gesellschaft. Die Kernspaltung schuf eine neue Waffe, die das menschliche Subjekt und sein Ich ganz und gar auslöschen kann. Die Ich-Spaltung, die in der Hiroshima-Entscheidung fortlebt, markiert nicht das Ende des 2. Weltkriegs, sondern den Beginn des kalten Atomkriegs (vgl. Alperovitz 1995, S. 145). Trumans schlechte Handhabung der Situation in Potsdam aufgrund seiner komplizenhaften Unterwerfung unter den Hardliner Byrnes hat eine beispiellose Provokation unter den Nationen in Gang gesetzt und die bisherigen Normen der Kriegsführung aufs Primitivste entregelt, indem sie die atomare Auslöschung der Zivilbevölkerung als Kriegsmittel akzeptiert hat (ebd., S. 479). Dies war die Konsequenz aus der Tatsache, dass es dem amerikanischen Präsidenten nicht an erster Stelle darum ging, den Tod von Menschen zu verhindern, sondern die nationale Identität und die Macht zu erhalten. Kein Datum markiert die zivilisatorische Spaltung noch sinnfälliger als der 8. August 1945. An diesem 8. August wurde in der Charta des *Internationalen Militärtribunals* in Nürnberg der Begriff »*Verbrechen gegen die Menschlichkeit*« und die Strafwürdigkeit der an derartigen Verbrechen beteiligten Personen erstmals festgelegt. 48 Stunden davor war Hiroshima bombardiert worden, 24 Stunden danach Nagasaki. Das Ungeheuerliche besteht darin, so Deserno (1986), dass dieser Text, der die Verbrechen gegen die Menschlichkeit definiert, von Verbrechen umrahmt ist, die mit den Maßen dieses Dokuments niemals gemessen und aufgrund dieses Dokuments niemals bestraft worden sind. Daher hat Günter Anders den 8. August 1945 als das monströseste Datum bezeichnet. »Das Ungeheuerliche liegt auch darin, wie eng auf der kollektiven Ebene anscheinend Unvereinbares nebeneinander liegt: 1945 die Anwendung neuartig gesteigerter Destruktivität *und* der Versuch, das Rechtsempfinden auch für kriegerische Handlungen geltend zu machen« (Anders, zit. nach Deserno 1986, S. 601). Da sich jeder Massenmord technischer und ökonomischer Intelligenz bedienen muss, sind Massenmord und Zivilisation miteinander verknüpft. Der Terror von Menschen gegen Menschen entspringt der Kluft zwischen der wirtschaftlich-instrumentellen Fähigkeit und der moralisch-politischen Zulänglichkeit. Freud hat auf diesen Zusammenhang wiederholt hingewiesen und den zivilisierten Menschen 1930 als »Prothesen-Gott« (»Das Unbehagen in der Kultur«, S. 451) entlarvt, zu dessen Zukunft er keine Prophezeiung mehr wage. In dieser Schrift diagnostiziert er in banger Skepsis: »Die Menschen haben es jetzt in der Beherrschung der Naturkräfte so weit gebracht, dass sie es mit deren Hilfe leicht haben, einander bis auf den letzten Mann auszurotten. Sie wissen das, daher ein gut Stück ihrer gegenwärtigen Unruhe, ihres Unglücks, ihrer Angststimmung ... wer kann den Erfolg und Ausgang voraussehen?« (ebd., S. 506). In der ersten Hälfte des 20. Jahrhunderts ist der moderne Massenmord möglich geworden, in der zweiten Hälfte der globale Massen-Selbstmord der Menschheit. Das Töten wurde zu einem technischen Verfahren und hat sich von den archaischen Kriegerzeremoniellen gelöst, die das Morden am Einzelnen sinnlich repräsentieren und in kathartischen Sühneritualen und religiösen Reinigungshandlungen zu verarbeiten suchen. Zbigniew Brzezinski (1994, S. 33) spricht vom »Megatod des 20. Jahrhunderts« und von der »Politik des organisierten Wahnsinns«. Er bilanziert die Zahl der Menschen, die in dieser Zeit durch Kriege und Völkermord um ihr Leben gekommen sind, auf 170 Millionen. Weil aus der konkreten Gewalt ein diffuser, geheimnisvoller Schatten des Unbekannten geworden ist, den glorifizierende Denkmäler nicht mehr binden können, sind wir in unserer modernen Gesellschaft verwirrbarer und unsicherer geworden als die archaischen Kulturen. Auschwitz, nicht Athen ist der Bezugspunkt. Der moderne Mensch ist ein Abgrund: »Es schwindelt einem, wenn man hinabsieht« (Büchner 1979, S. 18). Seit der nationalsozialistischen Todesfabrik und dem Atombombenabwurf über Hiroshima hat sich der Resonanzboden unseres Denkens und unserer Wertvorstellungen kategorisch verschoben. Die Vorstellung von der Unzerstörbarkeit einer unerschöpflichen Natur existiert nicht mehr. Die heutige Menschheit hat genügend Sprengstoff angehäuft, um das Leben auf der Erde viele Male zu vernichten. Wir haben mehr Bomben als Nahrung.

6. Zurück zum 11. September

Der Kriegsberichterstatter Hanson Baldwin von der *New York Times* schrieb: »Den schlimmsten Schaden fügte Hiroshima unseren eigenen Seelen zu« (Alperovitz 1995, S. 696). Wie auch am Rezeptionsschicksal des Begriffs *»Ground Zero«* deutlich wird, weist das Überdenken der zentralen Fragen der Hiroshima-Entscheidung nicht in die Vergangenheit, sondern in die *Zukunft*. Was bedeutet es für das Prinzip der demokratischen Gewaltenteilung, wenn eine Person buchstäblich die Macht hat, einen atomaren Holocaust anzuordnen? Was bedeutet es für das Prinzip der demokratischen Transparenz, wenn der mächtigste Politiker, wie im Beispiel der Hiroshima-Entscheidung, die Öffentlichkeit in den entscheidenden Fragen belügt? »Trotz ihrer zahlreichen Stärken reichten die ethischen Bedenken innerhalb der Kultur, die den Bezugsrahmen für Harry Truman und für James Byrnes bildete, nicht aus, um ihre Entscheidungen in Ruhe zu überdenken. Ihre Gedanken und Vorstellungen – die guten wie die schlechten – hatten dieselben kulturellen, ethischen und moralischen Ursprünge wie die unseren. Wäre dies anders gewesen, hätten sie vielleicht größere Bedenken gehabt« (ebd., S. 698). Diese Kultur schaffen wir durch unsere Sprache und bringen mit ihr gleichzeitig das hervor, was dann im Überschwang der eigenmächtigen Entscheidung kulturell und moralisch die Grenzen überschreitet. Der Theologe R. Niebuhr hielt es 1946 für notwendig, diese »moralische Zweideutigkeit aller rechtschaffenen Menschen in der Geschichte« anzuerkennen, um diese Monstrosität in der Menschennatur zu vergegenwärtigen (ebd., S. 695). Skeptische Philosophen wie George Bataille (1994, S. 182–184) haben die Frage aufgeworfen, inwieweit die Schizophrenie des Denkens, die der Manichäismus zum Dogma erhoben hat, in der menschlichen Konstitution verankert und in uns allen mehr oder weniger wirksam ist: latent im Zustand des stabilen Ichs, manifest in Zeiten seiner Schwäche. Aus Batailles Sicht besteht das Menschenleben aus zwei heterogenen Teilen, dessen einer vernünftig ist und den nützlichen und geordneten Zwecken unterliegt: dieser Teil erscheint dem Bewusstsein. Der andere ist der gewaltsame und souveräne, der in der Seele der Erotik und in der Seelenlosigkeit der Macht enthalten ist und sich dem Bewusstsein entzieht. Erst mit der Auflösung des Ichs kommt er zutage. Aufgrund dieser Zwiespältigkeit kann der Mensch zugleich ordentlich, anständig und treu für die Kinder sorgen und sich als wohlwollend wähnen, und gleichzeitig im entgegengesetzten Extrem mit erbarmungsloser Gewalt demütigen, wüten, plündern, Feuer legen und einäschern. Da sich dieser Exzess der Vernunft widersetzt, wird der Henker nicht die Sprache der Gewalt verwenden, sondern die Sprache der Macht selbst, die ihn scheinbar entschuldigt, die ihn rechtfertigt und ihm eine höhere Funktion verleiht. Zu schweigen gehalten, passt sich der Gewalttäter dem Betrug an, und öffnet umgekehrt, im Geist des Betrugs, das Tor zur Gewalttat. Auf dem *»Ground Zero«*, den die Atombomben des Manhattan-Projekts hinterlassen haben, war die amerikanische »Unschuld« endgültig verdorben. Indem die Aura dieses Begriffs das Attentat vom 11. September mit dem langen Schatten Hiroshimas und Nagasakis verknüpft, zeigt dieser Vorgang, wie die verdrängte Tat auf dem Hintergrund der traumatisierten amerikanischen Selbstsicherheit in der Sprachregelung unbewusst wiederkehrt, nachdem aus dem Kalten Krieg ein globaler Krieg gegen den Terror geworden ist. Alperovitz (1995, S. 696):

> »Sind wir denn wirklich so überrascht, wenn wir Gewalt und Androhung von Gewalt in unserer Nachbarschaft beobachten? Wir als Staat drohen seit nunmehr fünfzig Jahren mit unglaublicher Gewalt – ohne uns der Auswirkungen voll bewußt zu sein. Wenn es uns gelingt, zur menschlichen Wirklichkeit von Hiroshima vorzudringen, so schmerzlich diese auch ist, kann das auch ein Weg sein, für die Bedeutung unserer eigenen Worte sensibler zu werden«.

In seinem Aufsatz über die Atomfurcht aus dem Jahre 1950 schildert Meerloo den Traum eines Mitglieds der Bomberbesatzung über Hiroshima-Ground Zero: Dieser träumte, er müsse Atombomben auf seine eigene Hauptstadt abwerfen, wo sich der Feind in riesigen Wolkenkratzern eingenistet hatte. »Er sah sich fliegen, die Sonne ging unter, erreichte sein Ziel, warf die Bombe und begann den Rückflug. Aber dabei gab es Verwirrung. Er sah einen Riesenberg vor sich aufwachsen. Statt zu versuchen, ihm auszuweichen, richtete er seine Maschine auf die schwarze Masse. Ein Krachen, und er wachte auf. Er wusste, dass er im Traum versucht hatte, Selbstmord zu begehen und diese irrsinnige und schuldbeladene Welt zu verlassen« (S. 1152). Die Vorstellung, dass Atta ein halbes Jahrhundert später ausführte, was dieser Soldat träumte, und die Tatsache, dass die Bevölkerung sofort den Namen *»Ground Zero«* dafür fand, ist unheimlich, weil es anmutet wie eine Wiederkehr des Verdrängten.

7. Freuds Todestriebspekulation und der Terror

Der Kerngedanke, der meinen Überlegungen zugrunde liegt, ist so allgemein und so leicht zu benennen, wie schwer er im Einzelnen zu erfüllen ist: Es gehört zur schwierigsten Aufgaben des Menschen, mit der Diskrepanz zwischen dem Ideal und der unzulänglichen Wirklichkeit fertig zu werden. Sein Schicksal wird in besonderer Weise von der Frage bestimmt, wie weit es dem Ich gelingt, Narzissmus und Triebhaftigkeit im Gefühlsleben zu integrieren und sich und andere als sinnlich-fühlsame Subjekte anzuerkennen, also sich weder auf Dinge, noch auf Vorstellungen reduzieren zu lassen. Die aggressiven Kräfte können dem Menschen dabei helfen, seine Individualität zu behaupten und zu begrenzen. Dies entspricht einer normalen Situation in einer ausgeglichenen, friedlichen und demokratischen Verfassung. Hier ist das Leben wesentlich getragen von wechselseitigem Interesse, vom Reiz der kleinen Unterschiede, von der Farbigkeit der kulturellen Kontraste. In diesem Zustand können Verluste betrauert und verarbeitet werden, ohne dass das Ich selbst in die Lage kommt, arm und leer zu werden. Anders im Krieg, im Terror und in der destruktiven Schwermut: Die melancholische Feindseligkeit aktiviert die primitiven Züge in allen Menschen. Hier verarmt das »Ich«, ist nicht mehr Herr im eigenen Haus und kann sich vor Kränkung und Schande nicht mehr schützen. Es wird von Schuldgefühlen überschwemmt. Die normalen Lebensfunktionen kommen durcheinander. Bindungen und Beziehungen werden aufgegeben. Die lähmende Erwartungsangst führt im Laufe der Zeit zur pervertierten Hoffnung, dass endlich das Bedrohliche eintreten möge, um sich wenigstens von der unerträglichen Spannung der dauerhaft unbestimmten Drohung zu befreien. Schließlich entfesselt sich ein großes Maß an Aggression, das sich erst gegen den Anderen und dann gegen das eigene Selbst wendet. Am Ende dieser destruktiven Regressions-Spirale gibt das Subjekt sein Ringen um Selbsterhalt auf. Die Selbstzerstörung ist dann die letzte Handlungsmöglichkeit, der verzweifelte Ausdruck aggressiver Wehrhaftigkeit, die ultimative Wendung der Ohnmacht in Macht angesichts der Übermacht unpersönlicher Gewalt. Ob dieser Trieb zum Töten primär oder ein »pervertierter Abkömmling tödlich gekränkter Lebenstriebe« (K. Klüwer, persönliche Mitteilung) ist, mag eine offene Frage bleiben. Die Frustrations-Aggressionshypothese, also die Vorstellung, dass die Aggression im Aufbegehren gegen frustrierende äußere Umstände entstehe, reicht aber zur Erklärung dieser monströsen Vorgänge allein nicht mehr aus. Denn sie würde uns die Dehumanisierung nicht überzeugend begreifbar machen, mit der uns der Nationalsozialismus und seine Vernichtungsmaschinerie sowie der moderne Selbstmordterrorismus konfrontieren. Die späten Formulierungen Freuds (1920), in denen er mit Hilfe der *Todestriebhypothese* seine Aggressionstheorie auf eine größtmögliche Dimension erweitert, versetzen uns eher in die Lage, diese alle Relationen sprengenden, völlig desolaten Phänomene der Gewalt in die Sprache zu heben und uns zu vergegenwärtigen. Statt den Hass und die Rache noch als Mittel der Selbsterhaltung und -konturierung zu betrachten wie in seiner ersten Aggressionstheorie, konzeptualisiert Freud die innere Struktur der Gewalt nunmehr aus dem Wirken eines Todestriebs, der in uns allen und gegen uns als individuelle Subjekte waltet. Gleich einem universalen biologischen Prinzip und einer mythischen Größe triumphiert der Todestrieb mittels stummer Wirkungen und unsichtbarer Tendenzen, die alles Lebendige auflösen und alle Spannungen aus unserer inneren und äußeren Realität auf Null reduzieren möchten. Diese Tendenz bezeichnet Freud als den ursprünglichsten aller Wünsche. Dieser Wunsch nach Nicht-Sein wird vom Über-Ich des Melancholikers in Reinform zelebriert. Hier zeigt er sich als Drang, komplexere und differenziertere Strukturen und Verfassungen auf eine Eindimensionalität und Eindeutigkeit zurückzuführen. Klinisch wird er vom Subjekt als »schwarzes Loch« in der seelischen Struktur erfahren. Dieses »Loch« hat keine eigene Energie, keinen Sinn, keine Bedeutung, erscheint als bloße Entropie und unbegreiflicher Wärmeabfluss der Seele, als eine merkwürdige, unheimliche Kraft, die aus dem »Off« kommt und in der Lage ist, uns apathisch zu machen und den Verstand zu rauben. Ihm entgegen wirkt aber ein anderes Prinzip, der Eros, die Sexual- und Selbsterhaltungstriebe, die den »Lärm des Lebens« machen, beleben und verbinden möchten. Dieser Dualismus durchwaltet in Freuds Konzeption alles Lebendige von der Biologie bis zu den gesellschaftlichen Prozessen. Die einzelnen Wirkungen von Eros und Thanatos, welche die Wirklichkeit des Lebensalltags prägen, ergeben sich aus dem Grad ihrer Mischung oder Entmischung. Davon hängt es ab, wieweit die aggressiven Energien im friedlichen Gleichgewicht gebunden sind oder kriegerisch entfesselt werden. Wo Leben und Tod als krasser Gegensatz in unsere Wahrnehmung rücken, etwa im Ausbruch von Gewalt, bekommen wir Angst. Hier findet die Entmischung der Lebens- und Todestriebe statt. Wo sich Lebens- und Todestriebe oszillierend ausgleichen können, wie z. B. im tiefen regenerativen Schlaf (Dolto 1985, S. 173) oder in der orgastischen Regression im Liebesakt, erleben wir Wohlgefühl. Im demokratischen Frieden sind diese polaren Kräfte durchmischt und ergeben eine integrative und pulsierende innere Spannung. Aber im Zustand tiefer Kränkungen, die das Wachbewusstsein nicht erträgt, wie zum Beispiel im Vorfeld und Ablauf des Krieges, kann dieses Spannungsfeld reißen. Dann triumphieren rigide Spaltungs- und Zerstückelungsvorgänge unter der Tyrannei paranoider »Reinigungen«. Die Verführung zum Krieg hängt mit der emotionalen Erleichterung zusammen, welche die Entfesselung der Destruktivität im Zustand der Kränkung mit sich bringt, während die Friedensspannung, auf der die ganze Summe der unverarbeiteten Geschlechter- und Generationsspannung lastet, für die subjektive Wahrnehmung schwer zu ertragen ist und mit Unlust einhergeht. Die Frage stellt sich immer wieder neu, ob wir die umstrittene Todestriebhypothese wirklich brauchen, heute noch brauchen, um zu einer glaubwürdigen Psychoanalyse des Kriegs und des Terrors und ihrer explosiven Destruktivität zu gelangen. Freud hat sich vor dem Umgang damit und einem eindeutigen Positionsbezug nicht gescheut: »Der Psychoanalytiker weiß, dass er mit den explosivsten Kräften arbeitet« (Freud 1915a, S. 320). Die psychoanalytische Objektbeziehungstheorie, Narzissmusforschung, Selbstpsychologie, Affekttheorie, Säuglingsforschung und andere Beobachtungsfelder haben das Bild, das wir heute von destruktiven Vorgängen und ihrer Bewältigung haben, um viele Aspekte erweitert und differenziert. Mit Respekt vor der Kühnheit und Radikalität der Freudschen Todestriebtheorie darf man allerdings an die Konsequenz erinnern, dass uns der freudianische Triebdualismus in die Verantwortung stellt, zugunsten des Friedenserhalts komplexe Spannungsfelder ertragen und darin Entwicklungs- und Reifungsarbeit leisten zu lernen, d. h. unser Interesse im Irdischen, Schuldigen außerhalb des Paradieses zu investieren. Nichts pervertiert das Todestriebkonzept gründlicher als sein fatalistischer Gebrauch. Freud weist auf Tendenzen hin, die das Kriegführen und Sterben für den Menschen leichter erscheinen lassen, als den Frieden zu wahren und das Leben auszuhalten: Denn durch das Unterbleiben der »Triebabfuhr« nimmt die innere Spannung in Friedenszeiten zu und wird komplexer, bis Quantität in neue Qualität umschlägt. Zum Ausgleich für diese Spannungen brauchen wir nicht nur regenerative Regressionsmöglichkeiten (Schlaf, Traum, Sexualität), sondern auch einen kulturellen und illusionären »Übergangsraum« (Winnicott), wo sich im Wachbewusstsein ein auskömmliches und schöpferisches Leben realisieren kann und wo Konfliktlösungen gelingen wie in einem entspannten, aber spannenden Spiel: Dieses demokratische Transformationsareal voller Paradoxien und »Verrücktheiten« benötigen wir, um von den manichäischen Spaltungsvorgängen des destruktiven Narzissmus und vom Wüten des melancholischen Über-Ichs zur relativen Herrschaft einer zwar unvollkommenen, aber integrierteren Balance einer Trieb-Durchmischung zu gelangen. Wo dieser Übergangsraum fehlt, ist die Triebmischung labil und die Tendenz zur Desintegration groß. Jede schwere Depression macht deutlich: Je mehr die vitalen Impulse des Lebens von einem neidischen und sadistischen Über-Ich unterdrückt werden, desto mehr Macht gewinnen die selbstzerstörerischen Tendenzen. In dieser Lage flieht man nicht mehr vor der Bedrohung des Lebens. Das Ringen um Selbsterhalt weicht stattdessen einer merkwürdigen Passivität und einem Hingezogensein zum Schrecke und Tod. Das Ich gibt sich in einem solchen Zustand auf und unterliegt der

Angst und ihrem psychotoxischen Teufelskreis. Die Angst verteidigt das Subjekt dann nicht mehr gegen das, was es fürchtet, sondern macht apathisch gegenüber dem Abscheulichen. Der Verstand ist gelähmt: die fatalistische Vorstellung eines möglichen Untergangs kann in solcher Verfassung akzeptabler werden als die Sorge um gegenseitigen Schutz. So gesehen wundert es nicht, dass Freud kompromisslos an seinem Konzept vom Wirken des Todestriebes festhielt, im vollen Bewusstsein, dass die Beliebtheit dieser spekulativen Theorie mit der Bedeutung, die er ihr beimaß, nicht Schritt halten wird. Es spricht einiges dafür, dass er aufgrund ihrer heuristischen Implikationen an ihr festhielt: weil sie zum Erhalt der frei- und gleichschwebenden Aufmerksamkeit auffordert und die grundlegende und ubiquitäre, »globale« Schwierigkeit aller Kulturen erklärt, die Würde des Individuums in der Gesellschaft aufrechtzuerhalten. Die Todestriebhypothese führt zu einer Psychoanalyse der kritischen Rezeptivität. Fest steht: jeder entwicklungsfeindlichen Machtausübung, die ihre Missstände und Opfer zu verleugnen versucht, muss die Todestriebhypothese und ihr kritisches Potential ein Dorn im Auge sein. Sie bereitet Unbehagen, weil sie die Despoten entlarvt, und zwar ohne Ausnahme. Denn diese Theorie konfrontiert uns nicht nur mit der Erfahrung, dass die Dehumanisierung unserer Feinde (»Ungeziefer«) uns selbst dehumanisiert, sondern beinhaltet auch die Erkenntnis, dass wir bereits einem Dehumanisierungsprozess anheimgefallen sind, bevor wir unsere Gegner dehumanisieren (Wangh 1985, S. 51). Des weiteren impliziert sie, dass jeder Tilgungsversuch der eigenen Täter-Schuld durch die Verteufelung und Erniedrigung Anderer und durch die Mechanisierung des eigenen Handelns unausweichlich in den persönlichen Zusammenbruch führen muss, sobald das gehasste Objekt vernichtet ist. Die Todestriebtheorie beschreibt einen Zirkel der Zerstörung, der von der Selbstaggression ausgeht und zur Selbstaggression zurückführt. Der Angriff auf die Lebendigkeit des Anderen wendet sich am Ende gegen das eigene Ich (vgl. den Beitrag von Auchter in diesem Band). Der Kriegsverlierer zahlt schwer für seinen kriegerischen Wahn, aber der Sieger, der zum Feiern heimzieht, bleibt da, wo er nicht gefühllos geworden ist, ebenfalls behängt mit der Erinnerung an das Morden auf dem Schlachtfeld und an die gelockerte moralische Bindung, und so gerät auch er unter den Schulddruck der Sühne (Meerloo 1950, S. 1151). Wo diese Sühne mangels Bewusstseins nicht geleistet werden kann, bleibt der Täter im Bann der früheren Aggressivität und muss sich neue Aggressionsziele suchen. Im paralytischen Stupor beschwört der Mensch dann genau das Übel herauf, das er fürchtet (ebd., S. 1153). Dies ist die nachhaltige Wirkung des verborgenen Schuldgefühls. Er wird dann innerlich bereit sein, Tod und Zerstörung zu akzeptieren und herbeizuführen. Diese Schuld und diese Angst unterminieren sein Denken. Freud sah dies als die größte Gefahr für die Zukunft.

Die Todestriebhypothese ist so gesehen eine Hilfe gegen verharmlosende Vorstellungen von Krieg und Frieden und gegen die unbewusste Komplizenschaft mit dem Töten. Daher teile ich die Ansicht von Martin Wangh (1985, S. 52): Auch wenn »die Vergegenwärtigung dieser Angst dem lebenswichtigen Bedürfnis entgegensteht, den allgegenwärtigen Todestrieb in uns zu verleugnen«, sind wir angehalten, »die Aktualität der Bedrohung nicht aus den Augen zu verlieren«. Um der Zukunft willen müssen wir das Bewusstsein aufrechterhalten, dass es tatsächlich möglich ist, »daß die Menschheit den Weg zum totalen Holocaust geht, daß der Mensch sich selbst und dadurch auch andere dehumanisieren kann und daß infolgedessen die wechselseitige Auslöschung möglich ist« (ebd., S. 53). Wenn es den vereinten Nationen auf Dauer nicht gelingt, die Kriegstrommlerei zugunsten der *Entwicklungshilfe* zurückzudrängen, kann der konfuse Bewusstseinszustand in eine suizidale Tendenz einmünden, mit der wir die errungenen technischen Möglichkeiten gegen uns selbst richten. Die Erfindung der Atombombe hat die Menschheit vor die Alternative »demokratische Weltregierung oder Weltselbstmord« gestellt. Die modernen Waffen sind vor allem dadurch gefährlich, dass sich ihre Dimensionen dem Vorstellungsvermögen entziehen und sie dadurch auf die Psyche und das Selbstbewusstsein lähmende Wirkung haben. Sie widersprechen dem Sinn der Menschenrechte. Der Sinn unserer psychischen Arbeit besteht darin, die negative Suggestion der Atomfurcht, welche die Denkfähigkeit untergräbt, nämlich, dass eine Katastrophe unvermeidlich sei, zu überwinden und mehr Demokratie und Frieden zu riskieren – nicht im Sinne einer missionarischen Befreiung der Welt, sondern einer offeneren Zusammenarbeit an den ökonomischen und ökologischen Aufgaben und im politischen Umgang mit dem Mangel. Der Erhalt einer freien Aufmerksamkeit ist das wichtigste Therapeutikum gegen das lebensfeindliche Über-Ich der nivellierenden Melancholie und gegen sein »letztes Kapitel« der Selbstvernichtung, das Erich Kästner im gleichnamigen Gedicht von 1932 ironisch zu Ende gedacht hat: »Nun hat die Menschheit endlich erreicht, was sie wollte. / Zwar war die Methode nicht ausgesprochen human. / Die Erde war aber endlich still und zufrieden und rollte, / völlig beruhigt, ihre bekannte elliptische Bahn«.

8. Zukunft im Zeichen des Terrors

Freuds Todestriebkonzeption, die oft als Niederschlag einer melancholischen oder pessimistischen Lebenseinstellung ihres Schöpfers abgetan wird, erweist sich bei sorgfältiger Lektüre als zwingende Grundlage einer kritischen Psychologie des menschlichen Größenwahns. Nirgends manifestiert sich im übrigen Freuds leiser, aber robuster Optimismus überzeugender als in seiner Haltung gegenüber dem Tod und der Gewalt. Seine Zuversicht gründet auf der Fähigkeit des Menschen, seine Gefühle, sein Leid und seine Ohnmacht anerkennen und ertragen zu lernen und seine Sensibilität und Rücksichtnahme zu erweitern.

> »Wir mögen noch so oft betonen«, sagt Freud (1927c, S. 377), »der menschliche Intellekt sei kraftlos im Vergleich zum menschlichen Triebleben, und recht damit haben. Aber es ist doch etwas Besonderes um diese Schwäche; die Stimme des Intellekts ist leise, aber sie ruht nicht, ehe sie sich *Gehör* (kursiv vom Verf.) verschafft hat. Am Ende, nach unzählig oft wiederholten Abweisungen, findet sie es doch. Dies ist einer der wenigen Punkte, in denen man für die Zukunft der Menschheit optimistisch sein darf, aber er bedeutet an sich nicht wenig«.

Die Todestriebhypothese lässt auch die Strategie unsinnig erscheinen, den Terror hauptsächlich durch die Eliminierung einzelner Terroristen eliminieren zu wollen. Das Ziel, den Terror in der äußeren Realität zu bewältigen, bleibt unerreicht, solange es uns nicht gelingt, das Terroristische *in uns selbst* zu entschärfen, poco a poco, langsam, allmählich, in kleinen Portionen nach der Maßgabe unseres Körpers. Dies erscheint wie ein Wagnis, ein geistiger Sprung aus der Sicherheit, aus dem Selbstverständlichen und dem Gewohnten. Nur im Übergangsraum einer menschlichen Beziehung, welche die Gewalt in das Denken einbezieht und das interessierte Spannungsverhältnis zwischen Mann und Frau sowie zwischen den Älteren und Jüngeren zu erhalten versteht, kann Gewalt geteilt und mit Kreativität vermischt werden. Die explosiven inneren Objekte werden prozessierbar, indem sie Übergangscharakter annehmen und dadurch der Aussöhnung zugänglich werden. Im Vorbewussten, im Träumen, im Spiel und in der Kunst können sich dann Bilder aufbauen, mit denen wir aus der Narkose der Gewalt erwachen. In der seelischen Bewältigung und mit Hilfe der Gewalt unserer Kreativität können sich das Schockierende und das Zarte durchdringen, ohne dass das eine das andere aufhebt. Hier fügen wir einen

»Ground Zero« des Neubeginns in unseren Alltag ein. Das Absolute wird nunmehr im Relativen gebunden. Die Angst vor dem Abgrund können wir an dieser Stelle überwinden, ohne ihn zu verdrängen. Dieser *»Ground Zero«* ist auch der *»Ground Zero«* des Geistigen in der Kunst. John Cage (1977, S. 103):

> »Jedes Mal, wenn wir eine Beziehung aufbauen, jedes Mal, wenn wir zwei Begriffe verbinden, vergessen wir, dass wir zum Nullpunkt zurückkehren müssen, bevor der nächste Begriff erreicht ist. Das Gleiche gilt für Sein und Nichts! Wir reden über diese Begriffe und versuchen, durch sie zu denken – wie Klänge in der Musik –, und wir vergessen, dass wir immer zum Nullpunkt zurückkehren müssen, um von einem Wort zum andern zu kommen.«

An dieser schmalsten Stelle der existentiellen »kata-strophé« haben die Gewalt und die Kreativität, so polar ihr Gegensatz auch erscheint, einen kleinsten gemeinsamen Nenner. Dieser ist unsere Chance: Schmerz, Sublimierung und Neubeginn. Marguerite Duras (1985) schrieb: »Zuerst ist der Schmerz da. Dann wird dieser Schmerz genommen, wird umgewandelt, langsam herausgerissen, der Lust zugeführt, mit ihr vereint.« Ground Zero als *Leere*, Ground Zero als *Neubeginn*, Ground Zero als *Memento*, dass es keine Vollkommenheit gibt, dass immer ein Rest bleibt, der offen ist und ungewiss. Diesen permanenten *»Ground Zero«* in uns und in unserem Alltag, seine Radix und seine Matrix, sind wir gezwungen, anzuerkennen und zu ertragen. Diese bewusstseinsbildende Leerstelle hat Freud mit dem Todestriebkonzept in der Psychoanalyse verankert. Es ist eine Absage an alle Fatalisten, Pessimisten und Fundamentalisten, die mit Ideologien und Bomben diesen Mangel zu negieren versuchen. Denn in Wirklichkeit kann es sich keiner leisten, sein Interesse melancholisch von der Welt abzuziehen. Wer andern ein Grab in den Lüften gräbt, fällt selbst hinein. Der aber, der zuletzt lacht, wird darum nicht ewig lachen. Denn der Sieger über den Sieger ist der eigene Tod, die unerbittlichste aller Gewalten. Unser letztes Wort ist die stumme Ohnmacht jenseits aller Begriffe. Der Kriegslärm ist ihr hässlichster Kontrast. Den »Todestrieb« als Denkzettel, auf dem nichts steht als die Leere, hält Freud auch den Rechtschaffenen hin, die sich mitten im Leben wähnen, den Realisten und Machtpolitikern mit ihrer imperativen Psychologie, den Gewinnern und jenen, die es besser wissen. Im Schatten der Weltkriege hat Freud (1915b, S. 355) das vitalistische Motto der vielbewunderten Römer infrage gestellt, welches lautet: »Wenn Du den Frieden erhalten willst, so rüste zum Kriege.« Er hat es umformuliert zu einer pazifistischen Formel von maximaler existentieller Tragweite: »Wenn du das Leben aushalten willst, richte dich auf den Tod ein.« Und er sagt in seinem berühmten Brief an Albert Einstein »Warum Krieg« (Freud 1933b, S. 26):

> »Wir sind Pazifisten, weil wir es aus organischen Gründen sein müssen ... Den psychischen Einstellungen, die uns der Kulturprozeß aufnötigt, widerspricht nun der Krieg in der grellsten Weise, darum müssen wir uns gegen ihn empören, wir vertragen ihn einfach nicht mehr, es ist nicht bloß eine intellektuelle und affektive Ablehnung, es ist bei uns Pazifisten eine konstitutionelle Intoleranz, eine Idiosynkrasie gleichsam in äußerster Vergrößerung. Und zwar scheint es, daß die ästhetischen Erniedrigungen des Krieges nicht viel weniger Anteil an unserer Auflehnung haben als seine Grausamkeiten. Wie lange müssen wir nun warten, bis auch die anderen Pazifisten werden?«

Literatur

Alperovitz, G. (1995): Hiroshima. Die Entscheidung für den Abwurf der Bombe. Hamburg (Hamburger Edition).

Arendt, H. (1950): Die vollendete Sinnlosigkeit. In: Arendt, H. (1991): Israel, Palästina und der Antisemitismus. Berlin (Wagenbach), S. 77.

Auchter, T., Büttner, C., Schultz-Venrath, U., & Wirth, H.-J. (2003): Der 11. September. Gießen (Psychosozial-Verlag).

Bataille, G. (1994): Die Erotik. München (Matthes & Seitz).

Brzezinski, Z. (1994): Macht und Moral. Neue Werte für die Weltpolitik. Hamburg (Hoffmann und Campe).

Büchner, G. (1979): Woyzeck. Stuttgart (Reclam).

Cage, J. (1977): Für die Vögel. Berlin (Merve).

Clark, R. W. (1974): Albert Einstein. Leben und Werk. München (Heyne).

Deserno, H. (1986): Tschernobyl oder Hiroshima. Psyche, 40, 596–603.

Döser, J. (2003): Zur Psychogenese der terroristischen Entschlossenheit. In: Auchter, T., Büttner, C., Schultz-Venrath, U., & Wirth, H.-J. (2003): Der 11. September. Gießen (Psychosozial-Verlag), S. 231–258.

Dolto, F. (1985): Praxis der Kinderanalyse. Stuttgart (Klett-Cotta).

Duras, M. (1985): Der Liebhaber. Frankfurt (Suhrkamp).

Freud, S. (1915a): Bemerkungen über die Übertragungsliebe. GW, Bd. X. Frankfurt (Fischer).

Freud, S. (1915b): Zeitgemäßes über Krieg und Tod. GW, Bd. X. Frankfurt

(Fischer).
Freud, S. (1927c): Die Zukunft einer Illusion. GW, Bd. XIV. Frankfurt (Fischer).
Freud, S. (1930a): Das Unbehagen in der Kultur. GW, Bd. XIV. Frankfurt (Fischer).
Freud, S. (1933b): Warum Krieg. GW, Bd. XVI. Frankfurt (Fischer).
Freud, S. (1940e): Die Ich-Spaltung im Abwehrvorgang. GW. Frankfurt (Fischer).
Meerloo, A. M. (1950): Die Atomfurcht. Eine psychologische Interpretation. Psyche, 40, 1986, 1145–1157.
Nedelmann, C. (1985) (Hg.): Zur Psychoanalyse der nuklearen Drohung. Göttingen (Vandenhoeck & Ruprecht).
Ray, G. (2002): Hiroshimas langer Schatten. Wiederkehr des Verdrängten. Freitag, 19, 3. Mai 2002, S. 11.
Wangh, M. (1985): Die Herrschaft des Thanatos. Über die Bedeutung der Drohung eines Nuklearen Krieges und der Einfluss dieser Drohung auf die psychoanalytische Theorienbildung. In: Nedelmann, C. (1985) (Hg.): Zur Psychoanalyse der nuklearen Drohung. Göttingen (Vandenhoeck & Ruprecht), S. 37–58.
Wangh, M. (2002): Vergeben, Verzeihen, Versöhnen. DPV-Tagung Leipzig. Tagungsband, S. 323.
Winnicott, D. W. (1985): Vom Spiel zur Kreativität. Stuttgart (Klett-Cotta).

Autorinnen und Autoren

Thomas Auchter, geb. 1948, ist Dipl.-Psych., Psychologischer Psychotherapeut und Psychoanalytiker (DPV/IPA/DGPT), Gruppenanalytiker (AG im DAGG), niedergelassen in freier Praxis in Aachen. Interessenschwerpunkte: Frühstörungen und Traumatisierungen, vielfältige Vortrags- und Publikationstätigkeit über Anwendungen der Psychoanalyse und ihre Grenzgebiete, intensive Auseinandersetzung mit dem Werk von D. W. Winnicott. Letzte Publikationen: Auchter, T. u. Strauss, L. V. (2003^2): Kleines Wörterbuch der Psychoanalyse; Auchter, T. u. Schlagheck, M. (Hg.) (2003): Psychologie und Theologie im Dialog über den Traum; Auchter, T., Büttner, C., Schultz-Venrath, U., Wirth, H.-J. (Hg.) (2003): Der 11. September (Psychosozial Verlag).

Thomas Bender, geb. 1954, ist Psychoanalytiker DPV, Dipl.-Psych., Dipl.-Soz.päd., Psychologischer und Kinder- und Jugendlichenpsychotherapeut, niedergelassen in eigener Praxis in Freiburg. Von der Universität Bremen (Lehraufträge, Übersetzungen, Publikationen) ging er 1984 in die klinische Praxis und war bis 1993 an einer Psychologischen Beratungsstelle und bis 2002 in der Forensischen Psychiatrie vollzeittätig (klinische Publikationen). In den 90er-Jahren mehrere Vorträge und Publikationen zur Bildenden Kunst (u. a. in Kooperation mit dem Museum für Neue Kunst Freiburg). Er ist u. a. Mitglied der DGPT, der Internationalen Psychoanalytischen Vereinigung (IPA) und Dozent am Psychoanalytischen Seminar Freiburg.

Mirella Chopard ist Psychiatriepflegefachfrau und AIP-Therapeutin. Das AIP ist ein gruppentherapeutisches Ambulantes-Intensiv-Programm zur Behandlung von Sexual- und Gewaltstraftätern und wird im Rahmen eines therapeutischen Projekts des Psychiatrisch-Psychologischen Dienstes der Justizdirektion des Kantons Zürich in der Strafanstalt Pöschwies (unter der Leitung von Dr. Frank Urbaniok) eingesetzt.

Johannes Döser, geb. 1957, Dr. med., ist Facharzt für Psychosomatik, Psychotherapie sowie Kinder- und Jugendpsychiatrie und arbeitet als Psychoanalytiker in freier Praxis in Essen-Werden. Er ist Mitglied der DPV und der Internationalen Psychoanalytischen Vereinigung (IPA) und als Dozent in der psychoanalytischen Arbeitsgemeinschaft Köln-Düsseldorf e. V. tätig. Davor hat er viele Jahre als Klinikarzt in der stationären Psychotherapie mit psychosomatisch und psychiatrisch erkrankten Menschen und ihren Familien gearbeitet. Seine Forschungsthemen beschäftigen sich u. a. mit Depression, traumatischen Störungen und der Ich-Pathologie, aber auch mit kreativen Prozessen und der Frage, wie Gewalt gebunden, verarbeitet und in lebensfördernde Aktivität umgeleitet werden kann.

Götz Eisenberg, geb. 1951, ist promovierter Sozialwissenschaftler und Familientherapeut, arbeitet als Gefängnispsychologe im Erwachsenenstrafvollzug. Zuletzt erschienen von ihm bei Rowohlt die Bände: Jugend und Gewalt (1993, zusammen mit Reiner Gronemeyer), Amok – Kinder der Kälte (2000), und im Psychosozial Verlag: Gewalt, die aus der Kälte kommt (2002).

Reinhard Haller ist Universitäts-Professor, Facharzt für Psychiatrie und Neurologie und Psychotherapeut. Nach der Matura 1970 am BG Bregenz (Österreich) studierte er bis 1976 Medizin und absolvierte bis 1983 die Facharztausbildung. Seit 1983 ist er Chefarzt des Krankenhauses Maria Ebene; seit 1990 Drogenbeauftragter der Vorarlberger Landesregierung. 1994 Habilitation an der Universität Innsbruck. Schwerpunkte: Sucht, Suchtprävention, Suizid, Forensische Psychiatrie.

Roland Knebusch, geb. 1943, Dr. med., Medizin- und Psychologiestudium. in Zürich, Max-Planck-Institut für Psychiatrie in München, Psychosomatische Klinik der Universitätsklinik Heidelberg, seit 1985 in freier Praxis als Psychoanalytiker in Kehl bei Straßburg. Mitglied in: DGPT, Cercle Menachem Tafel Strasbourg. Arbeiten zum NS-Phänomen.

Guy Laval, geb. 1938 in Toulouse (Südfrankreich). 1961 deutsche Lizenz an der Faculté des Lettres von Toulouse und Studium an der dortigen Faculté de Médecine, wo er 1968 sein Doktorat erhielt. Danach studierte er Psychiatrie u. a. bei Prof. Roger Gentis, dessen Krankenhaus in Orléans offen war, und wurde 1972 Psychiater. In der gleichen Zeit absolvierte er eine psychoanalytische Ausbildung bei J. Lacan. 1976 verließ er die lacanianische Schule, da er mit der Theorie und der Praxis Lacans nicht einverstanden war. 1987 wandte er sich an Serge Lebovici, bei dem er eine neue psychoanalytische Ausbildung im Rahmen der Société Psychanalytique de Paris absolvierte. Er ist Mitglied der SPP und der Internationalen Psychoanalytischen Vereinigung (IPA). Mehrere klinische und theoretische Publikationen zumeist in der Revue Française de Psychanalyse. Buchpublikationen: Malaise dans la pensée. Publisud 1995; Bourreaux ordinaires. PUF 2002.

Stavros Mentzos, Prof. Dr. med., geb. 1930, ist ehem. Leiter der Abt. Psychotherapie/Psychosomatik, Uniklinikum Frankfurt a. M.; Psychoanalytiker (DPV/IPA/DGPT); jetzige Schwerpunkte: Psychosen, psychosoziale Anwendungen der Psychoanalyse. Herausgeber des FORUMS der psychoanalyt. Psychosentherapie.

Wilhelm Jakob Nunnendorf, geb. 1953, ist Dipl. Psych., Psychologischer Psychotherapeut und Psychoanalytiker (DGPT/DPG), KJP-Therapeut, Supervisor (BDP). Nach langjähriger klinischer Tätigkeit in der forensischen Psychiatrie jetzt niedergelassen in eigener Praxis in Göttingen.

Udo Rauchfleisch, geb. 1942, ist Professor für Klinische Psychologie an der Universität Basel. 1967–1970 Tätigkeit als Klinischer Psychologe im LKH Schleswig (Erwachsenen- und Kinder-/Jugendpsychiatrie). 1970–1999 Klinischer Psychologe in der Psychiatrischen Universitätspoliklinik, Kantonsspital Basel. Seit 1999 Psychotherapeut in privater Praxis. Psychoanalytiker (DPG/DGPT). Publikationen zur Theorie und Praxis der Psychoanalyse, zur Testdiagnostik, zu musikpsychologischen Fragen, zu psychologisch-theologischen Grenzgebieten, zur Dissozialität, zur Gewaltthematik und zu gleichgeschlechtlichen Orientierungen und Lebensweisen.

Frank Urbaniok, geb. 1962, Dr. med., ist Psychiater und Chefarzt des Psychiatrisch-Psychologischen Dienstes im Justizvollzug Kanton Zürich (»Zürcher PPD-Modell«). Er studierte bis 1989 in Münster und Düsseldorf als Stipendiat der Friedrich-Ebert-Stiftung, war bis 1995 an der Rheinischen Landesklinik Langenfeld (Nordrhein-Westfalen) tätig und baute dort eine Modell-Station für die Behandlung von persönlichkeitsgestörten Sexualstraftätern auf (»Langenfelder Modell«). Mit Schwerpunkt Gewalt- und Sexualstraftaten ist er als Therapeut, Supervisor und Gutachter tätig und leitet verschiedene forensische Therapie- und Forschungsprojekte. Er entwickelte u.a. ein neues Prognoseverfahren (FOTRES) und ist Begründer des Modells der Teamorientierten Stationären Behandlung (TSB).

Klaas van Tuinen, geb. 1946, ist Direktor der Forensischen Abteilung am Psychiatrischen Zentrum (GGZ) Drenthe (Niederlanden) und Dozent für Forensische Psychiatrie und Psychoanalyse an der Universität Groningen.

Er studierte Jura, Kriminologie und Forensische Psychiatrie, praktiziert als Psychoanalytiker und Psychotherapeut und ist u. a. Mitglied der Internationalen Psychoanalytischen Vereinigung (IPA). Verschiedene Publikationen, unter anderem: Over de behandelingsgevangenis (1985); De Forensisch Psychiatrische Kliniek te Assen (1993); Multifunctionele forensische centra binnen de geestelijke gezondheidszorg (1996); Foba en FPK als speerpunten in het psychiatriebeleid ten aanzien van geestelijk gestoorde gedetineerden (1998).

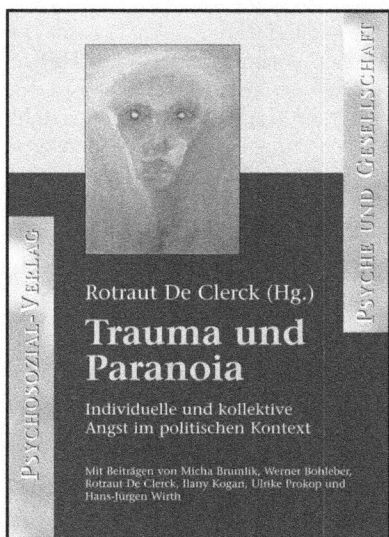

Beate Steiner, Ulrich Bahrke (Hg.)

Der »innere Richter« im Einzelnen und in der Kultur

Klinische, soziokulturelle und literaturwissenschaftliche Perspektiven

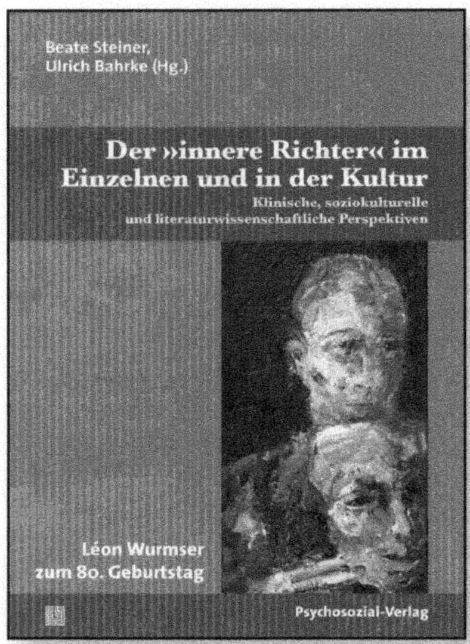

2013 · 254 Seiten · Broschur
ISBN 978-3-8379-2255-4

Die tragische Wahrheit über die Konfliktnatur des Menschen!

Eine der zentralen psychoanalytischen Grundannahmen Sigmund Freuds ist das Über-Ich. Dieses Konzept des »inneren Richters« entwickelte Léon Wurmser in bedeutender Weise weiter, indem er Formen und Strukturen des Über-Ichs bis in die Verzweigungen philosophischer Erörterungen und kulturell-gesellschaftlicher Aspekte hinein darstellte. Diese Herangehensweise wird der Tatsache gerecht, dass Manifestationen des Über-Ichs – wie Scham- und Schuldgefühle, Ressentiments und Wiederholungszwänge – sowohl für klinische Behandlungen als auch für das Verständnis von Kulturphänomenen eine große Bedeutung haben.

Die Autorinnen und Autoren beleuchten aus ihren jeweiligen Arbeits- und Forschungsfeldern heraus psychoanalytisch-klinische, soziokulturelle und literatur- und kulturwissenschaftliche Aspekte des »inneren Richters« und lassen die tragische Wahrheit der Konfliktnatur des Menschen aufscheinen.

Mit Beiträgen von Jan Assmann, Bernd Deininger, Friedrich-Wilhelm Eickhoff, Jörg Frommer, Heidi Gidion, Beata Hammerich, Elisabeth Imhorst, Heidrun Jarass, Marion M. Oliner, Günter Reich, Beate Steiner, Martin Stern, Harald Strohm und Léon Wurmser

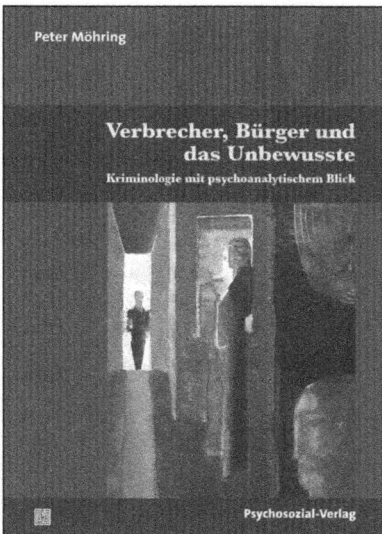

David E. Scharff, Jill Savege Scharff

Das interpersonelle Unbewusste

Perspektiven einer beziehungsorientierten Psychoanalyse

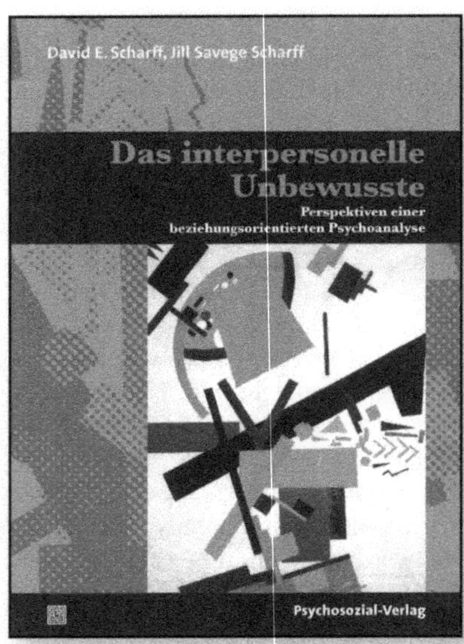

2014 · 280 Seiten · Broschur
ISBN 978-3-8379-2284-4

»Ein spannendes Buch, das die gegenwärtige Ausweitung der Psychoanalyse wie auch die Herausforderungen, vor denen sie steht, in den Blick nimmt. Das Buch regt zum Nachdenken an und ist zugleich von hohem praktischem Wert.«

Otto F. Kernberg

Vor dem Hintergrund ihrer Erfahrungen in der Einzel-, Familien- und Paartherapie sowie mit Gruppenprozessen in Trainingsgruppen widmen sich die Autoren der Erforschung des Unbewussten in der interpersonellen Interaktion. Zunächst bieten sie einen breiten Überblick über die Beziehungen zwischen Objektbeziehungs-, Link-, Feld- und Chaostheorie und fassen die wichtigsten neuen Ergebnisse der Neurobiologie und der Bindungsforschung zusammen.

Daraus ergibt sich ein komplexes theoretisches Gerüst, das sie in verschiedenen psychoanalytischen Behandlungssettings zur Anwendung bringen. Die klinische Bedeutung ihres Ansatzes wird dabei klar und anschaulich illustriert und es zeigt sich, wie die moderne Psychoanalyse unterschiedliche Theorien und Techniken harmonisch zu verbinden vermag. Mit ihrem Konzept des interpersonellen Unbewussten schlagen die Autoren eine Brücke zwischen Subjekt und Objekt, zwischen innerer und äußerer Realität und zwischen der nordamerikanischen und der europäischen Psychoanalyse.

Andreas Peglau

Unpolitische Wissenschaft?

Wilhelm Reich und die Psychoanalyse im Nationalsozialismus

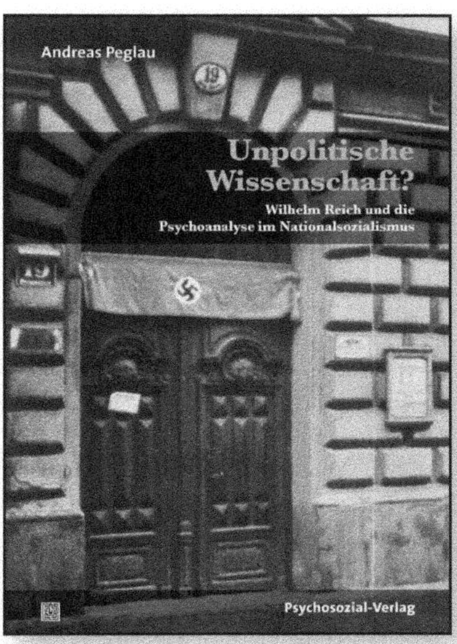

2013 · 635 Seiten · Gebunden
ISBN 978-3-8379-2097-0

Verfolgt, verboten, verbrannt? Eine revidierte Geschichte der Psychoanalyse im Nationalsozialismus.

Von der Krankenbehandlung ausgehend, entwickelte sich Freuds Lehre zu einer Möglichkeit, sich selbst und die Welt zu erkennen – und zu verändern. Dieser gesellschaftskritische Anspruch wurde während des Nationalsozialismus weitestgehend in den Hintergrund gedrängt. Die nachhaltigsten Weichenstellungen zu einer »unpolitischen« Psychoanalyse erfolgten in den 1930er Jahren und waren eng verbunden mit dem Versuch, Konfrontationen mit dem NS-Regime zu vermeiden. Dass die Alternative einer aufklärerischen Psychoanalyse weiter bestand, zeigt das Wirken Wilhelm Reichs, der 1933/34 aus den analytischen Organisationen ausgeschlossen wurde.

Anhand von teils erstmalig veröffentlichtem Archivmaterial geht der Autor Reichs Schicksal nach und folgt den Entwicklungen im analytischen Hauptstrom während der NS-Zeit. Dabei beantwortet er auch die Frage, ob die Psychoanalyse jemals eine unpolitische Wissenschaft war.

Thomas Auchter, Christian Büttner,
Ulrich Schultz-Venrath, Hans-Jürgen Wirth (Hg.)

Der 11. September

Psychoanalytische, psychosoziale und psychohistorische Analysen von Terror und Trauma

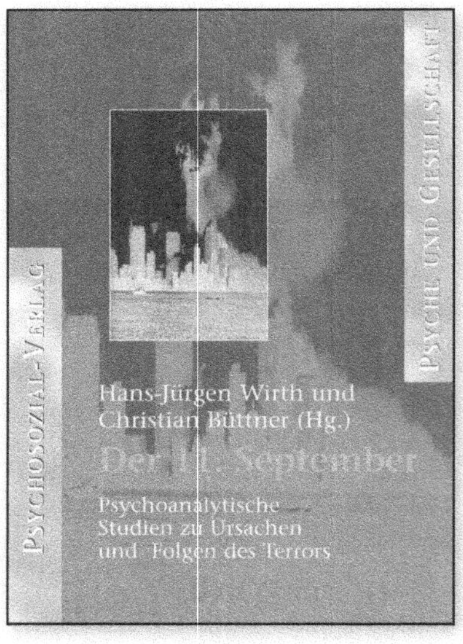

2003 · 414 Seiten · Broschur
ISBN 978-3-89806-247-3

9/11. – Dieses Datum markiert einen tiefen Einschnitt im Welt- und Selbstverständnis Amerikas und lässt auch die übrige Welt nicht unberührt. Seit den Terroranschlägen auf das World Trade Center in New York und das Pentagon in Washington steht fest, dass die Bedrohung durch den Terrorismus in der globalisierten Welt eine nie gekannte Dimension erreicht hat und die Angst vor neuen Terroranschlägen wächst. Welche psychologischen, ökonomischen, religiösen, kulturellen und politischen Ursachen hat dieser Terrorismus? Wie funktioniert die Psyche von Selbstmordattentätern? Wie gehen die Angehörigen der Opfer mit dem erlittenen Trauma um? Welche Antworten findet Amerika auf die kollektive Demütigung? Welche psychologischen Auswirkungen haben die Terroranschläge global gesehen? Solchen Fragen gehen Autorinnen und Autoren aus Amerika, Israel und Deutschland in diesem Band nach. Sie stellen Überlegungen zur psychischen Struktur der Selbstmord-Attentäter an und arbeiten Gemeinsamkeiten und Unterschiede zwischen den Selbstmord-Attentätern vom 11. 9. und den palästinensischen Selbstmord-Attentätern heraus.

www.ingramcontent.com/pod-product-compliance
Lightning Source LLC
Chambersburg PA
CBHW021807270326